债务杠杆、供求循环 与货币的作用

Debt Leverage, Economic Dynamics and the Role of Money

李斌　伍戈◎著

中国金融出版社

责任编辑：张　铁　丁　芊

责任校对：潘　洁

责任印制：王效端

图书在版编目（CIP）数据

债务杠杆、供求循环与货币的作用/李斌，伍戈著 . —北京：
中国金融出版社，2021.12

ISBN 978 − 7 − 5220 − 1463 − 0

Ⅰ.①债…　Ⅱ.①李…②伍…　Ⅲ.①债务危机—研究—世界
Ⅳ.①F811.5

中国版本图书馆 CIP 数据核字（2021）第 280823 号

债务杠杆、供求循环与货币的作用

ZHAIWU GANGGAN、GONGQIU XUNHUAN YU HUOBI DE ZUOYONG

出版
发行 **中国金融出版社**

社址　北京市丰台区益泽路 2 号

市场开发部　（010）66024766，63805472，63439533（传真）

网上书店　www. cfph. cn

　　　　　　（010）66024766，63372837（传真）

读者服务部　（010）66070833，62568380

邮编　100071

经销　新华书店

印刷　保利达印务有限公司

尺寸　169 毫米 × 239 毫米

印张　29.5

字数　367 千

版次　2022 年 4 月第 1 版

印次　2023 年 6 月第 2 次印刷

定价　78.00 元

ISBN 978 − 7 − 5220 − 1463 − 0

如出现印装错误本社负责调换　联系电话　（010）63263947

导　　读

2008 年国际金融危机爆发以来，全球经济进入长期和深度调整期，无论是在经济运行还是宏观政策层面，都出现了一系列新情况和新变化。一方面，全球经济持续低增长，同时债务攀升至空前的高水平；另一方面，主要发达经济体实施超宽松货币政策，零利率、量化宽松（QE）等非常规货币政策出现常态化的趋势，甚至出现前所未有的负利率环境。大家非常关注低利率、零利率、负利率及 QE 延续过长时间可能出现的负面后果。这些前所未有的变局给既有的宏观经济理论提出了不小的挑战，需要我们从问题导向出发，给出能够更好理解宏观经济和货币政策的分析框架。直面上述有关经济增长、货币与债务等重要时代课题，李斌博士和伍戈博士的新著《债务杠杆、供求循环与货币的作用》延续了他们近年来对货币、经济增长以及通胀问题的探索和思考，并在此基础上增加了债务变量，从而提出了研究这一问题的新视角和新框架，也给出了带有创新性的答案。通读全书，我感觉这是一本非常值得大家关注和探讨的学术专著。

一、关于债务及其边界问题

债务高企是当前全球范围内的突出现象和重大课题，对债务水平是否过高、能否持续等问题各方争议很大。多数人认为高债

1

务难以持续，潜藏巨大的风险，但也有不少人认为不必过高估计债务风险，比如现代货币理论（MMT）就认为只要没有通货膨胀，大可以通过货币化的方式拓展财政支出的空间；又比如有关"内债不是债"的观点也还有不小的市场。可是，尽管债务问题已成为无法回避的宏观经济现象，但是主流理论框架却从未将其置于考虑之中。

本书作者从"债务"这一热点问题的研究入手，试着将债务作为新增变量引入宏观经济的研究中。他们从债务与经济增长、债务与经济危机、债务与物价稳定三个角度，对债务与经济之间的关系进行了多维研究。他们的研究发现，政府债务与经济增长之间存在比较明显的"倒 U 形"关系，超过一个阈值后，债务上升就会抑制经济增长；债务的大起大落，会明显加大发生经济危机的概率；债务与物价之间也有比较明显的关联，债务扩张短期容易推动通胀，但中长期看过度的债务扩张则会反向内生出通货紧缩的压力，从而导致高债务与通货紧缩压力并存。因此，两位作者认为，主要经济理论未将债务纳入分析框架或者将债务认定为"中性"是过于简单了，债务对经济的影响实际上是深远和复杂的，而且债务扩张是有边界的。即使低利率甚或零利率可以为债务接续提供更大的空间，也不能过度依赖债务来推动增长，因为过高的债务水平会增大经济体的脆弱性，并抑制长期经济增长的动力。即便出于弥补有效需求不足等原因，债务水平可能存在内生的上升趋势，我们也要把握好稳增长和防风险的平衡，让债务水平尽量上升得慢一些，从而使经济长期增长的潜能尽可能释放出来。应当说，作者从多个维度对债务与经济关系的研究，为我们理解债务问题和把握政策取向提供了有价值的参考。

二、关于供给、需求及其交互影响的方法论问题

供给、需求及其均衡，是现代经济学最为基础和重要的概念。在两位作者看来，主流宏观经济学一个重要但与现实经济运行不符的做法，就是把需求和供给分别作为短期和长期问题进行"分割"，比如凯恩斯理论就把供给作为长期变量放在一边，而把注意力集中于需求，导致对财政政策和货币政策作用的主流认识集中在其对总需求的作用上；主流经济增长模型则把需求放在一边，假定供给能够自动创造需求，只关注影响供给端的变量变化。两位作者认为，上述"两分法"很容易导致理论研究尤其是思维上的分割，从而在一定程度上阻碍我们认识真实世界，特别是引入货币和债务后的真实世界。

为此，作者试着从古典经济理论出发，沿用跨期和供求交互影响的视角与方法，构建了一个在供求交互循环中理解报酬递增和经济增长的框架，并将货币引入其中，观察货币与经济增长之间的关系。作者提出，供求交互循环是经济学分析的本源，是理解国民经济循环的重要视角。从供求交互循环的视角看，货币对经济的影响是非中性的，既可能影响需求，也可能影响供给，并可能产生结构化的效应。借助这一理论框架和分析方法，他们对供求交互视角下的中国经济增长进行了实证分析，并对货币与经济的循环与互动进行了实证考察，提出推动供求交互形成良性循环，是实现中国经济可持续发展的关键一环。

国际金融危机以来，全球对宏观经济理论的反思，主要集中在夯实宏观经济学的微观基础以及"把金融找回来"、把金融因素纳入宏观分析框架等方面，本书的作者则认为供求分割才是导致宏观经济学困境的重要原因，主张要回归供求交互循环这一经济理论分析的本源，借以分析货币、债务与经济增长之间的关系，阐释货币和经济领域的重要问题。可以看出，供求交互的视角已成为全书的方法论主线，两位作者试图籍此在基础理论反思和重构方面作出探索和努力。应该说，供给和需求交互影响是动态和复杂的，要构建标准化、形式化的理论框架难度很大，但作者表现出的理论勇气值得肯定。

三、关于货币政策及其与经济增长、通胀等的关系问题

近些年来，主要发达经济体利率下行速度明显快于其潜在增速的下行速度，意味着央行试图使用过度宽松的货币政策来刺激经济增长。持续的超宽松货币条件，会通过增加僵尸企业等方式降低经济效率，同时积累债务膨胀和通货紧缩压力，诱发低利率、低增长、低通胀、高债务的组合，并形成相互之间的自我强化，由此进入"陷阱"状态而难以退出。近期，伴随着一些经济体物价指数上升和资产价格屡创新高，人们更加关注未来的通胀走势，关注非常态货币政策的走向及其影响。李斌和伍戈在书中的研究也涉及了这些重要话题。

作者认为，过度使用货币政策，会进入所谓"低利率陷阱"，从而形成相互牵制的低水平均衡状态，而要摆脱这种状态并不容易。因为利率水平与经济增速之间可以存在多重均衡，即

同样的经济增长水平可以对应不同的实际利率水平。在不同的均衡状态中，利率、经济增长、通胀、债务会呈现出不同的组合，并存在不同的动态效率，由此也对应着不同的货币政策传导机制和传导效率。应当说，这一研究为理解国际金融危机以来主要发达经济体宏观经济的表现提供了新的视角，也预示着发达经济体要走出这一"陷阱"状态可能并不那么容易。基于此，作者建议在运用货币政策工具时要保持审慎和稳健，避免进入"低利率陷阱"；要保持战略定力、坚持底线思维，为货币政策在未来较长时间里应对内外部各类经济波动预留充足空间，维护好长期发展战略机遇期。

值得注意的是，作者将上述研究置于"货币政策的总量边界"的标题下，实际上是想强调作为总量调节工具的货币政策亦有其边界。这呼应了书中有关债务边界的论述，也构成了作者对宏观政策运用的看法：必须把握好适宜的力度，切不可过度，否则可能对经济运行产生长期和复杂的影响。此外，作者还以定向降准为例分析了货币政策的结构效应问题。作者认为，结构性政策的效果取决于一些重要的参数，而这些参数并不一定是完全可控的，因此结构性货币政策的确可以发挥积极作用，但主要还是边际的和辅助性的，货币政策作为总量调节工具的基本属性不会改变。

总体来看，作者从多个角度对当下有关货币政策的重大课题进行了深入研究，虽然有些分析可能有其他角度，比如说低通胀也可能与 CPI 较少覆盖投资品和资产价格的度量方式有关，但作者在本书中所做的分析自成一体，仍有其重要的启示意义。作为近年来颇有建树的青年学者，李斌和伍戈笔耕不辍，持续合作，先后出版了《成本冲击、通胀容忍度与宏观政策》、《信用创造、货币供求与经济结构》和《货币数量、利率调控与政策转型》等多部著作，涉及通胀、货币以及利率等诸多重要问题，也因此曾获孙冶方经济科学奖。本书是李斌和伍戈合作出版的第四部著作，延续了他们围绕宏观经济和货币问题所做的持续思考、研究和探索，这种持之以恒的精神难能可贵，是非常值得鼓励和肯定的。

周小川
中国金融学会会长
中国人民银行原行长
2021 年 12 月

目　　录

第一部分　引言：供求分割下的宏观经济学困境 ················· 1

第一章　研究的现实背景与目的 ························· 3

第二章　研究的基本思路和框架 ······················· 16

　　　附：全书的研究路线图 ························· 37

第二部分　债务杠杆：推动还是拖累经济？ ··············· 39

第三章　债务与经济增长 I：常态下 ················· 43

一、政府债务与经济增长：文献回顾 ··············· 44

二、政府债务与经济增长：影响机理 ··············· 48

三、政府债务与经济增长之间的"倒 U 形"关系：

　　实证考察 ································ 52

四、小结 ··································· 68

第四章　债务与经济增长 II：非常态下 ··············· 70

一、债务与经济危机：文献回顾 ················· 70

二、债务与经济危机：典型事实与基本假说 ··········· 75

三、债务对经济危机的影响：债务增速，还是绝对水平？ ····· 79

四、小结 ··································· 96

第五章　债务与物价稳定：债务—通胀，还是债务—通缩？ ······ 98

一、"债务—通缩"理论：文献回顾 ··············· 99

二、债务与物价稳定：长期与短期视角之分别 ········· 102

三、展望未来：债务—通缩，还是债务—通胀？ …………… 110

四、小结 ………………………………………………… 115

第三部分　经济增长：供给、需求还是供求循环？ …………… 119

第六章　理解经济增长Ⅰ：供求交互循环的良性机制 ……… 121

一、增长理论中的供给和需求：相互分割，还是彼此交互？…… 121

二、供求交互循环视角下的经济增长：基本框架 ………… 129

三、小结 ………………………………………………… 137

第七章　理解经济增长Ⅱ：交易费用对供求循环的影响 ……… 140

一、交易费用的引入：从"鲁宾逊世界"到科斯定理 ……… 141

二、经济增长、交易费用与经济均衡 ……………………… 146

三、小结 ………………………………………………… 151

第八章　供求循环视角下的中国经济增长：一个实证考察 … 153

一、供给与需求：静态考察 ……………………………… 155

二、供求交互循环：动态演进 …………………………… 163

三、小结 ………………………………………………… 178

第四部分　货币的作用Ⅰ：短期增长还是跨期均衡？ ………… 181

第九章　供求循环中的货币：交易媒介、购买力创造与
货币非中性 ……………………………………… 183

一、货币与经济增长：传统理念 ………………………… 184

二、货币与经济增长：新的视角 ………………………… 190

三、货币扩张的动态效应与跨期均衡：逻辑与 DSGE 模拟 … 209

四、小结 ………………………………………………… 239

第十章　进一步理解货币与经济：储蓄、投资与货币的
关系 ……………………………………………… 241

一、实际和名义变量：储蓄和存款的关系 ················ 241

二、储蓄和投资：传统框架的解释 ··············· 244

三、储蓄与投资：引入货币后的新观察 ············· 246

四、小结 ··························· 251

第十一章　货币与经济的循环与互动：一个实证考察 254

一、近年来宏观经济的新变化：供求交互的视角 ······· 254

二、经济金融循环：不同阶段的动态变化 ··········· 267

三、供求约束下的货币政策传导与信用扩张 ········· 280

四、小结 ··························· 290

第五部分　货币的作用Ⅱ：总量约束还是结构效应？ ·········· 293

第十二章　货币政策的总量边界：警惕零（低）

利率陷阱 ···················· 295

一、利率与经济增长之间存在多重均衡 ··········· 296

二、零（低）利率陷阱：形成机理 ············· 307

三、零（低）利率陷阱：实证检验 ············· 311

四、小结 ··························· 331

第十三章　货币政策的结构效应：以定向降准为例 ······· 341

一、定向降准的结构效应：文献回顾 ············ 341

二、定向降准的结构效应：理论模型 ············ 347

三、定向降准的结构效应：数值模拟 ············ 359

四、小结 ··························· 367

第十四章　从货币政策到宏观审慎政策："双支柱"调控框架的

内在逻辑 ···················· 370

一、货币稳定与金融稳定：回归"双目标"组合 ······· 371

二、"双目标"组合与"双支柱"调控框架 ········· 376

三、"双支柱"调控框架：探索和实践 …………………… 388

四、小结 …………………………………………………… 389

第六部分　基本结论和政策建议 …………………… 393

附：对经济增长中比较优势和绝对优势的再观察 …………… 407

参考文献 ………………………………………………… 419

索引 ……………………………………………………… 445

后记 ……………………………………………………… 448

专 栏

专栏 1　货币良方，还是政策试验？ …………………………… 11

专栏 2　疫情冲击与债务杠杆 …………………………………… 66

专栏 3　债务的极限 ……………………………………………… 94

专栏 4　债务危机的应对：国际视角 …………………………… 113

专栏 5　凯恩斯主义：理论边界与现实约束 …………………… 186

专栏 6　货币政策和不平等 ……………………………………… 234

专栏 7　去杠杆：紧货币，还是松货币？ ……………………… 276

专栏 8　变平的经济 ……………………………………………… 288

专栏 9　全球最终都向零利率靠拢？ …………………………… 299

专栏 10　利率的空间 …………………………………………… 327

专栏 11　政策组合的力量 ……………………………………… 336

专栏 12　货币的故事 …………………………………………… 403

CONTENTS

PART I. Introduction: Macroeconomic Dilemma under Separation between Supply and Demand ·················· 1

1. Research Background and Objectives ·················· 3
2. Research Approach and Framework ·················· 16

PART II. Debt Leverage: Boosting or Dragging down Economy? ·················· 39

3. Debt and Economic Growth I: Under Normal Situation ·········· 43

   3. 1 Government Debt and Economic Growth: Literature Review ·················· 44

   3. 2 Government Debt and Economic Growth: Mechanism ·········· 48

   3. 3 'Inverted U' Relationship between Government Debt and Economic Growth ·················· 52

   3. 4 Conclusions ·················· 68

4. Debt and Economic Growth II: Under Crisis Situation ············ 70

   4. 1 Government Debt and Economic Crisis: Literature Review ··· 70

   4. 2 Government Debt and Economic Crisis: Typical Facts and Basic Hypotheses ·················· 75

4.3 The Impact of Debt on Economic Crisis: Which is More
Important, Debt Growth Rate or Absolute Level? ············ 79

4.4 Conclusions ·· 96

5. Debt and Price Stability: Debt-Inflation or Debt-Deflation? ······ 98

5.1 Debt-Deflation Theory: Literature Review ················· 99

5.2 Debt and Price Stability: Difference between Long-term
and Short-term ·· 102

5.3 Looking Forward: Debt-Deflation or Debt-Inflation? ········· 110

5.4 Conclusions ·· 115

PART Ⅲ. Economic Growth: Supply, Demand or Interaction? ······ 119

6. Understanding Economic Growth Ⅰ: Benign System
of Supply-Demand Interactive Cycle ···················· 121

6.1 Interaction or Separation between Supply and Demand
in Growth Theory? ··· 121

6.2 Economic Growth from the Perspective of the Interactive
Cycle of Supply and Demand ······························ 129

6.3 Conclusions ·· 137

7. Understanding Economic Growth Ⅱ: The Impact of Transaction
Cost on Supply and Demand Interaction ················· 140

7.1 Introduction of Transaction Cost: From 'Robinson Economics'
to 'Coase Theorem' ·· 141

7.2 Economy Growth, Transaction Cost, and Economic
Equilibrium ·· 146

7.3 Conclusions ·· 151

8. China's Economic Growth from the Perspective of Supply

and Demand Interaction ·· 153

   8. 1 Supply and Demand: Static Observation ······················· 155

   8. 2 Interactive Cycle of Supply and Demand: Dynamic

      Evolution ·· 163

   8. 3 Conclusions ·· 178

PART Ⅳ. The Role of Money Ⅰ: Short-Term Growth or

Intertemporal Equilibrium? ·································· 181

9. Media of Transaction, Creation of Purchasing Power and

Non-Neutrality of Money ·· 183

   9. 1 Money and Economic Growth: Traditional Understanding ······ 184

   9. 2 Money and Economic Growth: New Perspectives ············ 190

   9. 3 Dynamic Effects of Monetary Expansion and Intertemporal

      Equilibrium: DSGE Model ·· 209

   9. 4 Conclusions ·· 239

10. In-Depth Understanding of Money and Economy: Relationship

between Saving, Investment and Money ·························· 241

   10. 1 Real and Nominal Variables: Relationship between

      Saving and Deposit ·· 241

   10. 2 Saving and Investment: Explanation from Traditional

      Framework ·· 244

   10. 3 Saving and Investment: Introduction of Money ············· 246

   10. 4 Conclusions ·· 251

11. Money and Economic Interaction between Supply and Demand:

Empirical Analysis ·· 254

11. 1   New Changes in Macroeconomy in Recent Years:
         Supply-Demand Interaction ·················· 254

11. 2   Economic and Financial Cycles ·················· 267

11. 3   Monetary Policy Transmission and Credit Expansion
         under Supply-Demand Constraints ·················· 280

11. 4   Conclusions ·················· 290

**PART V. The Role of Money Ⅱ: Aggregate Constraints or
         Structural Effects?** ·················· 293

12. Boundary of Monetary Policy: Bewaring Low Interest
    Rate Trap ·················· 295

    12. 1   Multiple Equilibria between Interest Rates and
             Economic Growth? ·················· 296

    12. 2   Low Interest Trap: Mechanism ·················· 307

    12. 3   Low Interest Trap: Empirical Analysis ·················· 311

    12. 4   Conclusions ·················· 331

13. Structural Effect of Monetary Policy ·················· 341

    13. 1   Structural Effect of Targeted RRR: Literature Review ······ 341

    13. 2   Structural Effect of Targeted RRR: Theoretical Model ······ 347

    13. 3   Structural Effect of Targeted RRR: Numerical
             Simulation ·················· 359

    13. 4   Conclusions ·················· 367

14. From Monetary Policy to Macro-Prudential Policy: Internal Logic
    of 'Two Pillars' ·················· 370

    14. 1   Monetary and Financial Stability: 'Bi-Objectives' ········ 371

    14. 2   'Two Pillar' Framework with 'Bi-Objectives' ············ 376

14. 3   Framework of 'Two Pillars': Exploration and

  Experiences ·· 388

14. 4   Conclusions ·· 389

PART VI. Concluding Remarks and Policy Recommendations ··· 393

References ·· 419

Index ·· 445

Postscript ·· 448

BOX

Box 1   Monetary Prescription or Policy Experiment? ·················· 11

Box 2   Epidemic Shock and Debt Leverage ····························· 66

Box 3   Debt without Limit? ·· 94

Box 4   Dealing with Debt Crisis from Global Perspectives ············ 113

Box 5   Keynesianism：Theoretical Boundary and Realistic

Constraints ··· 186

Box 6   Monetary Policy and Inequality ···························· 234

Box 7   De-Leveraging：Expansionary or Contractionary Monetary

Policy? ··· 276

Box 8   Flattened Economy ·· 288

Box 9   Towards Zero Interest Rate? ································ 299

Box 10 Room for Interest Rates ···································· 327

Box 11 Power of Policy Combinations ······························ 336

Box 12 Stories of Money ··· 403

第一部分

引言：供求分割下的宏观经济学困境

第一章　研究的现实背景与目的

　　写作本书的主要目的是，阐释近年来我们对货币、经济增长与债务问题的一些新的思考。2008年爆发的国际金融危机，影响极其深远和复杂。2020年新冠疫情在全球蔓延，又给世界经济带来新的复杂影响。为应对危机冲击，全球实施了力度空前的货币刺激措施，货币、经济增长与通货膨胀的组合出现了新的变化，同时债务问题尤为突出，高债务现象成为宏观经济研究领域不可忽视的时代"最强音"。传统理论难以解释危机后出现的新问题，大的危机往往也成为理论创新和发展的重要契机。在近些年的理论研究和政策实践中，我们常常会遇到一些经典理论难以回答的新现象和新问题。比如，传统的凯恩斯理论认为，放松货币条件会推升通货膨胀，但近些年我们实际感受到的，却是力度空前的货币政策刺激之后挥之不去的通货紧缩压力。近期主要发达经济体通胀压力上升，一定程度上与疫情等特殊因素冲击导致的供需错配有关。再比如，经典理论认为货币短期会影响产出，但长期看则是中性的，不会对生产和实体经济产生实质影响，只是一层"面纱"。但现实中我们感觉到的，则是超宽松货币刺激对经济产生的显著和深远的结构性影响。还比如，近年来被广泛关注的债务杠杆问题，在主流教科书中几乎不被提及，这也使我们在分析债务问题时缺乏有效的理论框架。虽然有学者认为金融危机颠覆了主流宏观经济学仅关注实体部门的传统认知，开始更加关注金融和债务问题，但至今尚未形成公认的框架性认识。

　　货币、经济增长和通货膨胀一直是宏观经济最引人关注的三个变量,现在我们还应在此基础上加入债务。如果把货币、经济增长、通货膨胀和债务这四个宏观经济的核心变量放在一起,就会观察到一些重要而有趣的变化。图 1.1、图 1.2 和图 1.3 分别展示了美国、欧元区、日本各自的货币(利率)、经济增长、通货膨胀、债务之间的组合及其变化。可以看到,近些年来这几个重要变量在主要发达经济体呈现出未曾有过的分化态势:在经济增长和通货膨胀相对稳定的同时,利率越来越低(货币条件越来越宽松),而债务水平却越来越高。以往

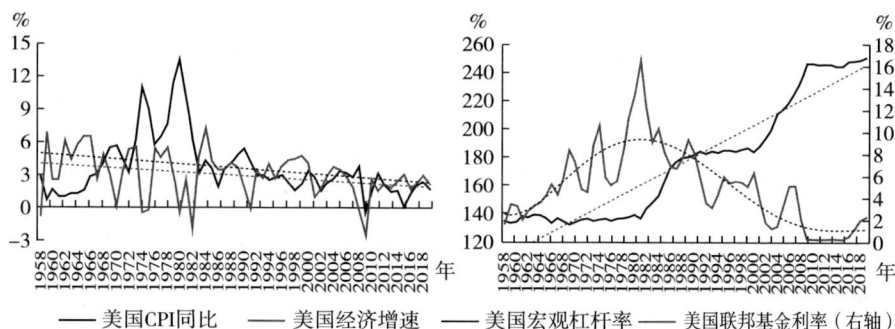

美国CPI同比 ——— 美国经济增速 ——— 美国宏观杠杆率 ——— 美国联邦基金利率(右轴)

图 1.1 美国的经济增长、通货膨胀、利率和债务

(数据来源:CEIC)

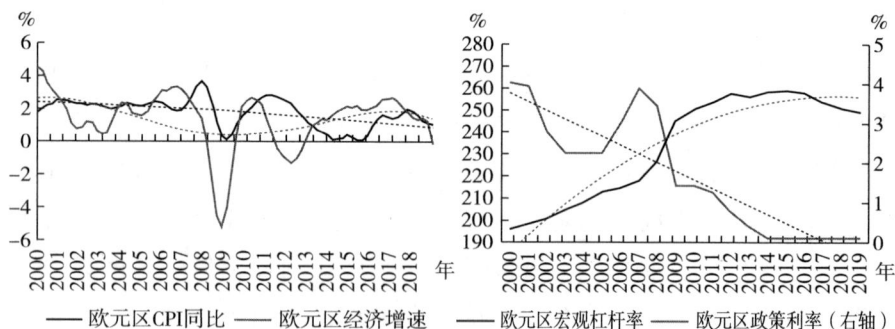

欧元区CPI同比 ——— 欧元区经济增速 ——— 欧元区宏观杠杆率 ——— 欧元区政策利率(右轴)

图 1.2 欧元区的经济增长、通货膨胀、利率和债务

(数据来源:CEIC)

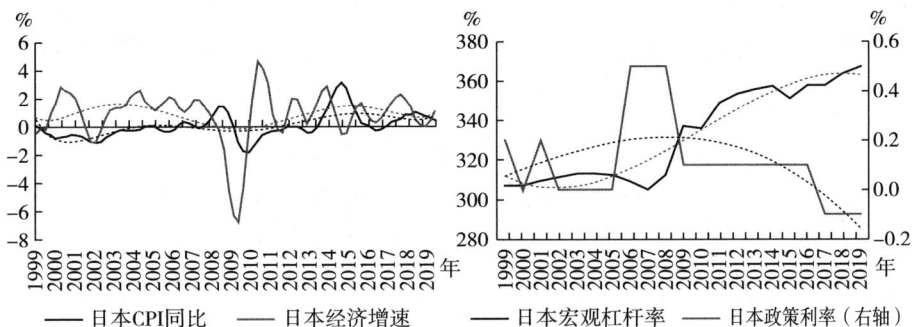

图 1.3　日本的经济增长、通货膨胀、利率和债务

（数据来源：CEIC）

一般认为之所以货币条件应保持宽松并下调利率，是因为经济的潜在增长速度在放缓，因此需要货币条件与之相匹配。但仔细观察我们会看到，近些年来无论是名义利率还是实际利率水平，与各自经济体的经济增速之间的缺口都在明显加大。这意味着，利率相对于经济增速越来越低，似乎需要更低的利率（甚至是负利率）和更高的债务来维持相同的经济增速，在此过程中，通货膨胀保持疲弱，甚至有持续的通货紧缩压力，而高债务和低通胀又使货币政策难以回归常态，这就像掉进了"陷阱"一样。

正因为有上述变化，国际货币和宏观经济领域出现了两个值得关注的现象：一是非常规货币政策（主要包括零利率、量化宽松、前瞻性指引及负利率等）很可能常态化，一些国际组织和经济学家已经在讨论非常规货币政策常态化后的有关问题；二是所谓现代货币理论（MMT）兴起，引起各方面的广泛关注。前者意味着，那些曾被认为只会是短暂和阶段性存在的超宽松货币刺激措施，很可能难以退出从而长期存在，成为货币政策的"新常态"。后者意味着，即使是非常规货币政策，也正在逐渐失效，因此需要有新的货币理论和新的政策工具，如改由财政来驱动货币进而支持经济增长，以对非常规货币政策形成替代。无论现代货币理论本身合理与否、是否正确，这些新变化背后的深层次问题都很值得关注。我们习以为常地对货币政策框架和货币政策传导的传统认识，也需要有新的调整和再认识。

面对这些重大变化，需要在理论上进行观察和理解。不过，如果我们回归到主流经济理论，就会发现其对货币、债务这些重大问题和重要现象的处理相当简单和粗略。对宏观经济和货币研究者来说，我们时常会困惑于一个看似矛盾的现象：一方面，人们对货币的重要意义极其推崇；另一方面，主流经济理论在阐释货币对经济的作用时却极其简化。对货币重要作用的论述不胜枚举。例如，马克思指出"货币对于决定历史的作用最大"；斯泰因（G. Stein）提出"将人和动物区分开来的正是货币"；尼尔·弗格森指出"货币是人类社会进步的根源"；《人类简史》将货币、帝国与宗教视做人类社会的三种全球性秩序，并将货币秩序列在首位。在现实中，货币也与我们的生活几乎时刻不离、息息相关、密不可分，就如加尔布雷斯在《不确定的年代》中所讲的，"货币和爱并称为人的首要快乐之源。货币和死亡并称为人的首要焦虑之源。"不过，对如此重要的"货币"，主流经济理论处理得却十分简化。这种简化，体现在主流经济理论的各种"两分法"上。主流宏观经济理论将实际变量和作为名义变量的货币分开，在整个框架中是不考虑货币的，或者说货币只是一层"面纱"，不会对经济运行和实际经济变量产生影响。

进一步看，主流经济理论对债务的处理更为简化。在主流宏观经济教科书中，几乎找不到对债务问题的阐释，有的甚至没有出现过"债务"这个概念。宏观经济学教科书提到债务问题，一般集中在"李嘉图等价定理"上，实际上这一定理对债务的处理也是相对简单的，即认为经济主体会预期到当期的债务需要在下一期偿还，当期的减税需要在下一期通过加税补偿，由此改变自身的行为，因此债务对经济主体行为的影响是中性的。这与把货币处理为中性是类同的。为什么主流经济理论会如此忽略债务问题？一种解释是债务与货币高度重合。如在 Dalio（2018）阐释的概念中，信贷指赋予他人的购买力（货币），他人承诺偿还该购买力，即偿还债务。因此，信贷会同时创造购买力和债务，或者说会同时创造货币和债务。从这个意义上讲，说清楚货币似乎也就说清楚了债务，既然货币长期是中性的，债务自然也是中性的。进一步看，债务积累的同时往往还对应着产能扩张甚至形成过剩产能，但主流教科书中同样不提产能过剩问题，甚至找不到"产能过剩"这个概念。这可能是因为在有效市场的假设下，市场能够自我出清，不会存在产能过剩问题。从投资回报的角度看，过剩产能的回报是负的。但在新古典理论"稻田条件"的基本假设下，规模报酬不变，同时单一要素边际回报递减，但不会为负。这一基本假设本身就已将产能过剩问题排除在主流理论之外（徐高，2019）。这些重要的现实问题由此也就无法出现在主流的经济学教科书中。

　　为了进一步说明问题，我们可以再观察图 1.4。几乎所有中级宏观经济学教科书中都会有这张图，它代表了凯恩斯理论的核心观点。图 1.4 中，短期内由于价格存在刚性，供给曲线（SRAS）是一条水平线，总需求的扩张（从 AD_1 到 AD_2）会推动产出增长，同时价格不发生变化；长期内供给曲线（LRAS）则是一条垂直线，代表了潜在产出水平。总需求进一步扩张后（从 AD_2 到 AD_3），会暂时推高产出水平（从 A 到 B），实际产出超出潜在产出水平，会导致价格上涨（从 A 到 C），价格上涨后需求减少，产出会回落到均衡水平（从 B 又回到 A），但价格则永久性地上升了。若假设推动总需求扩张的是放松的货币条件，那么图 1.4 就简单而清晰地展示了以下几点：一是货币的变化短期内会影响产出，但长期看则只会影响价格，因此货币是中性的；二是货币扩张推动总需求超出潜在产出水平后，会带来更高产出和更高物价上涨，因此只要容忍更高一些的通货膨胀，就会换来更高一些的经济增长，这也就是菲利普斯曲线的核心含义。

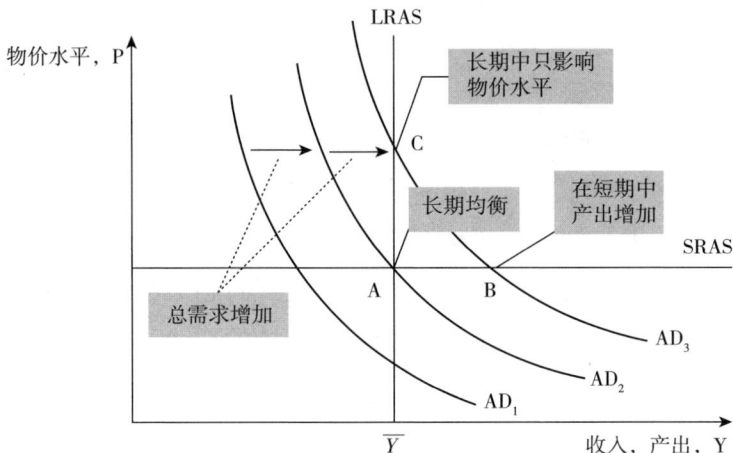

图 1.4 凯恩斯理论的核心观点

可以说，上述内容是每一位经济学专业的学生都学习过并牢记于心的，也是现代主流宏观经济学的核心要义所在。其政策含义非常清晰，那就是经济衰退时要实施扩张性货币政策，以弥补有效需求不足；反之，经济过热时应实施紧缩性货币政策，以抑制需求过快扩张和通货膨胀。不过，从近些年尤其是国际金融危机以来全球的政策实践看，我们似乎并没有看到主流经济理论所展示的情景。从主要发达经济体的情况看，即使是采取了量化宽松、零利率甚至是负利率的非常规货币政策，也并没有出现主流理论所讲的"越刺激越通胀""刺激能够带来更快经济增长"等现象，相反，我们看到的是总体疲弱的经济增长和挥之不去的通缩压力。在上述主流理论框架中，我们也看不到货币扩张过后债务的踪迹，债务并未在主流理论框架的考虑之中。但实际上近些年全球债务快速增长，目前总债务规模达到约 250 万亿美元，几乎是全球 GDP 的三倍。债务问题已经无法回避。可以说，这些重要而有趣的新现象，都是主流宏观经济理论难以解释的。以往所秉承的"经济不好了就刺激、经济过热了就收紧"的政策理念似乎过于简单了。

基于上述考虑，我们尝试从一些新的角度对主流理论所忽视或难以解释的债务杠杆、经济增长和货币的作用进行研究，对这样一个根本性且十分重要的问题做一些初步的探索，试图弄清楚主流理论为什么会忽视债务，为什么会得到诸多与现实经济运行不符的政策结论。我们理解，主流理论之所以把极其复杂的货币问题处理得十分简单，原因恰恰可能在于货币问题过于复杂，难以模型化从而进入主流理论，由此通过各种"两分法"进行了简化处理。这种简化有利于建立起形式化、标准化的理论框架，从而极大地促进理论发展，并被写入经济学教科书。但问题在于，由于我们在经济学教育中首先接触到的，就是这些经过简化和抽象而形成的理论框架，由此就容易形成既定的理念，并把这些基于简化假设和模型推导出的结论直接应用于观察现实世界和政策实践之中。正是基于上述原因，本书希望做的工作，就是基于更加现实和更加复杂的情境来研究货币与经济之间的关系，搭建一个理解经济增长、货币与经济关系的粗浅框架，并尝试运用这一框架分析一些现实问题。

当然要完成上述工作难度是极大的，经济增长、货币以及货币与经济增长的关系问题极其复杂，相关文献也浩如烟海。因此，我们需要有好的研究视角和好的研究方法，并在此基础上进行取舍和定位。对如此复杂、宏大的问题，我们不希望求全，也不可能求全，而仅是试图能够提供一个新视角下初步的逻辑观察。应当说，研究上述问题可以有很多视角，但我们认为，主流理论把货币定位在短期需求端、把经济增长定位在长期供给端从而导致供给与需求割裂，可能是问题的关键环节之一。正因为如此，我们在研究中特别强调供给与需求之间交互动态这一视角，强调把需求和供求结合起来分析和观察问题。

在之前对货币相关问题的研究中（李斌和伍戈，2014；伍戈和李斌，2016），我们强调针对传统上作为总量的货币问题，应当多使用结构主义的视角和方法来观察。在本书对货币与经济增长问题的研究中，我们除了继续运用结构主义的方法外，更加强调跨期和供求交互影响的视角和方法。在对主流宏观经济学的理论反思中，斯蒂格利茨（Stigliz，2017）认为，一是宏观经济理论的微观基础有问题，未能理解和研究有关金融的复杂影响；二是代表性代理人假设不切实际、过于简化，没能包含微观经济主体的异质性问题；三是 DSGE 模型假定冲击是外生的，不能处理凯恩斯理论中不确定性这一重要问题。这些概括是很重要的，近年来一系列文献（如 Gertler 和 Gilchrist，2018；Kaplan 和 Violante，2018；Boissay 等，2016）也针对上述问题进行了拓展和研究，试图弥补主流宏观经济理论的不足。我们认为，在上述矛盾和问题之外，主流宏观经济学还存在一个重要问题，那就是把短期和长期分开、把需求和供给分开，在"假设"供给不变的情况下研究需求，同样在研究供给时则不考虑需求。在这一框架下，长期内只讲供给（也就是经济增长理论，研究的是资本、劳动、TFP 以及生产函数等），不讲需求，实际上假定供给自动创造需求，即所谓"萨伊定律"；短期内则只讲需求，不讲供给，产出由总需求决定，这也就是凯恩斯理论的核心（如图 1.4 所示）。在此框架下，短期内的需求与长期内的供给是分割开的，是由不同因素分别决定的，并分属于经济增长理论和经济波动（周期）理论两个领域。货币及货币政策一般被界定为短期的总需求管理工具，货币政策只会在短期内影响总需求，主流理论中用于分析货币政策功能的 IS – LM 模型聚焦的也只是需求端，从长期看货币则是中性的，对经济增长没有实质影响。上述"两分法"十分流行，并由此搭建起整个主流宏观经济学的基本框架，当然也形成了上文提到的大家对货币政策及其功能的主流看法。不过，这种两分法只是理论研究中的"假设"，并不符合更为复杂的现实运行规律。理论可以假设，但现实不能假设，现实经济中供给和需求是交互影响的，长期和短期也是很难分开的。比如，由货币信贷推动的投资在"投"的过程中形成总需求，但投资完成后则会形成产能和供给，并可能对供给端和潜在产出产生影响。再比如，当我们把货币政策理解为短期总需求管理工具时，很容易得出总需求下降就应放松货币、总需求膨胀就应收紧货币这样简单的结论，也很容易忽视供给端的变化而仅仅去分析货币政策本身的影响。

我们注意到，在古典经济理论及其延伸发展中，供给和需求并不是分开的，而是交互影响、互相促进的，本身就是一个整体，并在供求交互循环中实现报酬递增和经济发展。在唯物辩证法看来，供给和需求是对立统一的矛盾的两个方面，既相互联系，又相互制约。这些思想为我们更深刻地理解经济增长的一般机制以及货币在经济增长中的作用提供了重要的理论武器。Blanchard 和 Summers（2017）特别强调，如何在主流模型中充分反映金融的中心作用，是完善宏观经济学需要认真解决的重大问题。如果说宏观经济分析的新范式是要"把金融找回来"（张晓晶等，2020），那么本项研究所要做的工作就是要"把经济理论分析的本源找回来"，把供求交互循环这一基本的经济分析方法找回来。基于上述考虑，我们尝试在主要基于古典经济理论的经济增长框架下，更多使用跨期和供求交互的视角和方法来观察货币、债务与经济增长之间的关系，阐释货币和宏观经济领域的重要问题。我们感到，这个新的视角为观察诸多宏观经济问题提供了有力的武器，也构成了贯穿本书的基本方法。

专栏 1　货币良方，还是政策试验？[①]

一、史无前例的货币宽松背后：某种学派渊源

无论是在货币政策工具的创新使用上，还是在数量规模上，次贷危机后的宽松浪潮都是前所未有的。各国中央银行为何不约而同

---

① 该专栏摘自：詹硕、伍戈：《政策良方，还是货币试验？——评麻省理工学院货币学派》，载《金融与经济》，2016（12）。

地加入这场史无前例的全球货币宽松？这场全球性货币宽松，到底是不是挽救全球经济于长期停滞的货币良方，还是只是政策试验？答案可能要从全球主要中央银行大佬们的学术根源说起。全球中央银行届诸多叱咤风云者似乎都与某一所大学有着不解之缘——麻省理工学院（MIT）。

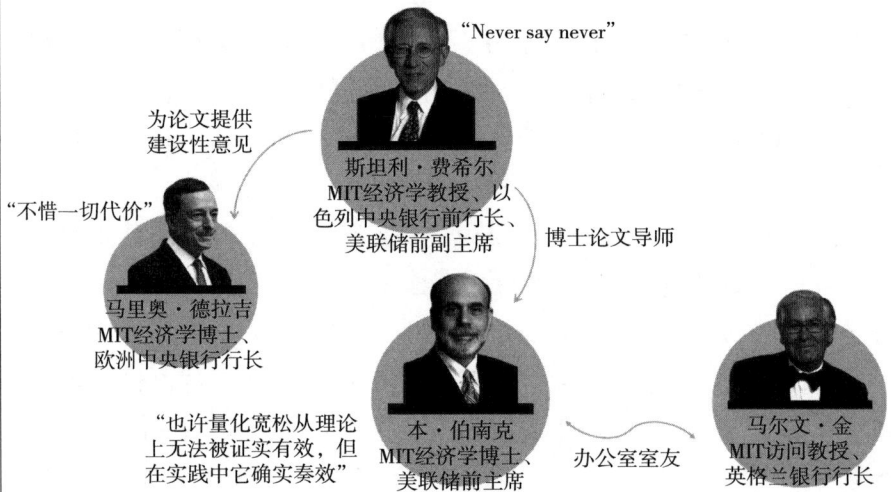

"Never say never"

斯坦利·费希尔
MIT经济学教授、以色列中央银行前行长、美联储前副主席

为论文提供建设性意见

博士论文导师

"不惜一切代价"

马里奥·德拉吉
MIT经济学博士、欧洲中央银行行长

"也许量化宽松从理论上无法被证实有效，但在实践中它确实奏效"

本·伯南克
MIT经济学博士、美联储前主席

办公室室友

马尔文·金
MIT访问教授、英格兰银行行长

二、麻省理工货币学派的政策主张

这些来自麻省理工学院的中央银行家虽然研究领域不尽相同，但其主张具有一脉相承的共性。从他们政策导向共性出发，我们将其概括为"麻省理工货币学派"：

1. "面对通缩绝不是束手无策的，哪怕联邦基金利率已经为零"

费希尔的名言"Never say never"概括了麻省理工货币学派的思想：在应对危机时，政策制定者必须有勇气实施他从未想过使用、之后也永远不会再次使用的政策。伯南克认为，"美联储和其他经济决策部门面对通缩绝不是束手无策的，哪怕联邦基金利率已经为零。"伯南克对"一旦利率降到零货币政策就失去选择空间"的说法予以驳斥，他坚信"现在已在传统的政策道路上走到了尽头，是时候将我的想法付诸实践了。"德拉吉也从不在通缩风险面前低头，"如果确信当前实施的货币政策不足以实现政策目标，那我们将不惜一切代价尽快把通胀搞上去。"

麻省理工货币学派对强力逆周期政策的笃信扎根于其学术研究脉络。费希尔论证了在黏性价格环境下，即使存在理性预期，积极的货币政策也是必要而有效的。伯南克在对大萧条系统研究的基础上提出了"金融加速器"理论。该理论认为，如果在衰退期间中央银行不作为，那么融资成本上升得更快，实体经济恶化更加剧烈。费希尔和伯南克在分别主政以色列中央银行和美联储时，以果断而大胆的政策刺激践行了其早先的学术理念。

2. "锚定（Anchor）通胀预期"

麻省理工货币学派坚信，当传统货币政策空间受限时，量化宽松可以有效地激发有利的公众预期。伯南克称，宽松政策能重塑公众预期，并且其有效性也依赖于公众预期。他认为，联储向公众提示负利率和盯住长期利率等非常规工具存在于其工具箱内，能够向公众显示其将通胀水平恢复到较高水平的潜在能力，"锚定公众的通胀预期"。德拉吉认为，欧洲央行关于负利率政策前瞻指导将通过消除人们对于长端利率只会上升而不会下降的误解，以达到使利率期限结构更加平缓的政策效果。

3. "也许量化宽松从理论上无法被证实有效，但在实践中它确实奏效"

费希尔认为，零利率并不是扩张性货币政策的终极，美联储实施的资产购买计划可以降低长端利率，提升私人部门的投资需求。德拉吉指出，资产购买计划是强有力而灵活的货币政策工具，资产购买计划压低长端利率，并直接通过利率传导机制和银行资产组合渠道降低实体经济的融资成本。伯南克对量化宽松有着精妙的表述，"也许量化宽松在理论上无法被证实有效，但在实践中它确实奏效。"

费希尔认为，只要负利率成本仍然小于持有现金成本，低于零的利率就是可行的。伯南克认为，负利率对经济活动和金融市场来说都没有明显的断点效果，此外对银行的超额准备金征收负利率也不会引发抵押贷款利率或公司信贷利率变为负数。德拉吉认为，在货币政策的银行传导渠道受损的情况下，包括负利率在内的量化宽松政策能通过降低利率的方式吸引更多的信贷需求，并且加大银行业竞争压力，促使银行开始将信用等级较低的客户纳入考虑范围，逐步放松信贷标准，最终实现信贷扩张的政策目标。

4. "积极的财政政策在利率较低的时候的政策效果是最大的"

费希尔指出，积极的财政政策在利率较低的时候的政策效果是最大的，并且即使财政政策从决策到实施有较长的滞后期，税收和转移支付等"自动稳定器"可迅速起到稳定总需求的效果。伯南克为自己赢得"伯直升机"美誉的"直升机撒钱"政策，事实上是一种财政货币政策双向扩张，可以称为货币化融资的财政计划。

三、对麻省理工货币学派理念的批判

麻省理工货币学派史无前例的政策试验也引来不少非议。

一是阻碍市场出清，扭曲经济结构。著名"债王"格罗斯称，如果短期和长期收益率接近于零，并且收益率曲线不适当的扁平化，那么社会就无法正常运行，投资者将没有任何动力在长期内进行投资。负利率还压缩了商业银行利润空间，并扭曲其贷款风险判断。由于中央银行的干预，金融系统中的传统关系已被打破。一旦中央银行拧紧水龙头，开启"资产负债表正常化"周期，资产价格

将出现难以预料的震动。事实上，伯南克对于在线性化模型中如何调控 GDP 和 CPI 等实体变量虽有深厚造诣，但其理念并未涵盖金融市场自身调整及其对实体经济作用的非线性和非对称性研究。

二是带偏公众预期，难以刺激增长。货币理论大师伍德福德认为，中央银行承诺维持低利率政策的前瞻指导政策恰恰表明它预计到经济形势如此糟糕，因此将保持多年的低利率绝不是一种能激发信心的预测。美联储前主席格林斯潘表示，美联储向金融体系注入的巨额流动性"几乎没有增加贷款也没有刺激经济"。对储蓄者来说，中央银行从他们手中收购债券，并不会使他们感觉更加富裕而增加支出。对借款者来说，中央银行的资产购买计划也难以降低其借贷成本。负利率能否促进金融机构将在中央银行的超额准备贷出去，这取决于金融机构对未来经济信心和风险的预判。此外，负利率也存在下限，据测算，联储对银行的超额准备金支付负利率的理论下限是 -0.35%。

三是助涨资产泡沫，引发通胀风险。中央银行将基准利率降至极低后，抬高了资产价格并降低了存款利率，让金融从业者在内的富人阶层受益，而主要持有储蓄存款以及退休基金、保险产品等固定收益金融产品的低收入人群受损。英国央行工作论文发现，宽松货币政策虽然通过推高资产价格而增加家庭总体财富，但这种效益更加集中地体现在最富有的 5% 的家庭。国际清算银行论文也证明了非常规货币政策有更大的分配效应。批判者还认为，一旦政府和中央银行之间出现无限制的资金流动，那么恶性通货膨胀的可能性将不再仅仅存在于纸面上。太平洋投资管理公司（PIMCO）Andrew Bosomworth 指出，18 世纪末以来全球共有 56 次类似"直升机撒钱"的例子，包括 1795 年法国、20 世纪 20 年代魏玛德国以及 2007 年津巴布韦，每一次都出现恶性通货膨胀。

第二章 研究的基本思路和框架

　　基于上述考虑，本书分五个主体部分共十四章探讨债务杠杆、经济增长及货币的作用问题，基本研究思路和框架如下。

　　我们的研究从债务入手，从债务问题开始。债务在主流经济学教科书中被"善意地忽视"，在新兴起的诸如现代货币理论中则被认为基本不是问题，"内债不是债"等观点也有不小的市场。事实果真如此吗，如何看待和理解债务问题？在高债务已成为全球性现象的当下，需要从理论和实证上规范地研究债务与经济增长之间的关系。我们基于全球主要经济体的实证检验发现，债务对于经济增长而言并不是"中性"的，适量债务有利于经济增长，债务过度累积则会拖累经济增长，债务扩张是有边界的。在研究中，我们分别讨论了债务与经济增长以及经济危机之间的关系，这可以帮助我们更细致、全面地了解债务边界问题。研究表明，在常态时期，政府债务与经济增长之间存在"倒U形"关系，债务在短期内能促进经济增长，但政府债务积累到一定水平、超过一定的阈值后，债务率上升会对长期经济增长产生负向影响。我们基于全球 58 个经济体动态面板数据的检验验证了上述关系，并发现阈值位于 80% ~ 105% 之间，这与 Rogoff 和 Reinhart（2010）、Kumar 和 Woo（2010）计算出的 90% 左右的阈值大体是一致的。这意味着，政府债务上升的空间是有限的，加杠杆也是有限的，并不像"内债不是债"等理念所言那么简单。研究还表明，各部门债务/GDP 短期内的"大起大落"（包括总债务、私人债务、政府债务及外债等）均将提高发生经济危机的可能性，且债务/GDP 在短期过快上升或下降对危机发生的影响要高于债务/GDP 水平本身。也就是说，债务率的绝对水平对长期经济增长意义更大，而债务率短期的大幅变化则对是否爆发经济危机更有影响。此外，政府债务过高还会限制政府在发生危机时进行逆周期调节的能力，收窄宏观政策调控的空间。适度的债务水平不仅能促进常态下的经济增长，也能为危机状态下政府的宏观调控创造空间。

接着我们把研究视角拓展到债务与物价的关系上。欧文·费雪的"债务—通缩"理论、伯南克的金融加速器理论和辜朝明的资产负债表衰退理论分别从不同视角解释了美国 20 世纪 30 年代大萧条和日本"失去的二十年"等时期债务高企与通货紧缩并存的现象，但对中国 2012 年至 2016 年出现"债务—通缩"以及"债务—通胀"相继并存的现象难以给出解释。我们构建了一个新的长短期债务研究框架，分别在长债务周期下和短债务周期下分析债务与通货膨胀及通货紧缩的关系。研究发现，一是债务水平对于物价的长期和短期影响存在差异。从长期趋势来看，债务率与通胀率呈现反向关系，高债务经济体通胀水平普遍较低，甚至发生持续通货紧缩；从短期波动来看，债务率变动与通胀率整体呈现正相关关系，即债务短期增长率较高的国家，其通胀率也相对较高。二是从长期来看，债务高企引致通货紧缩的机理客观存在。债务长期积累意味着借款者还本付息压力增大，随着资本回报率边际递减，势必减少其投资或消费支出；同时，基于对借款者资产负债状况恶化及高债务不可持续的担心，银行等贷款者往往收紧放款条件从而抑制融资需求，通货紧缩由此产生。三是从短期来看，债务高企引发通货膨胀的机理也是显而易见的。特别是在宏观政策刺激下，降息和放松货币条件可以促使微观主体增加债务杠杆，投资、消费出现短期"脉冲式"增长，社会信用的扩张引致价格水平上升。若将债务短期增速从长期趋势中分离出来，就可以发现短期内出现的这种债务—通胀机制。总的来看，债务扩张短期内可能刺激通胀，但中长期看则可能内生通缩压力。

适量债务有利于经济增长，债务过度累积则会拖累经济增长，甚至引发危机，债务应是有其边界的。作为货币的"映射"，债务与经济增长的关系远不是"中性"那么简单，而是深远和复杂的。这提示我们不能用主流经济理论中简单的"两分法"来观察经济问题，也不能简单理解货币与债务的作用。主流宏观经济理论中的"两分法"实际上是"分析"这一重要方法论的具体运用。也就是说，在研究一个问题时，先不考虑另一个（些）问题，或者说先假定另一个（些）变量不变，由此集中研究其中的一个问题。这种做法的好处是，有利于把一个问题研究深、研究透，并容易通过简化实现形式化建模。但也存在问题，那就是容易导致理论的分割，进而导致思维的分割。理论的分割会直接导致理论难以解释复杂的现实，给人们在存在货币的现实世界中思考和认识相关问题带来困惑。思维的分割对我们的影响则可能更大。经济理论中的"分析"方法，原本是试图在假设其他不变、不考虑其他因素的情况下，先集中研究某一类问题的影响。但这些理论一旦成为经典，人们往往只会记住其结论，而忘掉这些结论成立的假设条件和适用的环境。比如说，在现实经济中，供给和需求实际上是交互影响的。由货币信贷推动的投资在"投"的过程中构成总需求，但投资完成后则会形成产能和供给，并可能对供给端和潜在产出水平产生影响，同样，供给端的变化也会对需求端产生影响。但在主流理论的处理中，则将供给和需求分割来看，并分别作为短期和长期问题来讨论。而当我们把货币政策理解为短期总需求管理工具，并只是在诸如 IS－LM 等模型中来讨论货币功能的情况下，很容易得出需求下降就应放松货币、需求膨胀就应收紧货币这样简单的结论，也很容易忽视供给端的变化而仅仅去分析货币政策本身的影响。总的来看，现代主流理论中的这些"两分法"只是理论研究中的"假设"，并不符合更为复杂的现实运行规律。

鉴于此，我们需要一个更加综合、完整的理论和思维框架来理解和观察现实经济运行。这其中，"跨期"和"交互"的视角非常重要。所谓跨期，就是不能仅看对当期的影响，还要看对下一期和未来的影响；所谓交互，就是不能简单将本来相互联系的变量分割开，而是要观察其相互之间的影响，例如我们不能将供给和需求割裂后来分析问题，而是要观察供求之间的交互影响和动态变化。

实际上，经济增长理论也并没有把供给和需求完全分割开，尤其是古典经济发展理论基于跨期和供求循环的视角，深刻阐释了由经济供给和需求之间交互影响、相互推动而内生经济增长的机制。回到古典经济理论，我们会发现从斯密到杨格再到科斯，形成了在专业化分工基础上供求交互影响、自我繁殖、内生演进的完整的经济发展思想，为我们理解经济发展的一般机制提供了深刻的思想框架，也提供了从供求交互视角看世界的基本方法。"斯密定理"指出，分工是经济增长的源泉，分工取决于市场的大小，市场的大小又取决于运输的条件。这三句话中，第一句讲的是供给（专业化分工和生产），第二句讲的是需求（市场规模和范围），第三句讲的实际上是交易成本，斯密定理把供给、需求以及交易成本等关联在了一起。不过，斯密定理实际上虽然强调了市场规模在包容专业化和分工发展中的重要作用，但并没有阐释供给和需求之间的交互影响和动态变化。斯密看到了分工取决于市场范围大小这一问题，类似于供给取决于需求，但正如舒尔茨指出的，市场扩张的条件、起源以及这种扩张中所得到的额外收益问题，斯密并没有解决。对斯密定理作出重要发展的是阿林·杨格。杨格指出，报酬递增的内生实现机制，表现为分工水平提高与市场范围扩大之间的正反馈效应，即不仅市场的大小决定分工，而且分工也决定市场的大小，"分工一般地取决于分工"。这实际上就是由供求交互循环所形成的内生增长。也就是说，经济系统内存在着自我发展的内生力量，这种力量是不断战胜走向经济均衡力量的反作用力，它来源于分工水平提高与市场范围扩大之间的正反馈效应。分工深化和市场规模的相互作用，实质上就是供给和需求的交互影响，正是供给和需求的相互拉动才构成了经济内生增长的源动力。在古典经济学理论中，供给和需求只是分工这个"硬币"的两面，彼此不可分割，供给创造需求，需求又拉动供给。分工深化带来效率提升，创造出更大的需求，而更大的需求，又可以包容进一步的分工深化，并加长迂回生产链条，在这样的交互影响中创造出财富增加和经济增长。斯密定理中还讲到"运输条件"，实际上就是交易成本，这是后来新制度经济学的核心概念，由此也就可以把制度和交易费用引入上述框架。

总的来看，经济发展的核心是如何实现"报酬递增"，通俗地讲就是如何实现"1加1大于2"，由此经济才能发展，财富才能增长，蛋糕才可做大。基于此可以具体扩展为三个相关的问题：一是财富增长和报酬递增的根源何在；二是报酬递增如何实现自我内生、自我繁殖，也就是经济如何实现内生和可持续增长；三是什么是这种机制得以运转的基础，什么因素会制约其演进速度与方向。新古典理论试图用规模经济解释前两个问题，并未切中根本，且对第三个问题避而不答；新制度经济学很好地回答了第三个问题，但对前两个问题却涉及不多。比较而言，基于斯密—杨格—科斯的所谓"拓展的斯密定理"可以给出一个更好地理解经济增长与发展的基本图景：专业化会提高生产效率并导致技术进步，而不同产业分工的相互协调合作可以产生"1加1大于2"的报酬递增效果，生产出较投入越来越多的财富。通过市场交易，专业化主体可获得多样化消费并分享不断增长的财富，财富和收入增长意味着市场的扩大，而这又会激励专业化和分工发展，由此形成自我循环的内生增长动力。不过这种内生循环能否顺畅运转，又受到制度安排和交易成本等因素的影响。技术进步、工业化、城市化、国际化等发展现象都可以在上述框架中内生出来。

上述框架体现了供求交互影响、相互促动的内在机制。如果将投资作为起点，那么上述过程就表现为"投资发展分工—分工提高生产率扩大供给—供给创造相应需求—需求和市场规模扩大促进分工发展"这样一个循环过程，经济在这个循环过程中实现报酬递增。经济能否实现持续的内生增长，取决于上述循环过程能否顺畅，而对经济发展中很多重要现象的解释，也可以通过考察这一循环过程来进行。我们运用这一古典内生经济发展思想对中国改革开放以来的经济增长做了一个简单考察，并有一些有趣的发现。实证检验显示，改革开放四十多年来，我国投资和消费关系大体可以分为两个大的阶段。在2002年之前，投资是消费的因，投资总体带动消费；2002年之后，消费则成为投资的因，消费总体带动投资。更细致地看，在2002年之前这一时段里，20世纪90年代中期前投资是消费的因，90年代中期后的几年里，两者之间的因果关系不再显著。从宏观经济的角度看，上述变化十分重要，需要我们细致分析。

　　2002年之前投资和消费的关系，能够反映出改革开放后一段时间里中国投资与消费的特点及其变化，这也就是投资与消费的双冲动及其非平衡的演化。20世纪90年代中期之前，主要矛盾体现在较为旺盛的需求和比较落后的生产上，面临的主要是供给（生产）约束。在较低的经济起点上，面对大量有待发展的分工领域，需要大规模资本投入，资本投入首先表现在固定资产投资增速变化上，伴随这一过程的是贷款和货币供给量的投放。通过投资和生产，投放的货币和信贷转化为劳动者的可支配收入，而具有消费冲动的劳动者则很快进行消费。1985年和1993年出现了两次固定资产投资高潮，相应在1986年和1994年就有了消费增长的两次高峰；1989年投资增长跌入谷底，紧接着1990年消费增速也降入最低点。两者之间的时滞均为1年。投资和消费的双冲动推动了当时中国经济的较快增长。

　　若上面描述的增长模式可持续，中国经济会继续依此模式实现高增长。但在20世纪90年代中期以后，上述模式的可持续性出现了明显问题。投资对消费的拉动作用明显递减。首先是金融风险不断累积，规范投融资主体行为与深化改革日益受到重视。以累积金融风险为代价换取经济增长的模式难以持续。二是消费者行为发生了明显变化，涉及养老、医疗、教育、住房等各种计划经济下的福利保障方式逐渐减少，劳动者需要积累财富并在更长的生命周期中合理分配，原有的消费冲动随之消失。房地产、教育、医疗及资本市场的发展还改变了货币在经济中的流向，大量货币从一般竞争性产品市场转向价格持续上涨的垄断性部门，投资高速增长及货币供给的相应增加能够引致消费物价上涨的力量减弱。三是投资与供给层面的变化。1994 年以后，中国的资本—产出比率及其增长率持续上升，资本边际贡献下降，除了消费因素变动的影响外，产业体系的发展方向与技术选择产生的影响同样值得注意。从分工自我演进机制的角度看，上述产业体系在供给创造出相应需求的环节上出现问题，导致自我演进、自我实现的良性增长出现阻碍。

中国如何走出这段循环不畅的发展阶段呢？从 2003 年初开始，中国经济发力上升，迸发出强劲的增长动力，迎来了持续数年的快速增长期，被大多数人认可的原因主要有两点：一是改革；二是开放。加入世界贸易组织使中国得以分享经济全球化的好处，外需成为拉动中国经济增长的重要引擎，并在一定程度上缓解了内需不足问题，由此帮助形成供给与需求之间的良性促动机制。而且，这一期间中国实施一系列深刻的改革和调整。市场持续深化，国企改革"抓大放小"，大量企业兼并、重组，资源被重新配置、盘活，国有银行改革也获得突破性进展，大量沉淀的金融改革和稳定成本得以剥离、消化，银行负担明显减轻，资产负债表恢复健康，经济供给端实现了调整和优化。既调整供给，也扩大需求，供需相互促动的良性机制推动了中国经济的持续快速增长。

根据我们的实证研究，2002 年之后需求（广义消费）开始成为供给（投资）的因，也就是说需求更多拉动了供给，消费更多拉动了投资。这种变化与经济发展的一般规律是吻合的。当生产力和市场经济发展到一定阶段，供给过剩和需求不足往往成为经济运行中的突出矛盾。按照凯恩斯理论，由于未来存在不确定性和人类非理性的情绪波动，经济主体会产生流动性偏好和预防性储蓄行为，这实际上颠覆了古典经济理论中供给可以自动创造需求的教义，意味着经济运行中可能会经常面临有效需求不足的问题。此外，收入分配差距扩大等因素也会导致边际消费倾向下降，阻碍供给创造出相应的需求。这些更为复杂机制的存在，使供给创造出的收入可能会有相当部分被"储蓄"起来，或者由于分配失衡导致消费需求的错配，由此难以形成有效需求。缓解供需之间的错配，着力优化供给、适度扩大需求，是打通国民经济大循环的一个关键环节，供求交互也为我们理解和分析经济循环提供了新的视角和方法。

在搭建起上述理解经济增长的一般机制后，我们就可以尝试把货币因素纳入其中，并开展后续的分析。重点是就信用货币体系下货币在迂回生产中的作用进行研究，并尝试打破传统的"两分法"，将需求和供给放在一个连续的时间框架下分析，探讨需求和供给之间的交互关系。货币可以定义为大家愿意接受的最直接的一般性购买力。"大家愿意接受"意味着存在确保互信的机制，"最直接的一般性购买力"则意味着不用再换成其他东西就可以直接购买其他所有商品和服务。"用着放心、用着好用"是货币最本质的特征，在《时间简史》中这被称为"万物可换，万众相信"。正因为如此，充当交易媒介以降低交易费用是货币最为直接的功能，也是货币最直观和最容易理解的功能。主流货币理论在将货币纳入一般均衡模型时，或者假定货币会直接产生某种效用，将货币余额纳入效用函数，这也就是货币效用函数模型；或是施加某些形式的交易成本，由货币的可便利交易属性引出货币需求，典型如预留现金（CIA）模型等。可见，降低交易成本是主流理论引入货币和讨论货币作用的基本视角。回到斯密—杨格—科斯框架中，交易费用包括外生交易费用和内生交易费用。从外生交易费用看，货币的作用主要是便利交易、降低成本。从内生交易费用看，货币本身就是一种基于信任的工具，可以通过信誉机制来解决交易过程中的道德风险以及由信息不对称导致的逆向选择问题。商业银行作为信用货币体系下主要的中介机构，对于降低搜寻成本、解决信息不对称等问题具有其优势。信用货币不仅能够降低外生交易费用，还有助于降低内生交易费用。当然货币在降低交易费用方面的作用也有其极限，比如说当实现充分的货币化之后，货币在降低交易费用方面的作用也会随之下降。

在斯密—杨格—科斯框架中，货币更为重要的作用，在于货币会对专业化和分工产生深刻影响。主流理论对货币作用的理解主要还是体现在货币的交易媒介、价值储藏等功能上，很大程度上基于"实物货币"的理念，是一种直观和简单的理解。货币实际上还有非常重要的功能，这就是促进迂回生产。在古典经济发展理论中，迂回生产是专业化分工深化的重要特征，迂回生产链条越长，最终产品的生产效率越高。随着迂回生产链条延长，会涉及大量中间品的生产。相较于最终消费品，中间品对其生产者来讲并没有直接的使用价值，因此在中间产品生产者研发、生产及至销售获利之前，必须有相应的储蓄进行支持。这种储蓄可以来自中间品生产者自身，但这显然是有限的。越是复杂和需要长期、巨额投入来支持的中间品研发和生产，就越需要更多的储蓄支持才能完成。也就是说，在专业化分工发展的过程中，有人愿意将储蓄借给中间品研发生产者以助其完成工作是十分重要甚至不可或缺的，这也是专业化分工所具有的迂回生产特征内生决定的。货币发挥储蓄和价值储藏功能并向中间产品生产者提供支持，也就是金融活动。可见，金融对现代经济发展的意义重大，金融和货币发挥了支持投资的功能，从而使专业化分工发展成为可能。若没有货币和金融的支持，专业化和分工实际上很难深化，整个社会的迂回生产链条也很难延伸，工业化、市场化自然也很难得到发展。

信用货币可以进一步强化对迂回生产的支持。迂回生产链条越长，需要的货币和金融支持越大。货币和金融支持越强，迂回生产链条也就更有条件延伸。在实物货币体系下，迂回生产链条的延长会受到实物货币量的限制，当分工细化到一定程度后，可能就无法再继续下去。而在信用货币下，货币创造基于银行信用，在不附加其他约束的情况下，银行可以有更大的空间通过发放贷款或购买债券等方式为企业提供资金，促使企业增加投资，支持中间品种类的增加，货币和金融的作用更加凸显。与此同时，中间品生产效率的提升也离不开投资的支持。中间品种类的增加只是延长了迂回生产链条的长度，而迂回生产链条深度的拓展需要通过提升中间品生产效率来实现。在中间品生产过程中，研发、工艺改进以及干中学带来的个人专业化程度提高等，都能有效提高中间品生产效率，而这一过程也需要投资的支持。

货币能否有效支持迂回生产和经济发展，本质上取决于投入的货币能否被有效运用和配置到能够提升效率的领域中。对此熊彼特有深刻的论述。熊彼特较早提出了贷款创造存款的思想，并专门论述了信贷的性质和作用。熊彼特认为，在现实生活中，信贷总量必然大于有充分担保品所提供的信贷量。信贷不仅会超过现存的黄金基础，而且还会超过现存的商品基础。这实际上就是货币信用的创造。他认为，原则上只有企业家才需要信贷，即信贷要服务于产业发展。信贷的根本作用，在于使企业家能够获得一笔购买力，从而把他需要的产品从其先前使用的地方抽取出来，按照其需要的方式加以利用，从而使经济系统进入新的轨道。这类似于货币支持迂回生产的机理。熊彼特高度重视创新的作用，并认为企业家是创新的主体。信贷在本质上是为了把购买力转移给企业家而进行的购买力创造，而不是单纯地转移现有的购买力。购买力创造是在私有财产和劳动分工制度下实现发展所采取的方法。通过信贷创造可以把生产要素委托给企业家，这样才可能在完全均衡的简单循环流转中实现经济发展，这种职能实际上就是现代信贷的基础。可以看到，熊彼特关于信贷作用的阐释与货币金融在迂回生产中的作用本质上是一致的，强调通过信用创造使"企业家在还不具备对社会商品流的正式索取权时，就取得了分享社会商品流的机会"，同时更加强调了要把信用资源用于支持企业家的创新，而这种支持正是实现经济发展所必需的。

我们围绕货币在经济增长中的作用，阐释了货币从媒介交易发展到创造购买力和债务的变化。从逻辑上讲，货币的首要功能是交易媒介和价值储藏，尤其是交易媒介功能是货币所独有的和排他的，这也是货币的本质属性。正是有了媒介交易的功能，大家都愿意接受货币作为一般性的购买力，货币也才有了跨期的价值储藏功能。同样，也正是因为货币可以媒介交易，可以"购买一切"，人们才可以通过信贷等方式创造出购买力，在市场化条件下实现要素的重新整合，来支持迂回生产和创新发展。货币不仅可以通过降低交易成本间接促进生产，而且可以通过购买力创造直接参与和影响生产。在主要依靠银行放贷创造购买力的信用货币体系下，后者的作用更为突显。在市场经济中，组织生产的主体是企业家和创新者，货币的功能是作为"一般性购买力"，赋予企业家或创新者组织生产的能力，提高组织生产的效率。当然也要看到，市场经济的本质特征是分散决策，自取收益，自担风险。因此对迂回生产及创新的支持，并不完全依赖银行的信用货币创造，也（更多）依赖资本市场的风险共担机制。这些制度保证了全社会组织创新的活力，这种活力又保证了全社会对组织信息的获得以及由此向更有效的均衡状态的演进。从货币金融会影响投资进而影响专业化分工和企业家创新发展的角度来看，货币并非是中性的，对经济增长有着持续和深远的影响。

我们接下来从供求动态交互的角度进一步分析货币与经济的关系。

货币扩张可以支持投资，而投资是发展迂回生产的工具。投资在"投"的过程中是需求，投资完成则形成供给。由于新供给提高了效率，供给创造出新的需求，由此会形成需求和供给之间的交互动态。当然这是一种理想的状况，即需求与供给实现了良性互动。在现实生活中也可能出现另一种情况，即"过度和低效的需求刺激—供给端产能过剩—通货紧缩—进一步实施需求刺激—产能更加过剩—物价进一步下降，引发持续通缩"的恶性循环。在这种情况下，需求过度扩张带来供给端的产能过剩和低效率，进而形成通缩压力，出现"越刺激反而越通缩"的现象。在凯恩斯理论框架中，短期内总供给曲线（也就是潜在经济增长水平）是垂直不变的，由长期因素决定。当实际产出弱于潜在产出水平时，就意味着有效需求不足，存在负的产出缺口，此时就可以通过增加投资及其他支出等方式弥补有效需求不足和产出缺口，把实际产出水平推升至潜在产出水平。这一框架基于静态和短期的分析，仅观察需求变化对"弥补"当期产出缺口的影响。若从长期和供求交互的角度观察，短期内作为需求的投资，在完成后会形成供给，这就可能在长期内对供给端形成影响（有可能是好的影响，也可能是不好的影响），并因此影响潜在经济增长。若此判断是成立的，就需要解释与此相关的另一个重要问题。这就是如何理解有关货币扩张只会导致物价变化，对长期经济增长没有影响（也就是货币中性）的实证结论。例如，Walsh 在梳理了大量文献后认为，经验文献在货币、价格与产出间长期关系方面没有分歧，货币增长与通货膨胀之间的相关系数为1，货币增长或通货膨胀与实际产出增长之间的相关系数可能接近于零。为什么大量实证检验会显示货币扩张会更多体现为物价上涨和货币中性呢？我们猜测其中可能的原因，是在货币扩张的第一期，由于供给端是既定的，货币和需求扩张带来的投资增长会暂时导致"偏多货币追逐偏少商品"，从而在一定程度上体现为物价上涨；但在投资完成后的第二期，则会形成实际供给能力，进而可能对潜在产出水平产生影响，从而有可能成为稳定价格的力量。之所以会出现上述情况，原因在于信用创造与有效供给的形成并不是同步的，而是处在不同的阶段。因此，货币非中性与物价在一定阶段内的上涨应该是可以并存的，并不能把货币扩张后出现通货膨胀作为货币中性的依据，这一点实际上需要在供求交互和跨期的视角下来观察。

对此熊彼特也有经典的论述。熊彼特指出，信用支付手段，也就是新的购买力，被创造出来并交给企业家支配，这样企业家就会跻身于先进生产者的行列，且其拿到的新购买力也会和之前已经存在的购买力并存。显然，这没有增加经济系统里现有的生产性服务的数量，但是"新的需求"出现了，这将导致价格的上涨。只有以牺牲先前存在的购买力为代价，才有这种新创造出来的购买力的容身之地。这就像当新的气流进入一个容器时，容器里先前存在的其他每一个分子所占的空间都会因挤压而缩小一样，当新的购买力注入经济系统时，也会压缩老的购买力。熊彼特进一步指出，用于支持企业家和有效投资的信用膨胀与用于支持消费的信用膨胀效果是不同的。在消费信用膨胀的情况下，既有的商品会被消费，但生产不会增长，这样物价的上涨就会持续。不过，若信用用于支持企业家进行创新和投资，企业家不仅会向银行家还贷，还会把生产出来的产品归还到商品的储存地与借来的生产手段相等价，由于创新带来报酬递增，社会财富还会增加。这样，货币流转额与商品流转额不仅达到了平衡，还有节余。因此可以说，在这种情况下，"根本没有信用膨胀——倒可以说存在信用紧缩——只不过是购买力与其相应的商品不同时出现，这样就造成了暂时膨胀的假象。"熊彼特的上述论述，很清晰地从一个角度阐释了货币信用创造对企业家组织生产和实现创新的重要作用，并且阐释了信用创造与通胀之间的关系。在这个框架里，货币非中性和货币一定阶段内会引起物价上涨是兼容的。

传统上认为只影响需求的货币实际上对供给端也会产生影响，且这种影响还可能是结构性的。凯恩斯主义经济学假设，经济是匀质的，不同部门对宏观政策的反应是一致的，也就是说供给曲线是一条均匀的直线。但现实经济是非匀质的，不同部门的需求和供给弹性不同，也就是说不同部门的需求和供给曲线斜率不同、弹性不同。因此宏观政策对不同经济部门的影响也会有差异，这样需求与供给的交互影响就可能加剧经济的结构分化，出现结构性通货膨胀、资产泡沫以及贫富分化等结构化效应。总的来看，在引入了货币的斯密—杨格—科斯增长框架下，货币不仅在短期是非中性的，且可能在相当长的时期内都是非中性的。宏观经济部门在政策制定过程中，不仅要考虑货币对短期需求的影响，也需要从长周期的角度，考虑货币对供给端和经济长期内生增长的影响，从跨周期视角设计并实施宏观政策，促进经济长期可持续发展。

我们接下来对货币与经济增长问题做进一步分析，并聚焦在货币与储蓄、投资之间的关系上。在主流经济学中，储蓄、投资等实际变量与货币之间是通过"两分法"隔离开的，但我们生活的真实世界却始终离不开货币。理论上的"抛开货币"与现实中的"离不开货币"始终是一对矛盾，这也是导致在关于储蓄、投资、存款、货币等问题上存在诸多似是而非认识的重要根源。我们试图就储蓄、投资及其与货币的关系提供一个基本的分析框架。实际上，投资只是储蓄的表现形态，两者是同时存在的，是恒等的。在不考虑国外净资产的情况下，高储蓄自然对应高投资；反之，高投资也自然对应高储蓄，并不存在所谓要先有高储蓄、再把高储蓄"转化"为投资这一问题。究其原因，不少人实际上是把经济学意义上的"储蓄"与货币意义上的银行"存款"相互混淆，由此产生把存款用出去、转化为信贷和投资的错误理念。有意思的是，现实经济中一经济体的储蓄水平与其存款货币之间确实有着比较紧密的正向关系。中国、韩国、日本、新加坡、中国台湾等都是全球储蓄率较高的经济体，同时也都是 M2/GDP 较高的经济体。为什么会出现这样的情况？这就需要在既有的储蓄框架中引入货币。在存在货币的现实经济世界里，经济主体（如居民和企业）的储蓄决策基本都是货币概念上的。比如，经济主体在做储蓄决策时，头脑中考虑的一般都是需要储蓄多少存款或金融资产，而不会是多少实物商品。在此情况下，若经济主体储蓄倾向高，会产生两方面结果：一方面，高储蓄倾向在行为上意味着少消费和少休闲、多工作和多创业，这会表现为实物意义上的高储蓄和高投资；另一方面，由于经济主体做储蓄决策时头脑中使用的是货币概念，多储蓄会表现为多"存钱"，由此会表现为对存款货币（履行价值储藏功能）或金融资产需求的增长。上述两类现象是同时出现的，是高储蓄倾向在实物和货币两个领域的表现。研究还发现，在信用货币条件下，投资可以在一定阶段内决定储蓄，而投资相当部分又来自银行信贷的支持，这意味着货币的扩张至少在短期内可以对储蓄、投资等实际变量产生影响。从经济增长的内生机制观察，在以斯密为代表的古典学派的视野中，投资被定义为发展分工和推进迂回生产的工具，而金融和货币正是支持投资的重要手段，由此看货币即使在长期中可能也是非中性的，对经济发展至关重要。我们的研究发现，分析储蓄率及其变化，既要看趋势性和结构性因素，也要看周期性因素，此外还应融入货币视角。储蓄率和投资率的变化实际上是一系列深层次经济结构性和周期性因素综合作用的反映。正因为储蓄率变化是诸多深层次经济因素的外化反映，在分析和解决有关储蓄率等问题时，并不宜就储蓄而谈储蓄，关键还是要从根本性和深层次因素入手，在增强经济活力、提升经济内生增长动力上下更大功夫。

在建立起从供求交互视角理解货币与经济增长关系的基本框架后，我们就可以运用这样的框架分析近年来中国经济和金融运行中的新现象和新变化，探寻其背后可能的逻辑和机理。我们发现，单纯从需求端或者供给端入手都难以全面解释经济运行，需要有供求交互的视角，研究各自可能的变化以及相互之间的动态影响。前几年中国宏观经济出现的一个变化，就是在经历了连续多年的经济下行后，2016 年下半年之后中国经济开始企稳，并出现了超过三年时间的平稳增长。不少人把这一轮经济企稳的主要原因归结为政策刺激。但对 GDP 增速贡献因素的分解测算显示，基建和房地产对经济增长的贡献在此期间并没有上升，反而还有一定程度下降，主要靠政府主导的投资来托举经济的判断并不准确。数据显示，外需改善和存货增加是推动这一阶段经济企稳的主要力量。外需改善相对容易理解，而存货增加背后反映出的是企业预期改善、愿意增加生产，之所以会出现这样的变化，需要我们从供给端视角对经济企稳回升进行观察并作出解释。考虑到投资完成后会形成产能，可以用制造业投资增速大体代表制造业产能的扩张状况。在国际金融危机后一揽子刺激措施出台后的几年里，企业快速加杠杆、扩产能，这一时期我国制造业投资增长很快，增速保持在 20% ~30% ，明显快于同期 8% ~10% 的 GDP 增速，这意味着产能的扩张显著快于需求的增长，由此逐步累积成严重的产能过剩问题。在此环境下，企业普遍难以盈利并面临通缩压力，产能过剩导致企业对需求变化非常敏感，一旦总需求下降就会对企业和市场产生较大影响，市场的"痛苦感"比较强。这也是当时经济运行中的突出现象。在 2011 年之后的几年时间里，经济呈现出持续的下行压力，政策刺激后经济短期小幅回升，随后又会出现下行压力，加之产能严重过剩，PPI 涨幅曾连续 53 个月在负值区间运行。由于投资在完成后会形成供给、增加产能，动态来看就有可能出现刺激投资反而加剧通缩的情况，导致债务—通缩相互强化的循环。事实上在一定阶段内确实也出现过类似状况。有意思的是这种情况并没有持续下去。中国经济在 2016 年下半年以后逐步企稳，PPI 也由负转正并出现较明显回升。

出现上述变化的重要原因，在于经济的供给端并不是如经典理论所假设的那样一成不变，也不只是被动接受需求政策的冲击和影响，其本身实际上也在变化和调整。也就是说，市场机制是在工作的，同时政府也在发挥作用。在供给侧结构性改革和市场优胜劣汰机制的作用下，近年来我国产能过剩问题明显缓解，面对经济下行和通缩环境，企业会相应减少投资和产能扩张，并进行结构调整、转型升级和优化重组。这其中一个重要的表现，就是 2012 年以后我国制造业投资增长从高位持续放缓。2016 年之后制造业增速已降至 5% 左右，而同期 GDP 增速仍接近 7%，这意味着总需求的增长已经快于产能扩张的速度。经济一定程度上从以往产能严重过剩、供大于求的状态阶段性转变为供求更加平衡甚至需大于供的状态。在这样的背景下，企业生产自然会增长，产能利用率提高，盈利也会上升，效益进一步改善。2016 年 3 月我国制造业投资增速开始低于 GDP 增速，这与宏观经济开始企稳、产能利用率回升等在时点上是基本吻合的，这并不是巧合，背后反映出中国经济结构的调整和变化。这些变化，构成中国经济表现出较前些年更有韧性的深层次原因。

在阐释经济领域的变化之后，我们再引入货币。当把需求和供给相互结合起来，而不是仅仅从需求端分析货币政策的影响时，我们会更加容易地理解货币与实体经济之间的关系，更好地解释货币、经济增长、通货膨胀之间的组合关系。在供求关系变化、产能周期的不同阶段，货币政策作用的方式和途径是不一样的，有的阶段会强一些，有的阶段则会弱一些，有的阶段更多地作用在实体经济，有的阶段则可能会更多影响虚拟经济。我们大致可以分四个阶段来梳理 2008 年之后货币与经济关系的变化：第一阶段在 2009 年至 2012 年左右，其间经济处于产能扩张期，投资需求旺盛，货币资金涌入实体经济并助推投资扩张。当时亦有不少资金通过同业以及表外等渠道融出，银行同业业务扩张较快，但其中大量资金绕道后仍进入各类投资等实体项目，所谓"脱实向虚"的现象并不突出。第二阶段大致在 2013 年至 2016 年，经济进入前期投资形成产能的投产期，开始出现比较严重的产能过剩，由于企业投资意愿下降，进入产能消化和调整阶段，货币政策刺激企业生产和投资需求的作用下降，资金更容易在金融体系内部"空转"，正是在这一时期，社会上讨论资金"脱实向虚"的声音开始增多。当我们不仅从货币和需求本身而是结合经济供给端的周期性、结构性特征进行观察时，就更容易理解所谓"脱实向虚"现象产生的原因。第三阶段在2016—2017年，这一时期产能过剩问题明显缓解，经济总供求更加平衡，企业预期改善，生产增加，制造业投资回升，对基建等刺激政策的依赖下降，经济步入相对稳态，宏观杠杆率也开始企稳，低一些的货币增速仍能维持经济平稳运行。第四阶段则在2018年之后，经济韧性总体较强，但由于外部环境发生明显变化，加之国内政策叠加一度形成"几碰头"，在此冲击下经济仍有可能偏离稳态，货币政策也面临信用扩张约束、传导机制不畅等问题。由于存在多重约束，在应对外部冲击和内部管理加强形成的叠加影响时，除了用货币政策进行部分对冲，也要强化政策之间的统筹协调、缓释政策叠加影响，并从体制机制上疏通货币政策传导渠道，优化金融资源配置，促进经济行稳致远。

在本书的第五部分，我们聚焦于货币政策的相关问题，在供求交互的视角下探讨货币政策传导机制发生的重要变化，阐释"低利率陷阱"的形成机理。近年来主要发达经济体实施非常规货币政策，货币条件空前宽松，但政策效果不及预期，并与低增长、低通胀、高债务等相互交织。与主流宏观理论从需求侧分析货币政策传导机理不同，我们从供给侧视角入手，基于僵尸企业建立一个理解货币政策传导机制的框架，并在这个框架内解释货币政策宽松、僵尸企业占比上升、经济疲弱、债务高企以及通胀不及预期相互交织等重要宏观经济现象。理论研究和基于全球22个经济体上市公司数据的实证分析表明，货币政策变化不仅会影响需求，还会通过阻碍僵尸企业出清等方式影响经济的供给结构。在利率下行过程中，货币条件的变化对供给的影响甚至会超过需求，中央银行降息本意是刺激新增的有效投资，但有可能更多起到增加僵尸企业、加剧产能过剩的效果，进而导致无效的债务扩张和社会生产效率下降。这是理解主要发达经济体实施非常规货币政策效果不及预期，出现宽货币、低增长、低通胀和高债务这一组合现象的重要视角。

我们的研究表明，虽然信用货币体系为中央银行和商业银行提供了创造货币的空间，且宽松货币对于短期刺激需求、保持稳定有其作用，但中长期看会产生十分复杂的经济社会效应，在此过程中货币政策传导机制也会发生重要变化。真正意义上的信用货币体系诞生于布雷顿森林体系崩溃之后，距今只有四十多年时间，但目前主要发达经济体已进入零利率甚至负利率状态，货币政策空间大为收窄。正因为货币政策的影响和效应极其复杂，在运用货币政策工具时要注意保持审慎和稳健，尤其是要避免陷入所谓"低利率陷阱"。我们的研究还发现，同样的经济增速可以对应不同的利率水平，由此可能存在多重均衡，这也意味着可以选择不同的政策策略，从而实现不同的宏观经济组合。要避免进入动态无效率状态，应保持战略定力、坚持底线思维，尽可能长时间保持常态货币政策，避免过度运用对经济产生长期损害，这也可以为货币政策在未来较长时间里应对内外部各类经济波动预留充足空间。保持必要的货币政策空间，实际上也就是为维护长期发展战略期提供支撑。

在本书的第十四章，我们系统阐释了健全货币政策和宏观审慎政策双支柱调控框架的内在逻辑。本书在阐释信用货币创造机理时指出，现代信用货币存在多种创造途径：一是由商业银行体系创造；二是由财政"驱动"货币；三是由银行被动购买外汇创造等。其中第一种是信用货币创造的主要方式，有观点认为，依靠商业银行体系配置货币存在问题，这就是货币流向会高度依赖抵押品分布，并容易流向房地产等资产领域，导致资产价格泡沫和金融不稳定，由此有必要按照

"现代货币理论"的主张搞财政赤字货币化，让财政来"驱动"货币，由于财政可以把货币直接投向"实体经济"而不是房地产等金融资产市场，从而避免资产泡沫，实现更好的经济均衡状态。这些观点有其道理，但也存在逻辑上的问题。实际上无论是贷款创造存款还是支出创造收入，货币投放与社会财富增长之间并没有必然的对等联系，根本上还是要看货币投放和财政支出是否有效率，是否能提高社会生产率。而且货币如"水"，即使改由财政支出来"驱动"货币投放到试图投放的领域，也难以避免货币最终会流向房地产等资产领域。针对资产泡沫和金融风险问题，就货币金融政策而言，关键还是要健全货币政策和宏观审慎政策双支柱调控框架，把维护币值稳定和保持金融稳定更好地结合起来。

我们认为，政策工具服务于政策目标，研究中央银行的政策框架及其演变，需要从政策目标及其演变入手。2008 年国际金融危机以来，金融稳定在中央银行政策目标中的重要性再次得到强化。以往主流的"单一目标、单一工具"货币政策框架仅关注 CPI 稳定，微观审慎监管则主要关注个体机构的合规和稳健，但币值稳定不等于金融稳定，个体稳健也不等于整体稳健，在货币政策和微观审慎监管之间存在针对系统性风险和金融体系整体稳定问题的空白。随着具有顺周期波动特征的金融市场和金融资产规模不断增大，金融管理政策需要更加关注金融稳定和系统性风险问题，货币稳定和金融稳定"双目标"的重要性凸显出来。研究发现，货币政策应加强对金融稳定的关注，但仅靠货币政策维护金融稳定存在局限。强化宏观审慎政策并与货币政策相互配合是实现金融稳定目标的更优选择。在实现物价稳定和金融稳定"双目标"过程中，货币政策和宏观审慎政策需要相互协同，相互促进，形成"双支柱"。所谓"双支柱"，意味着在履行保持币值稳定和维护金融稳定的目标组合中，货币政策和宏观审慎政策是不可或缺的，货币政策不能替代宏观审慎政策，宏观审慎政策也不能替代货币政策。

形象地说，就像支撑一座桥梁的两个柱子，虽然各自支撑和受力的位置不同，但相互兼顾，缺一不可。进一步看，"双支柱"有可能同等重要，也有可能在一定阶段内其中一个更重要一些，另一个则发挥辅助性作用，随着形势发展变化和政策目标重心改变，不同支柱的重要性又可能会发生相应的变化，但关键是两个支柱都不能少，由"双支柱"支撑起"双目标"的基本政策框架不变。健全货币政策和宏观审慎政策双支柱调控框架，有利于把经济周期和金融周期更好地结合起来，把维护经济稳定与促进金融稳定更好地结合起来。应不断健全宏观审慎政策框架，并完善货币政策和宏观审慎政策协调配合的体制机制。

附：全书的研究路线图

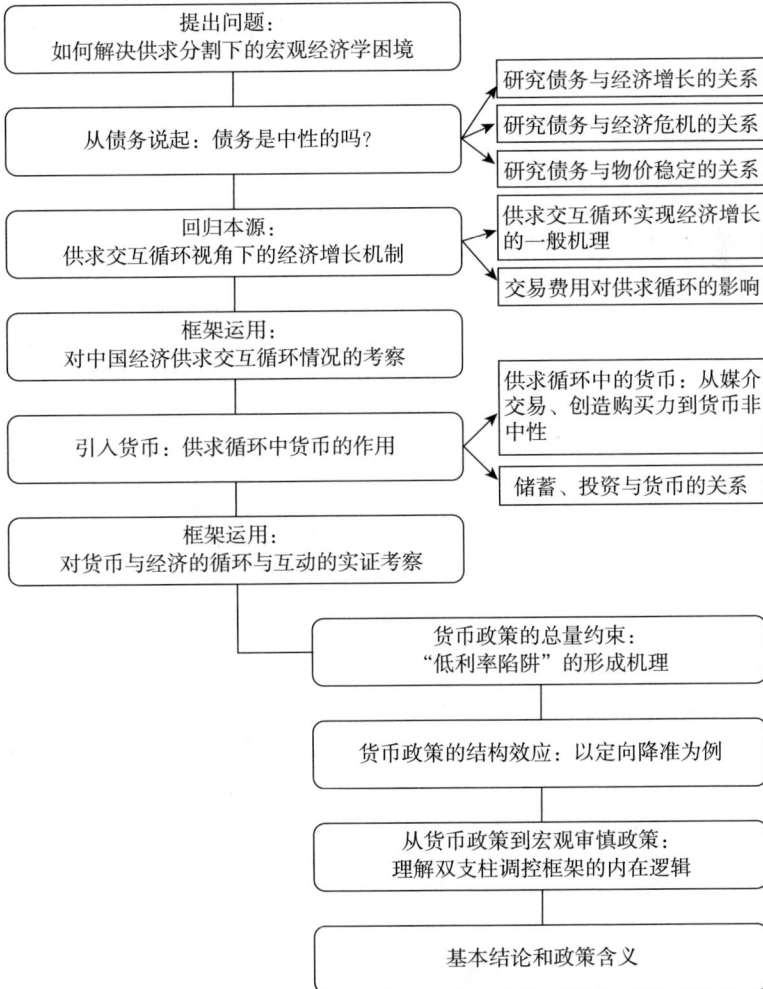

```
┌─────────────────────────────┐
│ 提出问题：                    │
│ 如何解决供求分割下的宏观经济学困境 │
└─────────────────────────────┘

┌─────────────────────────────┐        ┌──────────────────────┐
│ 从债务说起：债务是中性的吗？     │───────▶│ 研究债务与经济增长的关系 │
└─────────────────────────────┘        ├──────────────────────┤
                                        │ 研究债务与经济危机的关系 │
                                        ├──────────────────────┤
                                        │ 研究债务与物价稳定的关系 │
                                        └──────────────────────┘

┌─────────────────────────────┐        ┌──────────────────────┐
│ 回归本源：                    │───────▶│ 供求交互循环实现经济增长 │
│ 供求交互循环视角下的经济增长机制 │        │ 的一般机理             │
└─────────────────────────────┘        ├──────────────────────┤
                                        │ 交易费用对供求循环的影响 │
                                        └──────────────────────┘

┌─────────────────────────────┐
│ 框架运用：                    │
│ 对中国经济供求交互循环情况的考察 │
└─────────────────────────────┘        ┌──────────────────────┐
                                        │ 供求循环中的货币：从媒介 │
┌─────────────────────────────┐        │ 交易、创造购买力到货币非 │
│ 引入货币：供求循环中货币的作用   │───────▶│ 中性                  │
└─────────────────────────────┘        ├──────────────────────┤
                                        │ 储蓄、投资与货币的关系   │
                                        └──────────────────────┘

┌─────────────────────────────┐
│ 框架运用：                    │
│ 对货币与经济的循环与互动的实证考察 │
└─────────────────────────────┘

        ┌─────────────────────────────┐
        │ 货币政策的总量约束：           │
        │ "低利率陷阱"的形成机理         │
        └─────────────────────────────┘

        ┌─────────────────────────────┐
        │ 货币政策的结构效应：以定向降准为例 │
        └─────────────────────────────┘

        ┌─────────────────────────────┐
        │ 从货币政策到宏观审慎政策：      │
        │ 理解双支柱调控框架的内在逻辑    │
        └─────────────────────────────┘

        ┌─────────────────────────────┐
        │ 基本结论和政策含义             │
        └─────────────────────────────┘
```

37

第二部分

债务杠杆：推动还是拖累经济？

我们将债务作为研究的起点和引子。借债可以帮助居民、企业与政府实现跨期平滑，现代经济发展离不开债务推动。不过近年来全球债务问题日益突出，根据国际金融协会（IIF）的统计，2020年全球债务规模为281万亿美元，与同期全球国内生产总值（GDP）之比达到331%，环比上升11个百分点，规模、占比及环比增速均创历史新高。其中发达国家债务规模已接近GDP的4倍，新兴市场债务与GDP之比也在持续上升。

有意思的是，在主流经济学教科书中，债务累积、产能过剩等基本上都被简化或假设掉了。主流经济理论一般认为货币扩张短期会影响需求和产出，债务中长期则只影响通胀，不再对经济增长产生影响。债务与货币紧密相联，同经济增长之间的关系也像货币中性那么简单吗？要回答这个问题，需要做规范的理论和实证研究。研究发现，政府债务对经济增长的影响是显著、复杂和长期的，而不是中性那么简单。适量债务有利于经济增长，但债务过度累积会拖累经济增长甚至引发危机。债务是有边界的。

为比较全面地观察债务与经济之间的关系，本篇将分别研究债务与经济增长、经济危机和通货膨胀三者之间的关系。第三章"债务与经济增长——常态下"主要讨论常态时期政府债务与经济增长。比较而言，私人部门债务会随着经济周期变化自我调节，多数情况下企业或居民可以通过破产或者债务重组方式实现债务调整。而政府债务的道德风险相对更大，因此我们主要关注政府债务对经济增长的影响。第四章"债务与经济增长——危机状态下"则聚焦非常态的危机时期。周而复始的经济金融危机表明，危机爆发通常伴随着私人、政府或外部债务的快速变化，我们不仅从总体视角讨论债务水平累积及其短期内过快上升、下降对发生经济金融危机概率的影响，也从分部门角度进行分析，分别关注私人部门债务与政府部门债务的影响，并对外债进行研究。第五章进一步探讨债务与物价之间的关系，分析债务与通胀、通缩之间的关系。我们构建了一个研究框架，将债务率变动分为长债务周期和短债务周期，在这两个维度下分别分析债务与通胀的关联，由此获得重要而有趣的发现。从常态下的经济增长到非常态下的经济危机，再到通胀与通缩，为观察债务与经济之间的关系提供了一个全方位的视角，这样可以为本书之后的研究打下基础。

第三章　债务与经济增长Ⅰ：常态下

　　2008 年国际金融危机爆发以来，全球政府债务规模急剧上升，引起各界广泛关注。此前理论界对债务问题的研究主要集中在外债的影响上，危机之后研究重点开始转向政府债务对经济的影响。尤其是在 Rogoff 和 Reinhart 发表论文《债务时代的增长》（*Growth in a Time of Debt*）后，政府债务与经济增长之间的关系获得更大范围的关注。Rogoff 和 Reinhart（2010a）通过对 44 个国家近 200 年政府债务与经济增长数据进行研究，发现当政府债务占 GDP 的比重超过 90% 后经济增速将明显下降。此外，欧盟也将政府债务占 GDP 比重的 60% 设为警示值。

　　近年来，在全球经济增长乏力、货币政策对经济刺激作用普遍减弱的情况下，现代货币理论（MMT）兴起。MMT 认为若政府能够以本币借债，就不必担心债务偿还的问题，能够增加财政收入，因此"内债不是债"，因为政府总能够通过印钞来解决债务问题，财政扩张的空间很大。MMT 理论不乏反对者，美联储主席鲍威尔及保罗·克鲁格曼等都对这一理论持反对态度，他们担心政府通过债务货币化无限举债将带来恶性通胀，反而对经济造成损害。争论的焦点在于债务是否存在边界，而讨论政府债务约束问题，本质上就是探讨政府债务与经济增长的关系，即政府债务对经济增长的影响是否存在阈值，使得政府债务规模的扩张对经济起到先促进后抑制的作用。本章对理论文献进行梳理，试图厘清政府债务对经济增长影响的传导机制，并对债务是否存在边界的问题进行实证研究。

一、政府债务与经济增长：文献回顾

不少学者已就政府债务与经济增长的关系进行了研究。Elmendorf 和 Mankiw（1999）、Corden（1988）等建立不同理论模型探讨这一问题，Reinhart 和 Rogoff（2010a）等则通过对不同经济体、不同时间段数据使用不同估计方法进行实证分析。本部分我们将从理论研究和实证分析的角度分别对这些研究成果进行回顾。

（一）政府债务与经济增长关系的理论研究

债务扩张短期内能够促进经济增长是理论界的共识。在债务水平较低时，债务扩张能够刺激总需求，从而促进经济增长。Elmendorf 和 Mankiw（1999）认为，短期内价格和工资存在粘性，总需求增加会使总产出增加。具体来看，在政府支出保持不变的情况下，减税会增加政府债务，减税能够提高居民可支配收入，从而刺激总需求，最终使总产出增加。多数文献都将政府债务增加对经济增长的正向作用归因于短期的扩张性财政政策。

不过若政府债务水平过高，则对经济增长有抑制作用。Elmendorf 和 Mankiw（1999）认为，在长期价格和工资具有弹性，此时财政赤字会挤出投资，对长期经济增长具有负面影响。还有许多研究通过建立其他理论分析框架，来探讨政府债务对经济增长的负面影响。例如，Barro（1979）认为在债务高企的情况下，政府可能通过提高税收的方式来维持债务可持续性，而由此导致的高通胀预期对经济增长有负向作用。克鲁格曼（Krugman，1988）认为，当债务超过政府偿还能力时，一是投资回报会因边际税收增加而减少，导致投资减少；二是在高债务水平下，政府可能会在偿还债务上花费更多，相应地政府支出中用于投资的部分则会减少。总的来说，政府债务可能会通过影响投资总量和投资效率（包括政府部门的投资和私人部门的投资）而影响经济增长。Corden（1988）认为，在政府债务水平很高的情况下，政府会在降低债务规模的前提下来制定政策，在此约束下很难实施最优的宏观政策，这会降低投资效率，从而对经济增长产生负面影响。

研究表明，政府债务高企带来的不稳定性会影响长期经济增长。Serven（1997）认为，一国投资规模取决于投资环境，即在该国进行投资的潜在风险和回报，而不确定性增加会使某些觉察到风险的投资者减少投资。此外，不确定性会导致投资资源错配，投资者会更倾向于投资能够快速回报的领域，而不是那些更需要长期资金支持的领域，资源错配会降低整体资本积累的效率。

研究还表明，政府债务对经济增长的影响是非线性的。Cohen（1991，1992）认为，资本积累在驱动经济增长中扮演了至关重要的角色，政府债务较低的国家由于其风险较低，可以从本国和国际市场中获得更多的资本用于投资。但是随着借款增加，经济增速放缓可能与偿债负担显著增大有关。高债务水平会增加税负负担，如果经济增长不足以偿还其债务，政府就需要进一步举债。这些负面影响会降低投资回报率，减少投资，导致经济增速继续下降，形成两者之间的相互强化和放大。

"债台高筑"（Debt Overhang）理论表明，高水平债务会让投资者形成未来高税收扭曲的预期，导致国内外投资减少，从而影响资本形成（Krugman，1988；Sachs，1989），这一理论的代表是债务拉弗曲线（Debt Laffer Curve，Pattillo、Poirson 和 Ricci，2002）。债务拉弗曲线呈现出"倒 U 形"，在曲线的左边，随着债务还本付息压力增大，实际的债务偿还也在增加；但在曲线的右边，债务的增加可能使预期的债务偿还减少，高债务存量更倾向于与低概率债务清偿相关。曲线的转折点表明超过某一程度的债务水平可能会对投资和生产效率造成负面影响。Checherita-Westphal、Hallett 和 Rother（2012）认为存在最优政府债务规模（最大化经济增速的政府债务规模），其由最大化经济增速的资本存量产出弹性所决定。

研究政府债务与经济增长的关系还需重视国家间的异质性。Panizza 和 Presbitero（2013）对研究发达国家政府债务与经济增长的文献进行综合分析，发现这些文献计算出的非线性关系阈值并不稳定，结果会随着样本选择和模型设定发生改变。他们认为政府债务和经济增长的关系可能随着国家和时间而改变，可能并不存在一个不变的阈值，使债务由"好"变"坏"。美洲开发银行（2006）也同样提出要重视国家间的异质性，认为债务对经济增长的影响渠道取决于政府债务的结构、组成以及政府债务累积的方式和原因。

（二）政府债务与经济增长关系的实证研究

针对发达经济体的研究表明，政府债务对经济增长的作用是非线性的。Checherita-Westphal 和 Rother（2012）通过分析 12 个欧元区经济体 1970 年之后近 40 年的数据，发现政府债务与经济增长之间呈现"倒 U 形"关系，且政府债务对经济增长的阈值为 90% ~ 100%；Mencinger、Aristovnik 和 Verbic（2014）研究了欧盟 25 个国家，通过将样本分为全部成员（在 1980—1994 年加入欧盟）和新成员（在 1995—2010 年加入欧盟），他们发现对全部成员来说债务占 GDP 的比重阈值为 80% ~ 90%，而新成员的阈值则为 50% ~ 54%。当然也有学者有不同的看法，例如 Minea 和 Parent（2012）运用 PSTR 模型发现债务/GDP 在 90% ~ 115% 时，政府债务与经济增长之间是负向关系；而当债务/GDP 超过 115%，政府债务对经济增长又呈现促进作用；Panizza 和 Presbitero（2014）认为政府债务与经济增长之间并不存在明显的因果关系。

对发展中经济体及混合样本的研究得出了与发达经济体相近的结论。Nguyen、Clements 和 Bhattacharya（2003）对 55 个低收入水平国家

1970 年至 1999 年的数据进行研究发现，如果外债/GDP 低于 50% （或者外债/GDP 为 20% ~25%），债务增加会促进经济增长；而当债务水平超过这一阈值时，经济增速则会放缓。Pattillo、Poirson 和 Ricci （2002）使用 93 个发展中经济体 1969 年至 1998 年的面板数据，通过不同估计方法发现，当债务/GDP 在 35% ~40% 及债务占出口的比重在 160% ~170% 时，债务对经济增长的影响为负。

也有学者使用发展中经济体和发达经济体的混合样本进行研究，Reinhart 和 Rogoff （2010a）通过研究 44 个经济体近 200 年的数据，将政府债务/GDP 分为四组进行研究，分别是低于 30% 、30% ~60% 、60% ~90% 和超过 90% ，发现当政府债务/GDP 超过 90% 时，政府债务对经济增长有负向作用。Kumar 和 Woo （2010）研究了 38 个发达经济体和新兴市场经济体 1970—2007 年将近 40 年的面板数据，结果与 Reinhart 和 Rogoff （2010）一致，发现政府债务/GDP 的阈值在 90% 左右。Eberhardt 和 Presbitero （2015）通过对 118 个混合经济体样本 1960—2012 年的面板数据进行研究，发现政府债务与长期经济增长之间存在负向关系，但在不同的经济体两者的关系可能不同，应注意经济体的异质性。

针对中国的情况，刘溶沧和马拴友 （2001）发现赤字和国债规模并未产生挤出效应：一是财政赤字并未导致利率水平上升；二是财政投资也并未挤出私人投资。他们认为政府债务增加对经济增长的影响取决于其用途：当赤字、国债用于公共投资时对经济增长有正向作用，若用于其他经常性支出则对经济增长有负向作用。

（三）创新的方向

已有文献对政府债务和经济增长之间的关系做了大量研究，但仍存在一定的争议和不足。一是关于政府债务增加对经济增长的影响是否为先促进经济增长、超过阈值后抑制经济增长仍存在争议。Herndon、

Ash 和 Pollin（2014）使用 Reinhart 和 Rogoff（2010a 和 2010b）的数据，指出其存在计算错误、选择性地排除某些可得数据以及不合理地给予某些统计数据权重三方面问题，导致错误地描述了第二次世界大战后 20 个发达经济体政府债务与经济增长之间的关系。他们在修正数据后计算出政府债务/GDP 为 90% 以上经济体其 GDP 增长率实际为 2.2%，而并不是原来文献中的 − 0.1%。二是没有考虑到政府债务波动对经济增长的影响。政府债务波动体现了政府运用财政政策进行逆周期调节经济的情况，特别是在主要发达经济体"非常规货币政策"常规化的背景下财政政策的作用愈发凸显。

鉴于现有研究存在的争议和不足，我们试图从以下两个方面提供一些边际贡献：一是综合现有文献对政府债务影响经济增长的研究，构建统一的分析框架，阐释政府债务在短期和长期对经济增长的不同影响及传导机制；二是通过引入新的政府债务波动项变量，研究政府财政调控对经济增长的影响，丰富关于政府债务与经济增长关系的研究。本章第二节对政府债务对经济增长的非线性影响机理进行分析，第三节在理论分析的基础上选择具有代表性的样本进行实证分析，然后根据研究结果对比分析中国政策情况，最后总结并提出政策建议。

二、政府债务与经济增长：影响机理

债务融资对促进经济增长和提高生产效率不可或缺。债务随人类社会的发展自然演变，是经济发展的内在需要。在经济理论中，对专业化和分工所能起到的功效是少有的、没有争议的问题之一，一提起专业化和分工的增进就等于在说生产力的提高（盛洪，1992），而分工最大的特点就是迂回的生产方式。专业化分工程度提升表现为生产迂回度的深化，是在初始生产与最终消费之间的中间环节不断增加，流转路径不断延长。奥地利学派认为，生产过程中的重组和迂回是提高生产力的重要方式，迂回生产程度加深不仅需要使用更为专业的劳动力与更多的资本，且生产步骤的增多也增加了所需要的中间投入的数量。投资可以发展生产，因为投资可以加深生产的迂回程度，而投资的资金主要源自储蓄。总的来看，迂回生产是专业化分工过程中提高生产率的关键。而在迂回生产过程中，中间品生产者在获利之前进行的产品生产投入和产品创新投入，都由他人提供资金进行支持，由此就可能形成债务，因此债务对经济增长和提高生产效率不可或缺。当然债务积累过度意味着投资没有回报，从而反映出经济缺乏内生动力。

比较而言，政府债务较私人债务更值得关注。在社会运行过程中，个人、企业和政府等都会涉及借债问题，但私人部门债务和政府部门债务各有不同的特点。布坎南认为，私人部门借债和公共部门借债都是为应对当期的需要而取得未来支付额外购买力的经济行为，但二者存在差异：政府债务是通过增加纳税人的负担来偿还的，但私人部门不存在这种情况。对于私人部门而言，只要投资的边际收益大于借债的边际成本，就会产生相应的借款行为。特别是在需要大量长期资金投入的制造业，在生产过程中企业需要负债经营，且债务约束是相对硬性的，有市场化的自我调节机制。政府部门债务较私人部门债务软约束特征更明显，道德风险也更高。因此需要重点关注政府债务对经济增长的影响。

一般来说，较低的政府债务能够促进经济增长，而当其超过某一阈值时，政府债务的增加就会抑制经济增长。政府债务可能在两种情况下扩张：一是在税负不变的情况下增加政府支出；二是保持政府支出不变的同时减税。如前文所述，迂回生产是专业化分工中提高生产率的关键，而投资则是加深迂回生产程度和发展生产的关键。政府通过举债进行基础设施建设以及投资于其他公共产品，可能提高社会福利并促进经济增长（刘溶沧和马拴友，2001）。对于第二种情况，若政府减税导致债务增加，也能够通过刺激需求对经济增长起到促进作用。

例如，Elmendorf 和 Mankiw（1999）就从减税刺激需求的角度建立了短期债务和长期债务对经济增长影响的统一分析框架①，减税会提高居民可支配收入，进而刺激消费，增加对商品和服务的总需求。这意味着，由于短期内价格和工资具有粘性，总需求增加会导致总产出的增长，政府减税或者增加财政支出带来的政府债务增长，能够刺激经济增长。

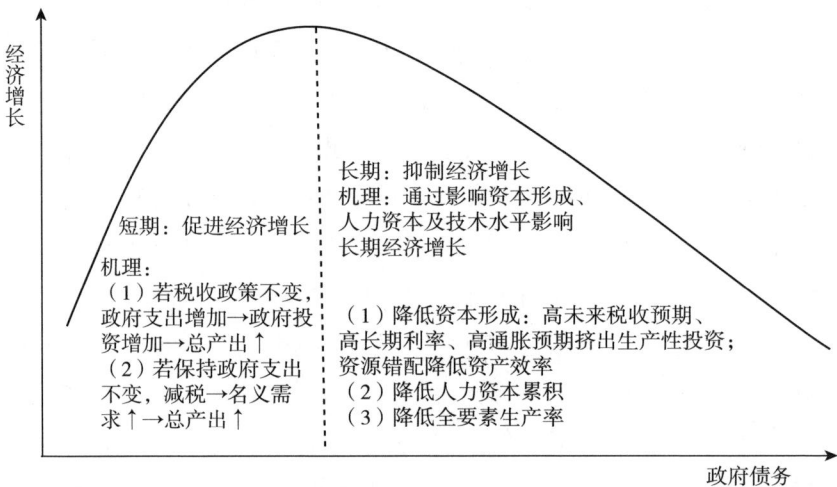

图 3.1 政府债务影响经济增长机理示意图

（资料来源：作者绘制）

过度政府债务的扩张对经济增长有抑制作用。政府债务累积到一定程度后会通过影响投资、人力资本和全要素生产率等经济增长因素降低长期经济增速。在讨论经济的长期增长问题时，主要有两类模型：一是新古典增长模型（Neoclassical Growth Model），即 $Y = F(K,L)$，常

---

① Elmendorf 和 Mankiw（1999）建立的分析框架：（1）私人部门预算约束为：私人部门的总收入 = 消费 + 储蓄 + 税收，即 $Y = C + S + T$；（2）国民收入等于产出：总产出 = 消费 + 投资 + 政府支出 + 净出口，即 $Y = C + I + G + NX$；（3）综合（1）和（2）得出，$S + (T - G) = I + NX$；（4）国家经常账户盈余和资本账户赤字：即 $NX = NFI$；（5）综合（3）和（4）得出，私人部门的储蓄 + 政府部门的储蓄 = 本地投资 + 国外投资，即 $S + (T - G) = I + NFI$。

用的柯布—道格拉斯形式为 $Y = AK^{\partial} L^{1-\partial}$ ；二是内生增长模型（Endog-enous Growth Model），即 $Y = F(K, L \times E)$，区别是将技术水平作为模型的内生变量。虽然政府债务并不在经典长期经济增长模型中，但有许多研究表明政府债务可能影响决定长期经济增长的三大要素，即资本形成 (K)、人力资本 (L) 和全要素生产率 (A)。

首先，过度的政府债务可能挤出政府部门与私人部门的生产性投资，并且降低投资效率，从而影响长期经济增长。在 Elmendorf 和 Mankiw（1999）的分析框架下，减税带来的财政赤字会减少公共储蓄，由于私人部门储蓄增加不足以弥补公共部门储蓄减少，国民总储蓄会减少，本地投资和国外投资都下降，从而导致产出下降。具体来说，过高的政府债务可能通过以下三方面影响生产性投资，从而降低经济增长。

一是政府债务高企带来高税收预期（Barro，1979）。对投资者来说，政府债务过高可能直接扭曲投资：考虑到财政的可持续性，投资者会认为投资项目的收益会被征税以偿还之前的高债务，所以会减少当前投资（Krugman，1988）。例如，Dotsey（1994）建立动态均衡模型研究了在扭曲税收条件下政府预算的跨期均衡问题，表明在税收扭曲情况下私人部门将考虑未来税收负担变化，从而减少投资和产出。

二是政府债务过高带来较高的长期利率。高政府债务意味着未来风险上升，导致高长期利率（Gale 和 Orszag，2003；Baldacci 和 Kumar，2010），使投资成本上升，最终影响投资和产出。格林斯潘也认为财政赤字会影响长期利率从而对经济造成影响。政府债务能够影响货币政策，高债务的经济体更可能面对较高利率水平。虽然货币当局在短期内可以通过扩张性货币政策降低利率以减轻债务负担，但长期看实际利率不变并且会导致通胀和更高的名义利率。美联储前主席保罗·沃尔克、阿兰·格林斯潘都曾提示过二者之间存在的上述关系（Poirson、Ricci 和 Pattilo，2004）。

三是过高的政府债务可能带来高通胀预期（Barro，1995）。若政府债务过高，人们会认为政府将通过印钞来还债，即预期到未来会形成通货膨胀，这样就会调整现在的行为，从而抬升商品和服务价格，最终带来金融混乱和经济衰退（Cochrane，2011）。这也正是 MMT 反对者们所担忧的问题。

总的来说，高税收预期、高长期利率以及高通胀预期会减少私人部门的生产性投资，降低资本形成；而高债务带来的偿债压力又使政府部门在预算约束下减少生产性投资。高政府债务带来的风险导致投资领域的资源错配，资金更倾向于进入短期获得收益的领域，而较少投资需要长期资金的领域，因此不利于形成长期资本，降低投资效率（Serven，1997）。

其次，高政府债务可能通过减少人力资本累积而影响经济增长。一是高债务水平带来的偿债压力严重限制了低收入国家提供公共服务的能力，而教育就是国家应该提供的公共服务之一。二是教育也是一种投资决策，可能会受到高预期边际税率的影响（Pattillo、Poirson 和 Ricci，2004）。

最后，高政府债务可能会降低全要素生产率。高存量债务水平会阻碍政府在技术进步、有效利用资源方面的改革动力，而资源的错误配置会导致更低的生产效率（Pattillo、Poirson 和 Ricci，2004）。此外，部分政府部门和私人部门生产性投资用于投资研发（R&D），这部分投资被挤出会对经济增长产生长时间的负面影响（Elmeskov 和 Sutherland，2012）。

三、政府债务与经济增长之间的"倒 U 形"关系：实证考察

既有研究表明，政府债务对经济增长的作用是非线性的。图 3.2 展示了日本 1876 年至 2016 年政府债务和经济增长的情况。第二次世界

大战后的 1945 年日本实际 GDP 降至 1944 年的一半，政府债务/GDP 也由 1944 年的 204% 下降至 56%。战后二十余年里日本政府债务/GDP 稳定在 10% 左右，同时日本经济持续快速增长。1976 年以后，政府债务/GDP 开始快速上升，同时日本经济增速回落到 5% 以下，增速出现负增长。

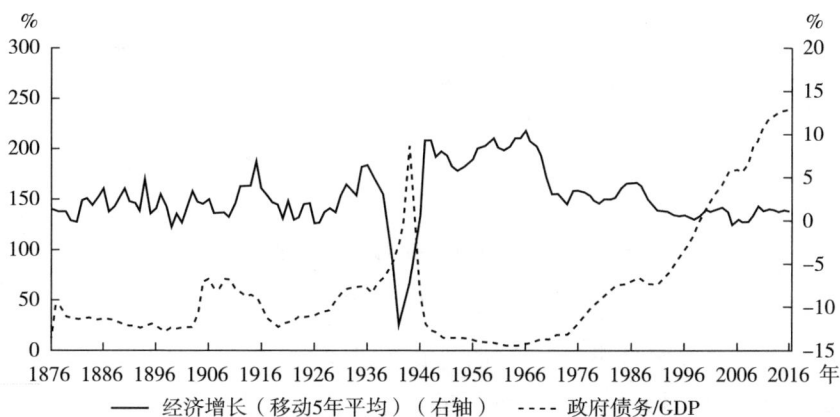

图 3.2 日本 1876—2016 年政府债务占 GDP 的比重与经济增长

（数据来源：www. macrohistory. net，经作者计算）

图 3.3 展示了过去 140 余年里日本政府债务/GDP 与经济增长之间的关系，可以发现债务率在 100%～250% 区间时，对应的经济增长不超过 2%①，而在 0～100% 的债务区间时，平均经济增速则明显较高。日本政府债务和经济增长之间呈现出较为明显的非线性关系，低政府债务水平与较高的经济增速相对应，而高政府债务水平与较低的经济增速相互交织。

为进一步观察政府债务与经济增长之间的关系，参考已有文献中

---

① 出现的四个极端值（图 3.3 中的小圆圈）是因为 1945 年日本实际 GDP 锐减至上年的一半，导致影响 1941—1944 年实际 GDP 增速的 5 年移动平均过小。

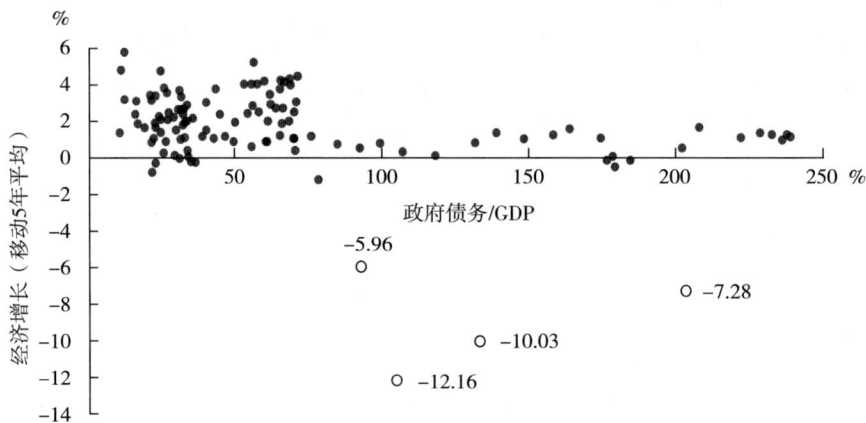

图 3.3 日本政府债务/GDP 与经济增长

（数据来源：www. macrohistory. net，经作者计算）

常用的代表性经济体样本，同时考虑数据可获得性，我们选择了具有代表性的 58 个国家和地区 1980 年至 2015 年的政府债务/GDP 与经济增长（使用实际 GDP 增速 5 年移动平均）数据进行研究分析（如图 3.4 所示）[①]。在图 3.4 中，政府债务/GDP 与经济增长关系的拟合线为"倒 U 形"抛物线，表明两者之间可能存在非线性关系，经济增速随着政府债务/GDP 上升而出现先上升、后下降的变化特征。我们接着运用系统 GMM 的估计方法进行计量分析，验证了政府债务与经济增长之间存在显著的非线性关系。

---

① 这 58 个国家和地区涵盖世界各地区主要的发达国家（地区）和发展中国家（地区），具体包括 11 个亚洲国家和地区：中国、约旦、印度尼西亚、泰国、斯里兰卡、孟加拉国、马来西亚、韩国、菲律宾、科威特、中国香港；16 个欧洲国家：英国、意大利、匈牙利、希腊、西班牙、土耳其、塞浦路斯、瑞士、瑞典、卢森堡、荷兰、芬兰、法国、德国、丹麦、奥地利；16 个美洲国家：智利、乌拉圭、危地马拉、萨尔瓦多、墨西哥、秘鲁、美国、加拿大、洪都拉斯、哥斯达黎加、哥伦比亚、厄瓜多尔、多米尼加、伯利兹、玻利维亚、巴西；13 个非洲国家：塞内加尔、塞拉利昂、南非、摩洛哥、毛里求斯、马里、莱索托、肯尼亚、喀麦隆、冈比亚、多哥、贝宁、埃及；2 个大洋洲国家：新西兰、澳大利亚。

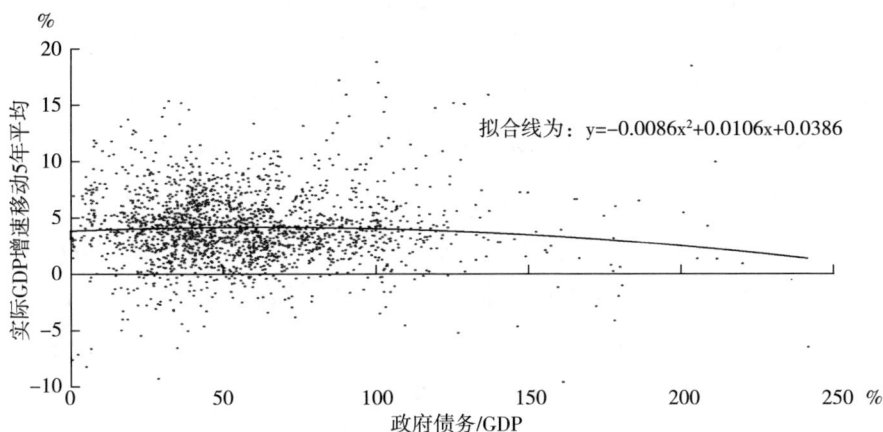

图 3.4　58 个国家和地区政府债务/GDP 与经济增长之间的关系

（一）研究样本及模型设定

本节选用上述 58 个经济体自 1980 年至 2015 年的面板数据进行实证研究。我们参照 Cecchetti 和 Kharroubi（2012）研究私人部门信贷对经济增长影响的方法，在模型中加入政府债务水平的二次项，以检验政府债务与经济增长是否存在非线性关系。

同时，我们不仅考虑政府债务与经济增长之间的关系，还参考马勇和陈雨露（2017）研究金融杠杆波动对经济增长影响的方法，引入政府债务波动项，以考虑财政政策对经济增长的影响。参考 Checherita-Westphal 和 Rother（2012）等，选取可能对经济增长产生影响的因素作为控制变量，包括人均 GDP 对数以控制经济初始条件、贸易开放度、储蓄率、投资率和人力资本。

我们注意到有研究（Panizza 和 Presbitero，2014）质疑债务和经济增长之间的因果关系，即到底是因为在经济低增长时为刺激经济而形成高债务，还是高债务水平抑制了经济增长。例如在遭遇经济危机时，政府往往通过大量举债进行投资以刺激经济增长。为控制政府债务与经济增长之间的反向因果关系，我们参照 Kumar 和 Woo（2010）、Checcherita-Westphal 和 Rother（2012）的做法，用向前 5 年移动平均的实际 GDP 增长率表征经济增长。设定动态模型如下：

$$g_{i,t+5} = \alpha + \beta_1 debt_{i,t} + \beta_2 debt_{i,t}^2 + \beta_3 volatility_{i,t}$$
$$+ \gamma X_{i,t} + \delta L, g_{i,t+5} + u_i + \nu_t + \varepsilon_{i,t}$$

式中，$g_{i,t+5}$ 为实际 GDP 增速的 5 年移动平均；$L, g_{i,t+5}$ 表示 $g_{i,t+5}$ 的滞后一阶；$debt_{i,t}$ 为 i 国 t 时期的政府债务水平（政府债务/GDP）；$volatility_{i,t}$ 表示政府债务波动，参考经典文献，用 5 年移动平均的标准差表示。$X_{i,t}$ 为其他影响经济增长的因素，具体包括人力资本 $schooling$，用 15 岁以上人口的平均受教育年限的对数表示；初始经济水平 $lngdppc_{i,t}$，用人均 GDP 的对数表示；贸易开放度 $openness_{i,t}$，用进出口总额占 GDP 的比例表示；资本形成率 $invest_{i,t}$，用资本形成总额占 GDP 的比例表示；储蓄率 $saving_{i,t}$，用总储蓄占 GDP 的比例表示。μ_i 为国家固定效应，ν_t 为时间固定效应，$\varepsilon_{i,t}$ 为误差项。

政府债务/GDP（$debt$）数据引自国际货币基金组织（IMF）的 Historical Public Debt Database（HPDD）数据库；实际 GDP、人口、进出口贸易总额、资本形成等数据来自佩恩表 9.2 版本（PWT9.2）；15～65 岁以上人口平均受教育水平来自 Barro 和 Lee（2010）的数据库，该数据每 5 年更新一次，可以表征国家科技发展水平。研究样本的具体统计信息见表 3.1。

表 3.1　　　　　　　　　　样本数据描述性统计

变量名称	观测值	均值	方差	最小值	最大值
实际 GDP 5 年移动平均增速	2083	0.0411	0.0336	-0.2694	0.2745
实际人均 GDP 5 年移动平均增速	2083	0.0258	0.0344	-0.2978	0.3379
政府债务/GDP	2027	0.563	0.3217	0.0006	2.4141
政府债务/GDP 平方项	2027	0.4204	0.5227	0	5.8281
政府债务/GDP 波动	1723	0.0729	0.072	0.0006	0.6046

变量名称	观测值	均值	方差	最小值	最大值
人均实际 GDP 对数值	2084	9.1158	1.1336	6.4297	11.488
人力资本	2084	7.6218	2.9629	0.6500	13.24
贸易开放度	2084	0.5332	0.493	0.0486	5.2454
储蓄率	1938	0.2137	0.1115	-2.3623	0.7161
资本形成率	2084	0.2204	0.0777	0.0195	0.5228

（二）估计方法的选择

在估计方法上，有学者运用包含不同国家和不同时段面板数据的固定效应模型或随机效应模型来研究政府债务与经济增长之间的关系；也有学者基于 Hansen（1999）提出的非动态面板门限模型（Panel Threshold Model）和 Gonzales、Terasvirta 和 Dijk（2005）改进的面板平滑转化回归模型（Panel Smooth Transition Regression Model）研究债务对经济增长影响的阈值效应（例如，Minea 和 Parent，2012）；还有通过系统 GMM 模型研究金融杠杆与经济增长之间的关系（马勇和陈雨露，2017）。综合考虑上述三种估计方法的优缺点，我们选择系统 GMM 模型以克服内生性问题，提高估计结果的准确度。

计量模型的内生性问题会降低估计结果的准确性。虽然我们使用初始的政府债务作为主要解释变量、5 年移动平均实际 GDP 增速作为被解释变量，可以在一定程度上避免债务与经济增长的反向因果关系；但这并没有完全解决模型的内生性问题，即不能解决政府债务和经济增长可能同时被其他因素影响这一问题。理论上工具变量法能够有效解决内生性问题，但在实际操作中却很难挑选到合适的工具变量，如果工具变量与解释变量相关性太弱，即存在弱工具变量问题，反而会使结果估计不准确。鉴于难以寻找关于初始政府债务水平和其他控制变量的工具变量，我们采用 Arellano 和 Bover（1995）以及 Blundell 和 Bond（1998）提出的系统 GMM 的估计方法来减少估计时的内生性问题，以提高估计的准确性。该方法选取解释变量的滞后项及差分项作为工具变量。系统 GMM 模型有一阶段和二阶段的差别，二阶段的系统 GMM 模型能够减少异方差和自相关的影响，所以选用二阶段系统 GMM 模型进行分析，并参照 Windmeijer（2005）对系统 GMM 模型误差项的改进，得到稳健标准误。使用系统 GMM 方法需要进行两方面的检验：一是对残差进行序列相关性的 Arellano-Bond 检验，需要具有显著的一阶自相关 AR（1）和不显著的二阶自相关 AR（2）；二是对工具变量的有效性进行 Hansen 检验。我们也在回归结果中报告 AR（2）和 Hansen 检验的 P 值。

（三）实证分析与稳健性检验

基于前文的理论分析及模型设定，本部分主要从实证角度考察政府债务及其波动对经济增长的影响。首先，以实际 GDP 增长率作为被解释变量，研究政府债务及其波动对经济增长的影响。其次，考虑到人均实际 GDP 增长率可以更好地从社会福利角度衡量经济增长情况，很多文献也同时研究实际 GDP 增长率和人均实际 GDP 增长率以作为对照，因此第二步以人均实际 GDP 增长率作为被解释变量，用同样的方法考察政府债务及其波动对经济增长的影响。这既可以从多角度考察政府债务对经济增长的影响，又能够检验以实际 GDP 增长率作为被解释变量模型的稳健性。再次，通过选取 2008 年国际金融危机之前的数据来排除金融危机的特殊影响，以同样的估计方式对前面的回归进行稳健性检验。最后，运用实证结果，对中国的情况进行分析。

1. 基于实际 GDP 增长率的回归结果分析

我们选用系统 GMM 的估计方法，使用 58 个国家和地区 1980—

2015 年的面板数据研究了政府债务与经济增长之间的关系。为清晰展示控制变量的引入过程及其对回归结果的影响，我们选择逐步加入控制变量的方式对回归结果进行呈现（模型 1 只考虑政府债务、政府债务的二次项以及政府债务波动对经济增长的影响。模型 2 至模型 6 在模型 1 的基础上依次分别加入初始经济水平、人力资本、贸易开放度、储蓄率和资本形成率等影响经济增长的其他控制变量）。具体回归结果如表 3.2 所示。所有模型均通过工具变量有效性的 Hansen 检验和二阶自相关 AR（2）检验，表明模型的估计是有效的。

模型 1 只考虑政府债务（$debt$）、政府债务的二次项（$debt^2$）以及政府债务波动（$volatility$）对经济增长的影响。当以实际经济增长率作为被解释变量时，政府债务（$debt$）、政府债务的二次项（$debt^2$）以及政府债务波动（$volatility$）都在 1% 的置信水平下显著，系数的符号分别为正、负、正。

由此可得出以下结论：

第一，政府债务（$debt$）的系数符号为正，而其二次项（$debt^2$）的系数符号为负，表明政府债务对经济增长的影响是非线性的，呈现出"倒 U 形"关系。随着政府债务/GDP 的提高，经济增速会先上升后下降，存在拐点。

第二，模型 1 计算出"倒 U 形"拐点（即阈值）为 83%〔 $-\beta_1/2\beta_2 = -0.2414/2 \times (-0.1455)$〕。这表明当政府债务率低于 83% 时，政府债务增长对经济增长有促进作用；而当政府债务率高于 83% 时，政府债务增加会对经济增长产生抑制作用。

在研究政府债务与经济增长的关系时，需要注意国家间的异质性。Pannizza 和 Presbitero（2013）认为政府债务和经济增长的关系可能因不同国家和时间而改变，非线性关系的阈值是不稳定的。国家经济发展水平各异、金融发达程度不同、政府债务积累的方式和原因不同，导致各个国家承担政府债务的能力不同。我们的实证分析发现政府债务与经济增长关系变化的阈值是政府债务率为83%，虽然分国别看情况可能更复杂，存在异质性，但这一实证结果仍具有基准参考性价值。

第三，政府债务波动（volatility）系数符号为正，表明政府债务波动对经济运行可能有稳定作用。这与政府债务本身性质有关，与私人部门债务具有顺周期性不同，政府债务与财政政策运用联系在一起，往往具有逆周期调节功能。

模型2至模型6分别依次加入了初始经济水平lngdppc、人力资本schooling、贸易开放度openness、储蓄率saving和资本形成率invest等变量。加入这些控制变量后，政府债务（debt）、政府债务的二次项（$debt^2$）以及政府债务波动（volatility）的符号并未发生改变，并且也至少在10%的置信水平下显著，表明模型估计是稳健的。

从其余控制变量来看，初始经济水平lngdppc的系数为负，表明初始经济水平越高的国家经济增长一般越缓慢；人力资本schooling系数为正，表明15岁以上人口平均受教育年限越高，对经济增长的促进作用越强；贸易开放度openness的系数为正，表明贸易越开放的国家经济增速越快；储蓄率saving和资本形成率invest的符号虽然不显著，但符号均为正，表明其对经济增长也有促进作用。这些控制变量系数符合直觉和逻辑，且整体上比较显著。

模型2至模型6在控制除政府债务（debt）、政府债务的二次项（$debt^2$）以及政府债务波动（volatility）的情况下，计算出政府债务与经济增长作用关系变化的阈值分别为83.0%、89.4%、94.1%、85.9%、94.1%和104.8%。总体看，阈值在80%～105%之间。这一结果也与Rogoff和Reinhart（2010）等学者估算基本一致。

表 3.2　　政府债务对经济增长影响回归结果（1980—2015 年）
（实际 GDP 增速）

	模型 1	模型 2	模型 3	模型 4	模型 5	模型 6
常数项	−0.0825 *** (0.0218)	−0.1542 *** (0.0511)	0.0810 (0.0866)	0.1601 (0.0988)	0.1393 (0.1046)	0.1584 * (0.0853)
实际 GDP 增速滞后项（L. g）	0.9270 *** (0.0530)	0.9134 *** (0.0572)	0.8528 *** (0.0499)	0.8101 *** (0.0538)	0.7940 *** (0.0443)	0.7248 *** (0.0657)
政府债务/GDP（debt）	0.2414 *** (0.0742)	0.2521 *** (0.0814)	0.1545 *** (0.0561)	0.1823 ** (0.0749)	0.1708 *** (0.0655)	0.1735 *** (0.0516)
政府债务/GDP 平方项（debt^2）	−0.1455 *** (0.0554)	−0.1410 ** (0.0610)	−0.0821 ** (0.0405)	−0.1061 * (0.0547)	−0.0908 * (0.0500)	−0.0828 ** (0.0379)
政府债务/GDP 波动（volatility）	0.1302 *** (0.0479)	0.2095 *** (0.0680)	0.1417 ** (0.0668)	0.1478 ** (0.0734)	0.1658 *** (0.0582)	0.1049 * (0.0626)
初始经济水平（lngdppc）		0.0064 (0.0045)	−0.0299 ** (0.0131)	−0.0411 *** (0.0149)	−0.0402 ** (0.0167)	−0.0460 *** (0.0125)
人力资本（schooling）			0.0690 *** (0.0263)	0.0682 ** (0.0316)	0.0709 ** (0.0316)	0.0594 ** (0.0285)
贸易开放度（openness）				0.0402 * (0.0223)	0.0322 * (0.0189)	0.0436 ** (0.0175)
储蓄率（saving）					0.0528 (0.0544)	0.0298 (0.0737)
资本形成率（invest）						0.2600 (0.1621)
观测值	1723	1723	1723	1723	1636	1636
样本经济体	58	58	58	58	58	58
AR（2）检验	0.634	0.518	0.364	0.673	0.573	0.739
Hansen 检验	0.789	0.784	0.732	0.700	0.686	0.655

注：（1）*、** 和 *** 分别表示系数在 10%、5% 和 1% 的置信水平下显著；（2）括号内的值为对应变量回归系数的稳健标准误；（3）AR（2）检验和 Hansen 检验处为 P 值，AR（2）检验原假设为不存在二阶序列相关，Hansen 检验原假设为工具变量有效。

2. 基于人均实际 GDP 增长率的回归结果

在经典文献中，使用人均 GDP 指标可以更多从福利角度考察经济发展情况，多数文献都是同时研究整体 GDP 增速与人均 GDP 增速两种情形，我们也采用这样的方法。我们在这里将被解释变量选为人均实际 GDP 增速，同样使用系统 GMM 估计方法对政府债务与经济增长之间的关系进行研究，并逐步加入控制变量。结果如表 3.3 所示。

在表 3.3 中，模型 1 至模型 6 均通过工具变量有效性和二阶自相关的检验，说明估计结果是有效的。以人均实际 GDP 增速作为被解释变量的回归结果与以实际 GDP 增速作为被解释变量的回归结果是一致的。

表 3.3　　政府债务对经济增长影响回归结果（1980—2015 年）

（人均实际 GDP 增速）

	模型 1	模型 2	模型 3	模型 4	模型 5	模型 6
常数项	−0.0827 *** (0.0216)	−0.1493 *** (0.0501)	0.0703 (0.0883)	0.1522 (0.1078)	0.1290 (0.1106)	0.1490 (0.0932)
人均实际 GDP 增速滞后项（L. g）	0.9364 *** (0.0479)	0.9088 *** (0.0571)	0.8474 *** (0.0463)	0.8072 *** (0.0493)	0.7962 *** (0.0461)	0.7355 *** (0.0649)
政府债务/GDP（debt）	0.2394 *** (0.0740)	0.2583 *** (0.0832)	0.1625 *** (0.0564)	0.1914 ** (0.0754)	0.1785 *** (0.0633)	0.1844 *** (0.0511)
政府债务/GDP 平方项（debt^2）	−0.1448 *** (0.0560)	−0.1455 ** (0.0623)	−0.0859 ** (0.0409)	−0.1114 ** (0.0546)	−0.0968 ** (0.0480)	−0.0916 ** (0.0395)
政府债务/GDP 波动（volatility）	0.1281 *** (0.0449)	0.2005 *** (0.0637)	0.1370 ** (0.0650)	0.1455 * (0.0745)	0.1650 *** (0.0583)	0.1106 * (0.0586)
初始经济水平（lngdppc）		0.0057 (0.0046)	−0.0293 ** (0.0136)	−0.0412 ** (0.0163)	−0.0395 ** (0.0180)	−0.0456 *** (0.0142)
人力资本（schooling）			0.0695 ** (0.0273)	0.0695 ** (0.0321)	0.0720 ** (0.0319)	0.0633 ** (0.0315)
贸易开放度（openness）				0.0420 * (0.0245)	0.0323 (0.0231)	0.0409 ** (0.0186)

续表

	模型 1	模型 2	模型 3	模型 4	模型 5	模型 6
储蓄率（saving）					0.0376 (0.0524)	0.0170 (0.0697)
资本形成率（invest）						0.2387 (0.1660)
观测值	1723	1723	1723	1723	1636	1636
样本经济体	58	58	58	58	58	58
AR（2）检验	0.597	0.552	0.358	0.681	0.623	0.960
Hansen 检验	0.785	0.803	0.742	0.697	0.683	0.654

注：（1）＊、＊＊和＊＊＊分别表示系数在10%、5%和1%的置信水平下显著；（2）括号内的值为对应变量回归系数的稳健标准误；（3）AR（2）检验和Hansen检验处为P值，AR（2）检验原假设为不存在二阶序列相关，Hansen检验原假设为工具变量有效。

第一，核心解释变量政府债务（debt）、政府债务的二次项（debt^2）以及政府债务波动（volatility）至少在10%置信水平下显著，并且符号依次为正、负、正，也证实政府债务水平与经济增长之间存在显著的非线性关系，同时政府债务波动对经济有一定的稳定作用。此外，以人均实际GDP增速作为被解释变量和实际GDP增速作为被解释变量的回归结果中，模型1至模型6每个解释变量在回归系数数值上的差异不大，表明估计结果是稳健的。

第二，以人均实际GDP增速作为被解释变量，通过模型1至模型6回归结果算出政府债务与经济增长关系变化的阈值分别为82.7%、88.8%、94.6%、85.9%、92.2%、100.7%，也在80%～105%的区间内，与以实际GDP增速作为被解释变量的回归结果计算出的阈值基本一致，进一步表明了模型的稳健性。

3. 稳健性检验

为进一步考察估计结果的稳健性，我们选取1980年至2007年的数据进行分析，目的是排除2008年国际金融危机的影响。这主要是考虑到2008年国际金融危机影响较大，经济增速明显下降同时政府债务快速上升，可能会影响回归结果的准确性。

相关回归结果见表 3.4，可以看出不论是选择以实际 GDP 增速还是人均实际 GDP 增速作为解释变量，政府债务（debt）、政府债务的二次项（debt^2）以及政府债务波动（volatility）的符号与 1980 年至 2015 年数据回归结果是一致的，并且至少在 5% 的置信水平下显著。这同样表明政府债务对经济增长的影响是非线性的，并且政府债务波动对经济增长有促进作用。

表 3.4　政府债务对经济增长影响回归结果（1980—2007 年）

	实际 GDP 增速	人均实际 GDP 增速
常数项	− 0. 0511 *** （0. 0157）	− 0. 0551 *** （0. 0185）
实际 GDP 增速滞后项/人均实际 GDP 增速滞后项（L. g）	0. 9100 *** （0. 0462）	0. 9199 *** （0. 0519）
政府债务/GDP（debt）	0. 1390 *** （0. 0535）	0. 1473 ** （0. 0624）
政府债务/GDP 平方项（debt^2）	− 0. 0941 ** （0. 0418）	− 0. 0997 ** （0. 0482）
政府债务/GDP 波动（volatility）	0. 2071 *** （0. 0629）	0. 2066 *** （0. 0627）
观测值	1265	1265
样本经济体	58	58
AR（2）检验	0. 949	0. 972
Hansen 检验	0. 346	0. 327

注：（1）＊、＊＊和＊＊＊分别表示系数在 10%、5% 和 1% 的置信水平下显著；（2）括号内的值为对应变量回归系数的稳健标准误；（3）AR（2）检验和 Hansen 检验处为 P 值，AR（2）检验原假设为不存在二阶序列相关，Hansen 检验原假设为工具变量有效。

选用 1980 年至 2007 年数据后，政府债务与经济增长关系变化的阈值有所下降。以实际 GDP 增速为被解释变量，阈值为 73.9%；以人均实际 GDP 增速为被解释变量，阈值也为 73.9%，略小于使用 1980 年至 2015 年数据计算出的阈值（使用实际 GDP 增速时为 83.0%，使用人均实际 GDP 增速时为 82.7%）。可能的原因是，在 2008 年国际金融危机的冲击下，各国为应对金融危机普遍实施了大规模的扩张性财政政策，政府债务上升较快，因此导致阈值水平上升。例如，美国政府债务/GDP 2016 年为 40%，而在 2007 年时则不到 10%。

（四）对我国的启示

中国政府债务占 GDP 的比重问题值得关注。如图 3.5 所示，按照国际清算银行（BIS）统计口径，2017 年中国政府债务/GDP 为 46.2%。中国政府债务/GDP 自 1997 年以来呈逐年上升态势，与印度、美国和德国等相比，中国政府债务/GDP 仍处于相对较低水平。印度政府债务/GDP 比较稳定，接近 70%；2008 年国际金融危机以来，美国政府债务/GDP 快速上升，2012 年后稳定在 96% 左右；德国政府债务水平近几年有所下降，但仍在欧盟警戒线（60%）以上。虽然中国政府债务/GDP 低于欧盟警戒线、我们和 Rogoff 和 Reinhart（2010a）等估算的阈值（90% 左右），但值得注意的是，上述政府债务统计未包含地方政府融资平台债务等隐性债务，考虑到隐性债务后实际债务水平会有比较明显的上升。

分析政府债务对经济增长的影响时，应考虑隐性债务。按照 BIS 的统计口径，虽然从法律关系上来看，地方政府融资平台债务属于企业债务，但却隐含着地方政府的隐性担保，其中部分最终可能需由地方政府承担。哈维·罗森（1992）开始关注政府隐性债务问题，他认为政府隐性债务是由政府承诺未来支付一定数额款项而产生的，广义政府债务应包括由担保承诺而形成的隐性债务。同时，应根据研究目的界定政府债务范围：若研究债务转移及债务最终归宿问题，就应将隐性债务包括在政府广义债务中；若研究政府债务对金融市场的影响，那么就不应该将隐性债务包含在内。我国地方融资平台资金多投向基础设施建设等领域。前文已经提到，政府债务在长期可能通过高通胀、高利率以及高税收预期等方式影响资本形成，最终影响经济增长。

我国广义政府债务/GDP 可能已接近阈值 ［（80%～105%）以及 Rogoff 和 Reihant（2010）等估算的阈值（90%）］，我们测算的政府债务阈值在 80%～105% 之间，由此看政府债务仍有一定增长空间，但增长的空间已经不大，加强债务管理是必要的。

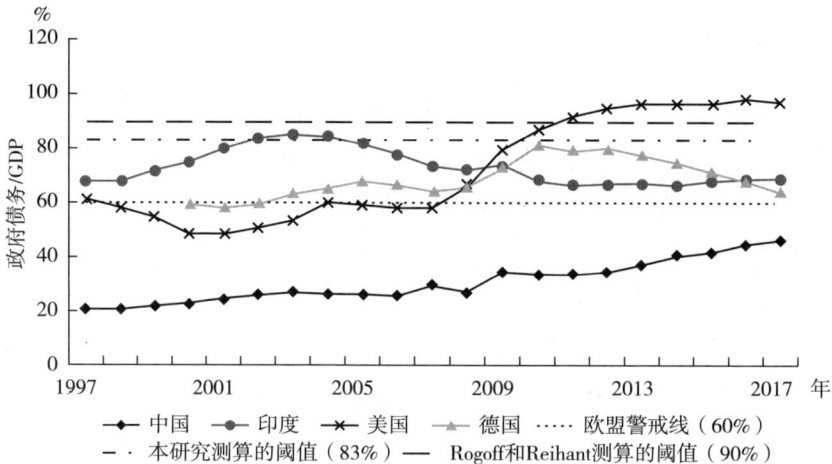

图 3.5　1997—2017 年各国政府债务占比情况

（数据来源：BIS 数据库）

专栏 2　疫情冲击与债务杠杆 [①]

疫情起落，杠杆升降。新冠纾困之下各国债台高筑，我国宏观

[①] 该专栏摘自：伍戈、文若愚、徐剑、高童：《杠杆归途》，载《中国保险资产管理》，2021（1）。

杠杆率也明显提升。以 2020 年为例，我国企业（含融资平台）杠杆率大幅上升 12.7 个百分点，政府和居民分别上升 6.4 个和 5.6 个百分点。但权宜之计并非长久之策。随着疫情退潮及出口高位，举债退潮乃情理之中。

值得一提的是，外需冷暖与国内杠杆率增速之间往往存在负向关系。例如，2002—2005 年杠杆率增速下降就与外需相关。如果美国在加杠杆，或我国出口较好时，并不需要国内大量刺激。当然，2016 年有些特殊，原因是国内主动开启了去杠杆进程。

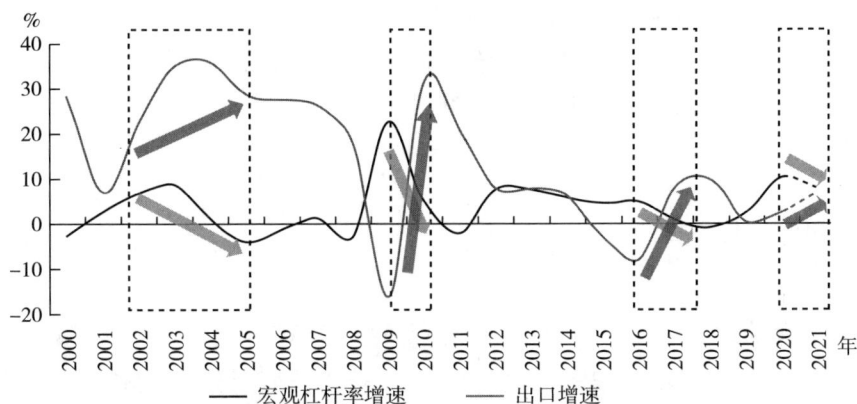

图 3.6　外需"加杠杆"，内需"减杠杆"

（数据来源：Wind，笔者整理）

从地域结构来看，近年来我国经济、财政等发展呈现明显不平衡，中西部累积的信用风险远高于东部。新冠疫情期间，东部受到出口向好的影响，其财政收入增速抬升，而中西部仍处下行态势。疫情或将加重未来债务杠杆及其信用风险的区域不平衡。

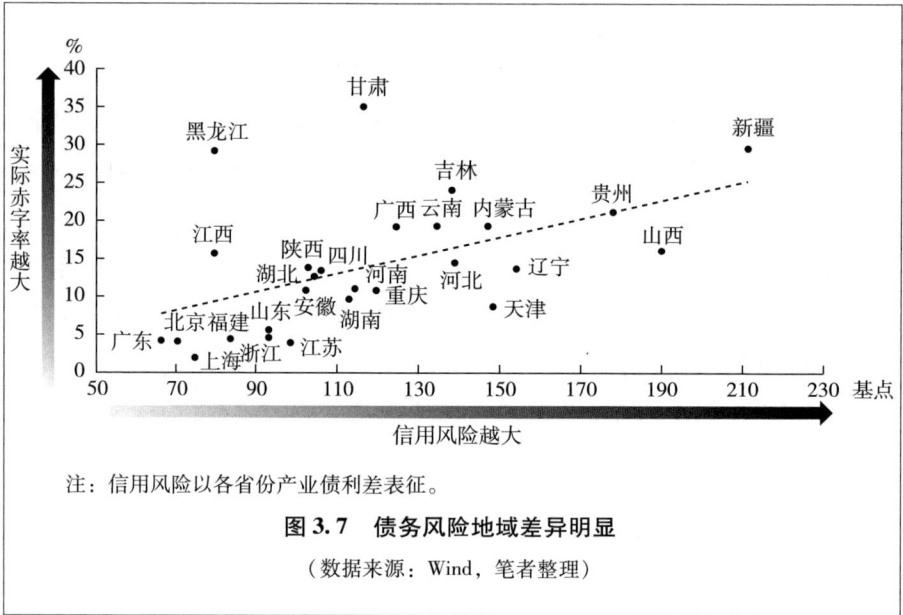

注：信用风险以各省份产业债利差表征。

图 3.7　债务风险地域差异明显

（数据来源：Wind，笔者整理）

四、小结

本章较为系统地回顾了有关政府债务与经济增长关系的文献，并在一个统一的框架下分析了政府债务短期和长期对经济增长的不同影响机制。理论研究表明，政府债务扩张短期能够刺激总需求进而促进经济增长，但债务持续积累长期则会影响资本形成、人力资本和技术水平等，进而抑制经济增长。从理论上看，政府债务扩张和经济增长之间存在"倒 U 形"关系。

在此基础上，我们基于 58 个国家和地区 1980 年至 2015 年的动态面板数据，采用系统 GMM 估计方法对政府债务、政府债务波动和经济增长关系进行了实证研究。结果表明，政府债务与经济增长之间确实存在较为显著的"倒 U 形"关系，随着政府债务的增加，对经济增长的作用会由促进转为抑制，并且存在相关关系变化的拐点和阈值，依据1980年至2015年数据计算出阈值在80%～105%之间，与Rogoff和Reinhart（2010）、Kumar和Woo（2010）计算的90%左右的阈值大体一致。此外，政府债务波动对稳定经济增长有一定的正向作用，表明财政政策可以起到逆周期调节、促进经济增长的作用。

　　若不考虑地方融资平台等隐性债务，我国目前政府债务/GDP在50%左右，低于欧盟警戒线（60%）、我们测算的阈值（80%～105%）及Rogoff和Reinhart等学者测算的阈值（90%）。若将地方融资平台债务纳入广义政府债务中，根据学者及相关机构的测算，广义政府债务/GDP可能超过80%，接近90%的阈值水平。我们的研究发现，所谓"内债不是债"，政府债务可持续扩张的观点并不准确，过度债务积累会对经济增长产生长期和深远的影响。我国政府债务扩张仍有一定空间，但已比较有限，要加强政府债务管理，尽量稳住宏观杠杆率。这既有利于保持经济长期发展，维护长期发展战略机遇期，也可为短期内财政货币政策逆周期调节赢得空间，促进和维护经济平稳增长。

第四章　债务与经济增长Ⅱ：非常态下

在前文的研究中，我们发现政府债务扩张初期有助于促进经济增长，但过度累积则会转而抑制经济增长。抑制经济增长并不必然意味着出现经济危机，但现实世界中时而出现的债务危机又凸显出探究债务问题与经济危机之间关系的重要性。众多案例表明，危机一旦爆发将对金融及实体经济造成难以预估的破坏性影响，有必要专门对债务累积与经济危机之间的关系进行研究（伍戈、李斌、戴雨汐和钟益，2020）。具体来看，债务扩张与爆发经济危机之间是否存在关联？较高的债务水平是否会提升危机爆发的概率？债务短期内的大幅波动（过快上升或过快下降）是否会提高危机发生的可能性？私人债务与政府债务对经济危机概率的影响是否存在不同？外债与非外债又有什么区别？我们在既有文献的基础上，进一步研究和回答上述问题。

一、债务与经济危机：文献回顾

关于危机的定义仍存有不少争议。由于当代爆发经济危机多数都脱离不开金融的影响，多数危机研究都落脚于探究金融危机。Laeven和 Valencia（2018）将金融危机分为银行危机、货币危机与主权债务危机三类，发现不同类型的危机常会交织爆发。如果金融危机蔓延到实体经济领域导致经济萧条，企业大量倒闭、失业大幅增加，经济危机就会随之来临（张斌，2007）。

考虑到对危机的分类较为复杂，各类危机通常相互伴生、在各个经济部门间相互传染，我们参考刘晓光等（2018），将实际 GDP 负增长或人均实际 GDP 负增长的阶段认定为"危机时期"。这既是为后续实证分析考虑，同时也能得到文献案例支撑。Barro（2001）就使用人均实际 GDP 增速来比较不同经济体受 1997 年亚洲金融危机影响的程度：在危机期间，陷入危机经济体人均实际 GDP 均负增长，到了 1999 年至 2000 年经济逐步恢复阶段，人均实际 GDP 增速则均恢复正增长。

关于债务与危机之间的关联，已有一些文献进行了研究。Sutherland 和 Hoeller（2012）关注了债务对宏观经济稳定的影响，指出债务能够通过多种渠道影响宏观经济，加剧经济波动，放大负面冲击影响，并可能引致经济危机。具体来看，债务对经济危机的形成主要有三个影响渠道：首先，债务水平居高、债务币种不匹配等会影响各个非金融部门的资产负债表，损害抵抗负面冲击的能力；其次，由于很多资产都是借贷抵押品，高债务下一旦资产价格下跌，"债务—通缩"的恶性循环就可能形成并强化；私人部门借贷、消费、投资的能力和意愿下降，政府部门则面临收入下降、财政预算恶化等问题；最后，金融部门本身具有高杠杆属性，容易形成顺周期波动。金融部门受到冲击后，信贷供给会减少，又将直接冲击高负债的实体经济部门。高债务将通过以上渠道最终对实体经济部门的借贷、消费、投资等行为造成影响。

债务高企首先会损害经济主体抵御负面冲击的能力，进而会放大负面冲击并使其在各部门间传染，增大发生经济危机的可能性。具体来看，当私人部门资产负债表受损时，紧随其后的是私人部门去杠杆，这将影响到其他部门，负面冲击的效应会在多个部门间扩散，企业部门去杠杆会减少投资，由此导致就业减少和工资下降，影响居民部门并间接影响政府收入。而当多个部门同时去杠杆时，其影响程度将会被交织放大。尤其是当银行体系发生去杠杆时，信贷收紧，紧随其后的可能就是非金融企业部门的全面去杠杆，20 世纪 90 年代的日本即为一例。总的来看，高债务会通过多个渠道损害私人部门平滑消费和投资的能力以及政府部门抵御负面冲击的能力，导致各经济主体在面临负面冲击时更加脆弱，最终引发危机。

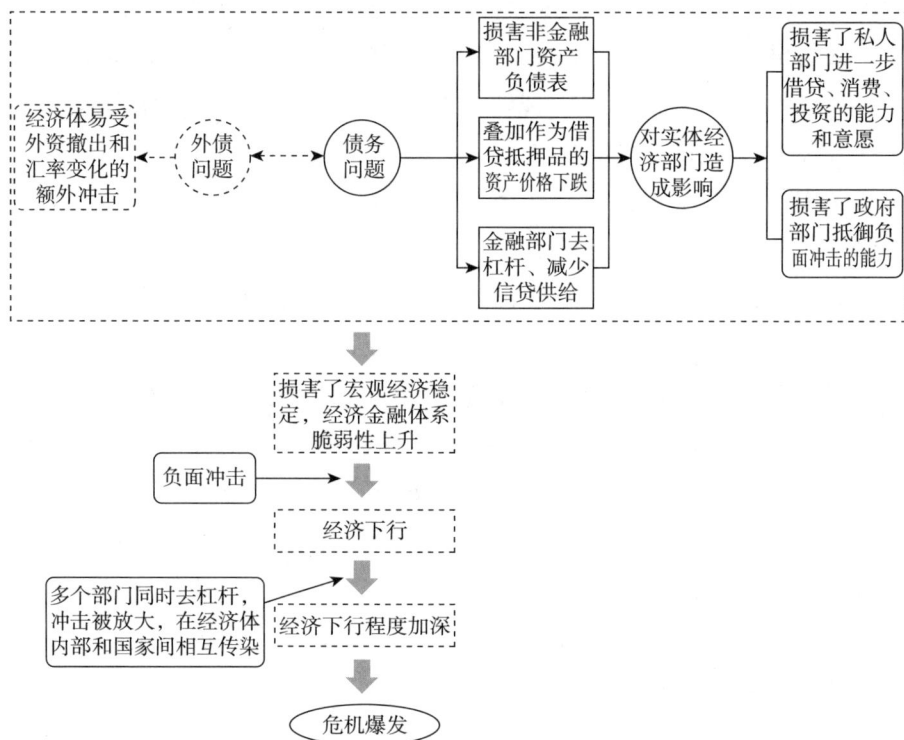

图 4.1　债务诱发经济危机的机理

（资料来源：作者绘制）

一些文献进一步研究了债务与经济危机发生概率之间的关系。Elekdag 和 Wu（2011）研究了历史上发达经济体与新兴市场经济体经历的 99 次信贷繁荣期，认为信贷繁荣期（即信贷过度增长时期）金融不平衡加剧，通常会以爆发金融危机的方式终结。Schularick 和 Taylor

（2012）从长期视角切入，使用发达经济体近 140 年的数据，发现信贷增速是预测金融危机强有力的指标。国际货币基金组织研究认为，一国杠杆率增长太快容易引发金融危机。Drehmann 和 Juselius（2014）发现债务/GDP 缺口（使用 HP 滤波得出的债务/GDP 周期项）是危机预警的最佳指标。马骏等（2018）通过面板 Logit 模型得出结论，国内非金融部门债务/GDP 是有效的银行危机预警指标。还有一些文献进一步研究了分部门的情况。Sutherland 和 Hoeller（2012）使用 Probit 模型分析发现居民部门债务偏离其趋势值越多，危机发生的概率越高。纪洋等（2019）考察了分部门相对杠杆增速与杠杆水平对金融危机概率的影响，发现部门间相对杠杆增速对预测金融危机具有重要作用。

我们还可把视角进一步拓展到外债。外债（External Debt）一般定义是，由外部非居民作为债权人提供的债务。区分外部债务和国内债务的标准差异很大，一般可从所有者、币种和管辖权三方面入手，清晰界定并不容易。若债权人多为非本国人，一国较易受到外资撤出的冲击；若债务多以外币计价，一国较易受到本币贬值的冲击；若一国对计价货币没有控制权，就难以很好地处置债务过度累积导致的风险。外部债务容易同时具有以上三方面的特征。本章根据通常定义采集外债数据，但模糊化处理外债定义问题，即认为外债主要为非本国人持有的外币债务且一国对其没有控制能力。桥水基金达利欧认为，大量举债的风险主要在于决策者是否有意愿和能力将坏账损失分摊到多年，决策者能不能做到这一点取决于两个因素：一是债务是否以决策者能够控制的货币计价；二是决策者能否对债权人和债务人施加影响。决策者针对外债做到上述两方面难度更大，因此外债过多更容易对经济金融稳定产生影响。克鲁格曼（1999）曾基于第三代危机模型对 20 世纪 90 年代亚洲金融危机进行了分析，认为危机之所以发生在亚洲，是因为这些国家普遍存在债务高杠杆；之所以发生在 1997 年这一时点，是因为这些经济体开始广泛借入外币债务，一旦形势逆转，容易因资本大量外流和汇率贬值引发危机，因此大量举借外币债务是外部不经济的。Korinek（2011）认为借入外币债将增加经济体风险并放大宏观经济波动性。Ranciere 和 Tornell（2016）提到发生在 20 世纪 90 年代和 2008 年的新兴市场经济体危机都与债务币种不匹配有关。Amstad、Packer 和 Shek（2018）认为，外币主权债务的信用风险一般高于本币债务，实证研究显示多种原因会导致外币主权债务的信用风险溢价变动，这包括新兴经济体外汇储备变动、对外币借贷依赖情况、银行信贷风险暴露情况以及全球风险和波动状况等。

在已有文献的基础上，我们尝试进一步探究债务与经济危机发生概率之间的关系，同时进行分部门分析并对外债进行专门研究。一是研究债务/GDP 波动对经济危机发生概率的影响，在研究中使用 HP 滤波方法建立指标捕捉债务/GDP 波动。现有文献多从债务绝对水平及其增速的角度探究其与危机爆发概率之间的关联，我们则参考马勇和陈雨露（2017）尝试将债务/GDP 的波动纳入模型，以探究债务水平短期快速上升或快速下降对危机发生概率的影响。除使用移动平均标准差衡量债务波动性外，我们尝试在现有文献使用 HP 滤波方法提取债务/GDP 水平周期项的基础之上，对周期项取绝对值，表示债务/GDP 实际值偏离其长期趋势值的程度，以表征债务/GDP 波动。二是研究债务与经济危机爆发之间关系的内在机理。上述简单机理已在图 4.1 展示，可归纳为"经济金融体系脆弱性 + 负面冲击"。现有文献多认为高债务水平将加深经济体的整体脆弱性，在此背景下经济体将很容易受到负面冲击伤害，并形成自我强化。比如，Krishnamurthy 和 Muir（2017）认为危机的严重程度可由金融部门的脆弱程度加上负面冲击的严重程度来衡量。我们将债务波动性纳入进行的实证分析显示，各部门的债务/GDP 波动（包括总债务、私人部门、政府部门、外债等）都会提升危机发生的概率。

此外，我们还对外债问题进行研究，考虑外债/GDP 水平及其波动对危机概率的影响。

二、债务与经济危机：典型事实与基本假说

（一）典型事实

我们使用全球 43 个经济体 1980 年至 2017 年的相关数据，主要取自国际清算银行信贷数据库以及 CEIC 全球经济数据库。

图 4.2 展示了 2008 年国际金融危机前后 5 年每一年的债务/GDP

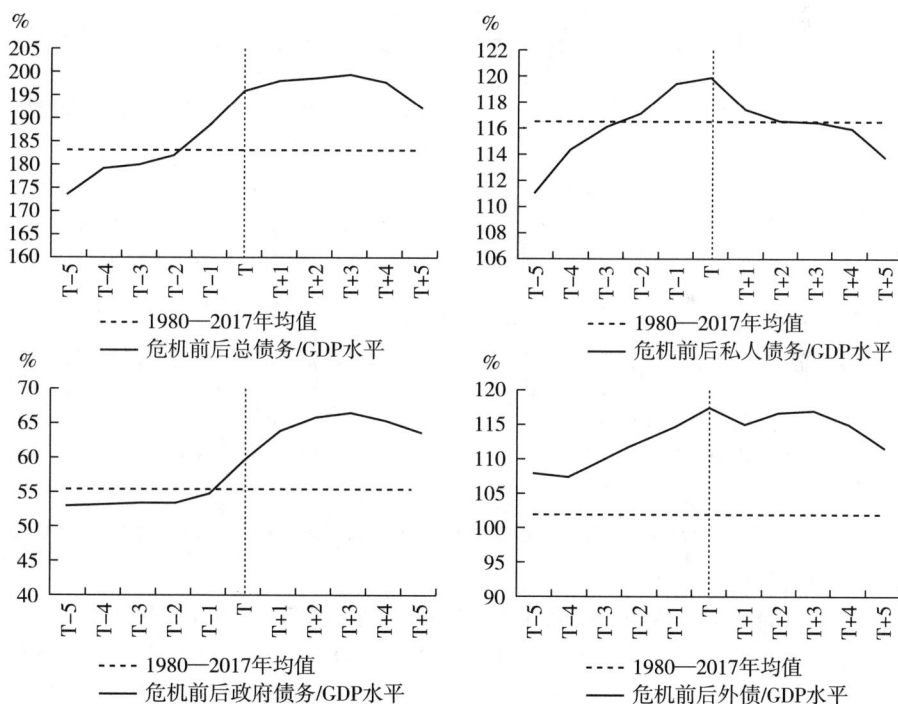

注：T 期为样本内人均实际 GDP 增速为负时期。

图 4.2　危机前后各类型债务/GDP 水平均值与全样本的比较

（数据来源：BIS、CEIC，作者测算）

水平均值与全样本均值之间的关系，图 4.3 则展示了危机前后 5 年每一年的债务/GDP 波动均值与全样本均值之间的关系，经济危机时期（T 期）可以用样本内人均实际 GDP 增速为负的时期来表征。通过观察与比较图 4.2 和图 4.3，可以得到以下三个典型事实。

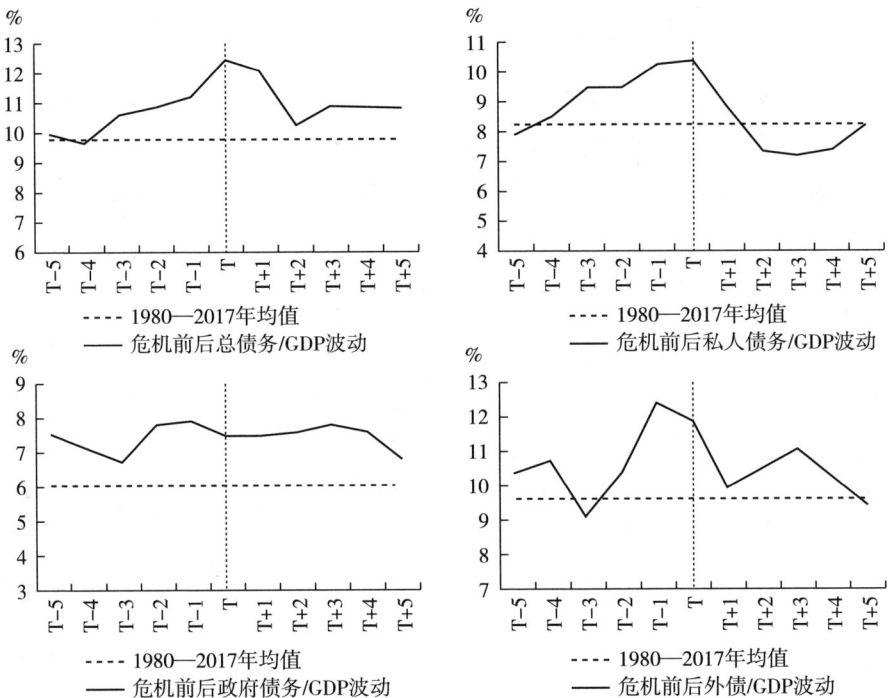

注：危机前后各类型债务/GDP 波动均为使用 HP 滤波方法测算。T 期为样本内人均实际 GDP 增速为负时期。

图 4.3　危机前后各类型债务/GDP 波动均值与全样本的比较

（数据来源：BIS、CEIC，作者测算）

典型事实一：危机发生前债务/GDP 波动增大的幅度较债务/GDP 水平更明显。从图 4.3 可以看出，危机前 5 年，各类型的债务/GDP 波动均值基本都高于全样本均值；而在图 4.2 中，除外债/GDP 水平外，无论是总债务/GDP水平还是分部门的政府与私人债务/GDP水平，在危机前两年（T－2期）其都与全样本均值无差别。这说明危机发生前，债务/GDP波动增大较债务/GDP水平更明显，债务/GDP波动（即短期债务水平的变化程度）较债务/GDP水平能够作为更好捕捉经济危机的先行指标。

典型事实二：危机前后，政府债务/GDP水平与私人债务/GDP水平呈现出不同的趋势。从图4.2可以看出，危机前5年的政府债务/GDP水平一直低于全样本均值且基本没有上升，而危机前私人债务/GDP水平一直在攀升；危机后私人债务/GDP水平呈现出明显的"去杠杆"特征，政府债务/GDP水平则先是抬升，之后稳定在较全样本均值更高一些的水平。这反映出政府债务与私人债务的不同性质。在危机征兆不明显、经济形势尚好时，政府债务稳定，私人部门则持续加杠杆；当危机临近发生时，政府通常会举借新债以进行逆周期调节、尽力防范危机爆发，而私人部门在面对宏观基本面恶化时通常会采取顺周期的去杠杆行为。这说明，当经济形势恶化、危机临近，政府债务与私人债务对危机发生的影响并不一致。由于总债务/GDP水平难以看出分部门的差别，我们在分析债务/GDP水平对危机发生的影响时须分部门进行研究。

典型事实三：危机前外债/GDP水平及波动指标均高于全样本均值。与其他债务数据来自BIS不同，外债数据收集自CEIC数据库。由于数据来源不同、覆盖范围有重叠，需要单独对外债进行研究。从图4.2和图4.3可以看出，危机前外债/GDP水平及波动指标均高于全样本均值。对外债的研究同样适用债务/GDP水平及波动的整体框架，我们将在实证部分进一步检验。

（二）危机案例

接下来，我们观察一些现实中发生的危机案例。图4.4展示了美国、希腊、泰国在 1980 年至 2017 年间债务/GDP 水平及波动情况。可以看出，2008 年国际金融危机时期的美国、2012 年欧洲债务危机时期的希腊都出现了总债务/GDP 阶段性的高波动。两国私人债务/GDP 在危机前攀升、在危机后下行；美国的政府债务/GDP 在危机前一直较为平稳，在危机后进一步抬升并维持在高位；希腊由于发生了主权债务危机，政府债务/GDP 水平在危机前急剧上升，但危机后政府债务杠杆并未下降而是维持在高位。1997 年亚洲金融危机时期的泰国经历了外债危机，从图 4.4 可以看出，当时泰国的外债/GDP 水平及波动均处在历史高位。

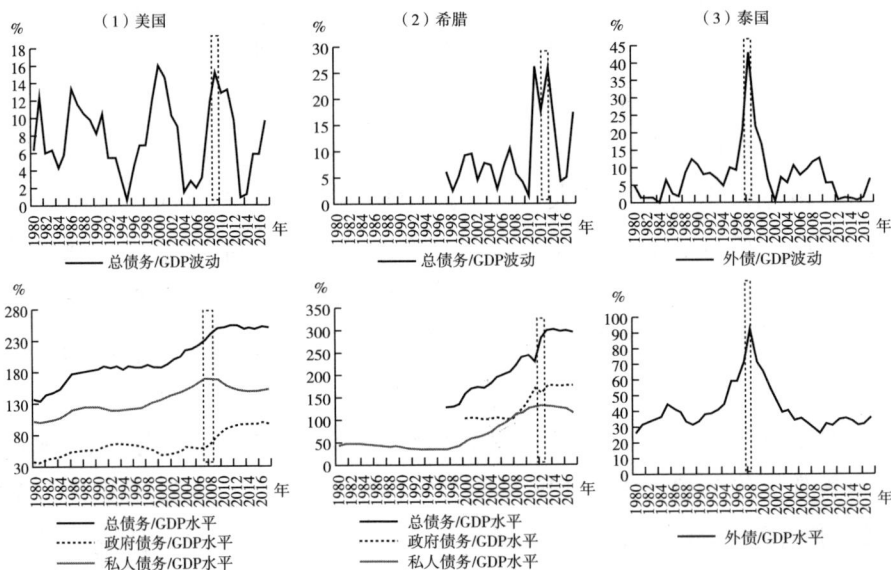

注：虚线框标注的依次为 2008 年国际金融危机、2012 年欧洲债务危机、1997 年亚洲金融危机；债务/GDP 波动均为使用 HP 滤波方法测算。

图 4.4　危机国别案例：美国、希腊、泰国

（数据来源：BIS、CEIC，作者测算）

（三）基本假设

基于以上典型事实及危机案例，可以提出一些基本假设：（1）债务/GDP 绝对水平上升及其波动加大都可能会提高危机爆发的概率；（2）债务/GDP 绝对水平上升引发危机的可能性低于债务/GDP 波动加大带来的影响；（3）政府债务/GDP 水平与私人债务/GDP 水平对危机发生的影响不同；（4）外债的影响同样适用于上述债务/GDP 水平及波动的分析框架。

根据这些基本假设，我们将债务/GDP 水平与债务/GDP 波动置于整体框架下进行实证分析，以验证债务/GDP 水平及其波动与危机爆发概率之间的因果关系以及两项指标对危机爆发概率的影响程度。

三、债务对经济危机的影响：债务增速，还是绝对水平？

我们选取的数据主要来自国际清算银行（BIS）信贷数据库的非金融部门信贷数据（total credit）、世界银行世界发展指标（WDI）数据库以及 CEIC 全球经济数据库。以拥有较全面的跨国及分部门债务数据的 BIS 数据库为主。考虑数据可得性等，我们选取了全球 43 个经济体 1980 年至 2017 年数据构建研究样本。为研究债务对危机爆发概率的影响，设定如下计量基准模型：

$$crisis_{i,t} = \beta_0 + \beta_1 debt\_ratio_{i,t} + \beta_2 debt\_volatility_{i,t} + \gamma X_{i,t} + \varepsilon_{i,t}$$

式中，$crisis_{i,t}$ 为表示危机的虚拟变量，i 表示经济体，t 表示年份。在基准模型中，若未来三年内任一年的人均实际 GDP 增速为负则设定变量 $crisis_{i,t}$ 为 1，否则为 0。以三年为限界定危机，是因为本节使用的计量分析方法中包含面板 Logit 固定效应模型，面板固定效应模型将舍去整组组内某一变量没有发生变化的数据；由于样本中一些经济体发生危机较为频繁，若将被解释变量设定为文献中常用的未来五年内是否发生危机，则在做固定效应回归时可能损失掉经常发生危机经济体的信息。以人均实际 GDP 增速定义危机是因为相较于实际 GDP 增速，在两者趋势一致的前提下，样本期内人均实际 GDP 增速为负的时期更多，在样本观测值有限的情况下可以更明显地表征危机。

本节研究目的是探究债务/GDP 水平以及债务/GDP 波动对危机发生概率的影响，因此同时将两者纳入模型作为核心解释变量。$debt\_ratio_{i,t}$ 指代债务/GDP 水平，本节分别探究了总债务/GDP 水平、政府债务/GDP 水平、私人债务/GDP 水平以及外债/GDP 水平的作用，其中除外债数据取自 CEIC 外，其余数据均来自 BIS。$debt\_volatility_{i,t}$ 指代债务/GDP 波动，反映了短期内债务/GDP 水平的变化程度。我们采用两种方法衡量债务/GDP 波动，分别运用于基准模型与稳健性检验。在基准模型中，本节参考 Drehmann（2010）构造私人部门信贷缺口的方法，首先使用 HP 滤波方法提取样本中各类债务/GDP 数据的周期项，周期项代表债务/GDP 实际值偏离其长期趋势值的部分；再对周期项取绝对值以表征债务/GDP 水平的波动性大小。在稳健性检验中，我们参考 Sutherland 和 Hoeller（2012）以及马勇和陈雨露（2017），以债务/GDP 水平的 5 年移动平均标准差表征债务/GDP 波动，这也是文献的标准做法。

主要引入三类控制变量，以期控制经济体的不同特征。一是滞后一期的人均 GDP 水平取对数，表征各经济体的初始发展程度；二是消费者物价指数（CPI）涨幅，表征物价水平；三是进出口贸易/GDP，表征各经济体的贸易开放度。在对外债的研究中，还引入国内私人债务/GDP 数据，以近似控制各经济体国内债务/GDP 情况。控制变量数据均来自 WDI 数据库。

表 4.1　　　　　　　　　　**样本数据描述性统计**

变量名称	观测值	均值	标准差	最小值	最大值
被解释变量（虚拟变量）					
最近 3 年内人均实际 GDP 增速为负	1634	0.368	0.483	0	1
最近 3 年内实际 GDP 增速为负	1634	0.272	0.445	0	1
最近 5 年内人均实际 GDP 增速为负	1634	0.488	0.500	0	1
最近 2 年内人均实际 GDP 增速为负	1634	0.284	0.451	0	1
核心解释变量					
总债务/GDP 水平	1007	183.231	80.935	41.5	449.3
政府债务/GDP 水平	991	56.085	33.822	1.6	201.5
私人债务/GDP 水平	1502	116.431	63.875	14.9	426.8
总债务/GDP 波动（基准）	1007	9.735	10.565	0.040	111.766
政府债务/GDP 波动（基准）	991	6.011	6.659	0.012	88.230
私人债务/GDP 波动（基准）	1502	8.276	8.338	0.010	74.205
总债务/GDP 波动（稳健性检验）	835	10.260	9.397	0.502	81.582
政府债务/GDP 波动（稳健性检验）	819	5.269	5.575	0.182	53.872
私人债务/GDP 波动（稳健性检验）	1330	7.457	6.712	0.381	78.308
控制变量					
人均 GDP 取对数	1594	9.786	1.087	5.852	11.626
通胀率	1520	5.264	5.956	-4.478	34.999
贸易开放度	1589	82.732	72.803	11.546	442.620
外债研究					
外债/GDP 水平	880	102.068	103.461	5.122	514.456
外债/GDP 波动（基准）	895	9.622	14.370	0.000	206.037
外债/GDP 波动（稳健性检验）	714	8.902	8.646	0.321	54.318
国内私人债务/GDP 水平	1522	78.518	46.043	6.805	233.211
国内私人债务/GDP 波动（稳健性检验）	1312	6.618	6.461	0.389	56.670

　　数据来源：核心解释变量来自 BIS，外债数据取自 CEIC，其余数据全部来自 WDI；债务/GDP 波动数据由作者测算；被解释变量数据基于 WDI 数据得出。通胀率与外债/GDP 水平数据经过异常值处理。

（一）基准模型结果

文中被解释变量为虚拟变量，采用面板 Logit 模型进行计量分析，分别使用随机效应模型和固定效应模型方法。由于 Logit 模型为非线性模型，使用该模型得出的回归系数并不能直接解释为被解释变量为 1 时概率的变化，实际为被解释变量为 1 时的概率相较于被解释变量为 0 时的概率的发生比的对数（the log of the odds ratio）变化。进一步来看，对 Logit 模型回归产生的系数可以有两种解释方式：一是如前所述两种可能性的发生比（odds ratio），在本节中即为发生危机概率相较于不发生危机概率的比值；二是估计得出的概率（predicted probability）。两种方式各有优劣。由于基于发生比的系数在解释时不如概率直观，文中所有回归结果表中给出的都是转化为概率的系数估计值（常数项除外）。

基准模型回归结果展示在表 4.2 中。方程（1）考察了总债务/GDP 水平与总债务/GDP 波动对危机发生概率的影响，可以看出在两种方法下总债务/GDP 波动的回归系数均为正且在 1% 的水平上显著。在控制住其他变量的前提下，总债务/GDP 波动每增加 1%，该经济体发生危机的概率平均上升 2.3%～2.6%。总债务/GDP 水平的系数虽为正，但在随机效应模型下并不显著，且从系数来看其对危机概率的影响程度较总债务/GDP 波动低，边际效应平均在 0.5% 以下。在控制总债务水平短期变化程度后，总债务/GDP 水平上升对危机概率的影响并不稳健且程度很弱。

方程（2）将总债务/GDP 水平拆解为政府债务/GDP 水平与私人债务/GDP 水平。总债务/GDP 波动的系数依然为正且在 1% 的水平下显著，回归系数表明其每增加 1%，平均而言危机发生的概率将上升 1.9%～3.3%。可以看到，私人债务/GDP 水平系数为正且在 1% 的水平下显著，表明私人债务/GDP 上升将增大经济体发生危机的概率，其每增加 1%，在控制其他变量的情况下，危机发生概率提升 0.8% ~ 1.8%。需要注意到，政府债务/GDP 水平系数为负且在 1% 的水平下显著，这表明在控制其他变量的前提下，政府债务/GDP 水平上升会降低经济体发生危机的概率，政府债务/GDP 水平每上升 1%，危机发生概率平均下降 1% ~ 2.5%。

方程（2）的回归结果可以在一定程度上解释总债务/GDP 对危机概率影响并不显著的原因，这是因为政府债务与私人债务扩张对危机发生概率的影响是相反的。相较于总体视角，我们更应关注不同部门债务/GDP 的不同影响。

在方程（2）的基础上，方程（3）在波动性层面引入政府债务/GDP 波动与私人债务/GDP 波动，两个变量的系数均为正且在 1% 水平下显著。同时，私人债务/GDP 上升会增大发生危机的可能性、政府债务/GDP 上升会降低发生危机可能性的效应依然是显著的，且影响程度与组合（2）近似。从具体系数来看，私人债务/GDP 水平上升 1%，平均将增大危机发生概率 0.7% ~ 1.6%；政府债务/GDP 水平上升 1%，平均将降低危机发生概率 1.1% ~ 2.5%；私人债务/GDP 波动每增加 1%，平均将提升危机概率 2.4% ~ 3.9%；政府债务/GDP 波动每增大 1%，平均将提升危机概率 2.5% ~ 3.5%。

综合表 4.2 中三个组合的实证结果，有两点比较明显：一是应该分部门关注债务/GDP 水平对危机概率的影响。在控制其他变量后，私人债务的扩张将增大发生危机的可能性，政府债务的上升将降低发生危机的可能性。二是应该关注债务/GDP 波动对危机概率的影响。无论是从总体还是从分部门视角看，在控制其他变量前提下，债务/GDP 波动加大均会提升危机发生的概率；且债务/GDP 波动对危机发生概率的影响要高于债务/GDP 水平。我们发现在危机状态下政府债务波动会增加危机发生概率。这反映出政府政策的频繁调整可能会带来政策的不稳定和不确定性，从而增大危机发生的概率。

表 4.2   债务对危机概率影响的回归结果（1980—2017 年）

解释变量	（1）		（2）		（3）	
	随机效应模型	固定效应模型	随机效应模型	固定效应模型	随机效应模型	固定效应模型
总债务/GDP	0.0012 （0.0011）	0.0035 ** （0.0015）				
私人债务/GDP			0.0076 *** （0.0014）	0.0181 *** （0.0025）	0.0069 *** （0.0014）	0.0163 *** （0.0025）
政府债务/GDP			− 0.0102 *** （0.0020）	− 0.0246 *** （0.0037）	− 0.0109 *** （0.0021）	− 0.0246 *** （0.0037）
总债务/GDP 波动（基准）	0.0230 *** （0.0054）	0.0259 *** （0.0063）	0.0191 *** （0.0046）	0.0330 *** （0.0067）		
政府债务/GDP 波动（基准）					0.0246 *** （0.0077）	0.0347 *** （0.0112）
私人债务/GDP 波动（基准）					0.0242 *** （0.0056）	0.0394 *** （0.0082）
初始发展水平	0.2822 *** （0.1020）	0.5091 （0.3357）	− 0.0025 （0.1279）	− 0.6341 * （0.3739）	0.0183 （0.1296）	− 0.5302 （0.3829）
通胀率	0.0594 *** （0.0143）	0.0676 *** （0.0171）	0.0446 *** （0.0123）	0.0660 *** （0.0181）	0.0330 *** （0.0116）	0.0477 *** （0.0174）
贸易开放度	− 0.0012 （0.0010）	− 0.0045 （0.0028）	− 0.0035 *** （0.0013）	− 0.0076 ** （0.0031）	− 0.0034 ** （0.0013）	− 0.0072 ** （0.0031）
常数项	− 6.4982 *** （1.6376）		− 1.7175 （2.9274）		− 2.2393 （2.8952）	
观测值	985	926	956	898	969	911
样本经济体	43	40	43	40	43	40

注：括号中数值为标准误差； *** 表示 $p < 0.01$ ， ** 表示 $p < 0.05$ ， * 表示 < 0.1。回归系数已转化为平均边际效应（半弹性）。

在控制变量方面，无论是基准模型还是稳健性检验及对外债的研究，通胀率系数均为正且至少在 5% 水平下显著；在具有至少 10% 显著性的前提下，贸易开放度的系数均为负，表明高通胀会增大危机发生的概率，高贸易开放度会降低危机发生的概率。滞后一期的人均实际 GDP 对数对危机发生概率的影响不确定，可能的原因是危机时期是由经济增速为负来定义的，经济初始发展水平高的国家经济增速一般都比较低，因此可能更容易进入负增长状态；同时，经济初始发展水平高的国家也可以更好地在危机爆发前抵御负面冲击，从而在一定程度上避免进入负增长，这两种效应方向相反，由此可能导致整体效应不确定。

（二）稳健性检验

我们使用固定效应 Logit 模型进行稳健性检验。组合（1）将总债务/GDP 波动替换为政府债务/GDP 波动与私人债务/GDP 波动；组合（2）使用债务/GDP 5 年移动平均标准差表征债务/GDP 波动。组合（3）分别使用未来 3 年内任一年实际 GDP 负增长、未来 5 年内任一年人均实际 GDP 负增长和未来 2 年内任一年人均实际 GDP 负增长作为被解释变量。实证结果显示，前文核心结论依然成立，表 4.3 及表 4.4 列出了部分结果。

表 4.3　债务对危机概率影响稳健性检验之一（固定效应 Logit 模型）

解释变量	（1）	（2）	
总债务/GDP	0.0014 (0.0016)	−0.0019 (0.0019)	
政府债务/GDP 波动（基准）	0.0286 *** (0.0108)		
私人债务/GDP 波动（基准）	0.0409 *** (0.0074)		
政府债务/GDP		−0.0302 *** (0.0052)	
私人债务/GDP		0.0150 *** (0.0031)	

债务杠杆、供求循环与货币的作用Debt Leverage, Economic Dynamics and the Role of Money

续表

解释变量	(1)	(2)	
总债务/GDP 波动（稳健性检验）		0.0372 *** （0.0093）	
政府债务/GDP 波动（稳健性检验）			0.0407 ** （0.0159）
私人债务/GDP 波动（稳健性检验）			0.0443 *** （0.0129）
初始发展水平	0.4272 （0.3421）	0.5683 （0.3971）	− 0.5829 （0.4593）
通胀率	0.0499 *** （0.0168）	0.0562 *** （0.0200）	0.0510 ** （0.0206）
贸易开放度	− 0.0038 （0.0029）	0.0007 （0.0033）	− 0.0049 （0.0038）
观测值	898	758	743
样本经济体	40	39	39

注：括号中为数值标准误差；*** 表示 $p < 0.01$，** 表示 $p < 0.05$，* p 表示 < 0.1。回归系数已转化为平均边际效应（半弹性）。

表 4.4　债务对危机概率影响稳健性检验之二（固定效应 Logit 模型）

解释变量	(3)					
	未来 3 年内实际 GDP 增速	未来 3 年内实际 GDP 增速	未来 5 年内人均实际 GDP 增速	未来 5 年内人均实际 GDP 增速	未来 2 年内人均实际 GDP 增速	未来 2 年内人均实际 GDP 增速
总债务/GDP	0.0032 * （0.0018）		− 0.0009 （0.0012）		0.0071 *** （0.0018）	
总债务/GDP 波动（基准）	0.0239 *** （0.0074）		0.0249 *** （0.0055）		0.0238 *** （0.0071）	
政府债务/GDP		− 0.0166 *** （0.0040）		− 0.0304 *** （0.0034）		− 0.0142 *** （0.0038）
私人债务/GDP		0.0129 *** （0.0029）		0.0103 *** （0.0020）		0.0189 *** （0.0030）

续表

解释变量	（3）					
	未来3年内实际GDP增速	未来3年内实际GDP增速	未来5年内人均实际GDP增速	未来5年内人均实际GDP增速	未来2年内人均实际GDP增速	未来2年内人均实际GDP增速
政府债务/GDP波动（基准）		0.0248 *		0.0292 ***		0.0286 **
		（0.0130）		（0.0097）		（0.0122）
私人债务/GDP波动（基准）		0.0455 ***		0.0321 ***		0.0330 ***
		（0.0094）		（0.0070）		（0.0088）
初始发展水平	1.3022 ***	0.4348	0.0551	−0.9428 ***	0.7004 *	−0.2758
	（0.4498）	（0.4989）	（0.2636）	（0.3172）	（0.4070）	（0.4544）
通胀率	0.0722 ***	0.0563 ***	0.0633 ***	0.0481 ***	0.0706 ***	0.0489 ***
	（0.0194）	（0.0200）	（0.0157）	（0.0158）	（0.0189）	（0.0188）
贸易开放度	−0.0078 **	−0.0105 ***	0.0003	−0.0005	−0.0099 ***	−0.0129 ***
	（0.0036）	（0.0039）	（0.0022）	（0.0025）	（0.0035）	（0.0038）
观测值	870	848	907	892	926	911
样本经济体	38	38	39	39	40	40

注：括号中数值为标准误差；*** 表示 $p < 0.01$，** 表示 $p < 0.05$，* 表示 $p < 0.1$。回归系数已转化为平均边际效应（半弹性）。

稳健性检验不仅在显著性上与基准模型相近，且各个核心变量对危机发生概率的影响也与基准模型相近。比如，债务/GDP波动对危机发生概率的影响强于债务/GDP水平；在控制波动的情况下，总债务/GDP水平对危机发生概率的影响不稳健且程度很弱；政府债务/GDP水平降低危机发生概率的程度高于私人债务/GDP水平增加危机发生概率的程度；各类型债务/GDP波动增大危机发生概率的程度基本相当。

（三）对外债的研究

上述研究使用的BIS债务数据既包含内债也包含外债，且无法进行区分。为了专门探究外债对危机发生概率的影响，本部分改用CEIC

数据单独对外债进行研究，并将国内私人部门债务/GDP 作为控制变量引入。表 4.5 的回归结果显示，在控制波动变量的情况下，外债/GDP水平对危机概率的影响不一定显著，且系数较小，平均边际效应在0.5% 以下，与基准模型中总债务/GDP 水平与经济危机的关系是一致的；而回归系数显示外债/GDP 在短期内的变动每增加 1%，危机发生概率平均提升 1.3% 左右。这两项发现均与前文的结论一致，即总债务/GDP 水平对危机概率的提升影响有限且不稳健，债务/GDP 波动的影响（即短期内债务水平的快速上升或快速下降）更为关键。

表 4.5　　外债对危机概率影响的回归结果（1980—2017 年）

解释变量	(1)	
	随机效应模型	固定效应模型
外债/GDP	0.0017 (0.0012)	0.0043 * (0.0024)
外债/GDP 波动（基准）	0.0129 ** (0.0059)	0.0132 * (0.0075)
国内私人债务/GDP	0.0017 (0.0020)	0.0052 (0.0041)
初始发展水平	0.4377 *** (0.1265)	1.7030 *** (0.4976)
通胀率	0.0668 *** (0.0141)	0.1167 *** (0.0214)
贸易开放度	− 0.0034 ** (0.0017)	− 0.0168 *** (0.0049)
常数项	− 9.7049 *** (2.2796)	
观测值	788	722
样本经济体	41	38

注：括号中数值为标准误差；*** 表示 $p < 0.01$，** 表示 $p < 0.05$，* 表示 $p < 0.1$。回归系数已转化为平均边际效应（半弹性）。

表4.6的稳健性检验改用5年移动平均标准差衡量债务/GDP波动，并在组合（3）中引入国内私人债务/GDP波动项，得出的结论与表4.5一致，即在控制外债/GDP波动的情况下，外债/GDP水平提升对危机发生概率的影响不显著；在控制其他变量的情况下，外债/GDP波动增加1%，危机发生概率平均提升3.6%~5.2%，这是本节所有回归结果中最高的。

表4.6　　　　外债对危机概率影响稳健性检验（1980—2017年）

解释变量	(2)		(3)	
	随机效应模型	固定效应模型	随机效应模型	固定效应模型
外债/GDP	-0.0001	0.0037	-0.0004	0.0020
	(0.0014)	(0.0037)	(0.0014)	(0.0038)
外债/GDP波动（稳健性检验）	0.0358***	0.0518***	0.0370***	0.0523***
	(0.0094)	(0.0126)	(0.0097)	(0.0130)
国内私人债务/GDP	0.0014	0.0036	0.0019	0.0059
	(0.0024)	(0.0060)	(0.0025)	(0.0063)
国内私人债务/GDP波动（稳健性检验）			-0.0041	-0.0042
			(0.0103)	(0.0150)
初始发展水平	0.4671***	2.3833***	0.4857***	2.2889***
	(0.1501)	(0.6611)	(0.1509)	(0.6778)
通胀率	0.0428***	0.0865***	0.0545***	0.1029***
	(0.0156)	(0.0243)	(0.0174)	(0.0265)
贸易开放度	-0.0036*	-0.0172**	-0.0035*	-0.0174**
	(0.0019)	(0.0068)	(0.0018)	(0.0069)
常数项	-10.7526***		-11.2583***	
	(2.9040)		(2.9311)	
观测值	643	567	631	555
样本经济体	41	34	41	34

注：括号中数值为标准误差；*** 表示 $p < 0.01$，** 表示 $p < 0.05$，* 表示 $p < 0.1$。回归系数已转化为平均边际效应（半弹性）。

（四）对实证结果的理解

通过实证分析可以发现：（1）从债务/GDP 水平来看，在控制债务波动性等变量的情况下，分部门债务/GDP 水平上升对危机发生概率的影响要大于总债务/GDP 上升的影响。具体来看，总债务/GDP 对危机发生概率的影响很弱且不稳健，私人债务/GDP 上升会显著增大危机发生的概率，政府债务/GDP 上升则会降低危机发生的概率。（2）在控制其他变量的情况下，各类型债务/GDP 波动上升对危机发生概率的影响要高于分部门债务/GDP 的影响。（3）上述结论适用于外债。外债/GDP 波动上升将增大危机发生的概率。在控制外债/GDP 波动的情况下，外债/GDP 水平对危机发生概率的影响弱且不稳健。

基于上述实证分析，我们进一步回答以下三个问题：

首先，相较于债务/GDP 水平，为什么需更加关注债务/GDP 波动的影响？我们此前的实证分析发现，总债务/GDP 水平对危机发生概率的影响并不稳健，分部门来看，私人债务/GDP 与政府债务/GDP 对危机概率的影响虽然显著，但影响程度不如债务/GDP 波动明显。分部门的债务/GDP 波动指标均对危机发生概率有较明显的影响。也就是说，相较于债务绝对水平，债务波动更容易引发经济危机。我们对此的理解是，债务/GDP 波动反映的是短期内债务水平快速上升或快速下降，债务波动越剧烈意味着债务/GDP 在短期内的变化程度越大、稳定性越差，更容易损害宏观经济稳定、放大负面冲击的影响，从而更容易引发经济危机。马勇和陈雨露（2017）认为，杠杆过度波动会破坏投融资关系的稳定性。纪敏等（2017，2018）也提到，杠杆率过快上升可能引发债务流动性风险和资产泡沫，杠杆率过快下降将导致债务链条突然中断。无论是债务过快上升还是过快下降均会削弱债务可持续性，增加危机发生的风险，在政策应对时应予以关注。

其次，我们的实证结果还显示私人债务/GDP 与政府债务/GDP 对危机概率有相反的影响效应。私人债务/GDP 上升会增大危机发生的概率，而政府债务/GDP 上升将降低危机发生的概率。这一发现与此前一些文献一致。Sutherland 和 Hoeller（2012）指出政府债务/GDP 较其长期趋势值越高，危机发生的概率越低，虽然结果不够稳健。刘晓光等（2018）指出，公共部门债务增长能够降低经济衰退的概率。纪洋等（2019）构建的面板数据研究也发现，政府债务水平提高能够降低金融危机发生的概率。

为什么政府债务/GDP 水平上升会降低危机发生的概率？刘晓光等（2018）认为，原因是国内政府债务相对而言有更多的解决办法，比如可以通过增发特别国债和温和通货膨胀方式化解债务压力。同时，政府债务水平提升往往意味着实施积极财政政策，有利于稳定短期经济增速，降低危机发生的概率。Sutherland 等（2012）使用格兰杰因果检验发现 5 年前的企业部门债务上升是之后政府部门债务增加的格兰杰原因。在经济下行时期，私人部门去杠杆，政府部门不得不通过逆周期财政政策工具加杠杆、帮助经济摆脱困境。纪洋等（2019）认为政府部门较私人部门有更强的债务承担和风险控制能力，其债务利用效率更高。

不过还需强调的是，Sutherland 和 Hoeller（2012）研究发现，随着政府债务水平超过一定阈值，政府债务/GDP 上升对稳定宏观经济的作用会下降，即过高的政府债务反而会影响经济稳定。其认为政府债务会对宏观经济稳定产生两种相反的作用：一方面，在经济下行期，政府借贷用于支出、减税可以对冲负面冲击，从而对稳定宏观经济有利；另一方面，政府抵御负面冲击的能力是有限的，政府债务过高、政府支出产生的挤出效应、人们对政府偿付能力的怀疑等都会制约政府稳定经济的能力，从而可能增大宏观经济波动性。

我们在上一章已经提到，长期来看政府债务积累可能通过影响资本形成、人力资本和技术水平等对长期经济增长形成抑制。政府债务增加在短期内会降低危机概率，但长期累积又会抑制经济增长。这反映出债务扩张是有边界的，逆周期调节、积极财政政策在短期将有利于稳定、熨平经济波动，但如果长期过度扩张，尤其是超过一定阈值后，其对经济增长就会产生负面影响。关于这一点，我们在上一节已经进行了理论和实证分析。

最后，为什么要专门对外债进行研究？我们在前文已有过论述，除了与国内债务类似，会影响一国宏观经济稳定性外，过度举借外债还具有其他不利影响。Sutherland 和 Hoeller（2012）认为这主要体现在两个方面：首先是资本流动问题，资本流动可以提高一国金融市场运行效率，但由于境外资金往往出于短期避险目的寻求安全优质资产，资金流入国更易发生流动性风险和交易对手方风险，进而威胁金融稳定。其次是汇率风险问题，尤其是那些实行固定汇率制度、私人部门债务较多且多以外币计价的经济体面临着更大的汇率风险。

本节使用跨国面板数据进行的实证分析发现，较之债务/GDP 绝对水平，债务/GDP 短期内快速上升或快速下降更有可能导致危机。在关注债务/GDP 绝对水平时，有必要分部门分析政府债务与私人债务。要关注短期内外债/GDP 水平过快上升或下降的风险。

图 4.5 显示了当前我国非金融部门债务情况，包括各部门债务/GDP 水平及波动情况。可以看出，我国非金融部门债务/GDP 波动主要是受企业及住户部门债务/GDP 波动的影响，政府债务与外债波动较小。从债务/GDP 绝对水平来看，政府债务/GDP 较低且比较平稳，接近近年来新兴经济体政府债务/GDP 的平均水平，外债/GDP 水平同样处于相对较低的水平。结合实证结论及上述观察看，当前我国债务风险点主要集中在企业及住户部门，不仅债务波动程度相对较高，债务/

GDP 绝对水平也出现较快上升，且明显高于新兴经济体私人债务/GDP 平均水平。其中，企业还是我国主要的负债部门，债务水平处在世界前列（纪敏等，2018）。

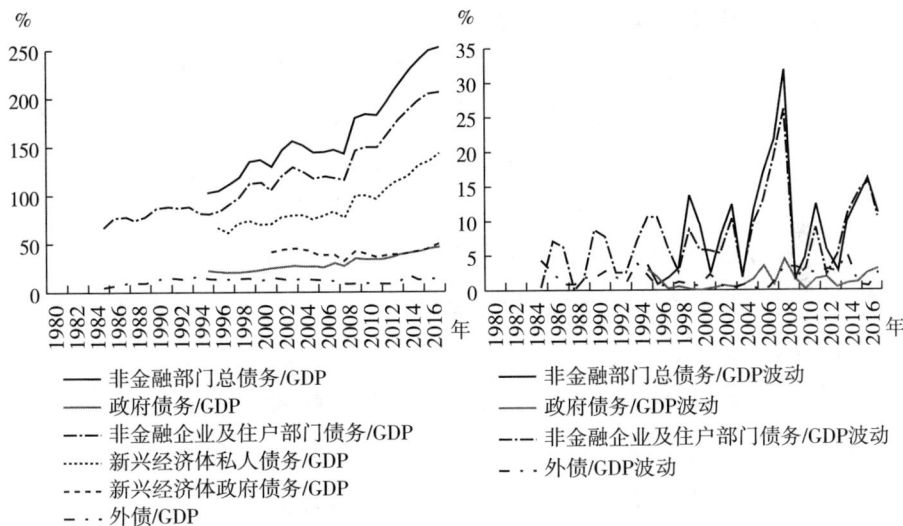

注：各类型债务/GDP 波动均为使用 HP 滤波方法测算。

图 4.5　中国债务的基本情况

（数据来源：BIS、CEIC，作者测算）

在 BIS 统计口径中，国有企业、地方融资平台债务包含在我国非金融企业及住户部门债务中，这与国际可比的私人部门债务有所不同。IMF 在《2016 全球金融稳定报告》中提到，地方国有企业债务在我国债务中占较大一部分，随着债务增长，企业投资效率和利润率下降，偿债能力不足。BIS 数据显示，2017 年不包含平台债的政府债务/GDP 水平为 46.5%，若将平台债纳入政府债务，我国广义政府债务/GDP 可能已超过 80%。

专栏3　债务的极限 ①

——对话《债务与魔鬼》作者特纳

伍戈：中国会因为债务产生金融危机吗？

特纳： 我不认为中国会出现这样的金融危机。中国的不同之处在于，大部分贷款是由国有企业向国有银行，或者地方政府向国有银行借的。在市场和国有经济并存的体系之中，政府总有办法避免危机，甚至可把债务一笔勾销，并进行资本结构调整。如果知道政府总是可在危急时进行债务账户处理并对银行进行资本结构调整，就不必担心银行倒闭。总会有国家做担保，怎么会出现显性金融危机呢？

混合经济体制对于信贷增长的限制与纯粹的资本主义经济体系不同。在资本主义经济中，对信贷增长的限制会导致金融危机。一家银行倒闭，其余银行就会恐慌，一连串银行会接连倒闭，所以债务水平很重要。但在中国这样的混合式经济体里，债务水平虽然依然重要，但其对经济的影响与资本主义国家不完全相同。

伍戈：中国债务的极限是什么？

特纳： 从资产角度来看，这个体系存续的时间越长，就有越多低收益甚至负收益的项目得到资助，对于中国而言这无疑是浪费资源：过度投资建设"鬼城"，过度投资基础设施，过度投资产能过剩的企业。不过现在中国投资/GDP为43%以上，假如8%被浪费了，剩下的35%或还是良性投资，中国经济仍会保持增长。但上述模式最好加以控制，这的确是资源浪费。

---

① 该专栏摘自：伍戈博士对话英国金融服务局前主席阿代尔·特纳勋爵——搜狐财经与《比较》联合专访，2016年12月。

那么要如何以制约这种行为呢？这种限制源于银行系统的负债项，而非资产项。负债越大，其造成的风险也就越大。一旦出现资本外逃预期，就可能动摇甚至耗尽外汇储备。当然也取决于一国跨境资本管制的程度。跨境资金只能稍加引导，而不能绝对控制住。金融领域负债越多，资金外流的风险就越大，这显然会影响到汇率等变量的相对稳定。

伍戈：中国的债务未来会引发通货膨胀还是通货紧缩？

特纳：根据政府应对机制的不同，债务既可能引发通货膨胀也可能引起通货紧缩。在西方社会，过多债务会导致通货紧缩。因为如果居民和企业负债很重，当信心崩溃时资产价值下降，增长预期放缓，他们会削减投资和消费，这就会使经济陷入通货紧缩的恶性循环。

在中国，如果政府增加更多信贷来抑制危机，那么更有可能发生通货膨胀。但如果政府将信贷纳入硬预算约束中，促使地方政府和国有企业进行重大的调整，那么杠杆增长带来的影响就可能是通货紧缩。

伍戈：中国债务演进的最终路径会是怎样的？

特纳：中国政府可以解决该问题，但需要采取一系列措施。首先要对国企和地方政府施加硬预算约束。当然，这意味着在这个过程中一些工业产能会受到影响。不过随着私营部门逐渐壮大，服务行业提供的工作岗位越来越多，并且从农村涌入城市的人口越来越少，加上年轻人数量的减少，政府能够逐步承受在国企施加硬预算约束带来的社会风险。经济发展应放缓脚步，提升增长质量，鼓励更多消费和更少投资，以保持更加可持续的增长。

四、小结

本章考察了 1980 年至 2017 年全球 43 个经济体债务/GDP 水平及其波动对经济危机发生概率的影响。通过构建跨国面板 Logit 模型进行的实证分析发现：一是在控制债务波动等变量的情况下，分部门债务/GDP 水平提升对危机发生概率的影响强于总债务/GDP 上升。总债务/GDP 对危机发生概率的影响较弱且不稳健，但私人债务/GDP 上升会显著增大危机发生的概率，政府债务/GDP 提升则在一定阶段内会降低危机发生的概率。二是在控制其他变量的情况下，债务/GDP 波动上升对危机发生概率的影响要大于分部门债务/GDP 水平的影响，这意味着相较于债务水平本身，经济危机更容易被短期内债务水平过快上升或下降所引发。三是上述结论适用于外债，外债/GDP 波动增强也会提升危机发生的概率。比较而言，在控制外债/GDP 波动的情况下，外债/GDP 水平对危机发生概率的影响同样很弱且不稳健。

上述分析包含三点政策含义：一是相较总债务/GDP 水平，更应关注私人债务与政府债务；二是各部门债务/GDP 波动加大均会显著提高危机发生的概率，因此有必要加强对各类债务变化的监测，防范债务率短期出现大幅波动；三是要注意外债的重要影响，外债/GDP 波动加大会显著提升危机发生的概率。稳健性检验发现，外债/GDP 波动对危机发生概率的影响在全部实证结果中是最高的。外债风险相对更难控制且容易与汇率风险相互交织放大，尤其需要关注。

实证结果还显示，大多数情况下，政府债务/GDP 水平上升降低危机概率的程度高于私人债务/GDP 水平上升增大危机概率的程度。我们也发现，政府债务扩张只是在短期内会降低危机发生的概率，但长期的债务过度积累则会抑制经济增长。应适度使用财政政策工具，发挥逆周期调节作用，同时政府债务亦不能过度累积，否则会抑制政府部门抵御风险冲击的空间和能力。政府债务水平有必要维持在合理的区间，合适的政府债务水平将有助于常态时期的经济增长，也能为危机时期政府实施逆周期调节预留空间。

本章在研究中还存在一些不足，有待未来进一步改进。一是外债数据来源与基准模型数据来源不同，基准分析中使用的 BIS 数据同时包含内债和外债且无法进行区分，因此研究外债时只能使用其他数据来源。未来希望能够尝试新的数据以使外债研究部分更好地融入整体框架。二是我们尝试对债务与危机爆发之间关联及实证结果机理进行解释，这主要来自对前人文献的总结，还需构建更完善的理论框架。三是我们区分了私人部门债务与政府部门债务对危机发生概率的不同影响，并考虑了外债的作用，但是没有进一步对债务类型予以区分。更加细化的分部门研究将有助于进一步厘清债务与经济危机发生概率背后的关联。四是由于跨国研究的局限性，难免对不同经济体的异质性关注不够，未来有必要进行更加深入的探讨。

第五章　债务与物价稳定：
债务—通胀，还是债务—通缩？

　　在前两章，我们研究了债务与经济增长、债务与经济危机之间的关系，本章则试图进一步研究债务与物价，分析债务与通胀、通缩的关系。有关"债务—通缩"问题已有一些经典理论，如欧文·费雪的"债务—通缩"理论、伯南克的"金融加速器"和辜朝明的资产负债表衰退理论等。虽然这些理论对全球历史上数次经济危机或衰退机制作出了解释，但对中国一段时间内发生的"债务—通缩"和"债务—通胀"相继并存的现象则难以作出解释。那么，高债务究竟是容易导致通胀还是通缩，未来又将如何演进？对这些关乎宏观大势的科学研判，现有理论框架难以作出统一的解释。本章在梳理已有"债务—通缩"理论的基础上试图构建一个新的研究框架，借鉴达利欧的做法，将债务率变动划分为长债务周期和短债务周期，并分别在这两个维度下分析债务与通胀的关系，解释"债务—通缩"和"债务—通胀"交替出现背后的宏观机理（伍戈、詹硕和林雍钧，2017）。在长债务周期视角下，国际案例和理论表明，债务高企引致通货紧缩的机理是客观存在的。在短债务周期视角下，债务短期高企和物价上涨是并存的。由于高债务状况短期内难以快速改变，我国出现债务—通缩的风险从长期看依然是存在的，彻底摆脱通货紧缩取决于未来债务杠杆的去化程度和方式。

一、"债务—通缩"理论：文献回顾

欧文·费雪认为，通缩与债务存在螺旋式的相互强化。基于对美国 20 世纪 30 年代大萧条的观察，费雪首次对债务积累和通货紧缩的关系进行了阐释。当企业在经济繁荣期过度借债时，一旦出现如资产价格下跌或信贷环境收紧等负面冲击，为偿还债务企业不得不廉价抛售商品，这会引致存款收缩和货币流动速度下降，物价开始下跌。如果宏观政策不立即注入流动性实施再通胀干预，那么企业利润和产出将迅速下降，进而引发企业净值下跌。物价持续下跌使悲观预期在经济各部门蔓延，形成通缩预期，从而导致实际利率高企，引发实际债务水平上升，使债务状况进一步恶化。尽管后人从不同角度丰富和发展了费雪的"债务—通缩"理论的机制和内涵，但均不否认费雪"债务—通缩"机制具有普适性。

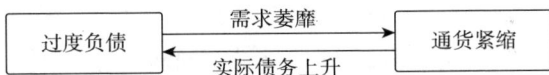

图 5.1　欧文·费雪的"债务—通缩"机制示意图

(资料来源：笔者整理)

伯南克的金融加速器理论认为，债务高企会恶化借贷双方信息不对称，加剧通缩风险。伯南克从金融市场信息不对称和委托代理理论角度发展了费雪的"债务—通缩"理论，提出金融加速器理论。这一理论认为，当企业过度负债时，资产负债表状况恶化带来的不确定性导致借贷双方信息不对称程度上升，会加剧逆向选择和道德风险。一旦企业破产，银行将承受更高的状态识别成本（Costly State Verification）。此时银行放贷意愿下降，对借款者要求的贷款利率上升，即风险溢价上升。风险溢价上升增大了企业融资的机会成本，抑制企业投资，进一步恶化企业资产负债状况。伯南克将其理论与 20 世纪 30 年代大萧条时期的数据相结合的研究表明，引入金融中介信息成本以及企业风险溢价后，其理论能够更好地对大萧条时期"债务高企—通缩恶化"现象进行解释。

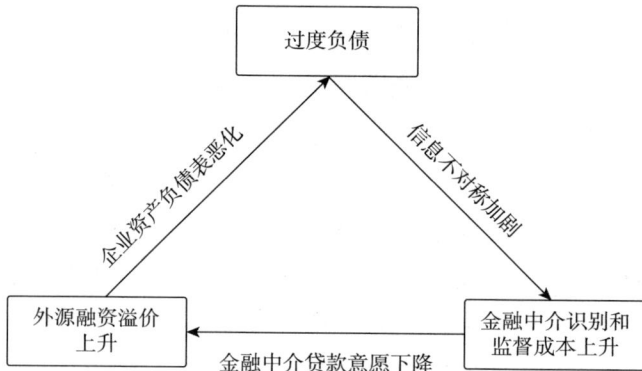

图 5.2 伯南克的"债务—通缩"机制示意图

（资料来源：笔者整理）

辜朝明的资产负债表衰退理论认为，企业过度负债会通过改变其目标函数而引致通货紧缩。与伯南克从借款者债务状况如何影响银行的贷款意愿角度解释"债务—通缩"现象不同，辜朝明的出发点是借款者负债状况如何影响其自身的目标函数。基于日本在"失去的二十年"中宽松货币政策失效的事实，辜朝明提出资产负债表衰退理论，

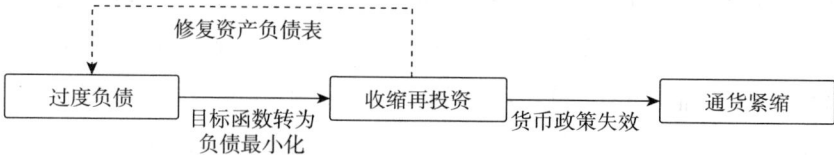

图 5.3 辜朝明的"债务—通缩"机制示意图

（资料来源：笔者整理）

认为资产价格暴跌导致企业资产负债状况恶化，为修复资产负债表企业不得不将自身的目标函数由正常情况下的利润最大化调整为负债最小化。此时无论信贷环境多么宽松，企业都会选择将营业收入用作偿还债务，而不会追加投资，由此导致经济总需求萎靡，进入所谓"阴周期"，难以走出通货紧缩阴霾。

达利欧首次提出将债务周期划分为长、短债务周期。在其《宏观经济运行的框架》一文中，达利欧将经济运行的驱动力归结为三类：生产力的趋势性增长，长期债务周期与短期债务周期。生产力的趋势性增长决定了人均GDP增长率在超长期内的趋势线。而偏离趋势线和短期波动，则主要是由信贷变动引起。根据周期长度，信贷周期又可分为长债务周期（Long-Term Cycle）和短债务周期（Short-Term Cycle）。长债务周期持续30年至50年。在长债务周期加杠杆阶段，信贷增速大于消费和投资增速，存在大量基于信用的交易，借款人自身实力不断得以增强，例如家庭通过贷款获得房产，企业通过固定资产贷款扩大自身规模等。更高的房产价值和企业规模能通过抵押品机制进

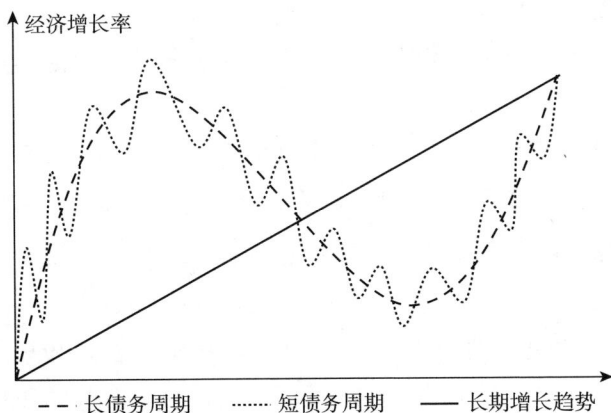

图 5.4　达利欧的长短债务周期框架

（资料来源：笔者根据桥水基金资料整理）

一步增强其获得信贷的能力，使"资产价格—信贷"呈现正反馈循环扩张模式。而一旦债务相对于个体收入无法继续增长的时候，"资产价格—信贷"就会转化为负反馈循环收缩模式：信贷可得性降低迫使个体抛售资产获得流动性以偿还到期债务，导致资产价格下行，这使个体信贷可得性进一步降低。短债务周期持续 5 年至 10 年。短债务周期波动意味着以商业信用为基础的交易金额加速增加或降低，这往往意味着短期内经济向好或衰退。

费雪的"债务—通缩"理论、伯南克的金融加速器理论和辜朝明的资产负债表衰退理论，均以金融危机爆发为逻辑起点解释高债务如何引致通货紧缩，但事实上我国并未发生类似西方的金融危机。达利欧的长短债务周期分析框架虽然对经济长期趋势与短期波动的驱动机制作出理论界定，但并未探究债务的长短期变动如何影响价格。我们借鉴达利欧的长短债务周期思想，构建一个新的长短债务研究框架，分别在长债务周期下和短债务周期下分析债务与通货膨胀、通货紧缩的关系。

二、债务与物价稳定：长期与短期视角之分别

为了简化，我们暂时不考虑政府债务，主要聚焦于非金融部门（含企业和居民）债务及其对价格的影响。上述经典"债务—通缩"理论的研究范畴均聚焦非金融部门债务问题。政府债务属于财政政策的范畴，财政赤字货币化的通胀效应往往是显而易见的。通过对各国（地区）历史数据的观察可以发现，债务对物价的长期和短期影响是不一致的，国别（地区）横截面数据表明，债务长期趋势和债务短期波动与通胀率的关系是相反的。从长期趋势看，债务率与通胀率整体呈现反方向关系，即高债务国家（地区）普遍通胀水平较低，甚至发生通缩（见图 5.5）；而从短期波动来看，债务率短期增速与通胀率整体

呈现正相关关系，即债务增长率较高的国家（地区），其通胀率也相对较高（见图5.6）。

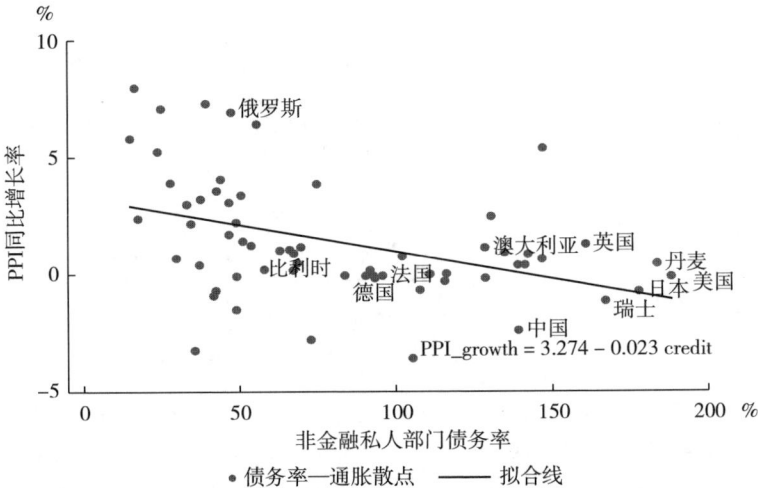

图5.5　长期的债务—通缩关系

（数据来源：笔者根据 IMF 数据整理）

为深入研究中国债务问题及其宏观影响，我们选用数据可得且有借鉴意义的日本进行对比分析。考虑到债务长期趋势与短期波动对通货膨胀影响存在差异，我们用 HP 滤波方法将中日非金融部门（含非金融企业和居民）债务率分解为趋势项和周期项。我们发现，趋势项和周期项都呈现一定的周期性波动特征。其中趋势项代表债务长期变化趋势，持续周期为 30~50 年；周期项代表债务实际值偏离其趋势的短期波动，持续周期为 5~10 年。可以看出，日本已经历了一个相对较为完整的长债务周期，而中国的长债务周期在过去 20 年总体处于上升阶段。下面我们将分别基于长期和短期两种视角，研究债务与通货膨胀之间的关联。

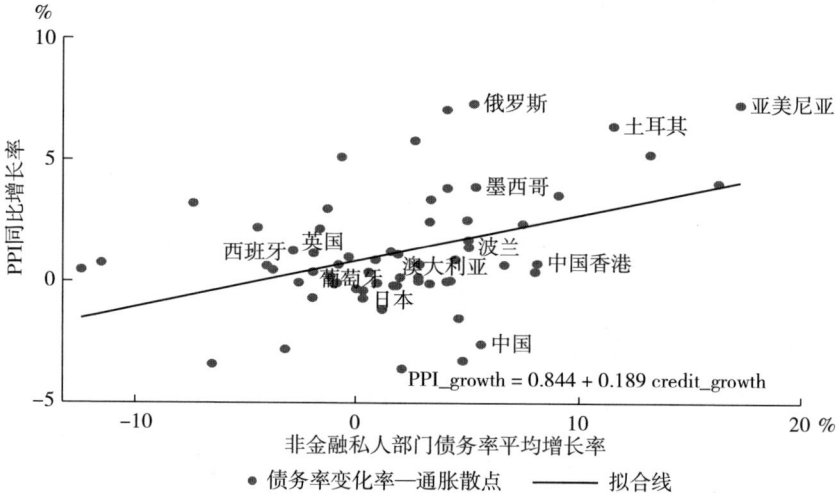

注：（1）选用 PPI 作为通货膨胀的衡量指标，主要原因在于该指标与非金融企业的行为更加密切。从趋势来看，PPI 与 CPI 走势也基本一致；（2）图 5.5 中各散点代表各国非金融部门债务率水平与 PPI 同比增速的关系（取 2010—2016 年的均值）；图 5.6 各散点代表非金融部门债务率增速与 PPI 增速的关系（取 2010—2016 年的均值）；（3）样本包含 IMF 数据库中债务与通货膨胀数据完整的 64 个国家（地区）。

图 5.6　短期的债务—通胀关系

（数据来源：笔者根据 IMF 数据整理）

（一）长期视角：债务高企引致通货紧缩

从长期来看，存在债务高企引致通货紧缩的内生机制。若债务长期持续累积，一方面意味着借款者还本付息压力增大，随着资本回报率边际递减，势必会减少投资或消费支出；另一方面，由于担心借款者资产负债状况恶化及高债务不可持续，银行等贷款者往往会收紧放款条件从而抑制融资需求，由此产生通缩压力。诸多国际案例和理论都充分表明存在上述债务—通缩机理。下面我们进一步以日本为例，从长债务周期的演进路径入手，分析长期内高债务导致通缩的内在机理。具体来看：

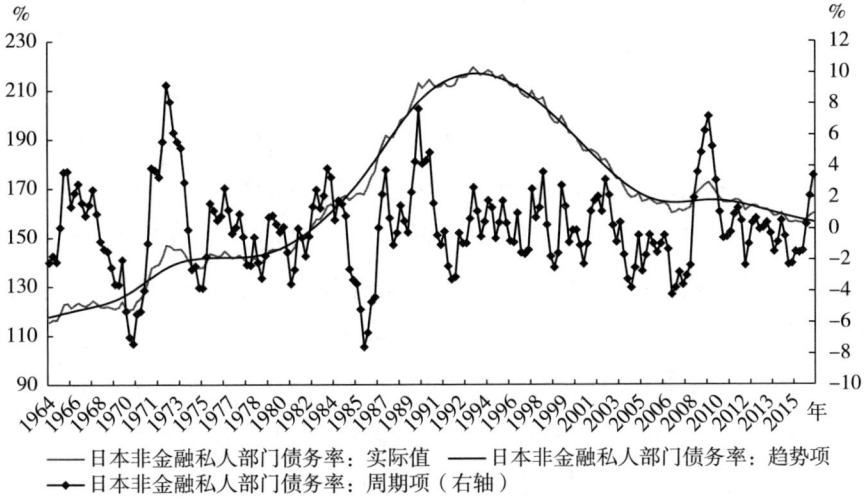

图 5.7　日本债务周期的长短期分解

（数据来源：笔者根据 BIS 数据整理）

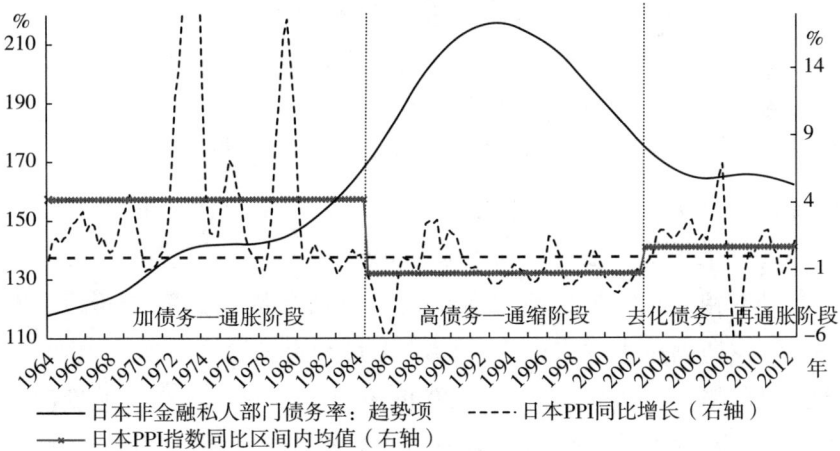

图 5.8　日本经历了长债务周期的三个阶段

（数据来源：笔者根据 BIS、Wind 数据整理）

阶段1：加债务—通胀阶段。该阶段的基本特征是债务率处于上升区间但绝对水平还比较低，物价中枢处在通胀区间。日本在20世纪60年代至80年代末经济以制造业为龙头快速发展，由于资本存量较低同时资本回报率较高，企业部门有动力通过增加债务扩大投资。这一时期债务不断累积但总体尚处于良性区间，旺盛的需求使通胀中枢保持在高位。尽管20世纪70年代全球石油危机对推升日本通胀产生了较大影响，但从趋势上看在60年代日本通胀中枢就已开始上升（也就是说，即使没有石油危机的影响，日本的通胀仍可能处于较高水平）。

阶段2：高债务—通缩阶段。该阶段的基本特征是债务率绝对水平较高，PPI中枢回落并长期处于通缩区间。随着资本边际回报率下行，日本企业被动加债务以延缓其利润率下行，20世纪80年代末日本私人部门债务率超过160%。随后市场开始怀疑以高债务支撑的总需求能否持续，通缩预期逐渐形成。90年代初资产泡沫破灭导致企业资产负债表继续恶化，私人部门债务开始去化，通缩预期进一步强化。

阶段3：去化债务—再通胀阶段。该阶段的基本特征是债务水平继续去化至较低水平后，通缩预期开始被打破，通胀中枢随之上升。经历漫长调整后，企业资产负债状况开始好转，私人部门债务率逐步去化到合理区间，从2002年开始日本通胀上行并摆脱通缩区间。值得一提的是，在2008年国际金融危机冲击下，尽管日本短暂重回通缩状态，但长期通胀的中枢仍处在正通胀区间。

与日本相比，中国目前可能正处于长债务周期的第二阶段，高债务下的潜在通缩压力并未彻底消除。从1998年至2011年，中国经历了长债务周期第一阶段，这与日本20世纪60年代至80年代末类似（限于BIS数据的有限性，我们对中国长债务周期研究起点为1996年。但我们推断自20世纪90年代初中国可能就已进入长债务周期第一阶段）。在这个阶段，中国债务率不断上行，但总体仍处在较低水平。加债务的原因是，中国经济向市场经济转型以及对外开放不断扩大，激

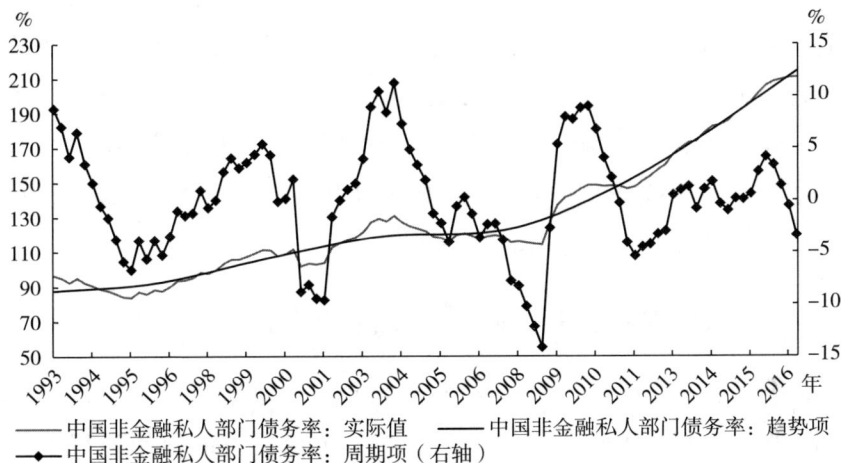

图 5.9　中国债务周期的长短期分解

（数据来源：笔者根据 BIS 数据整理）

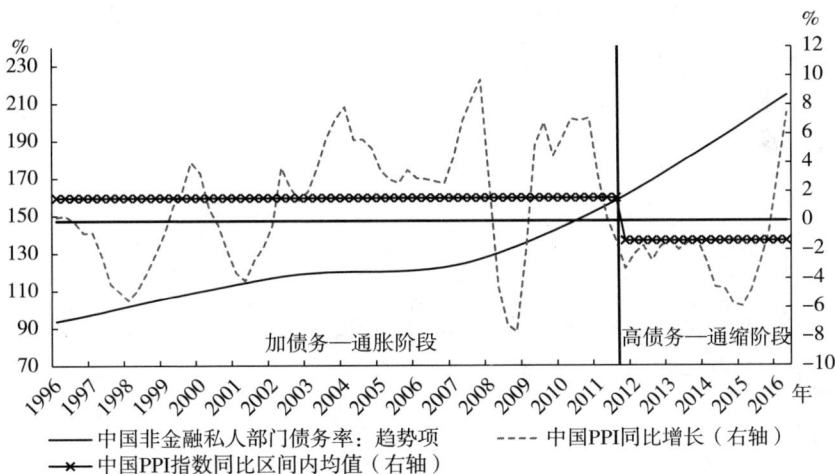

图 5.10　中国仍处于长债务周期第二阶段

（数据来源：笔者根据 BIS、Wind 数据整理）

发了微观主体的乐观情绪以及加杠杆动力，通胀中枢也随之上行。2011 年后，由于前期刺激政策引致的产能过剩问题逐步凸显，通缩预期强化，PPI 中枢下行并进入通缩区间，中国经济进入长债务周期第二阶段（这与日本 20 世纪 90 年代初较为类似）。有趣的是，中国也是在非金融部门债务率到达 160% 后出现价格中枢下行及通货紧缩压力的，该阈值与日本当年的情况相似。

（二）短期视角：债务高企引致通货膨胀

如果仅从短期视角观察，债务高企可能导致通胀压力。特别是在宏观政策刺激下，降低政策利率和放松货币信贷可能促使微观主体扩大债务杠杆，投资、消费出现短期"脉冲式"增长，社会信用扩张推动价格水平上升。此时，我们观察到的现象是债务高企和物价上涨并存。从实证上看，如果将债务短期增速从长期趋势中分离出来后，我们就可以发现存在短期内的债务—通胀机制（见图 5.11 和图 5.12）。

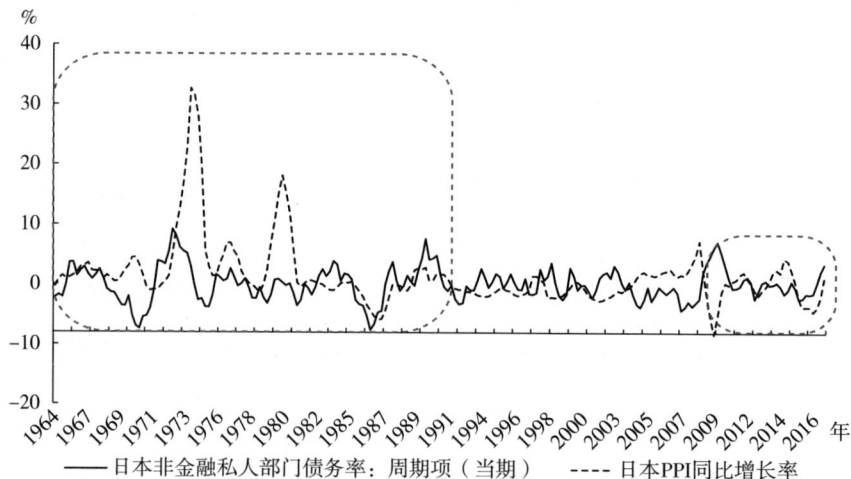

图 5.11　日本短期的债务—通胀关系

（数据来源：笔者根据 BIS、Wind 数据整理）

从日本的历史数据来看，其债务短期增速与通货膨胀之间存在较为显著的同步性。尤其是在日本陷入债务—通缩循环之前以及走出债务—通缩循环之后，其债务短期增速与 PPI 增速之间都呈现显著的正相关关系（但通缩时期，债务短期增速与 PPI 之间的相关性较差，可能是因为在此期间企业发生了资产负债表衰退，即企业信贷的需求不再由投资需求驱动，而是根据还债需要来决定，债务及其信用扩张与价格之间的传统关联由此出现异化）。

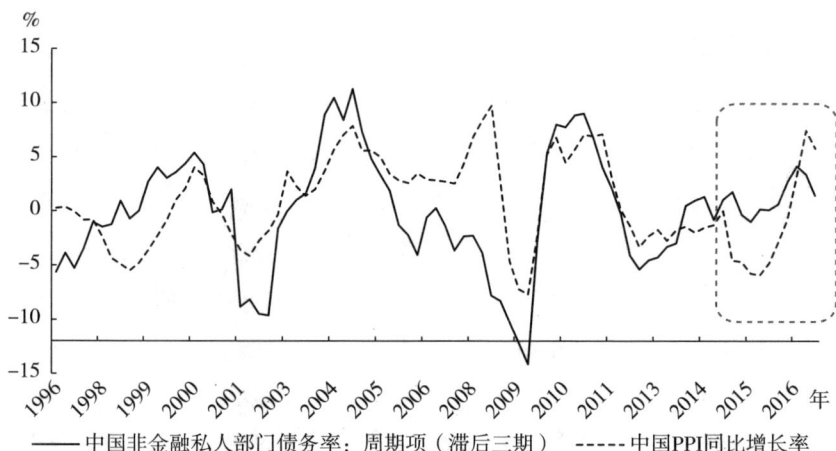

图 5.12 中国短期的债务—通胀关系

（数据来源：笔者根据 BIS、Wind 数据整理）

从中国的可得数据来看，债务短期增速与通货膨胀之间的同步性更为显著。由图 5.12 可以看出，非金融部门债务率的周期项（滞后三季度）与 PPI 增速之间呈现高度正相关性。因此，短期内债务上升是中国 PPI 等价格指数变动的重要驱动因素。当然，影响 PPI 的因素不仅只是债务的短周期变动，已有研究发现国际大宗商品价格和国内需求也是 PPI 的重要驱动因素。我们构建一个包含 CRB 商品指数、工业增加值以及非金融私人部门杠杆率周期项的线性回归模型以解释 PPI 变动，其中 CRB 商品指数代表国际大宗商品价格，工业增加值代表国内需求面，非金融私人部门杠杆率周期项代表短债务周期。

表 5.1 模型回归结果

变量	系数	标准差	T 统计量	P 值
CRB 商品价格指数	0.1371356	0.0222587	6.16	0.000
短债务周期项（滞后 4 期）	0.2443965	0.0502995	4.86	0.000
工业增加值（滞后 2 期）	0.367073	0.0777153	4.72	0.000
常数项	−3.996203	0.9372865	−4.26	0.000

$R^2 = 0.7291$，Adjusted $R^2 = 0.7188$

回归结果显示，模型整体拟合效果较好，且各个解释变量系数均显著且为正，这说明国际大宗商品价格、短债务周期和需求都能显著地对 PPI 产生正向影响。值得注意的是，短债务周期对 PPI 的影响较之大宗商品价格更有先导性且更加显著。具体来看，短期债务波动和大宗商品价格对中国 PPI 均存在解释力，但短期债务波动能提前 4 期对 PPI 产生影响且系数更大，而大宗商品价格只是即期对 PPI 产生影响。

2016 年之后的一段时间里，我国 PPI 出现明显回升，这与前期短债务周期触底反弹有较大关系，符合债务与通胀变化的一般规律。我国推动供给侧结构性改革也对 PPI 回升起到了明显的推动作用。供给侧结构性改革与短债务周期反弹共振，共同推动了这一时期 PPI 强势回升。

三、展望未来：债务—通缩，还是债务—通胀？

（一）长债务周期视角：高债务水平下未来债务—通缩压力犹存

总的来看，我国债务率总体较高的状况短期尚难以改变，债务仍将处于较高水平。长期债务—通缩风险依然存在，完全摆脱通缩预期取决于未来债务杠杆的去化程度及方式。为了简化，我们预测未来债务长期走势的两种场景及其对价格的影响如下。

场景1：如果债务率未来迅速触顶后随即开始债务去化，那么中国将较快进入长债务周期的第三阶段，即随着债务的较快去化，PPI增速中枢将会较快触底抬升。

场景2：如果债务率在未来相对长的一段时期内继续攀升，中国将长期处于长债务周期第二阶段，即由于债务率的绝对水平仍在上升，PPI增速中枢上升将较为缓慢。

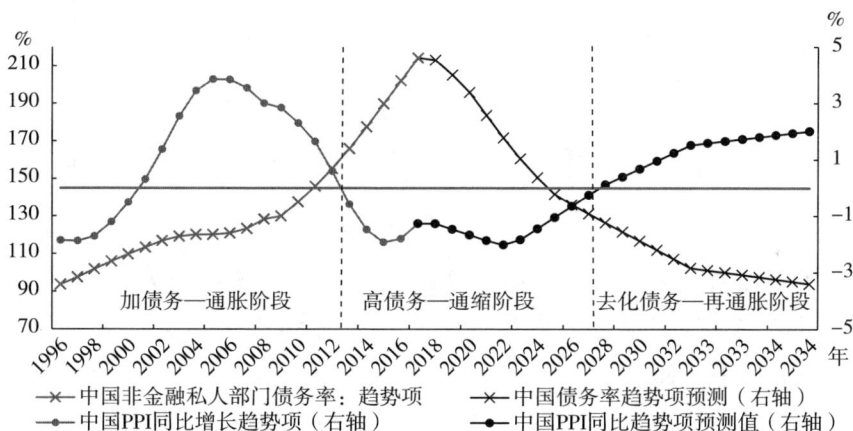

图5.13　债务去化将有助于价格中枢抬升

（数据来源：笔者整理）

从现实来看，中国债务绝对水平较高的状况或仍将持续一段时间。因此无论保持在长债务周期第二阶段，还是即将进入第三阶段，未来中国经济或仍将存在一定程度的潜在通缩压力。

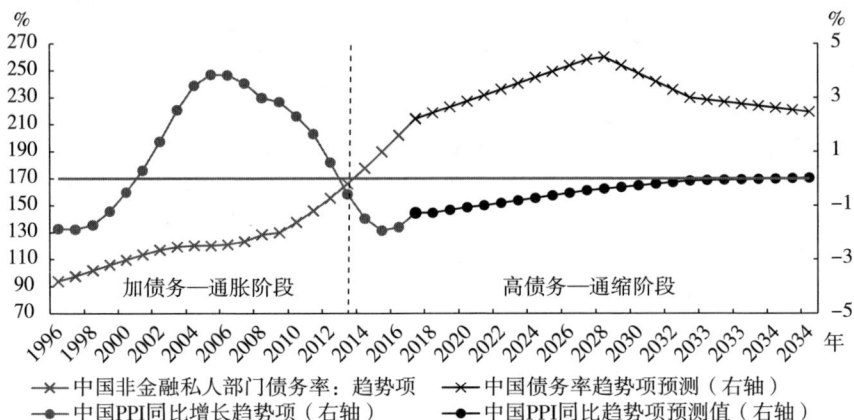

图 5.14　持续债务加杠杆将拉长通缩时间

（数据来源：笔者整理）

（二）短债务周期视角：债务增速放缓，刺激政策边际效应递减

从短期来看，随着供给侧结构性改革、金融去杠杆及房地产调控等不断推进，我国债务短期增速出现边际放缓态势，这将对未来 PPI 产生滞后的下行压力。

结合长短债务周期来看，未来以再通胀为目标的刺激政策边际效应或将递减。从日本案例可以看出，资产负债表衰退时期，企业目标函数发生改变，其投资倾向不再对信贷环境敏感，货币宽松难以驱动短债务周期，对再通胀的影响微弱。中国非金融企业特别是国有企业债务率较高，有可能出现日本式的资产负债表衰退。过去由于委托代理问题的存在，国有企业并不完全以利润最大化为目标，且存在预算软约束，即使资产负债状况恶化也可能会继续增加投资。随着国有企业市场化改革推进，经营效益在企业目标函数所占权重上升，预算软约束趋于硬化，国企优化资产负债表动力增强，短视性地增加再投资

动力减弱。通过逆周期式的短期加杠杆方式驱动再通胀，其效果可能
会逐渐减弱。

专栏4　债务危机的应对：国际视角①

从国际来看，在处理政府主权债务危机时，政府往往需要考虑
不同政策工具的利弊以综合施策。债务危机处理的政策通常有以下
几种：

一、财政紧缩

主权债务即政府借的钱，最终需要通过政府的收入来偿还。而
提高政府收入，则需开源节流，即增加税收或削减开支。通常来
讲，财政紧缩是政府应对债务危机时常用的政策之一，决策者期望
以此来提高其偿债能力。与此同时，在债务危机的萧条时期，随着
经济的收缩，国家财政往往会出现较大的赤字，政府寄希望于财政
紧缩政策来平衡预算。然而，削减支出和增加税收都会降低社会需
求，进而导致收入减少，往往会引发民众不满甚至社会动荡。过度
的财政紧缩政策还会让国家加速进入痛苦的去杠杆阶段。例如，在
20世纪30年代的美国大萧条中，罗斯福政府就实施了财政紧缩政
策。联邦政府支出下降，同时将最高收入者的联邦所得税税率升至
75%。然而，虽然财政预算实现了平衡，但财政紧缩导致支出与经
济活动减少，经济下行，失业率攀升。

二、债务货币化

在应对债务危机时，债务货币化通常被视为一种平衡财政紧缩
的通胀性政策工具。中央银行通过印钞在市场上购买国债，同时提

---

① 该专栏摘自：瑞·达利欧：《债务危机》（*A Template for Understanding Big Debt Crises*），
赵灿、熊建伟、刘波译，北京：中信出版社，2019。感谢徐浩鹏先生的整理。

供债务担保，让更多的资金流入市场，旨在为整体经济提供充足的流动性和信贷支撑。决策者的目标是让国家的收入增长速度，即名义经济增长率，高于名义利率。换言之，收入增长需要快于债务增长才能带来拐点。然而，货币的大幅贬值会转化为进口价格上涨，其中大部分会被转嫁到消费者头上，导致通胀率急剧上升，并引发更多的资本外流，最终造成通胀性萧条，甚至是恶性通胀。例如，德国魏玛共和国在第一次世界大战后为了偿还巨额战争赔款，持续不断地大量印钞维持对外支出，最终跌入了恶性通胀深渊。

三、债务违约重组

当财政紧缩和债务货币化都无法解决国家债务危机时，违约无法避免，债务重组也成为处理危机的有效方法。在 48 个债务危机案例中，35% 的情况下发生了主权债务违约或重组。根本而言，要想使未来的资金和信贷健康流动，经济恢复繁荣，处理现有不良债务至关重要。政府有时必须采用债务违约的方式来处置无力偿还的巨额债务，或者与债权人协商进行债务重组，争取通过延长还款期限来偿还贷款。然而，债务违约带来的负面影响是巨大的，国家公信力可能因此丧失。政府往往最终优先支付国际组织的贷款，因为确保获得这些组织的支持非常重要，它们实际上是承压国的最后贷款人。第一次世界大战之后，德国经济恶化，物价上涨，马克大幅下跌。为了避免其经济崩溃，1922 年协约国同意对德国战争赔款债务重组，将其当年偿债负担减少 75%。由此，市场重拾对马克的信心，通胀态势暂时被遏制，德国经济获得喘息机会。

综上所述，处理主权债务危机或不能单纯地使用某一政策工具。现实选择可能是将代表通缩性力量的财政紧缩、债务违约重组与代表通胀性力量的债务货币化的结合，以达到某种平衡。

四、小结

费雪的"债务—通缩"理论、伯南克的金融加速器理论和辜朝明的资产负债表衰退理论从不同逻辑视角阐释了美国 20 世纪 30 年代大萧条和日本"失去的二十年"时期债务高企与通货紧缩并存的现象，但对中国在 2012 年至 2016 年期间"债务—通缩"及"债务—通胀"相继出现的现象难以作出解释。本章借鉴达利欧的长短债务周期划分方法，构建了一个新的长短债务研究框架，分别在长债务周期下和短债务周期下分析债务与通胀、通缩的关联，得出以下结论和启示：通过对各国（地区）历史数据的观察发现，债务对于物价的长短期影响并不一致。从长期趋势来看，债务率水平与通胀率整体呈反方向，即高债务国家（地区）普遍通胀水平较低，甚至持续通缩；而从短期波动来看，债务率变动与通胀率呈正相关关系，即债务短期增长率较高的国家（地区），其通胀率也相对较高。从短期来看，债务扩张引发通货膨胀的机理也是显而易见的。特别是在宏观政策刺激下，降低政策利率、放松货币条件可能促使微观主体增加债务杠杆，投资、消费出现短期"脉冲式"增长，社会信用扩张推升价格水平。实证分析显示，如果将债务短期增速从长期趋势中分离出来，就可以发现短期内存在债务—通胀机制。从长期看，债务高企引致通货紧缩的机理也是客观存在的。债务长期累积意味着借款者还本付息的压力增大，随着资本回报率的边际递减，会相应减少投资或消费支出，同时由于担心借款者资产负债状况恶化及高债务难以持续，银行等贷款者往往收紧放款条件从而抑制融资需求，两方面因素形成紧缩的内生压力。总体来看，对于高债务经济体而言，潜在的通缩压力可能会长期存在。

从本篇上述三章对债务问题的研究可以看出，作为货币的"映射"，债务与经济增长的关系并不是"中性"那么简单，而是深远和复杂的。这提示我们不能用主流经济理论中简单的"两分法"来观察经济问题，简单理解货币与债务的作用。进一步看，在主流宏观经济理论中，较之区分实际变量和货币等名义变量的"两分法"，还存在区分短期和长期的"两分法"，这种两分法对货币理论和宏观经济学同样产生了深远影响。在这一框架下，长期内往往只讲供给（也就是经济增长理论，研究资本、劳动、全要素生产率及生产函数等），不讲需求，背后实际上假定供给自动创造需求，即所谓的"萨伊定律"；短期内则只讲需求，不讲供给，产出由总需求决定，因此也就可以通过刺激需求来影响产出，这也就是凯恩斯理论的核心。在此框架下，短期内的需求与长期内的供给是分割开的，是由不同因素分别决定的，并分属于经济增长理论和经济波动（周期）理论两个领域。货币及货币政策一般被界定为短期的总需求管理工具，货币政策只会在短期内影响总需求，主流理论中用于分析货币政策功能的 IS－LM 模型聚焦的也只是需求端，从长期看货币则是中性的，对长期的经济增长没有实质影响。上述"两分法"十分流行，并由此搭建起整个主流宏观经济学的基本框架，当然也形成大家对货币政策及其功能的主流看法。

主流宏观经济理论中的"两分法"实际上是"分析"这一重要方法论的具体运用。也就是说，在研究一个问题时，先不考虑另一个（些）问题，或者说先假定另一个（些）变量不变，由此集中研究其中的一个问题。这种做法的好处是，有利于把一个问题研究深，并容易通过简化实现形式化建模。但问题是容易导致理论的分割，进而导致思维的分割。理论的分割会直接导致理论难以解释复杂的现实，给人们在存在货币的现实世界中思考和认识问题带来困惑。比如，人们难免会有疑问，如此重要且不能分离的货币对于经济而言仅仅只是面纱吗？再比如，储蓄在主流经济理论中是一个不考虑货币的实物概念，但在现实世界中人们做储蓄决策时头脑中基本都是货币概念上的，想的是需要储蓄多少存款或投资多少金融资产，而不会是多少实际物品，因此很容易把储蓄存款等同于储蓄。虽然我们可以从理论严谨的角度指出上述混淆的错误，但理论抽象与现实世界的脱离所导致的思维混淆仍是不可回避的重要问题。

比较而言，思维的分割对我们影响可能更大。经济理论中的"分析"方法，原本是在假设其他不变、不考虑其他因素的情况下，先集中研究某一类问题的影响。但这些理论一旦成为经典，人们往往只会记住其结论，而忘掉这些结论成立的假设条件和适用环境。在现实经济中，供给和需求实际上是交互影响的，比如由货币信贷推动的投资在"投"的过程中构成总需求，但投资完成后则会形成产能和供给，并可能对供给端和潜在产出水平产生影响。但在主流理论中，则将供给和需求分割来看，并分别作为短期和长期问题来讨论。当我们把货币政策仅仅理解为短期总需求管理工具，并只是在诸如 IS－LM 模型中来讨论货币功能时，很容易得出总需求下降就应放松货币、总需求膨胀就应收紧货币这样简单的结论，也很容易忽视供给端的变化而仅仅去分析货币政策本身的影响。总的来看，现代主流理论中的这些"两分法"只是理论研究中的"假设"，并不符合更为复杂的现实运行规律。

综上所述，我们需要一个更加综合完整而不是分割的理论或者思维框架，来理解和观察现实经济运行。这其中，"跨期"和"交互"的视角非常重要。所谓跨期，就是不能仅看变量对当期的影响，还要看对下一期和未来的影响；所谓交互，就是不能简单将本来相互联系、对立统一的变量分割开，而是要观察其相互之间的可能影响和互动关系，例如不能将供给和需求割裂后来分析问题，而是要观察供求之间的相互影响和动态变化，分析其中的矛盾运行规律。当然，跨期和供求交互之间也可能是互有交叉的。

有意思的是，如果我们用上述视角观察就会发现，古典经济理论很大程度上体现了跨期和供求交互的视角，深刻阐释了经济供给和需求之间交互影响、相互推动而形成的内生经济增长机制，从而能够帮助我们从更深层上理解真实的经济增长。相应地，基于古典增长理论观察货币与经济增长的关系，也会形成更加深入、准确的理解。从一般逻辑上讲，要分析货币与经济增长之间的关系，首先需要研究清楚经济增长的基本机制。鉴于此，我们在下文将首先搭建了一个理解经济增长一般机制的框架，这一框架基于古典经济理论中的斯密定理、杨格定理及后来的科斯定理，我们可以将此称为拓展的斯密定理，其核心是专业化分工与交易成本之间的关系，并包含跨期和供求交互机制的基本思想。试图解释经济增长机制的理论很多，但基于专业化分工视角拓展的斯密定理或许最为深刻和更具解释力。在此基础上，我们再引入货币研究其可能对经济增长产生的影响，并由此展开对现实问题的分析，货币、债务与经济增长之间的复杂组合关系，也会随着分析的深入而得到解析。

第三部分

经济增长：供给、需求还是供求循环？

第六章　理解经济增长 I：
供求交互循环的良性机制

上文已经谈到，现代主流宏观经济理论存在诸多"两分法"，容易导致理论以及思维上的分割，从而在一定程度上阻碍我们认识真实世界，尤其是引入货币和债务后的真实世界。其中一个重要但不符合现实的做法，就是把需求和供给分别作为短期和长期问题进行"分割"，比如凯恩斯理论就把供给作为长期变量放在一边，把注意力引向需求，导致对财政政策和货币政策作用的主流认识集中在其对总需求的影响上。与此同时，很多主流经济增长模型则又把总需求放在一边，只关注影响供给端的变量变化，有可能忽视供给调整过程中需求的重要性。不过，并不是所有经济理论都采取上述"两分法"，一些经济理论同时考虑了供给和需求的影响，尤其是古典经济发展思想，更是从供求交互循环的视角阐释了内生经济发展的机制，提供了理解经济发展、报酬递增和财富增长的深刻思想，同时也提供了分析经济增长和发展问题的方法论武器。可以说，看似"古老"的古典经济发展理论呈现了供求交互循环中的经济发展图景，使我们摆脱了"两分法"的影响，从而能够更好地理解经济增长的一般机制，并在此基础上理解货币与经济增长之间的关系。鉴于此，我们的讨论从供求交互和经济循环的机制开始。

一、增长理论中的供给和需求：相互分割，还是彼此交互？

我们知道，以索洛（Solow，1956）和斯旺（Swan，1956）为代表曾长期居主流地位的新古典增长理论，将外生的技术进步看作经济增长的源泉。在这个模型中，并没有强调需求的影响。他们的模型类似于物理中的状态方程，在这个系统中，经济增长必须通过参数的外生变化来解释，也就是说必须有系统外的力量来推动，这个力量就是技术进步。但是，作为外生力量的技术进步本身又由什么决定，则是这类模型无法解释的，而且这类模型都没有用动态优化决策来描述个体的动态决策行为，从这个意义上讲，它们并不具有微观基础，甚至不被视作严格意义上真正的经济增长模型（杨小凯，1998）。索洛等模型之所以会成为一个需要外生技术进步才能推动的均衡经济系统，严格依赖于新古典生产函数的假设。这类函数排斥报酬递增，而如果没有报酬递增就不会有生产率提升和财富增长，因此这类模型不可能内生出经济增长的动力来，如果没有外力推动，人均增长就会停止。

杨小凯（1998）、杨小凯和张永生（2001）等新兴古典经济学文献还从两难冲突这一独特视角对经济增长理论进行了梳理。我们知道，解释经济增长的另一种方法遵循的是拉姆齐（Ramsey，1928 模型）。这个模型开始关注消费问题。在拉姆齐的经典之作《一种储蓄的数学理论》中，他研究了一个国家将其收入中多少作为储蓄是最优这一问题，即寻找一条最优的储蓄路径。在这个模型中有一个当前消费与未来消费不可能同时增加的两难冲突，增加当前消费就要减少储蓄，从而减少投资。但投资可以增加未来生产率，从而增加未来消费（这实际上意味着供给可以创造需求，或者说，生产率水平决定了消费水平）。最优化储蓄消费决策就是要折中这一冲突，找到使总贴现效用最大化的投资和储蓄率的时间轨迹。拉姆齐从个人最优决策的角度运用动态优化方法内生出了这条时间轨迹，最优储蓄率成为时间的函数，随着时间的向前推移而变化，由于储蓄支持投资从而提高生产率，由此出现报酬递增和财富增长，这样使经济的增长在模型内部就可以发生，不再需要外生力量推动。拉姆齐模型符合内生增长模型的严格定义，一是模型中代表经济环境的所有经济参数和函数不发生变化，但人均真实收入、人均消费与生产率会随时间而增加；二是人均真实收入随时间增加不但在经济参数不变时可以发生，而且必须通过个人的自利决策及其交互作用而发生。因此，拉姆齐模型被后人看作新古典经济增长理论的真正代表和鼻祖。虽然这一模型的产生远早于索洛等人的模型，但在相当长的时间里没有得到人们的重视。直到 20 世纪 60 年代，拉姆齐模型的先进性才被人们发现，出现了一批基于这种处理方法的增长模型。宇泽弘文（Uzawa，1965）模型是其中的一个代表。Uzawa 模型是一个两部门模型，他通过假定经济中存在一个生产人力资本的教育部门，而将索洛模型中的外生技术进步内生化。在 Uzawa 模型中，不存在收益递增，也不存在任何外部性，由于人力资本生产函数采取线性的规模收益不变的形式，并且所有投入都可以增加从而不存在任何的固定生产要素，经济将实现平衡增长。阿罗（K. Arrow，1962）模型是这一时期富有代表性的另一个重要模型。他认为，新投资具有外溢效应，不仅进行投资的厂商可以通过积累生产经验而提高其生产率，其他厂商也可以通过"学习"而提高他们的生产率。据此，阿罗将技术进步看作由经济系统（这里指投资）决定的内生变量，在这个模型中整个经济表现为规模收益递增，而每个厂商的规模收益不变。可以看出，阿罗模型受到了以索洛为代表的新古典增长理论的影响，重视技术进步在经济增长中的核心作用，但又不满于其将技术进步看作外生变量的观点，试图将技术进步内生化。阿罗模型是关于外部经济、收益递增与经济增长问题早期研究的尝试，其研究方法直接影响到未来罗默（1986）等人增长模型的建立。

在 1977 年诞生了迪克特—斯蒂格利茨（D–S）模型。从本章的研究视角观察，这个模型的重要之处在于，其清晰地阐释了市场规模和总需求对经济增长的影响。在 D–S 模型中，有一个规模经济和多样化消费（产品细分或差异性）之间的两难冲突。一方面，要产生规模经

123

济，就要求生产的产品种类越少，同时每种产品的产量越大，产量越大规模经济的效果就越明显；另一方面，消费者喜欢更多样的产品，这种多样化偏好又要求产品种类数越多越好。市场会折中这一对两难冲突，在规模经济和产品多样性之间找到一个平衡，这也就是一种垄断竞争的均衡，在这个均衡水平上，就会存在一个市场上最优的产品种类数。D-S模型的独特方法和有趣结果推动了当代贸易和增长理论的新发展。例如，从D-S模型中容易看到，经济规模、市场容量以及人口规模越大，同时包容规模经济和多样化产品的空间就越大，就越能在获得规模经济好处的同时享受更多种类的消费产品，也就是说，大的市场容量和需求规模有利于扩大折中两难冲突的空间，从而有利于经济发展。因此，统一大市场的形成、贸易范围的扩大、国际贸易的产生等都会对形成更高水平的均衡有利，从而使所有人有更多机会消费更多样化和更廉价的产品。人口规模的扩大也会起到相似的作用，从这种意义上讲，人口的增加将有利于社会经济发展。这一模型也对主流观点提出了挑战，因为在马尔萨斯以及索洛的理论中，人口增加都被看作抑制经济增长的因素。可以看到，这种对需求因素的强调与既有增长模型有很大差别。

D-S模型另一个有趣的地方在于，模型中交易双方禀赋是同质的，并没有先天的比较优势，但却通过利用规模经济产生了后天的绝对优势。这打破了传统经济学长期以来将绝对优势视做比较优势特例的观点，促使人们对两者之间的关系进行重新思考。我们的相关研究（罗璞和李斌，2004）也表明，比较优势与绝对优势的关系可能并不像传统理论所言那么简单。目前几乎所有国际贸易教科书在讲比较优势时都是用两国两产品的简单模型，当拓展到多国多产品情况下如何确定比较优势时，会用到经典的DFS（Dornbusch、Fisher和Samuelson，1977）模型。我们研究发现，DFS模型所包含的比较优势思想是似是而非的，实际使用的还是绝对优势的思想，是绝对成本高低的比较。

在多种产品模型中，比较优势的思想实际上很难得到具体运用，而绝对优势概念相比则更具一般性，比较优势与绝对优势也不再是简单的包含与被包含的关系。我们将具体的论证附在书末以供参考。D－S模型可以内生出绝对优势和生产力发展水平的方法，为内生经济增长理论提供了新的思路和范式。

受到D－S模型运用规模经济来内生市场上产品种类数的启示，克鲁格曼（1979）利用规模经济来解释国际贸易中出现的"林达尔"贸易模式。这实际上是用"国际市场规模和国际需求"来解释国际贸易的产生，并从中内生出报酬递增现象。在这里，先天条件相近的发达国家通过国际贸易来扩大市场范围，从而能够更好地利用规模经济的好处。由于该模型是一个垄断竞争模型，故生产规模的扩大意味着厂商平均规模扩大，唯有厂商平均规模扩大，才能产生经济增长。利用规模经济引入两难冲突建立模型的另一个例子是福济塔和克鲁格曼（Fujita-Krugman，1995）的城市化模型。在这个模型中，存在着无限的规模经济、人们对多样化消费偏好及交易费用之间的两难冲突，人们希望消费种类越来越多的商品，而企业则希望生产的品种越少越好，这样每种产品的生产量就会越大，从而越有利于实现规模经济。如果城市规模既定，上述两难冲突会内生出一个均衡的折中点，如果城市规模扩大、人口数量增加或者交易效率提高，则折中这种两难冲突的空间就会扩大，有利于产品种类数、企业规模、生产力水平同时提高。Fujita-Krugman模型还阐释了城市出现的另一个重要原因，即聚集效益。聚集效益基于这样一对两难冲突，从事制造业的人集中在城市有降低交易费用的作用，但城市的集中也使农村居民同城市居民之间的交易费用上升。当工业品的种类增加时，生产工业品的人们居住在一起带来的交易费用下降的好处就被称作聚集效益。工业品数量增加到足够多时，城市就有可能出现。这一模型显示，随着人口规模、平均企业规模和（或）农产品交易效率的提高，工业品数量或者说工业化水平将得到提高。模型的比较静态还显示，随着农产品交易条件的改善，城市人口的比例将提高或者说城市化将得到发展。农村地区的规模与农产品产出水平相一致，这一产出水平随着人口规模扩大而提高，随着工业品交易效率的提高而提高，或随着农产品交易效率的下降而提高。与 Fujita-Krugman 模型不同，Simon 和 Nardinel 主张运用外部规模经济来解释城市化，他们认为城市化的驱动力与其说是企业内部规模经济，还不如说是城市外部规模。他们的证据显示，职业多样化的演进同城市化之间存在着正相关关系。同时，他们的证据还显示，城市化同交易部门就业份额的演进存在着正相关关系。

在 D-S 模型之后，贾德（1986）在这个模型的基础上发展了一个动态一般均衡模型。在规模经济和消费品种类数两难冲突的基础上，又加上了当前消费和未来消费的两难冲突，从而产生了内生经济增长和消费品种类数的自发演进。埃蒂尔（1979）则将内部规模经济运用到生产领域，将 D-S 模型中的消费者效用函数改换为生产函数。在他的模型中，新产品的引进能够提高厂商的生产率，而对产品多样化的唯一限制是生产新产品所耗费的固定成本，也即与规模经济之间的矛盾。埃蒂尔利用规模经济与机器种类多样化之间的两难冲突将机器种类数、贸易依存度以及生产率等变量内生。机器种类数的增加与技术的发明、内生的技术进步紧密相关。卢卡斯、罗默以及格罗斯曼和海尔普曼（1989，1990）等受到了这一点的启发。卢卡斯和罗默将外生规模经济引入模型，从而内生出技术进步，以此来解释没有外生技术进步条件下的经济增长以及人力资本、知识等在经济增长中的作用。这些模型构成了产生于 20 世纪 80 年代的新增长理论的核心部分，这些理论又成为解释当前知识经济时代出现的主要理论依据。

从理论回顾中，可以大致看出现代经济增长理论发展的脉络。第一，增长模型中的生产函数从排斥报酬递增逐步改变为容纳报酬递增。之所以会有这种改变，道理也很简单，因为如果不能在模型内容纳报酬递增（也就是"1 加 1 大于 2"），我们就难以解释财富和收入的不断增长，就不可能在一个经济系统中内生出经济增长来，因为在这个系统中找不到财富增加的源泉和经济增长的动力。索洛模型是典型的采用新古典生产函数排斥报酬递增的模型，因此只能得到一个没有增长的均衡系统，这一系统的增长必须依靠外力的推动。引入报酬递增的内生增长模型兴起后，传统新古典增长模型的影响力逐渐下降，内生经济增长理论开始成为主流。

第二，新古典内生增长模型引入报酬递增的主要方式就是引入规模经济，其中关注了市场规模和总需求扩张对经济增长的影响。比如在 D－S 模型中，市场规模越大，就越能包容专业化分工的发展，也就越有利于提高生产效率，促进经济增长。在克鲁格曼（1979）的国际贸易模型中，发达国家虽然先天条件相近，但通过国际贸易的方式来扩大市场范围，有利于更好地利用规模经济的好处，降低生产成本，从而促进经济增长。在 Fujita-Krugman（1995）的城市化模型中，城市规模的扩大、人口数量增加或者交易效率提高，可以为企业发挥规模经济、消费者满足更多样化的消费提供更大的空间。这些两难冲突会内生出一个均衡的折中点，如果市场规模和总需求比较大，则折中这种两难冲突的空间就会扩大，这样产品种类数、企业规模、生产力水平就会同时提高。在这些模型中，需求在推动经济增长中的作用都是比较清晰和相当重要的。

第三，从当代内生增长理论形成的渊源看，受到新古典增长理论的影响，技术进步被作为推动经济增长的核心力量，同时，受到马歇尔外部经济思想影响的增长模型，基本上都是运用外部经济和完全竞争假设的框架。而采用内部经济与垄断竞争框架的模型，很大程度上受新贸易理论 D－S 模型的启示。内生增长理论中描述增长路径所采用的动态优化决策方法，主要基于拉姆齐（1928）的创造，在数学上就是变分法，其实质是一种动态的边际分析方法。

可以看到，现代经济增长理论并不是完全不讲需求，不少理论都关注到市场规模和总需求对经济增长的影响。从最新的理论发展看，有学者更加直接地关注和研究供给、需求与经济增长的关系。例如，Delong 和 Summers（2012）指出，需求不足会引致供给乏力，这类似于反向的萨伊定律。Amitava Krishna Dutt（2006）认为，主流增长理论基本不考虑总需求，同时，凯恩斯主义的增长模型（总需求决定增长）也忽略了总供给。这提示应当思考一个问题，即同时考虑总供给和总需求都发挥作用的增长理论是否会更加合理和完善？通过假设技术进步速度受劳动力市场状况的影响，能够对劳动市场变化作出反应，该文构建了一个能够内生技术变革的简单模型，其中总需求和总供给都会对经济增长产生影响，且总需求会影响长期中的经济均衡增长率。模型假设劳动生产率的提升速度取决于劳动力需求和劳动力供给之间增长率的差异，只要经济技术在一定程度上对劳动力市场状况的变化作出响应，政府的需求刺激政策就会具有长期的增长效应。鉴于此，主流增长理论不应忽略总需求的作用，应当重视总需求对长期经济增长的影响。在这个模型中，总需求因素本身并不能决定经济增长，因此不完全违反萨伊定律，总需求扩张不一定会带来总供给的完全适应性增长。Malcolm Sawyer（2009）进一步对宏观经济分析中的需求—供给交互影响（Demand-Supply Interactions）进行了研究，讨论了需求如何影响供给变动及如何对经济增长产生长期影响。该文建立了一个封闭经济模型，模型中产出增长主要取决于劳动力增长、需求增长、资本—劳动比率和产能利用率等。技术进步的速度取决于投资和资本—劳动比率，产能利用率可以表征需求水平，而这种需求会影响到投资，投资又反过来影响技术进步的速度，由此可以得到一个均衡的增长率。该模型为考虑经济增长过程中需求和供给以及储蓄和投资之间的关系提供了一种尝试。从国内学者的研究看，严成樑（2020）认为，在现代经济增长理论中，需求侧对经济增长的作用被弱化，需求和供给侧是相互联系、相互作用的，供给侧和需求侧的匹配程度决定了经济增长路径。陈昆亭和周炎（2020）提出"有限需求"假设来研究经济增长问题，认为市场是除资本、劳动、技术之外决定长期经济增长的重要因素，引入有限需求假设后模型可以更好地解释"后现代经济增长停滞"等现象。

二、供求交互循环视角下的经济增长：基本框架

我们已经看到，现代经济增长理论并没有把供给和需求完全分割开，有的研究关注到供给对需求的决定作用，更多的理论则看到了市场规模和需求扩张对经济增长的长期影响。不过，这些理论对供给和需求交互作用的分析还不是很深入，未能从供求交互的角度内生出经济增长和报酬递增的一般机制，也未在现代主流经济增长理论中占据足够重要的地位，短期和长期供给和需求的"两分法"仍是宏观经济学的主流框架。若回归到古典经济理论，我们会发现从斯密到杨格（可以再加上熊彼特）再到科斯，形成了在专业化分工基础上供求交互影响、自我繁殖、内生演进的完整的经济发展思想，这为我们理解经济发展的一般机制提供了深刻的思想框架，也提供了从供求交互视角看世界的基本方法。

上文已经阐释过，现代内生增长理论的主流是运用规模经济来解释报酬递增和财富增长，但是这种解释经济增长一般机制的方法并不符合古典学派的经济发展思想，因为古典经济学家强调的经济增长源泉是专业化和分工。古典经济发展理论的核心是著名的"斯密定理"，即分工是经济增长的源泉，分工取决于市场的大小，市场的大小又取决于运输的条件。我们有必要分别来看一下这三句话的含义。斯密定理的第一句话揭示了经济增长的根源，这就是专业化和分工发展。斯密给出了分工能够提高生产率的三点原因，一是劳动者的技能因业专

而日进；二是能够节约工作转换中的劳动时间；三是有利于机器的发明与采用。分工会带来专业化和专业的多样化，而这必然要求人们互相交易，互通有无。斯密将分工的原因归结为人类特有的交易倾向，这种分工基础上的互相交易则会"产生普遍富裕"，斯密将此视为经济增长和财富增加的根源，经济发展的过程实质上就是专业化和分工发展的过程。斯密定理的第二句话揭示了专业化分工的决定因素，这就是"市场的大小"，实际上也就是市场规模和总需求水平。市场越大，就越能容纳专业化和分工发展。比如，仅靠一个小村庄的需求，不可能满足一个大型工厂，而一个大城市的需求，就完全可以使一个大型工厂持续运转并实现盈利。市场规模小的时候，容纳不了专业化发展，而市场规模足够大时，则既能容纳专业的不断深化，又能容纳更多的分工和职业数量。越是大城市，往往越能满足小众需求，也是这个道理。现代互联网的发展，使以往分散的"小众"需求得以汇聚并得到满足，开发出"长尾"客户群体，也是这种机理。显然，斯密定理包含了市场规模和总需求对经济增长的重要影响。斯密定理的第三句话揭示的是交易成本的重要作用。斯密并没有提出交易成本这个概念，但"市场规模取决于运输条件"中的"运输条件"，实际上就是交易成本概念的雏形。运输条件越便利，也就是交易成本越低，就越有利于形成大的市场，越有利于专业化和分工发展。交易成本的背后是制度安排，可以说，斯密定理中对"市场大小取决于运输条件"的认识，已经为未来制度经济学特别是新制度经济学以及交易费用的提出埋下了伏笔。

斯密定理把供给、需求以及交易成本等关联在一起，为我们理解经济增长提供了深刻的思想框架。不过，虽然斯密定理强调了市场规模和总需求的作用，但并没有阐释供给和需求之间的交互作用。对斯密定理作出重要发展的，是与马歇尔基本处于同一时代的阿林·杨格（Allyn Young）。杨格一生发表的论著很少，他的代表性论文是发表于

1928 年的《报酬递增与经济进步》，这篇论文成为研究分工与报酬递增问题的经典之作，也奠定了杨格在经济学说史上的地位。罗森（Rosen，1983）认为这篇文章代表了研究分工问题的最高成就，而杨小凯（1998）则称杨格为"伟大的经济学家"。杨格的主要贡献在于他更深入、系统和科学地揭示了报酬递增的根源及其实现机制，更深入地阐释了供给、需求及其交互影响，展示了供求互动与经济增长之间的关系。他的主要思想可以归纳为以下几个方面。

第一，产生报酬递增的根源在于专业化和分工，而对这一点的观察应当从累进的专业化和分工的角度进行，将产业体系视为相互联系而不是相互分割的整体。这实际上是一种网络化的思维方式。

杨格首先批评了新古典经济学家用规模经济来解释报酬递增的方法。他认为："经济学家为了有效地研究我提出上述问题的范围而建立的工具，可能妨碍了清楚地认识报酬递增现象的较一般或基本的问题。"他指出，从内部经济和外部经济的区分来考察产业进步过程的性质必然带有片面性。因为某些企业的内部经济可以看作是其他企业的外部经济，但是不能认为把所有独立企业的内部经济加在一起就构成了外部经济。杨格的这一观点实际上已经说中了外部经济方法的要害，因为马歇尔将一个企业生产力的增加不是来源于自身而是来源于整个经济或一个产业整体的扩大称为外部经济，这看似既可以引入报酬递增，又可以让单个企业符合同质和原子式竞争的假设，并由此被完全竞争框架所容纳，但它并不能说明外部经济本身又来源于哪里，即不能说明一个经济或整个产业规模得以扩大的动力与实现机制。从这个意义上讲，马歇尔虽然将报酬递增引入新古典框架，但却不能使这个框架中的报酬递增形成自我繁殖、自我强化的机制。引入外部经济虽然可以产生规模报酬递增，但这种报酬递增本身却不能内生，只能通过整个经济或一个产业整体规模的外生扩大来获得。

与马歇尔不同，杨格重要的贡献在于从专业化和分工角度深刻揭示了报酬递增的自我实现机制。杨格首先克服了斯密的一个重要缺陷，就是没有把企业内分工与产业分工的交互作用联系起来。斯密主要关注企业内分工，但对整个社会的产业分工及其相互关系和演进却很少论及。杨格指出，斯密"忽略了主要之点，即分工使一组复杂的过程转化为相继完成的简单过程，其中某些过程终于导致了机器的采用。在使用机器，采用间接过程时，分工进一步发展了……"同斯密相比，杨格特别强调迂回生产（Roundabout Product）在实现报酬递增中的重要作用。迂回生产是相对于直接生产而言的，这一概念最早由奥地利学派经济学家庞巴维克提出。庞巴维克将最终消费品的生产方式分为两种，一种是直接生产，付出劳动就能够立即完成所需财货的生产；另一种就是迂回生产，是通过资源的专业化或资产专用性进行的间接生产。人类社会经济的一个有趣特点是，当我们需要去生产某种最终产品时，如果选择先生产某些中间产品，然后通过使用中间产品再去生产最终产品，效率会得到提高。中间产品种类数越多，每种产品迂回生产的经济效果越显著，生产最终产品的效率就会越高，这也就是"磨刀不误砍柴工"的经济内涵。中间产品的种类数构成迂回生产链条的长度，这被杨格称为生产的迂回度。种类数越多，每种产品迂回生产的经济效果越显著，生产最终产品的效率就会越高。举例来说，比较改革开放初期的中国经济和美国经济，我们可以看到中国的生产迂回度比美国低得多。杨小凯（1998）比较改革开放初期的中国和美国，就提到美国人即使是自己整理家里的花园，也不常使用锄头这类简单工具，他们会租来用于挖土运土的机器，这些机器是由一个非常长、分工水平很高的迂回生产过程生产的。虽然中国人的锄头比美国人的精巧，使用锄头时也比美国人聪敏，但是美国人利用一个非常复杂的社会分工网络可以取得更高的生产率。显然，随着改革开放后中国经济的快速发展，专业化分工水平也在快速提高。

在杨格看来，分工包含着三个方面：一是个人的专业化水平；二是不同专业的种类数；三是生产的迂回度。生产的迂回度是工业化的主要特点，工业化发展程度越高，迂回生产链条长度就会越长。在这一过程中，会伴随新机器、新技术产生和个人专业化水平的提高。一个国家（或地区）工业化或经济增长的过程，实质上是一个分工水平演进的过程，表现为个人专业化水平加深，生产的迂回程度提高，迂回生产链条上每个环节的产品种类数增加。而这意味着会不断出现新的专业和分工领域，"在原料生产者和最终产品的消费者之间所插入的专业化企业的网络越来越复杂"。

可以看出，报酬递增的根源，一方面来源于每个人专业化程度加深，由此带来生产率提高（这被杨小凯称为专业化经济），就是说当某人生产某种产品时，随他在此活动中专业化水平的上升，生产函数（应当具有非线性特征）会显示出边际或平均生产率提高。每个个体的专业化经济，是报酬递增得以产生的基础和前提，如果没有这种现象存在，我们难以想象社会经济会出现报酬递增。然而，我们又不能仅仅从一个个体或一个产业的角度观察报酬递增的真正根源，因为专业化以及专业化程度的加深，只是杨格眼中分工概念的一个组成部分。显见的事实是，当一个个体或一个产业从事某种产品的专业化生产时，它必然要求与其他个体或产业之间形成相互联系和交换关系，通过产业间的相互协调、合作以及迂回生产链条的不断延长，产生生产最终产品效率持续提高的效果，这实际上是在专业化经济的基础上产生"分工经济"的效果，出现 1 加 1 大于 2（Superadditivity）的报酬递增现象。正因为如此，杨格指出："通过观察个别产业和个别企业的规模变化效应，是弄不清楚报酬递增机制的""如果我们把大规模生产（指大企业或大产业的生产）和大生产对立起来，夸大其在形成报酬递增的一般过程中的重要性，并且相应地看重于单个企业甚至看重于我下面将谈到的单个产业，那么，就会忽略这些经济。"杨格接着给出了理解和观察报酬递增根源的正确视角与方法，即"产业的不断专业化和分工，是报酬递增得以实现过程中一个基本组成部分。必须把产业经营看作是相互联系的整体。"也就是说，报酬递增来源于专业化程度不断加深、分工链条不断延长、不同专业化分工之间的相互协调，由此带来最终产品生产效率的提高，这也就是现代经济学中所谓的网络效应。因此，报酬递增是专业化分工的经济网络的基本特征。我们在后面会看到，杨格的上述思想为我们理解货币在经济增长中的作用提供了重要视角。

杨格还批判了运用内部规模经济处理报酬递增的方法。杨格对这个问题的看法可以归结为两点。第一点看法是，他认为内部规模经济方法只是从"一个比较稳定的状态观察问题"，每一家特定的企业都像它的竞争伙伴一样，年复一年地生产一种或一组特定的产品，或者某种产品的某个部件，尽管它们不断地扩大产出，但这种产出的变化保持在一定限度的范围之内。如果超出这个范围，则新的产品、新的行业（也即新的分工）就必然会出现。可见，内部规模经济事实上只是在社会分工体系既定的条件下观察单个企业规模扩大而带来的经济节约，它的前提是社会分工体系或者说经济网络已经形成。内部经济扩大的只是单个企业的规模，但却不能改变既定分工网络模式的构成。

由此，杨格提出了他对内部经济的第二点看法。他认为："大规模经营在这个阶段的主要优势是，它使这类方法变得经济，但是，当它们的收益不能扩散到大量最终产品时，这类方法仍是不经济的。"产业内的一个代表性企业要保持自己的地位，致力于自己活动的范围，就要使自己成为纽带或中介，促使产业作为整体出现效益提高和成本下降。这样，"试图从个别企业的成本和这个产品的价格中来研究报酬递增，对研究这个领域来说是徒劳无益的"。可以看出，杨格是从社会经济分工网络以及产业间相互联系的角度审视内部规模经济的。一个显见的事实是，规模经济只有在专业化分工的基础上才能出现，不进行专业化分工，而只有生产要素投入扩大并不会带来生产率的提高。规模经济可能伴随在经济增长和发展过程之中，却不是经济增长与发展的根源。事实上，正是有了专业化和分工，有了在原料生产者和最终产品消费者之间插入的越来越多的专业化生产环节，才使每个环节上的产品的大规模生产成为可能。在新古典的均衡理论中，经济组织结构和分工网络是既定的，人们假设规模报酬不变和单一要素投入的边际贡献递减，试图以此求得经济系统的均衡，但人们又难以回避存在于现实中的企业规模报酬递增这样一个事实。从上文我们已经可以看出，之所以会出现这样的问题，正是在于新古典经济理论既定假设并不现实，掩盖了社会经济中不断内生出来的报酬递增现象，内部规模经济正是专业化和分工带来的递增报酬在均衡的新古典经济理论中的一个"影子"。当看不到或者试图回避分工与专业化问题时，我们能够在新古典理论内部找到的描述报酬递增的工具也许就只有规模经济了。

第二，报酬递增的内生实现机制，表现为分工水平提高与市场范围扩大之间的正反馈效应，即不仅市场的大小决定分工，而且分工也决定市场的大小，"分工一般地取决于分工"。这实际上就是由供求交互循环所形成的内生增长。我们认为，要理解社会经济发展的一般机制或者说内生经济增长从何而来，至少应说明三个问题：首先，应当弄清楚产生报酬递增的根源。其次，试图在模型中内生经济增长与发展时，不应当仅将导致报酬递增的因素引入模型，而应当将报酬递增本身在模型中内生。也就是说，要说明报酬递增为什么会在一个经济系统内源源不断地产生，是什么机制促使报酬递增能够在经济系统中自我繁殖，从而不断地内生出来。最后，在自我繁殖的循环演进过程中，又是什么因素决定了演进的方向与速度。在对第二个问题的探讨上，杨格发展了斯密的思想，并在很大程度上克服了斯密理论的另一个重要缺陷。

在斯密定理中，分工取决于市场范围的大小，分工的发展取决于市场范围的不断扩大，而市场范围的大小则取决于运输的条件。斯密举了很多例子来说明这一观点，例如"在苏格兰高地那样僻远内地，无论如何，总维持不了一个专门造铁钉的工人。因为他即使一天能制钉一千枚，一年只劳动三百日，也每年能制钉三十万枚。但在那里，一年也销不了他一日的制造额，就是说销不了一千枚"；而"水运开拓了比陆运所开拓的广大得多的市场，所以从来各种产业的分工改良，自然而然地都开始于沿海沿河一带"；"古代埃及人、印度人和中国人，都不奖励外国贸易。他们的财富似乎全然得自内陆的航行"。事实上，斯密在这里所谈的，很大程度上是我们上面所提问题的最后一个方面，也就是什么因素决定了报酬递增自我实现的速度。但是斯密并没有明确阐释报酬递增自我繁殖的机制。斯密看到了分工取决于市场范围大小这一问题，类似于供给取决于需求，但正如舒尔茨指出的，市场扩张的条件、起源以及这种扩张中所得到的额外收益问题，斯密并没有解决。贾根良（1999）据此认为，斯密在分工理论上的一处失败，就是斯密定理说明的只是"外延式"的发展过程，而在人口不增加（甚至减少）和市场区域既定条件下，"内涵式"的分工发展过程未能得到证明，说的也是这方面的问题。

杨格克服了斯密定理的这一缺陷。杨格从其社会经济分工网络角度入手，指出"迂回方法的经济，比其他形式的劳动分工的经济更多地取决于市场的规模"，而构成大市场的又是什么呢？不是单纯的面积或人口，而是购买力，即吸收大量年产出的能力，而这又取决于生产的能力，生产的能力又由专业化和分工水平来决定。因此，市场和分工就像"鸡生蛋、蛋生鸡"一样，二者相互作用会产生良性累积效应，从而产生报酬递增，出现"分工一般地取决于分工"的现象。这说明，经济系统内存在着自我发展的内生力量，这种力量是不断战胜走向经济均衡力量的反作用力，它来源于分工水平提高与市场范围扩大之间的正反馈效应。当分工和市场相互作用进入良性互动的正反馈圈时，经济增长和递增报酬就不仅仅是我们刻意追求的目标，而且某种程度上也成为一种自然发生的现象（张永生，2000）。分工深化和市场规模的相互作用，实质上就是供给和需求的交互影响，正是供给和需求的相互拉动构成了经济内生增长的源动力。

第三，供给和需求是一枚硬币的两面，对供求的分析必须从分工网络效应的角度着眼。在新古典经济学中，经济学家关注的主要是供求与价格之间的关系。杨格认为这种框架"对研究报酬递增更广泛的方面来说不是特别有帮助"。专业化和专业的多样化，是分工的两个方面。一个人从事某种产品的专业化生产，意味着他对此种产品的供给和对其他产品的需求，而这种需求量由其供给量来决定，这种需求和供给之间的关系被杨格称为倒数需求率（Reciprocal Demand），它说明供给和需求是分工的两个侧面。因此，如果离开劳动分工的演进来谈市场的供求，就会得出片面的观点，因为由专业化和分工而带来的相互供给与相互需求，必须从整个经济分工网络的视角才能观察清楚。在这样的条件下，一种商品供给的增加是对其他商品需求的增加，而且也设想需求的每一点增加都会带来供给的增加。同样，一个产业的增长率是以其他产业的增长率为条件的，当然，由于不同产品的需求和供给弹性不同，某些产业会获得比其他产业更快的增长，而一个系统中各个组成部分之间会相互影响、相互作用正是分工网络的基本特点。因此，单一企业的规模必须与产业中其他企业的规模相匹配，一个产业的规模也必须与经济中其他产业的规模相适应。不能脱离分工网络的状况而只谈论某一具体企业或产业规模的无限增大，适宜的企业或产业规模由分工网络的状况与发展程度决定。厂商规模并不是经济增长的决定因素，分工水平的高低才是经济增长的决定力量。

三、小结

始于斯密定理，后经杨格进一步的完善与拓展，展示了由供求交互形成经济自我演进、报酬递增的内生增长机制。在古典经济学理论中，供给和需求是分工这个"硬币"的两面，彼此不可分割，供给创造需求，需求拉动供给。分工深化带来效率提升，创造出更大的需求，而更大的需求，又可以包容进一步的分工深化，并延长迂回生产的链条，在这样的供求交互影响中实现财富增加和经济增长。对立统一规律是辩证法最根本的规律，事物运动、变化和发展是"对立面的统一"。从唯物辩证法的视角看，供给和需求是对立统一的矛盾体，没有供给就没有需求，没有需求就没有供给。两者相互联系，又相互制约，失去一方，他方就不存在。实现了供给和需求的同一性，也就实现了经济的顺畅循环。而要畅通经济循环，就要分析供给和需求之间的斗争性和对立性，并推动对立性向同一性转化。

现实中各国经济表现差异很大，有的持续增长，有的停滞不前，有的出现大的波动。这意味着我们还需要阐释影响和制约供求交互、报酬递增的因素。至少有两类因素会阻碍供求交互和经济增长：一是供给和需求之间良性互动运转不畅，也就是说供给创造不出有效需求，或者需求带动不出有效的供给，出现循环受阻；二是专业化分工深化必然意味着分工主体之间需要交易，分工与交易是辩证统一、密不可分的，而交易行为和交易活跃的程度则取决于交易成本和制度安排，并由此决定分工发展和经济增长状况。针对后者我们将在下一章展开论述。

我们知道，古典经济学中的萨伊定律强调供给能够自动创造需求，类似于上文提到的杨格的倒数需求率。这一假定意味着市场能够自我调节，从而自动实现平衡和良性循环。1929年大萧条发生后凯恩斯主义兴起，强调了供给创造需求过程中可能存在的阻滞。由于存在未来不确定性和非理性的情绪波动，经济主体会产生流动性偏好和预防性储蓄等行为，这导致供给未必能自动创造出与之相应的需求，因此经济运行中有可能经常面临有效需求不足的问题，需要借助宏观政策来管理和平衡总需求。当然，试图解决一个问题的同时又可能导致新的问题。宏观政策短期可以刺激总需求，但中长期看又可能会影响供给和经济结构，由此在供求交互中产生更加复杂的影响。刺激总需求往往会导致债务增长（债务本质上就是将未来的需求提前实现），过快的债务膨胀会积累风险，这本身就是供求循环不畅的一种表现。供给创造需求的另一个可能的阻碍因素来自收入分配格局的变化。在分工发展和效率提升的过程中，经济主体并不是原子式和匀质的，而是存在结构化的差异，这导致收入分配在不同部门和群体之间的差距扩大，进而导致边际消费倾向下降，这又会影响供给创造需求的能力。收入和财富分化到一定程度，还容易形成民粹主义等思潮，产生对专业化分工与合作的逆向反制，从而对经济和社会发展形成更加长期和复杂的影响。因此，实现供求交互下的良性循环并不容易。进一步看，这又涉及供求交互作用中供给和需求的地位问题，从经济增长和生产率提升的本源来看，"分工一般地取决于分工"，供给应是"一阶"的，需求是"二阶"的。当然若考虑到上述供求交互过程中可能存在的阻碍等因素，需求的作用也非常重要，类似于"鸡生蛋、蛋生鸡"的关系，这要求我们重视供给和需求尤其是两者之间交互影响的状况。王涵（2021）认为，从物理学的逻辑推演，供给和需求可能是一种线性叠加的关系（供需分别独立对系统产生影响），也可能是供需因素非线性叠加，经济系统大概率不是简单的线性系统，因此所谓"高阶项"比"低阶项"的影响不一定就小，这意味着在系统中引入看似不重要的修正项，也可能会对系统演化产生决定性影响。从这个意义上说，对大多数模型来说，同时考虑供给和需求的复杂交互影响可能是唯一选择。这些重要内容，我们还将在下文中进一步阐释。

第七章　理解经济增长 Ⅱ：
交易费用对供求循环的影响

上文已经提到，交易费用是影响供求交互和分工发展的重要因素。亚当·斯密很早即注意到这一点，他在这方面的思想体现在斯密定理的最后一句话，即"市场的范围取决于运输的条件"。斯密的这一思想之所以重要，在于它告诉人们在重视对经济增长内生动力研究的同时，还应注意可能制约增长动力的力量，这两种力量的作用方向相反，一种向前，一种向后，而正是这两种力量的相互牵制决定了现实中的均衡状态，决定了分工网络和经济发展的水平与程度。这实际上是一种通过寻找两难冲突（也即两种方向相反的力量）而内生均衡（折中）状态的经济学方法（杨小凯，1998）。斯密的这一思想已经为未来新制度经济学"交易费用"概念的提出埋下了伏笔。"运输的条件"事实上就是现代经济学中的外生交易费用。

新制度经济学的兴起与发展，是发展经济学新的发展中不可缺少的组成部分。社会经济发展实质上是专业化和分工发展深化的过程，专业化和分工演进的速度和方向则取决于制度安排，因此经济发展的过程就表现为制度演进与创新的过程。新古典经济学可以说明价格机制在分配"蛋糕"中的作用，但难以解释导致"蛋糕"本身增大的原因。新制度经济学是在不满于对现实缺乏解释力而被称为"黑板经济学"的新古典经济理论的基础上发展起来的。在这一章，我们将视角转向制度和交易费用，这构成理解经济增长机制的重要一面。考虑到新制度经济学基本知识已相当普及，本章不准备对这一理论的主要内容及其发展历程作一般性介绍，主要围绕我们的研究内容，着重论述产权、交易费用、制度安排、分工网络及与经济发展之间的内在关系。

一、交易费用的引入：从"鲁宾逊世界"到科斯定理

对上述问题的探讨是从"鲁宾逊世界"开始的。"鲁宾逊世界"是制度经济学家（如张五常）经常运用的一个概念。之所以会这样，是因为鲁宾逊世界是现实生活的一个例外。当观察这个例外的世界时，我们所生活的现实世界中某些被看作习以为常而忽略掉的东西才可能突显出来，这好比是有比较才有鉴别，也应了"旁观者清"这句话。在这个例外的世界里，起初只有鲁宾逊一个人。他只能通过自己劳动来维持生存，存在典型意义的自给自足生产方式，他不能将其所生产的产品与他人交换。因为没有第二个人存在，因此也不需要界定相互之间的权利。孤岛上的所有资源都归鲁宾逊一人支配，没有人会与他争夺稀缺资源的所有权，他不需要为了获得和保护对岛上稀缺性资源的所有权而付出成本。由于没有与他人的交换关系，鲁宾逊也就不会有在与他们打交道中可能存在的所有成本与花费，他不需要与人讨价还价，不需要去获得关于对方诚信与人品的信息，不需要为监督整个交易过程顺利进行而花费精力，在这里为交易付出的成本永远为零，不会有交易成本的概念。但是他会有生产耗费的概念，特别是在岛上某些资源日益稀缺的时候，这种生产耗费的概念也就会日益强烈。通过勤奋、付出劳动和在生产中不断积累经验，鲁宾逊的生活得到改善，饮食和居住条件变得更好。在鲁宾逊的一人世界里，同样也会存在着"经济增长与发展"。生产力提高与经济增长可以存在于没有制度的环境中，因此如果非常苛刻地看，经济发展并不一定表现为制度演进的过程。

　　如果单单这样理解，鲁宾逊世界似乎成为一个理想的世界，在那里，既不存在同其他人打交道的成本，为产权、制度安排及其维护所需的花费，同时又可获得财富增加和生活水平的提高。但是现实生活中似乎并没有人向往鲁宾逊那样的生活，即使有也很可能只是一时的想法，为什么呢？因为每个人都希望利用分工网络给他们带来的好处，虽然一个人自给自足时也可能积累财富，但这比起人与人之间在专业化生产基础上彼此交易所能带来的生产力提高和多样化消费偏好的满足，实在是相差太远了。在这个过程中，人们宁愿存在交易费用，宁愿去处理各种复杂的制度。正如斯密所指出的，尽管人类的智慧可以预见到分工会产生普遍富裕并想利用它来实现普遍富裕，但特有的交换倾向仍然是人类天生所共有的。事实上，鲁宾逊的自给自足生活也只是被迫的结果，因为他与他人实现交易的费用实在太高了，高到超过了同他人交换所能得到的收益，这样，鲁宾逊也就无法享受到分工网络给他带来的好处。

　　张五常曾将交易费用定义为那种只有在鲁宾逊世界里才没有的费用。这句话的精妙之处在于，他从一个"例外"的世界入手来定义，从而反证出现实世界中交易费用的重要性。不过此话的一个缺陷是有可能存在歧义，因为如果进行交易就要花费费用和是否有交易费用存在并不完全是一个意思。一个世界中不存在交易费用的原因可能有两种。如果鲁宾逊世界是指整个世界中只有鲁宾逊一个人存在，那么这个世界是永远不会产生交易费用的，因为鲁宾逊永远找不到可以与他交易的人。如果这个世界里并不只有鲁宾逊一人，鲁宾逊的"世界"只是就他所生活的孤岛而言的，那么鲁宾逊生活中不存在交易费用的原因，恰恰在于他寻求与他人进行交易的费用太高。鲁宾逊与他人交易的困难，主要来自于他所生活的孤岛与他人之间遥远的海上距离。但在现实生活中，我们会发现，彼此地理距离非常接近的一个社区的居民之间，也可能会由于制度安排上的因素而鲜有交易行为和交易费用的存在。更抽象一点看，我们会发现可以存在这样一种情况，在非鲁宾逊一人的孤岛上，而是在有众人生活的一个社会里，同样可能不存在交易费用，因为既定的制度安排使人与人之间的交易费用过高，每个人于是选择自给自足的封闭生活，从而在事实上由制度造成一个一个的"鲁宾逊世界"。在这样一个社会的 GDP 统计中，可能很难找到反映交易费用的部分。无论是上面的哪种情况，鲁宾逊的世界里都不会有交易费用存在，但这并不意味着就没有产权界定和制度的存在。当我们从零交易费用的鲁宾逊世界跳出，可能会看到鲁宾逊世界的背后正粘着一张制度的大网。

交易费用概念的提出，是经济学发展史上的一次革命，它使经济学重新回到对现实的关注中来，也使其对现实问题的解释力大大增强，这些都是新古典经济学无法达到的。熊秉元（2001）对新古典的分析框架进行过形象的描述：社会上有两种人，生产者和消费者。只要消费者的偏好（效用函数）和生产者的技术（生产函数）具有某些合情合理的特征（边际效用递减或边际报酬递减），那么，在消费者追求自己效用而生产者追求自己利润的前提下，一定有一套价格体系能使社会的资源达到最有效的使用状态。阿罗和德布鲁（G. Debreu）还将上述思想变成了漂亮的数字表达。但是，我们现实生活中许多更有意思的事物似乎并不被这个框架所包容。例如，为什么生产者要以企业的形式存在？为什么生产者和消费者会存在绝对的分离，消费者不能自己从事生产，而他们预算约束则是外生的禀赋？如果生产者与消费者具有不完全信息，又将对这个经济系统产业怎样的影响？甚至，为什么会有市场这样一种制度存在？

如果没有交易费用概念进而制度观念的引入，上述问题都不可能得到很好的解释。科斯定理阐释了关于交易费用与制度安排之间紧密的内在联系。科斯定理告诉我们，当不存在交易费用时（这里的零交易费用是一种假设的理想状态，并不包括上文谈到的由于交易费用过高反而不存在交易费用的情况），初始的产权（制度）安排不会影响最终的经济绩效。也就是说，由于交易费用为零，人们之间可以进行无限次的交易直到达到理想的结果，而不管最初权利安排的结构。但是，现实生活中不可能没有交易费用，而"一旦考虑到进行市场交易的成本……合法权利的初始界定就对经济运行效率产生影响。"科斯定理可以做如下的简单表述：如果世界上不存在交易费用，那么任何制度在经济绩效上都不会有差异，因此制度的存在也就不具有意义；如果现实交易中会产生费用，那么不同制度安排就会带来不同的绩效。

制度安排影响经济绩效基于这样一种机制：在不同的制度安排中会存在不同的交易效率（交易效率是交易费用的反面，个体之间的交易费用越低，交易效率则越高，反之则相反），如果交易效率改善（提高），首先的得益是个体之间交易费用的下降，每个经济主体交易耗费减少，这被黄有光（2001）称为交易效率改善的直接收益（Direct Benefit）。但交易效率改善最重要的好处，来自间接收益（Indirect Benefit），即由于交易效率提高促使经济主体专业化水平提高和分工网络扩展。好比甲、乙两地修通了一条道路，这使每个人从甲地到乙地花费的时间与精力都得到节省，这是直接收益；同时，交易效率提高使甲、乙两地市场相互联结，扩大了市场规模，从而可以提高分工水平，一些新的专业化领域就会出现，更多以前不愿在甲、乙两地间跑动进行交易的人也会加入专业化分工的网络中来，从而使分工网络得以扩展，这就是间接收益。黄有光（2001）指出，新古典理论中与资源配置相联系的边际分析，只能研究经济组织结构和分工程度给定条件下的情况，因此在新古典经济学家的眼中，只能看到交易效率改善所得到的直接收益。例如，在对电子商务（E-commerce）的作用进行分析的文献中，新古典经济学家（如 Bakos，2001；Borenstein 和 Saloner，2001）只将消费者与生产者得自电子商务的好处归结为更低的搜寻成本和更高的竞争程度。在新古典学者的视野中，经济网络的结构与形状都是外生给定的，他们只能观察点与点之间连线上资源流动量的大小变化，而不能看到这一网络范围的扩展以及点与点之间的新的连线的形成。

在描述了制度对经济绩效影响的机制后，可以通过一个例子进一步理解科斯定理，这个例子来源于将交易费用视为"物理学中的摩擦力在经济学中的等价物"（Williamson）的启示。设想有若干条长度相同的木板，将每一条木板分别放入不同的制度环境中，制度安排不同，交易效率也不同，这类似于每条木板具有不同的平滑程度，摩擦力不同。如果给每条木板的同一位置都放置一辆同样的玩具小车，并施以同样的力量，那么不同木板上的小车向前移动的距离是不一样的，这个距离直接受到摩擦力大小的影响，而且小车在前进过程中遇到一些磕绊，还有可能会改变前进的方向。表面越平滑的木板上的小车，当然越容易接近木板的顶端。如果根本没有摩擦力存在，每条木板的摩擦力都为零，那么无论选择哪条木板，无论将小车的初始位置放于木板的哪个位置，只要有外力，每辆小车都会最终到达木板的顶端。这意味着不同制度之间不会有最终绩效的差异，产权与制度也就失去了意义。在这个例子中，小车的前进来自外力推动，如果我们假设小车本身有自己的动力系统可以向前行驶，这类似于经济系统具有内生的增长动力，这时限制经济内生增长的方向与速度的，就是不同的制度安排与交易效率水平了。当交易费用概念以及科斯定理产生之后，如果不在分析框架中引入交易费用和制度因素，我们就很难解释经济发展和制度演进的过程，因为没有交易费用和制度因素的增长模型，类似于上面没有摩擦力的木板上的小车，我们不会知道这个小车从初始位置到达木板终点的过程是怎样的，无法内生这一过程的速度与行进方向。可以看到的，可能只是小车到达终点的状况，但却并不知道小车在到达终点前行进的状况，因为在这样的系统中只有一种向前的力量，而没有相应的向后的制约力量，因此无法通过处理两难冲突的方式找到经济系统某一时点上的均衡位置，看到的只能是经济系统在一瞬间到达终点后的状况。

二、经济增长、交易费用与经济均衡

可以看出，经济学事实上是一门处理两难冲突（Tradeoff）的科学（杨小凯和黄有光，1993；杨小凯，1998；Yang，2001），因为任何经济决策都是在约束条件中寻求最优，在作用方向不同的力量中寻找平衡，最优的决策事实上都是折中的结果。我们会发现，现实生活中的最优状态（选择）一般总是中间状态，类似于中国人所说的"中庸"，或者辩证法质量互变规律所强调的"度"，而不像传统经济学理论所主张的那种"极端"的状态。例如，"完全竞争"是新古典经济理论中的理想境地，同帕累托最优紧密相联，但是杨小凯和威尔斯（Yang 和Wills，1990）的模型却表明，竞争程度的增加与分工经济不可两全其美。如果分工程度很高，那么每个专业化生产领域的竞争程度就会受到影响，因为不可能一方面要求每个专业领域从事生产的人都很多，达到完全竞争状态，另一方面整个社会又具有同样很多的专业领域数量。因此，现实经济中最终的均衡结果并不是完全竞争的极端状态，而是既有一定程度竞争又有一定程度垄断存在的中间状态。虽然从传统理论来看，这种中间状态只是一种"次优"，但在现实中它其实就是"最优"，因为那种极端的"最优"状态只是理想环境中的产物，在现实中并不会达到。因此，如果换一个角度看，这种"最优"实际上也就并不是"最优"了。

现实中的任何经济问题（现象），事实上都可以放入两难冲突的分析框架，并从中内生出最终的均衡状态。如果对交易费用进行更深入的探讨，同样会存在上述情况。在现代经济学中，对交易费用的划分有多种方法，其中有一种划分方法非常重要，对现实的解释力也很强，这就是将交易费用划分为外生交易费用和内生交易费用两类（杨小凯，1998）。所谓外生交易费用，是指人们在交易的决策前就能看到的外生决定的费用，如运输费用、通信费用等，它不是由于参与者的利益冲突而导致的经济扭曲的结果；内生交易费用有狭义和广义两种理解，狭义概念是指人们为争夺交易中的好处而产生的市场均衡同帕累托最优之间的差别，内生交易费用的来源有两类，在传统的新古典模型中，一般来自垄断、外部效果、公共财等；另一类内生交易费用则源于市场主体的机会主义行为导致的道德风险、逆向选择问题，例如人们常谈到的坑蒙拐骗所造成的社会福利损失，就是一种典型的内生交易费用。在上述两类交易费用中，外生交易费用主要产生于交易制度之外，它的大小更多地依赖于技术因素，而不是制度因素，而内生交易费用则与经济制度紧密相联。因此，我们可以对内生交易费用做一个拓展，更广义地把内生交易费用理解为某一制度安排下人们在交易过程中可能产生的所有成本，是所有参与者都作出决策后才能确定的费用。事实上，交易费用本身就是"经济制度运行的成本"（K. Arrow）。既然这种费用是内生的，就有可能通过制度和契约的重新设计使之减少，这也是制度经济学研究的重点。

　　从理论发展看，诺斯和托马斯（North 和 Thomas，1970）开始将道德风险、逆向选择及其他机会主义行为导致的内生交易费用与外生交易费用相区别，威廉姆森（Williamson，1975，1985）也注意到了欺骗、不可信承诺导致的内生交易费用与可直接观测的外生交易费用的不同。Hart 和 Holmstrom（1987）、Milgrom 和 Robert（1992）、Hart（1995）、Maskin 和 Xu（1999）等也都建立了各自的内生交易费用模型，杨小凯和赵益民（2000）发展了一个内生交易费用与内生分工结构关系的模型。内生交易费用理论方面的研究包括道德风险、不完全信息、体制与契约设计、不完全合约和剩余权等。博弈论与信息经济学等现代分析工具在这里得到充分运用。

外生交易费用与内生交易费用具有一定的替代性，是一种此消彼长的关系。人们在做决策的时候，关注的是两类交易费用之和的大小，而不仅是其中一种，寻找的是总交易费用的最小化。两类交易费用之所以具有替代性，主要原因在于内生交易费用是一种制度内费用，可以通过制度的改变而变化，而制度改变则需要投入外生交易费用来完成。

对这一规律进行深入观察的是张五常。张五常（Cheung，1970，1983）曾有一个猜想：外部性问题的实质，是节省界定产权的外生交易费用，与节省产权界定不清引起的内生交易费用之间的两难冲突问题。现实生活中类似的例子很多，这里举一个对多年前北京和上海地铁售票制度进行对比的例子。在大约十多年前的北京，无论乘坐地铁距离长短，都实行统一票价（每张票3元钱）。这看上去并不合理，因为乘坐距离长的人占了乘坐距离短的人的便宜，等于后者花钱补贴前者，存在比较明显的外部性，是典型的由于产权界定模糊而产生的内生交易费用。但似乎少有人对此提出异议。这是因为如果进一步界定产权，按每人实际乘坐距离确定不同票价，则会给人工售票带来很大麻烦。人们买票时可能需要排队和花费更多口舌，如果增加售票员又会使车票价格上升，这些都使外生交易费用大大增加。因此，最优均衡的结果，是人们宁可忍受一定程度的内生交易费用，容忍外部性的存在，而换来一个更有效率的结果。上海的情况就不同，当时上海地铁已开始实行自动售票，人们可以在自动售票机上选择车站，然后购买根据到达车站距离而定价的车票，这种方式一定程度上降低了由于产权不清而导致的内生交易费用，减少了外部性（当然不可能完全消除），但这是以研制和安装自动售票机即增加外生交易费用来实现的。随着技术进步，研制和生产自动售票机的成本会不断降低，这使总的交易费用水平下降，更有利于实现制度创新。这也说明技术进步是推动制度变迁的一个因素，同时也有利于外部性的内部化。

上面的论述阐明了一个道理：在现实经济生活中，一些看似不好的东西（如内生交易费用和负的外部性）的存在，往往是人们最优选择的结果，是处理各种两难冲突后达到的均衡状态。杨小凯（1998）的动态议价模型给出了上述规律的又一个例子。这个模型发现，当市场上存在多人的讨价还价行为时，市场上存在的微小内生交易费用，正是市场发挥限制内生交易费用的条件。原因在于，当市场上有很多人参与交易时，一个人就可以通过转向其他交易伙伴作为威胁，来限制正在同他交易的人漫天要价或其他机会主义行为，因而市场能用这种选择限制内生交易费用。这种功能的实质就是"以恶治恶"，用人们的自利行为限制它造成的内生交易费用，因此它又不能绝对消除内生交易费用。相反，在完全没有内生交易费用时，市场就不能发挥其限制内生交易费用的功能。

从上面的分析也可以看出，在一个制度安排中，各个参与者的权利关系需要界定和协调，但产权往往不可能界定到完全清晰，权利之间会有冲突，产权的交叠是外部性产生的根源（王忠民和杨建龙，1997）。总之，外生交易费用与内生交易费用的彼此替代及其有效折中，是制度安排形成的决定性因素。值得一提的是，这种折中必须是"有效的"，因为制度安排中的折中点并不是在总交易费用最小的有效点上，其原因一般在于决定这种折中是否"有效率"的更基础的制度安排不合理，而这种更基础的制度安排，则是决定社会经济发展的重要因素。

如果跳出个体与个体之间，站在更高的层面观察分工网络的交易费用问题，则有两个特征需要说明。一方面，分工网络存在一个有趣的特征，即单位交易效率提高与网络整体的总交易费用上升同时存在。这是因为，交易效率提高体现为个体之间单位交易费用下降，这会促使更多交易行为发生，同时使一些原本不能实现专业化的新的分工领域出现，这些新专业的出现，会带来更大的交易量。也就是说，在分工网络上，由于单位交易费用下降，交易量扩大，网络中原有点与点之间的连线变得更粗；另一方面，又会有新的节点出现，分工网络规模扩大。因此，在单位交易费用下降的同时，总的交易次数可能迅速上升，交易费用的总量也上升。另外，网络的扩展和复杂化又可能使其中的内生交易费用迅速上升。这些实际上都反映了分工发展和交易制度日益复杂的趋势。社会经济发展实践验证了这一观点。

与交易费用问题有关的另一个重要问题，是所谓"协调成本"与"协调的可靠性"。协调成本（Coordination Cost）一词最早由贝克尔和墨菲（G. Becker 和 K. Murphy，1992）提出。贝克尔—墨菲（1992）模型是劳动专业化和分工内生增长模型中具有代表性的一个。他们继承了斯密关于劳动分工的基本思想，但却不赞同劳动分工仅受市场范围限制的思想，认为其更主要地受协调成本和一般知识水平的限制。在他们看来，协调成本是协调完成各种互补性生产任务的专业化工人的各种成本，委托—代理冲突、搭便车问题、供给以及通信的中断都随专业化程度的提高而更加严重。为此，贝克尔和墨菲主张更多地把交易成本、信息成本等制度分析范畴与劳动分工和经济增长结合起来。杨小凯等人提出了类似的观点。他们指出，随着分工网络的扩展与日益复杂化，协调这一网络有序运行的难度也就越来越大。杨小凯和威尔期（1990）以及刘孟奇（Liu，1998）对经济危机与经济发展的一般机制进行分析的模型表明，均衡的分工网络水平与网络协调失败的风险会同时提高。这意味着，随着交易条件的改善，一方面会出现高度工业化和高总合生产力水平；另一方面分工网络协调失败的风险也相应增长，协调可靠性下降。一旦协调出现问题，某个环节断裂，整个网络的机能就会受到影响甚至导致经济系统的失灵，就可能以经济危机的形式表现出来。可见，单位交易效率不断得到提高的同时，也在积累着某个突然时刻交易受阻甚至根本无法交易的可能性。在这个时候，社会经济会出现分工与专业化快速的逆向演进，甚至会退回自给自足的状态，任何一个理性的决策者都必须为出现"最坏的"状况而做好准备，坚持好底线思维。而协调成本与协调的可靠性都可归入广义理解的内生交易费用之中。

三、小结

在阐释交易成本理论之后，可以构建起来一个理解经济发展的斯密—杨格—科斯框架。杨小凯（1998）将基于这一框架的现代经济学阐释称为"新兴古典经济学"，并通过超边际分析方法构建起形式化的理论框架。应当说，这一框架融合了经济学理论中对经济增长与发展问题富有洞见的思想，形成了解释社会经济系统内生增长和发展机制的体系。上文已经谈到，对社会经济发展一般机制的研究至少应当涵盖三个问题：一是经济增长和财富增加的源泉来自哪里；二是社会经济系统内生增长与发展机制如何形成、如何作用；三是什么因素和力量会制约和决定经济系统内生增长、自我演进的方向和速度。在新古典经济增长与发展理论中，上述三方面的问题并没得到很好回答，新古典学派试图用规模经济的方法解释前两个问题，未涉及第三个问题。新制度经济学为我们提供了对第三个问题的回答，但对前两方面的问题涉及不多。制度本身并不会直接带来经济增长与财富积累，如果不存在劳动分工与专业化可以产生报酬递增的现象，不存在经济系统的自我繁殖机制，制度也就失去了作用。制度的作用必须借助于这种机制才能发挥出来，不同的制度安排决定了上述机制发挥作用的程度，进而决定了经济系统演进的方向和速度。杨格的思想虽然深刻揭示了经济增长、报酬递增的根源，阐释了供求交互过程中的内生增长机制，但对影响和制约经济演进的因素则分析不足。比较而言，斯密—杨格—科斯的理论框架则将上述因素融合在一起。一方面，专业化和分工发展会带来经济主体之间更多的交易行为，不断拓展经济网络；另一方面，专业化和分工发展会受到交易费用的制约，过高的交易费用会阻碍专业化和分工发展，减少人们之间的交易行为，相反，降低交易费用会促进人们之间通过交易获得来自专业化和分工的好处，加速市场化进程，加快社会经济发展。在拓展的科斯定理框架中，专业化分工与交易构成经济社会的基本概貌，而专业化分工演进与交易费用之间此消彼长的两难冲突及其有效折中，则成为贯穿社会经济发展过程的一条主线。

第八章 供求循环视角下的中国经济增长：一个实证考察

在上文中，我们对经济增长和发展的一般机制进行了阐释。作为分工的不同侧面，由供求交互形成的报酬递增是理解经济增长的重要视角。本章试图运用上文所述古典循环经济发展思想对中国经济增长做一个简单考察。我们考察投资、消费与经济内生演进机制在中国改革开放以来的运行状况，分析这一机制的总体特征，并依时序发展考察其演进与变化的过程。

改革开放以来，中国经济增长成为理论界研究的重要问题。对中国经济增长的研究集中在以下方面：在早期，主要是对中国经济"为什么会高增长"进行研究。这类研究分别聚焦于中国经济发展表现出的两方面特征，即一类文献集中于研究"改革"（如 Naughton，1994；Mckinnon，1994；Rawski，1996；张军，1997）；另一类强调"发展和增长"特征，注重对"发展战略"和"发展模式"的探讨（如 Sachs 和 Woo，1994；林毅夫等，1994；林毅夫，2002）。在此之后，更多文献开始利用主流经济增长理论对中国经济增长进行实证分析，关注增长模型在中国经济中的实证检验、经济收敛、全要素生产率（TFP）和动态效率变化情况、经济增长的可持续性（樊纲等，2011；王小鲁等，2009；郭庆旺等，2005；易纲等，2003；林毅夫等，2003）以及增长率统计的可靠性等问题（如蔡昉，2002；张军等，2003；袁志刚等，2003；沈坤荣等，2002；樊纲等，2002；Wu, Y, 2000；Chow, G. 等，2002；Rawski，2001），同时还探讨一些重要因素与经济增长之间的关系，如政府体制（周黎安，2007）、金融发展（林毅夫等，2003；谈儒勇，1999）、产业变迁（刘伟等，2007）、财政分权（周业安等，2008；张军，2007；张晏等，2005；沈坤荣等，2005；Qian，Y.等，1996）、收入分配（王小鲁等，2005；陆铭等，2005）等。20世纪90年代中期后中国宏观经济运行出现显著变化，对这一现象寻求增长层面的解释也开始引起经济学家的兴趣。张军（2002）借助 Solow 和 Dension 的基本方法进行实证研究，认为资本过快积累引起的资本收益率下降是中国经济增长率下降的主要原因，而不应简单解释为短期需求不足的结果；易纲等（2003）从中国转轨和企业体制的特殊性着手，强调金融控制变化对经济运行方式的影响，以此解释"宏观好、微观不好"的有趣现象。

丰富的研究文献对理解中国经济增长提供了重要帮助。正如爱因斯坦所说："不是经验观察为理论研究提供基础，而是理论研究决定我们可观察到什么"，我们注意到已有研究使用的方法，主要是主流经济增长模型和一些制度经济学的思想。本章试图关注是否可以借助古典内生经济增长思想来解释和评估中国的经济增长，从而可以从一个新的角度来丰富对中国经济增长状况的理解。

如前文所述，古典内生经济发展机制可以用杨格（A. Young）定理来简单描述。杨格（1928）发展了斯密定理，认为专业化分工是经济增长的源泉，但分工程度并不仅取决于市场范围。市场范围表现为购买力，购买力由生产率决定，而生产率由分工水平决定，因此分工将一般地取决于分工，经济发展表现为分工自我繁殖、自我演进的过程。斯密（1876）曾指出，投资是发展分工的工具。如果将投资作为起点，那么上述过程就表现为"投资发展分工—分工提高生产率扩大供给—供给创造相应需求—需求和市场规模扩大促进分工发展"这样一个循环过程，经济在这个循环过程中实现报酬递增。如果从古典发展经济理论的角度观察，经济能否实现持续的内生增长，取决于上述循环过程是否顺畅，而对经济发展中很多重要现象的解释也可以通过考察这一循环过程来进行。

值得注意的是，这种方法可能更适合于研究发展中经济。主流增长理论和发展理论都注重对供给方的研究，将需求变化放入短期宏观经济波动分析。这种处理方法是与成熟的市场体制相联系的，在这种环境中，需求相对稳定，长期中由供给来决定经济增长。但对体制转轨中的中国经济来说，需求和消费的变动很大程度上受到制度变革等长期因素的影响，同样应当作为影响增长的因素来看待。我们关注的问题是：改革开放以来，如果将中国经济增长理解为一个专业化分工发展的过程，那么这种供求交互、自我演进的机制运行情况如何？我们将运用上述框架提供的基本方法解释中国经济增长及其变化的基本机制，评价经济增长的质量与可持续性，对一些基本事实进行计量观察，并做进一步的分析和总结。

一、供给与需求：静态考察

在古典经济发展理论中，经济内生持续增长是通过分工自我繁殖、自我演进方式来实现的，表现为"分工一般地取决于分工"。可以将投资看作这一系列逻辑链条的起点。因为从一个时点上看，居民最终需求表现为他们可支配的购买力。中国改革开放初期，居民货币拥有量很少，居民需求水平提高须通过经济系统中投资发展产业体系从而增加居民收入的方式来完成。同时，我国居民增长对投资的依赖也在较长时间里保持较高水平。二是从分工自我演进机制看，应关注投资和消费之间的关系。投资发展出分工体系，而分工体系创造出相应的市场需求，包括了投资需求和消费需求，消费需求构成生产的最终目的。

索洛模型中人均资本边际贡献递减，经济系统达到稳态后，投资不再对经济增长产生影响。在新增长理论中，内生增长是假定投资由于外部或内部规模经济产生报酬递增带来的。但在杨格（1928）眼中，投资之所以会带来报酬递增，源于迂回生产形成的产业体系所带来的最终产品生产效率的提高。在古典经济学的投资理论中，资本是被视为发展迂回生产中分工的工具（斯密，1776）。人们之所以愿意将收入中的一部分借给他人去投资，原因就在于投资可以发展出新的分工领域，从而可能提高最终产品生产效率，出现报酬递增，带来更高的资本回报率。相反，如果分工形成的产业体系没有实现报酬递增，投资就只能在短期中拉动经济增长，而并不具有保持经济持续增长的作用。因此，我们首先关心的问题是：改革开放后中国用于发展分工体系的大量投资具有怎样的产出效果。

为了说明这一点，我们从 GDP 的构成入手对投资和消费进行研究。以支出法计算的 GDP 由资本形成（固定资本形成总额和存货增加）、最终消费（居民消费和政府消费）和净出口组成。净出口在我国 GDP 中占比较小，GDP 变化主要受投资和消费影响。资本—产出比（K/Y）是新古典增长理论中的重要概念，并被作为衡量资本—产出能力的重要指标。张军（2002）曾关注改革开放后中国的资本—产出比与经济增长率，发现两者呈现明显的负相关关系，即在经济增长加速的阶段，资本—产出比变动呈现减速的趋势，反之则相反。张军认为出现这一现象的原因在于资本存量变化是基本稳定的，资本形成速度对 GDP 增长率的变动，反应比较迟钝：当经济增长加速后，资本形成速度没有相应增加；经济增长下降时，资本形成也并未减速。如果换一个视角，从 GDP 计算支出法入手，则可以将此问题放入我们的分析框架来观察。资本—产出比可以被写成：

$$\frac{K}{Y} = \frac{K_d + K_f}{K_f + C}$$

式中，K_d 和 K_f 分别代表原有资本存量和当年新的资本形成，C 代表最终消费，这里国民总产出 Y（用 GDP 衡量）中忽略掉净出口部分。容易看出，如果资本变化是基本稳定的，那么影响经济中资本—产出比的最重要因素就是最终消费的变化。我们可以借用索洛（1956）的方法进一步观察资本—产出比与最终消费变化之间的关系。给定"生产函数"为：

$$Y = C^{\alpha}K^{1-\alpha} \quad \text{其中，} 0 < \alpha < 1 \tag{8.1}$$

如此设定生产函数也是基于 GDP 计算支出法的启发。资本投入量（K）与最终消费量（C）共同决定 Y（GDP），为推导方便，设定成 C—D 形式。其紧凑形式（Intensive Form）为：

$$y = c^{\alpha} \tag{8.2}$$

式中，$y = \dfrac{Y}{K}$，$c = \dfrac{C}{K}$。

消费变动方程是：

$$\dot{C} = bY \quad \text{其中，} b \text{ 为边际消费倾向} \tag{8.3}$$

我们知道 $c = \dfrac{C}{K}$，对此式先取对数再对时间求导，可得：

$$\frac{\dot{c}}{c} = \frac{\dot{C}}{C} - \frac{\dot{K}}{K} \tag{8.4}$$

将式（8.3）代入式（8.4），得：

$$\frac{\dot{c}}{c} = \frac{bY}{C} - \frac{\dot{K}}{K} = b\frac{Y}{C} - \frac{\dot{K}}{K} = b\frac{y}{c} - \frac{\dot{K}}{K} \tag{8.5}$$

因此有：

$$\dot{c} = by - \frac{\dot{K}}{K}c \tag{8.6}$$

根据式（8.2）和式（8.6）可以画出相图（见图 8.1）。

在图 8.1 描绘的经济系统中，c_0 是稳态点。如果经济体初始 c 值在 c_0 点的左方，它将向 c_0 方向移动，在这个过程中，y 和 c 值将同时扩大，直至到达 c_0 点；相反，如果初始的 c 值在 c_0 点右方，它将向左面

移动直至到达 c_0 点，这一过程里 y 和 c 将同时减小。可见，资本—产出比与资本—消费比变动有密切关系，可以得到命题 1。

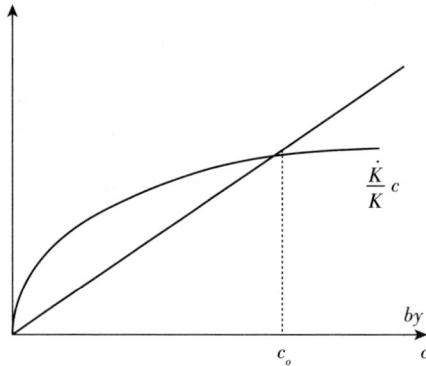

图 8.1　经济系统的动态演化

命题 1：资本—产出比与资本—消费比两者之间的变动存在密切关系。资本—产出比与资本—消费比会同时增大或同时减小。如果资本数量保持不变，则资本—产出比下降将与消费数量增加同时发生；相反，资本—产出比上升与消费数量下降同时出现。如果资本和消费都是增长的，则资本—产出比的变化取决于资本和消费各自的增长速度。如果消费增长快于投资增长，资本—产出比将下降。

命题 1 可以解释张军（2002）所观察到的现象，这种解释与中国实际情况相吻合。从图 8.2、图 8.3、图 8.4 来看，在 1981—1985 年和 1991—1993 年期间，居民消费增长率高于资本增长率，对应年份的资本—产出比呈明显下降趋势。1994 年之后，资本增长基本上都快于居民消费增长，资本—产出比持续上升，其中，2007 年居民消费增长超过资本增长，当年资本—产出比出现下降。值得注意的是，2000 年消费增速曾短暂高于资本增速，当年资本—产出比并没有下降，依然保持增长。张军（2002）用 1994 年之后资本—产出比持续上升来说明"资本深化"，认为资本—产出比上升意味着资本过快积累导致资本收益下降。但在我们的框架中，可以判断是在经济的自我演进中，供给创造需求的机制可能出现了问题。可以看出，主流增长理论中资本与产出的关系被转换为投资与消费的关系，并进而与供给与需求相联系。这使我们可以同时从供求两个方面来观察和解释经济增长。

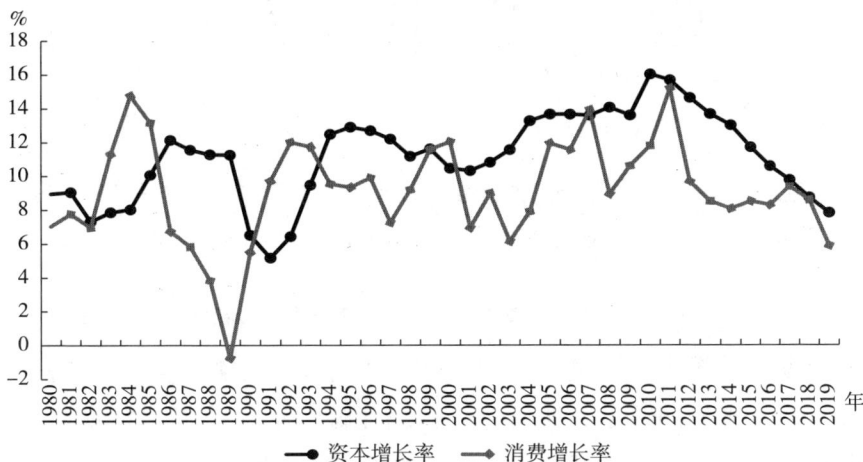

图 8.2　消费增长率和资本增长率的变动情况

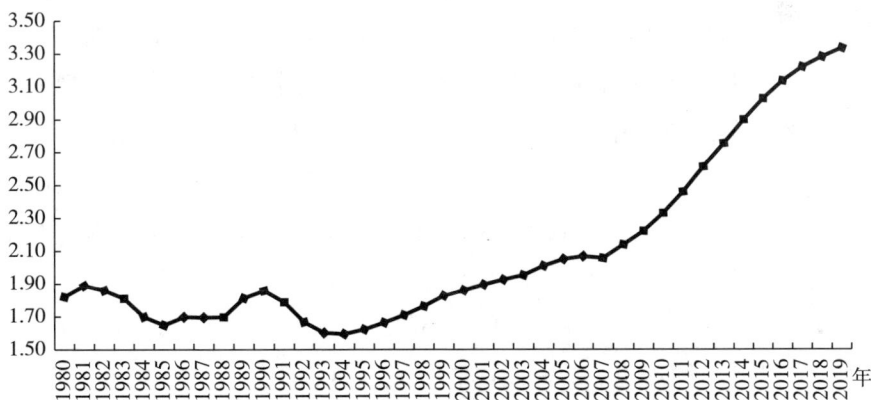

图 8.3　资本—产出比变动情况

159

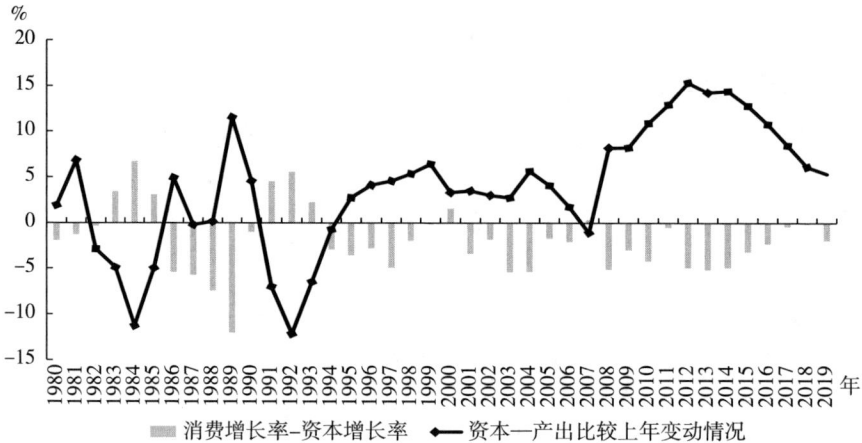

消费增长率－资本增长率　　◆ 资本－产出比较上年变动情况

图 8.4　居民消费增长率－资本增长率与资本—产出比较上年变动对比

上面利用对投资和消费的观察初步解释了中国经济增长中的一些现象。接下来的问题是，如何更一般地理解资本（投资）与最终消费之间的关系，评价作为发展分工工具的资本的产出效果。

假定一个代表性消费者—生产者，其生产出的产品可用于消费，也可用于投资。此消费者—生产者面对着两难冲突：如果当期多消费，当期效用水平会提高，但由于投资减少，未来消费会降低；如果当期多投资，未来消费会增加，但当期效用水平又会下降。因此需要在当期和未来之间作出折中。给定代表性消费—投资者的效用函数为：

$$u = c^{\alpha} \tag{8.7}$$

式中，c 为个人消费，$0 < \alpha < 1$，表明随着消费量扩大，能够给消费者带来的效用水平递减。给定生产函数为：

$$y = Ak^{\beta} \tag{8.8}$$

式中，y 代表人均产出，k 为人均资本投入量，β 代表资本的回报状况。假定储蓄全部转化为资本，则资本的变化为：

$$\dot{k} = Ak^{\beta} - c \tag{8.9}$$

这样，此消费—生产者面对两难冲突的最优化选择问题即为：

$$\max u = \int_0^\infty c^\alpha e^{-\rho t} dt \tag{8.10}$$

$$s. t. \quad \dot{k} = Ak^\beta - c$$

式中，$e^{-\rho t}$ 为贴现因子，ρ 为贴现率，假定 ρ 不变。用最优控制理论求解上述问题，现值 Hamilton 函数是：

$$H = c^\alpha + \lambda(Ak^\beta - c) \tag{8.11}$$

最优化一阶条件是：

$$\alpha c^{\alpha-1} - \lambda = 0 \tag{8.12}$$

$$\lambda A\beta k^{\beta-1} = \rho\lambda - \dot{\lambda} \tag{8.13}$$

可得：

$$\dot{\lambda} = \alpha(\alpha-1)c^{\alpha-2}\dot{c} \tag{8.14}$$

将式（8.12）和式（8.13）代入式（8.14），可得：

$$k^{\beta-1} = \frac{1-\alpha}{A\beta}\frac{\dot{c}}{c} + \frac{\rho}{A\beta} \tag{8.15}$$

我们通过式（8.15）得到人均资本与人均消费之间的关系。容易看出，在式（8.15）中，人均资本（k）与人均消费增长率（$\frac{\dot{c}}{c}$）之间的变化关系取决于 β 的取值：假定其他参数不变，如果 $0 < \beta < 1$，那么 k 与 $\frac{\dot{c}}{c}$ 为负相关关系，两者反向变动；如果 $\beta > 1$，那么 k 与 $\frac{\dot{c}}{c}$ 为正相关关系，两者同向变动；如果 $\beta = 1$，则 $\frac{\dot{c}}{c}$ 不变。考虑到经济学含义，β 的不同取值就具有了重要意义：$0 < \beta < 1$，$\beta = 1$ 和 $\beta > 1$ 分别代表资本投入的报酬递减、报酬不变和报酬递增三种情况。把上述分析进一步总结在命题 2 中。

命题 2：在经济系统中，人均资本投入与人均消费增长率之间的变动关系取决于资本投入的回报情况。如果资本投入报酬递减，人均资本投入与人均消费增长率之间将呈负相关关系；如果资本投入报酬递增，人均资本投入与人均消费增长率之间将呈正相关关系；如果资本投入报酬不变，人均资本投入与人均消费增长率之间则无相关关系，人均消费增长率不变。

命题 2 为我们判断投资发展分工体系的效果提供了基本方法，可以通过实证分析人均资本与人均消费增长率之间的关系判断资本投入的产出效果。

从图 8.5 中可以看到，1980 年以来，我国劳均资本绝对数量持续上升，尤其是 20 世纪 90 年代以来上升速度明显加快；相对看来，劳均消费增长率则波动较大，没有表现出明显的上升或下降趋势。1980—1985 年，劳均消费增长率和劳均资本之间呈正相关关系，相关系数为 0.85，资本报酬递增；1992—2001 年，呈负相关关系，相关系

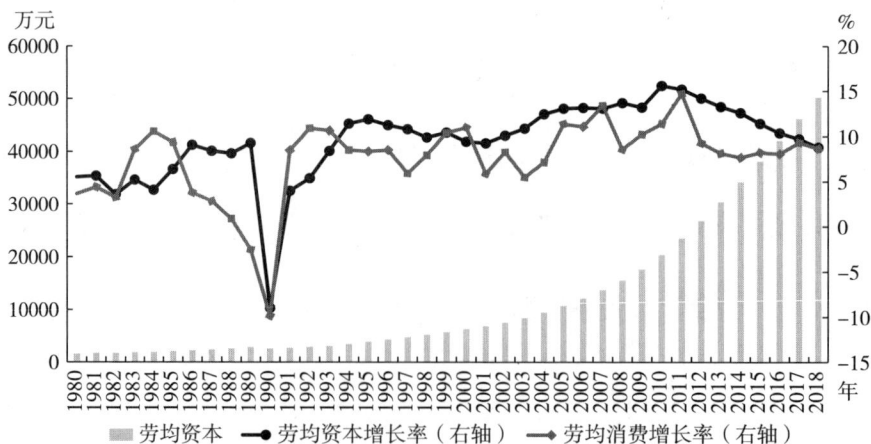

图 8.5 劳均资本、劳均资本增长率与劳均消费增长率

数为 - 0.32，资本报酬递减；2002—2010 年，呈正相关关系，相关系数为 0.52，资本报酬递增；2011—2019 年，呈负相关关系，相关系数为 - 0.63，资本报酬递减。

大部分研究对于 2000 年后资本回报率的变化看法一致，认为 2002 年之后资本报酬率持续增加，2009 年左右开始下降。比如白重恩（2014）认为，2002—2009 年资本回报率基本维持上升趋势，之后开始下降；张勋（2014）、刘仁和等（2018）也都认为，2000 年后中国资本回报率持续上升，2009 年左右则开始下降。这与我们的检验结果基本一致。但是不同研究对 1980—2000 年资本回报率变化的看法差别较大。白重恩（2014）认为，资本回报率在 1980—1988 年间上升，1989—1992 年大幅下降后出现 V 形反弹，1993—2001 年下降，这与我们的检验结果是类似的。张勋（2014）认为资本回报率在 1978—1998 年持续下降；刘仁和等（2018）认为资本回报率在 1979—1987 年大体不变，之后 1989—1992 年大幅上升，1993 年下降，之后小幅上升后保持平稳。

二、供求交互循环：动态演进

本节考察分工自我演进的具体过程，判断这种自我演进的可持续性与可能存在的问题。我们通过观察消费和投资的变化来研究这一问题。

观察投资与消费的交互影响，是分析的重点。也就是要按照上文阐释的古典经济发展思想，观察投资与消费之间的相互推动、交互影响。研究投资与消费，本质上就是研究供给和需求的关系。我们可以用资本形成和最终消费分别表征供给和需求，但实际并不准确：一是从开放宏观经济视角看，外部需求亦十分重要，同样对供给端有拉动作用，对处于经济起飞阶段和具有出口导向型特征的经济体而言，外需的拉动作用不可忽视，但最终消费统计中并不包括外需，这样就可能低估"需求"的作用；二是要关注住房市场，住房较为特殊，兼有消费和投资属性，不过对于多数居民而言主要还是用来居住，更多具有最终消费或者说需求的属性，而不同于一般投资所形成的生产和供给能力。尤其是 20 世纪 90 年代中期以后，住房制度改革在全国逐步推开，商品房逐步成为居民消费支出最重要的组成部分。鉴于此，我们将可表征外需的净出口额和商品房销售额纳入广义最终消费（需求），即：广义消费 = 居民消费支出 + 净出口 + 商品房销售额，投资 = 固定资产形成 − 商品房销售额。

从基于上述口径计算的结果可以看出（见图 8.6），消费与投资名义增长率之间具有一定的相关关系。从分工自我演进机制的角度看，我们更关注投资与消费变动之间的实际因果关系。也就是说，是否存在利用某一变量的过去值比不用它时能够更好地预测另一变量变化的情况。为此，我们利用格兰杰因果检验（Granger，1969）并分时段观察投资与消费变动之间的因果关系。

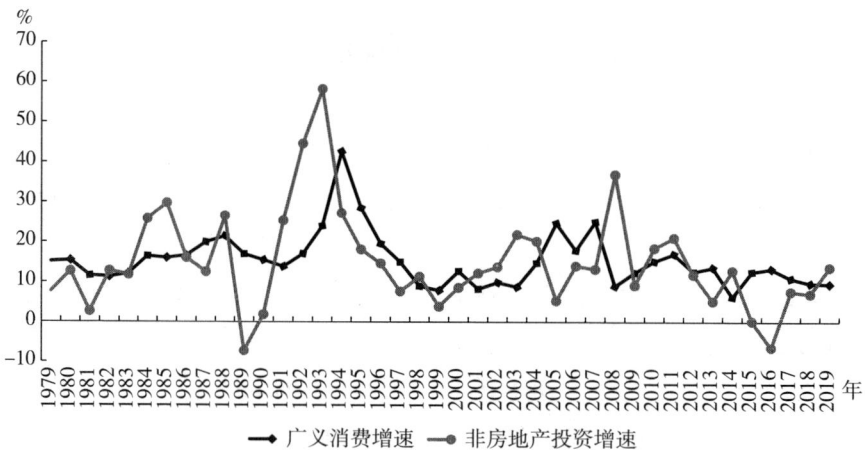

图 8.6　广义消费与非房地产投资名义增长率变化

（一）改革开放后1979年至2002年时段

实证结果显示，在1979年至2002年期间，投资增长率是广义消费增长率的格兰杰原因，并在滞后1期时最为显著。

从表8.1可以看到，1979—2002年消费增长率和投资增长率名义值时间序列均是非平稳序列，我们利用EG方法（Engle和Granger，1987）对上述两序列做协整检验。首先对消费增长率和投资增长率进行普通最小二乘回归，由此得到回归模型的估计残差e，然后对序列e做平稳性检验。序列e的ADF检验结果是，t-统计量为-2.65，小于显著水平为5%的临界值-1.66，表明e为平稳序列，由此可以认为消费和投资间存在协整关系，两者间存在相关的长期趋势。由于两个序列协整，我们可以继续用格兰杰检验两者的关系。

表8.1 广义消费增长率与非房地产投资增长率序列的
平稳性检验（1979—2002年）

变量	检验类型	t-统计量	临界值
消费	C, t, 0	-2.09	-3.24
消费	C, 0	-2.14	-2.63
消费	N, 0	-0.99	-1.60
投资	C, t, 0	-2.56	-3.24
投资	C, 0	-2.637	-2.638
投资	N, 0	-1.51	-1.60

注：（1）C、t、N分别表示常数项、时间趋势和没有常数项与时间趋势，0代表采用的滞后阶数。（2）除临界值后单独注明外，表中临界值均在10%水平下得到。

消费增长率和投资增长率的格兰杰因果检验（见表8.2）显示，在滞后1~2期的检验中，消费增长率和投资增长率的名义值时间序列都具有显著的因果关系，投资增长率是消费增长率的格兰杰原因。尤其是滞后 1 期时，检验结果最为显著，有 99.99% 以上的把握支持投资变动会导致消费的相应变动。

表 8.2　　　　广义消费增长率与非房地产投资增长率的
格兰杰因果检验（1979—2002 年）

T	N	零假设	F - 统计	概率	零假设	F - 统计	概率
1	23	I 不是 C 的格兰杰原因	21.8254	0.0001	C 不是 I 的格兰杰原因	1.0426	0.3194
2	22	I 不是 C 的格兰杰原因	14.4501	0.0002	C 不是 I 的格兰杰原因	0.1805	0.8364

注：T 代表滞后期，N 代表样本个数。I 代表投资增速，C 代表消费增速。

考虑到 20 世纪 90 年代中期后中国宏观经济运行出现了一些重要变化，我们进一步对 1995 年至 2002 年期间进行检验，其中消费增长率和投资增长率的名义值时间序列变得平稳，可以直接进行格兰杰检验。从表 8.4 可以看出，在 1995 年至 2002 年期间，消费增长率和投资增长率间没有呈现出显著的格兰杰因果关系。这一点很有意思也很重要，我们会在后面阐释其可能的原因。

表 8.3　　　　广义消费增长率与非房地产投资增长率的
平稳性检验（1995—2002 年）

变量	检验类型	t - 统计量	临界值
消费	C, t, 0	- 1.65	- 3.59
消费	C, 0	- 4.52	- 3.32（5%）
消费	N, 0	- 4.91	- 2.88（1%）
投资	C, t, 0	- 2.07	- 3.59
投资	C, 0	- 3.10	- 2.80
投资	N, 0	- 2.05	- 1.99（5%）

注：（1）C、t、N 分别表示常数项、时间趋势和没有常数项与时间趋势，0 代表采用的滞后阶数。（2）除临界值后单独注明外，表中临界值均在 10% 水平下得到。

表 8.4　　　　　广义消费增长率与非房地产投资增长率的
格兰杰因果检验（1995—2002 年）

T	N	零假设	F－统计	概率	零假设	F－统计	概率
1	8	I 不是 C 的格兰杰原因	0.3584	0.5754	C 不是 I 的格兰杰原因	0.6320	0.4627
2	8	I 不是 C 的格兰杰原因	1.8528	0.2992	C 不是 I 的格兰杰原因	0.1142	0.8958

注：T 代表滞后期，N 代表样本数。I 代表投资增长率，C 代表消费增长率。

（二）2003 年至 2019 年时段

实证检验结果显示，与 1979 年至 2001 年时段相反，在 2003 年至 2019 年期间，广义消费增长率反而成为投资增长率的格兰杰原因，并在滞后 1 期时最为显著。即使是进一步进行分段检验，2008 年后广义消费增长率依然是投资增长率的格兰杰原因。

具体来看，从表 8.5 可以看到，广义消费增长率和投资增长率的名义值时间序列都是平稳的，可以直接进行格兰杰检验。两者时间序列的格兰杰检验结果显示（见表 8.6），在滞后 1 期时，广义消费增长率是投资增长率的格兰杰原因。

表 8.5　　　　　广义消费增长率与非房地产投资增长率的
平稳性检验（2003—2019 年）

变量	检验类型	t－统计量	临界值
消费	C, t, 0	－ 3.84	－ 3.71
消费	C, 0	－ 3.25	－ 3.05
消费	N, 0	－ 0.57	－ 1.60
投资	C, t, 0	－ 3.87	－ 3.71
投资	C, 0	－ 3.12	－ 3.05
投资	N, 0	－ 1.01	－ 1.60

注：（1）C、t、N 分别表示常数项、时间趋势和没有常数项与时间趋势，0 代表采用的滞后阶数。（2）除临界值后单独注明外，表中临界值均在 10% 水平下得到。

表 8.6 广义消费增长率与非房地产投资增长率的
格兰杰因果检验（2003—2019 年）

T	N	零假设	F - 统计	概率	零假设	F - 统计	概率
1	23	I 不是 C 的格兰杰原因	1.2732	0.2781	C 不是 I 的格兰杰原因	5.3031	0.0371
2	22	I 不是 C 的格兰杰原因	0.6643	0.5325	C 不是 I 的格兰杰原因	2.4397	0.1291

注：T 代表滞后期，N 代表样本个数。I 代表投资增速，C 代表消费增速。

考虑到 2008 年国际金融危机爆发可能会是一个重要的扰动点，我们对 2008 年以后的时间序列数据再进行检验。在 2008 年至 2019 年时段，消费增长率和投资增长率的名义值时间序列依然是平稳的，可以直接进行格兰杰检验。从表 8.8 可以看出，2008 年至 2019 年期间广义消费增长率依然是产投资增长率的格兰杰原因。这一结果与郭克莎和杨阔（2017）类似。

表 8.7 广义消费增长率与非房地产投资增长率的
平稳性检验（2008—2019 年）

变量	检验类型	t - 统计量	临界值
消费	C, t, 0	− 1.65	− 3.59
消费	C, 0	− 4.58	− 3.32（5%）
消费	N, 0	− 4.91	− 2.88（1%）
投资	C, t, 0	− 2.07	− 3.59
投资	C, 0	− 3.10	− 2.80
投资	N, 0	− 2.05	− 1.99（5%）

注：（1）C、t、N 分别表示常数项、时间趋势和没有常数项与时间趋势，0 代表采用的滞后阶数。（2）除临界值后单独注明外，表中临界值均在 10% 水平下得到。

表 8.8 广义消费增长率与非房地产投资增长率的
格兰杰因果检验（2008—2019 年）

T	N	零假设	F - 统计	概率	零假设	F - 统计	概率
1	12	I 不是 C 的格兰杰原因	0.2073	0.6596	C 不是 I 的格兰杰原因	14.3040	0.0043
2	12	I 不是 C 的格兰杰原因	1.3850	0.3113	C 不是 I 的格兰杰原因	5.2205	0.0410

注：T 代表滞后期，N 代表样本数。I 代表投资增长率，C 代表消费增长率。

　　我们需要对上述实证结果进行理论解释。可以看到，改革开放四十年来，投资和消费的关系可分为两个大的阶段。大体上讲，在 2002 年之前，投资是消费的因，投资带动消费；2002 年之后，消费成为投资的因，消费带动投资。2002 年之前，又可以细分为两个阶段，20 世纪 90 年代中期前投资是消费的因，但 90 年代中期后的几年里，两者之间的因果关系不再显著。上述变化十分重要，需要我们做更细致的分析。

　　2002 年之前阶段投资和消费的关系，反映出改革开放初期中国投资与消费的特点及其变化，这也就是投资与消费的双冲动及其非平衡演化。计划经济体制下，企业主体具有软约束特征，普遍具有扩大规模和投资扩张的冲动。改革开放初期，中国仍然处于较低的经济发展和分工水平，有待填补和发展的分工领域很多，加之企业普遍存在的投资冲动，中国经济表现出内生的高投资特征。形成内生高投资冲动的另一个重要原因在于特有的交易制度安排。我们知道，协调社会分工可以有三种方式：市场协调、组织内协调和政府协调。标准的计划经济应当采取中央政府集中协调的方式，我国也曾试图采取此模式，向纯粹的公有制和中央计划经济靠拢。但实践证明，由于信息和激励等原因，这种社会经济运行模式的协调成本和内生交易费用很大。需要在中央计划经济与实际经济运行效率之间进行取舍。虽然表现形式有所不同，但权力下放成为中央政府在新中国成立后一系列政策调整和改革的重要内容。即使在计划经济时期，我国计划经济体制也远不及苏联那么高度集中，国家曾多次向地方分权让利，最突出的两次集中在 20 世纪 50 年代末和 70 年代初。因此，当我国开始实施改革开放的时候，相对于苏联的计划体制，我国经济更靠近市场化的边缘，具有"准市场"的性质，这成为中国改革选择渐进式道路而不是休克疗法的重要原因（Sachs 和 Yang，2001）。始于 1978 年的新一轮改革仍然是将放权让利作为突破口，即下放财政权和税收权，实施财政包干制，下放投融资权限和下放企业管理权限等。从社会分工的角度看，放权的实质在于改变协调社会分工网络的方式，缩小由中央政府协调的社会分工网络的范围，而进一步发挥地方政府在协调本地经济网络中的作用，从而降低协调成本和总的内生交易费用。

协调分工网络方式的改变导致两方面的重要结果。一方面，放权使地方利益增强，而且使国内不同地区之间开始形成经济竞争关系，推动地方政府对民营经济发展给予激励和支持，这有些类似于农村放权后农家自留地经济取得快速发展。张维迎和栗树和（1998）以及钱颖一等人研究验证了类似观点。这种情况使市场因素在计划经济的空隙里得以生长，市场协调的机制也开始逐渐发生作用。另一方面，放权让利又形成了特有的交易制度模式。权利下放事实上在全国形成了若干小的分工网络，加之当时分散国际政治军事风险的考虑，中央一度支持地方形成各自相对独立的分工产业体系，这使中国在开始发展市场协调力量的时候，面对的是若干相对独立的一定程度上由地方政府来协调的经济系统。两种情况随之显现，一是不同地区之间出现较为严重的地方贸易保护现象；二是在一个经济系统内，地方政府会充分发挥协调和保护功能来促进当地经济增长。这种"促进"一方面表现为在管辖范围内为当地特别是当地政府所属企业创造和保护市场，另一方面则表现为多争取投资项目。

地方政府多上投资的激励很大程度上源于对经济增长的衡量方式。在经济实践中，经济增长要用诸如 GDP 等指标来体现，而投资会直接影响 GDP 的数量。从支出法的角度看，增加 GDP 的主要方法是扩大投资和提升消费。扩大投资是相对快捷和容易的办法。

投资需要金融的支持，而金融资源主要由中央政府调控。争取尽可能多的金融资源和金融资源的实际控制权就成为地方政府的重要工作。这样形成的基本格局是，中央政府通过金融调控来调节经济增长，具有投资冲动的地方政府则向中央积极争取金融资源。在向市场经济体制转轨的过程中，这种博弈关系事实上成为中央政府高度重视和加强金融控制的内在动力。一旦控制力放松，投资增长上升，经济就可能出现过热，而多个相对独立经济体的竞争很容易造成重复建设，这时中央政府就要加强调控；投资随之下降，经济又可能偏冷。中央政府对金融资源调控的变化很大程度上决定了中国经济增长的节奏。我国历史上投资增长率呈现的波动清晰地勾画出这一过程。

同时，居民消费行为在改革过程中也在逐渐变化。变化主要体现在两个方面，一是边际消费意愿或倾向的变化；二是消费商品结构的变化。计划经济时期，居民的消费倾向是很高的。樊纲等（1994）指出，理论上讲，在纯粹生产资料公有的情况下，一方面劳动者天生具有与生产资料结合的权力；另一方面劳动者又不能拥有自己的私有财富储备，因为这会成为否定公有制的因素，这样国家就需要为劳动者提供全面的福利保障。由于劳动者不拥有财富也不存在财富在生命周期中的分配问题，因此在劳动者的效用函数中，不存在投资与消费之间的两难冲突，劳动者具有多消费的冲动。这种冲动受到劳动者当期收入水平和消费配给的制约，一旦这两方面制约力量放松，消费就会快速增长。

投资和消费的双冲动在中国改革开放后的经济运行中清晰地表现出来。一个增长的基本机制是：在较低的经济起点上，面对大量有待发展的分工领域，需要大量的资本投入，首先是固定资产投资增速变化，伴随这一过程的是贷款投放和货币供给量的变化。通过投资和生产过程，投放的货币信贷转化为劳动者的可支配收入，而具有消费冲动的劳动者则马上进行相应的消费。如果贷款和投资快速增长，货币流会首先在生产资料和中间产品市场上聚集，往往引起此类产品价格上涨，然后通过劳动者收入传导到消费品市场，引起消费品市场价格上涨。可以看到，1985 年和 1993 年分别出现了两次突出的固定资产投资高潮，相应地，1986 年和 1994 年就分别出现了消费增长的两次高峰；1989 年投资增长较快下降，紧接着 1990 年消费增速也降入最低点。两者之间的时滞均为 1 年。这种直观观察也验证了名义固定资产投资和居民消费增长之间滞后 1 期时格兰杰因果检验最显著的结论。虽然伴随着明显的波动，但投资和消费的双冲动推动了当时中国经济的高速增长。

若上面描述的增长模式可持续，中国经济会继续依此模式实现高增长。但是，在 20 世纪 90 年代中期以后，上述模式的可持续性出现了明显问题。投资对消费的拉动作用呈明显递减趋势，例如 1985 年固定资产投资增长为 38.8%，带动次年消费增长率达到 34.8%，1993 年投资增长率高达 63.8%，但带动次年消费增长率只达到了 32.7%，而到 90 年代中期以后的几年里，投资与消费之间已经基本看不出相应的关系，甚至出现相反的变动。为验证上述观察，我们对 1982—2001 年的名义固定资产投资和居民消费增长数据进行了分段检验。在 1982—1994 年时段，投资与消费滞后 1 期时格兰杰因果检验仍很显著，拒绝概率只有 0.01；在 1995—2001 年时段，拒绝概率则达到 0.48。1982—2001 年投资与消费增长之间滞后 1 期的相关系数为 0.77，在 1995—2001 年时段则只有 0.31。虽然分段后样本量比较小，但结果仍是很明显的。

有三方面的因素对改变经济增长模式产生了重要影响。首先是金融风险的累积。在经济转轨过程中，几次高速经济增长后都产生了较多银行坏账，投资过度在当期产生了高 GDP，在长期中则累积了金融风险。1997 年亚洲金融危机之后，国家高度重视金融风险问题。需要注意的是，当时的商业银行依然保留着相当强的政府色彩，其高管层的主要身份依然保持政府官员特征，这决定了商业银行的行为取向。当中央政府强调规避金融风险后，商业银行会尽量少放贷款，出现所谓"惜贷"现象。易纲等（2003）将此视为是对国有企业的"休克疗法"。在这样的大背景下，投融资主体的行为规范与改革日益受到重视。以累积金融风险换取经济增长的模式难以持续。

其次是消费者行为发生了明显变化。由计划经济到市场经济转轨的过程，就是个人财富逐渐受到承认、个人成为理财主体的过程。在这一过程中，由公有制的内在规定性决定的劳动者可以享有的养老、医疗、教育、住房等各种福利保障逐渐减少。劳动者需要积累财富并在更长的生命周期中合理分配。原有的消费冲动随之消失。2002 年底我国居民人均储蓄不到 7000 元，这一财富储备水平并不能应付上述制度变迁带来的支出，因此在一个相当长的时期内居民储蓄仍会继续快速增长。影响消费的另一个重要因素是收入分配的分化。中国当时的基尼系数达到 0.4 以上，收入分配不平等，表现在不同地区、不同收入阶层、城乡之间的收入差距扩大。例如到 2002 年末，城镇居民和农村居民人均储蓄之间的差距达到 7.2 倍。朱国林等（2002）论证了收入分配的两极分化与中国消费不振的关系。上述两方面因素决定了中国居民消费倾向和意愿降低。1985 年城镇居民平均消费倾向为 91%，1987 年下降到 88%，到 2001 年城镇居民平均消费倾向为 77%、农村为 74%。消费不振直接影响到 GDP 增长率，居民消费增长率持续低于GDP 增长率和投资增长率，这成为 20 世纪 90 年代中期以来资本—产出比持续上升的重要原因。

消费行为的变化亦是解释中国经济增长动态效率变化的重要因素。所谓动态效率，是指在成熟稳定的市场经济环境中居民通过处理投资与消费之间的两难冲突得到的一条优化路径。在经济体制转轨过程中，由于决策环境带来的约束条件不同，最优化路径自然会偏离成熟市场环境中的路径。如果以成熟市场环境下最优路径为参照，居民从消费冲动到谨慎消费的变化，很大程度上决定了中国经济增长从动态有效到动态无效的变化。

消费变化的另一个重要表现是消费结构升级和居民收入流向的改变。进入 20 世纪 90 年代后，居民消费已经从家用电器为代表的大件消费逐渐进入对教育、住房和汽车等消费阶段。这一改变对分析中国经济增长有一些值得注意的影响。例如居民购买住房的支出，在目前的统计口径中放在投资中计算，低估了居民的消费能力，这可能会对前文计算资本的报酬状况产生影响。房地产业、教育、医疗以及资本市场发展改变了经济中货币的流向。大量货币从一般竞争性产品市场分流到了价格持续上涨的垄断性部门。90 年代中期以后，中国经济出现了明显违背一般货币数量论原理的现象，即货币供给量增长率远高于经济增长率和通胀率之和。从 1997 年 11 月开始，我国的零售物价指数连续 5 年负增长，消费物价指数和生产资料价格指数也基本呈现负增长的局面，但广义货币（M2）增速几乎是当期 GDP 增长率的两倍。我们认为，重要原因是垄断性部门产品价格上涨吸收了其中的大量货币，而现有的主要物价指数并不能反映出这方面的变化。新增货币供给中的相当部分不再像 80 年代那样由中间投入品市场经由居民收入再流入最终消费品市场。因此，投资高增长及其带来的货币供给增加能够引致消费品物价上涨的力量减弱。这正是 90 年代中期以后投资与消费增长之间不再呈现明显因果关系的重要原因。

最后是投资与供给层面的变化。经济长期增长的基础在于形成有活力的、能够实现报酬递增的产业分工体系，产生较好的投资回报率，这事实上又涉及发展战略与方向问题。1994 年以后，中国的资本—产出比及其增长率一直持续上升，资本的边际贡献率则持续下降，除了消费因素变动的影响外，产业体系的发展方向与技术选择产生的影响同样值得注意。20 世纪 90 年代中期以后，中国的固定资产投资增长率放慢，处于改革开放后二十多年中最低的增长水平（不包括 1989 年、1990 年），1995 年至 2001 年平均增长率为 10.1%，而 1982 年至 1988 年为 20.6%，1991 年至 1994 年为 24.7%。但 90 年代中期以来的劳均资本量却呈快速增长势头，1982 年至 1993 年的平均增长率为 4.61%，但 1994 年至 1998 年的平均增长率则达到 10.1%，根据张军等（2003）

以及李治国等（2003）估算的截至 2001 年的资本存量数据，1999 年至
2001 年仍呈递增趋势，出现了明显的资本深化过程。张军（2002）认
为，中国在经历了 20 世纪 80 年代增长和 1992 年至 1994 年的超常规增
长之后，资本形成中的一系列低效率问题就开始暴露。对重工业发展
的大力支持、多"网"并存导致的过度投资以及地方政府对投资的偏
好等都造成了中国的高投资倾向。一个经济的产业和技术结构应当由
其要素禀赋结构内生决定（林毅夫，2002），中国的禀赋比较优势在于
劳动力资源。偏离劳动密集型产业的发展战略，过度追求资本密集型
产业的发展，在长期中容易造成投资缺乏效益，企业缺乏自生能力，
经济体缺乏吸纳就业能力等问题。从分工自我演进机制的角度看，上
述产业体系在供给创造出相应需求的环节上难免出现问题，导致自我
演进、自我实现的良性增长出现阻碍。

　　那么，中国如何走出这段循环不畅的发展阶段呢？这是一个非常
重要的问题。回头来看，若翻看一下 21 世纪初经济学家所写的一些文
章，就会发现那个时候大家对经济普遍比较悲观，认为中国经济将长
期低迷，一些文章还试图找寻导致中国经济长期不振的深层次原因。
不过从 2003 年初开始，中国经济突然发力上升，迎来了持续数年的快
速增长期。中国经济在当时重新进入持续快速增长，能够被大多数人
认可的原因主要有两点：一是改革，二是开放。加入世界贸易组织是
开放中的一件大事，使中国得以共享经济全球化的好处，并赶上网络
泡沫破裂后美国着力刺激消费的时间窗口。美欧高负债、高消费的发
展模式，为中国出口创造了市场，释放了国内工业化和高投资形成的
巨大产能，同时发达经济体也因此获得大量低成本产品。外需成为拉
动中国经济增长的重要引擎，并在一定程度上缓解了内需不足问题，
由此帮助形成供给与需求之间的良好促动机制。而且，这一期间中国
经历了一系列深刻的改革和调整。市场持续深化，国企改革"抓大放
小"，大量企业兼并、重组，资源被重新配置、盘活，国有银行改革也

获得突破性进展，大量沉淀的金融改革和稳定成本得以剥离、消化，银行负担明显减轻，资产负债表恢复健康，经济供给端实现了调整和优化。供需相互促动的良性机制推动了中国经济的持续快速增长。

就供求及其交互影响的机制而言，2002 年之后需求（消费）开始成为供给（投资）的因，也就是说需求更多拉动了供给，消费更多拉动了投资，而不是相反。这种变化与经济发展的一般规律是吻合的。在生产力较为落后和经济发展初期，生产不足、物资短缺等供给端约束往往是主要矛盾。当生产力和市场经济发展到一定阶段，则供给相对过剩和需求相对不足往往成为主要矛盾。具体来看，在市场竞争和生产能力高度发展的情况下，一般产品供给总是处于一个相对饱和的状态，但供给不一定能创造出相应的需求。之所以出现这样的变化，有其内在的原因。凯恩斯理论认为，由于存在未来不确定性和人类非理性的情绪波动，经济主体会产生流动性偏好和预防性储蓄行为，这实际上会颠覆古典经济理论中供给可以自动创造需求的教义，意味着实体经济运行中可能会经常面临有效需求不足问题，这也是凯恩斯理论将有效需求不足作为其理论研究核心的原因。除了这些原因，上文提到的收入分配差距扩大，也会导致边际消费倾向下降，阻碍供给创造出相应的需求。

在本书的基本框架下，经济增长本质上表现为供求交互循环过程中所实现的报酬递增。根据我们在上文中所阐释的机制，供给和需求之间的交互影响在现实中会表现出更加复杂的关系。从本源上看，投资发展分工，分工提高生产率，生产率决定收入进而决定市场规模和有效需求，市场规模扩大可以容纳和带动新的专业化分工，这也就是所谓"分工一般性地决定分工"。不过由于存在上述更为复杂的机制，供给创造出的收入可能会有相当部分被"储蓄"起来，或者由于分配失衡导致消费需求的错配，由此有相当部分难以形成有效需求。缓解供需之间的错配，是打通国民经济大循环的关键环节。如何缓解供需之间的错配呢？可能至少有以下几个重要方面：（1）优化供给结构，适应需求结构。供需不平衡往往表现为结构性失衡，有的领域有供给但需求不足，有的领域有需求但存在供给约束，前者是供给过剩，后者是供给不足，前者需要通过优胜劣汰去产能，后者则需要通过放松管制和科技创新等增加有效供给，这实质就是深化供给侧结构性改革，增强供需的适配性。（2）创造出新供给和新需求。很多新事物在创造出来之前，既没有供给，也没有需求，因为人们可能并不知道会有这样的事物、这样的需求。比如智能手机、微信、支付宝等，都是新的供给创造出新的需求。而这些都需要真正的技术创新来实现，通过创造出优质的供给，带出相应的需求。这也属于供给侧结构性改革的范畴。（3）通过开放有效利用外需。斯密定理指出，分工发展取决于市场范围，而市场范围取决于运输条件；杨格定理进一步指出，市场范围（规模）根本上取决于分工发展的程度和生产率（收入）水平。通过开放引入外部需求，可以有效弥补内部需求不足。市场规模越大，越能容纳分工（供给）发展，也越有利于促进供给和需求之间的良性循环。（4）优化财富和收入分配结构来提升需求。财富和收入过度集中，会导致边际消费倾向下降，减少有效需求。提高消费能力，是促进供求良性循环极其重要的一环。为此，应保持房地产市场平稳健康发展，深化税制改革，防止加剧贫富分化。要优化收入分配结构，尤其是提高居民部门收入水平，促进民营经济健康发展，促进投资和消费之间平衡发展。（5）适度运用金融手段贴现未来的需求。金融的本质是跨时空配置经济价值，在时间轴上配置资源。运用金融手段可以把未来的需求提前（如住房按揭贷款和消费贷款等），从而弥补即期有效需求的不足。信用货币的产生，大大拓展了金融可以发挥作用的空间，当然过犹不及，用的过度就会积累风险，因此必须把握好度，这也是本书所讲货币作用的核心问题，这些内容在后文中还有详细阐释。在畅通国民经济循环过程中，应辩证看待供给和需求之间不可分割的

关系，既调整供给，也稳定需求，实现"慢变量"和"快变量"之间
的相互协调和平稳转型。

三、小结

本章试图运用古典经济发展思想对中国改革开放以来的经济增长
做一个简单考察。我们发现，改革开放以来，中国的经济增长可以比
较明显地划分为三个阶段。第一阶段从改革开放开始到20世纪90年
代中期，这一时期投资（供给）是消费（需求）的因，投资变化先于
并相应拉动消费变化；第二阶段大致在20世纪90年代中期至21世纪
初，这一时期投资和消费之间的关系变得紊乱，不再具有显著的相关
性；第三阶段是21世纪初以来，这一时期消费（需求）成为投资（供
给）的因，消费变化领先并相应拉动投资变化。我们知道，在古典经
济发展理论的视角下，经济增长的实质来自供求交互循环过程中实现
的报酬递增和财富增长。改革开放以来中国经济表现出的三阶段特点，
正是经济发展和市场深化过程中供给和需求关系对立统一、内在发展
演化规律的反映。我国改革开放起始时有两方面的特点：一是整体分
工水平比较低，存在广阔的市场潜力；二是原有体制蕴涵着投资和消
费的潜在冲动。改革开放的过程正是这种潜在冲动逐渐释放、逐步消
失的过程，同时市场化的力量则不断加强。在这一过程中，投资起到
了明显的推动作用。但投资与消费改革进程并不平衡，供求交互的经
济自我演进机制开始遇到阻隔，累积的矛盾逐渐显现，1992年至1994
年投资快速扩张加速了矛盾的显露，分工演进机制中供给创造相应需
求的能力变得不足。

20世纪90年代中期以后，中国经济原有增长模式的潜力已经基本
释放，受供给方以及投资、消费等多种因素变化冲击的影响，经济演
进机制的运行变得比较紊乱，经济进入调整期。改革开始进入"过大

关"的阶段（吴敬琏，2001）。投融资主体的规范问题、金融问题、农村发展、两极分化、社会保障，以及泡沫经济的风险防范和经济发展战略与方向等成为当时改革与发展中必须解决的重大问题。事实上，解决所有这些问题的目的都在于提高供给创造需求的能力，实现投资报酬递增的效果，改变经济很大程度上依赖大量投资换取短期增长的状况，实现增长的可持续性。而从分工自我演进与经济增长的角度观察，对一些问题会有新的理解。例如两极分化就不仅仅是一个公平和社会稳定问题，很重要的一点是，它成为分工自我演进机制能否有效运行的必要条件。

事实证明，中国依靠深化改革、扩大开放成功走出了 20 世纪 90 年代中期后的经济低迷，畅通了经济大循环，实现了持续高速增长。21 世纪初以来，随着市场竞争加剧和生产力水平提升，中国逐步开始表现出一般市场经济体所共有的特征，消费（需求）开始成为投资（供给）的因，供需之间的交互作用呈现出新的特征。需要强调的是，经典的增长理论只关注经济供给方的变化，假定供给可以自动创造需求，因此只把需求变化当作短期波动而放入宏观经济学的研究范畴。实际上，现实中存在的流动性偏好、预防性储蓄倾向以及收入分配差距扩大等复杂因素，都会影响供给创造需求的能力，经济运行中存在的过度管制和高额交易费用等，也会使供求的适配性下降，进而影响供求交互形成良性循环。进一步看，对转轨中的中国经济来说，消费（需求）的变动相对更多地受到制度变革等长期因素的影响，更应当放入影响增长的因素范畴中来看待。我们在研究中感到，包含供给和需求及其交互作用的经济增长研究应作为更具一般性的范式。而要缓解供需之间的错配，疏通经济大循环，就需要在优化供给结构、适应需求结构，创造出新供给和新需求，通过对外开放合理利用外需，适度运用好金融手段扩大现期需求上做好文章。

目前中国已成为全球第二大经济体，但人均收入还不高，区域发展差距较大，发展的潜力和空间仍然较大。当前全球经济正在经历"再平衡"和百年一遇的大调整进程，这将是一个深刻、长期和复杂的调整过程。需要加快国内经济结构调整和改革步伐，稳定总需求尤其是提高居民收入，以供给侧结构性改革为主线，放松管制，提高生产效率，降低交易成本。从专业化分工发展的视角看，核心就是要提高供给体系的质量，采取多种方式弥补有效需求的内生不足，提高供给创造需求、需求拉动供给的能力，促进国民经济在良性循环中实现长期稳定和高质量发展。

第四部分

货币的作用 I：短期增长
还是跨期均衡？

第九章　供求循环中的货币：
交易媒介、购买力创造与货币非中性

在本书的上一部分，我们构建了一个理解经济发展机制的基本框架。不同于主流经济增长理论的一些经典模型，专业化分工、迂回生产、网络效应、报酬递增以及交易费用等是这个框架的核心概念。在这样的理论框架中并不存在短期讲需求、长期讲供给的"两分法"，而是在供求交互中内生经济增长和财富扩张。在有了这样一个理解经济增长的新框架之后，我们就可以把货币引入进来，观察货币对经济增长的影响。货币与经济增长之间的关系十分复杂，我们并不试图对两者的关系进行全面阐释，实际上这也难以做到，只是希望能从一个新的视角来观察货币与经济运行之间的关系，分析货币对经济增长可能发挥的作用，从而能够得到一些有价值的启示，进而可以对近些年来宏观经济领域出现的新现象有新角度的理解。

国际金融危机爆发十多年来，无论是理论界还是政策界都在反思危机教训。这些反思大致包括几个方面：一是金融波动对宏观经济和金融体系的影响；二是宏观审慎政策及其在防范系统性风险方面的作用；三是对中央银行通胀目标的反思；四是中央银行在货币政策实践中开始践行量化宽松和负利率政策，由此与量化宽松、负利率政策和前瞻性指引相关的研究也在不断深入。如果剥丝抽茧，深入剖析这些研究，其核心问题实质上都是货币与经济增长之间的关系。哈耶克说过，货币是人类发明的最伟大的工具之一。自货币产生以来，货币与经济增长的关系也始终是经济学研究的重点内容。我们先对货币影响经济增长的传统观点做一个简要的回顾，在此基础上探讨关于货币影响经济增长和供求动态平衡的新视角和新框架。

一、货币与经济增长：传统理念

经济学家对货币作用最初的认识，是货币中性论。古典经济学认为，货币与商品的交换实质上是商品与商品的交换，经济体系中唯有实物才具有真实价值。货币只是充当一种便利流通的工具，对实物经济的影响是中性的，就像罩在人脸上的一层面纱，当人们看不透这层面纱，认为货币本身有价值时，就会产生货币幻觉。威廉·配第（1662）认为"货币不过是国家的脂肪，如其过多，就会使国家不那么灵活行事；如果过少，也会使国家发生毛病"，其实质就是把货币仅仅看作是润滑商业活动的流通手段。洛克（1692）指出，"贸易之所以需要一定比例的货币，是因为货币在其流通过程中推动着许多贸易的齿轮，货币起计算作用是由于它的印记和面值，它起保证作用是由于它的内在价值，也就是它的数量。"休谟（1752）认为，"货币只是商品和劳动的一种代表，仅仅作为衡量它们价值的一种手段。当经济中的货币量增加时，增加的货币量需要去表征同样数量的商品。"约翰·穆勒（John Stuart Mill）认为，"在社会经济中，货币从本质上来说是最无意义的；它的意义只在于它具有节省时间和劳动的特性。"萨伊认为，"在以产品换货币、货币换产品的两道交换过程中，货币只是起一瞬间的作用。当交易最后结束时，我们将发觉交易总是以一种货物换另一种货物。"

19 世纪 70 年代之后，货币非中性的思想开始出现，但仅限于短期，货币在长期仍被认为是中性的。魏克塞尔（1898）通过自然利率和货币利率的关系分析了货币变动与物价水平变动之间的联系，认为当货币利率与自然利率不一致时，货币将通过其对市场利率的作用而影响生产价格，货币成为决定产品相对价格和产量的因素，即货币非中性化。当货币利率等于自然利率时，货币的作用只是作为流通媒介和计价单位，并且按照货币流通量的大小决定价格的绝对水平，即货币是中性的。费雪（1911）的"交易方程式"（MV = PT）被认为是货币中性论的重要理论基础，即在货币流通速度和社会总交易量长期稳定的假设下，物价水平与流通中的货币量呈正比例关系。但这一关系仅在长期成立，短期内货币、价格与产出的关系更为复杂，经济中存在对价格上涨的不完全预期（Imperfect Foresight），导致名义利率出现"有限度的"上升，不足以抵消价格水平上升的影响，从而实际利率会下降，并由此导致产出增加，因此短期看货币是非中性的。哈耶克的货币理论在魏克塞尔的基础上发展而成，他认为只要货币量保持不变，即货币保持中性或中立，货币流向和生产结构的变动不会破坏原有比例关系，经济就可以保持均衡。但变动货币量，必然会使商品的相对价格产生变化，从而生产规模和结构也就发生变化。

20 世纪 30 年代凯恩斯主义兴起之后，关于货币短期非中性—长期中性的论断更为大家普遍接受。凯恩斯（1936）在《就业、利息和货币通论》中肯定了货币政策在解决严重失业和萧条上可以发挥的作用，认为名义货币的增加会造成价格水平上升，这导致真实工资下降，并带来产出增长。但从长期来看，当实现充分就业时，货币量变化就只会影响物价水平。货币主义学派的代表弗里德曼（1968）认为，"在相当短的时期内，货币供给的较大变动会使收入和价格发生方向相同的变动；反过来，在相当短的时期内，在货币供给没有发生较大变动的情况下，收入和价格的较大变动将非常不可能发生。而在相当长的时期，货币对经济的真实产出的短期影响逐渐消失，经济会朝着一种均衡可持久的增长率收敛，该增长率独立于货币因素，它只取决于生产率与储蓄的真实力"，这也就是说菲利普斯曲线短期有效而在长期失效。理性预期学派的代表人物卢卡斯（1973）指出，未预期到的货币变化会对产出造成影响，但其效应是暂时的，理性的公众会很快修正预期，这种效应会随之消失。从长期看，无论是预期到的还是未预期到的货币都是中性的。新凯恩斯学派延续了凯恩斯的主要观点。费希尔（1977）认为，当名义工资在一定时期内固定不变而价格水平相对具有弹性时，货币冲击会造成价格水平的上升和真实工资的下降，并由此导致产出增加。Taylor（1980）认为当未预期到的货币量增加时，其影响将完全体现在产出上。随着时间的推移，名义工资和价格水平将会逐步调整，产出将最终回归到均衡水平。Mankiw（1985）、Kiyotaki（1985）、Ng（1986）以及 Blanchard 和 Kiyotaki（1987）等通过分析价格粘性的来源，对货币、价格和产出的关系作了更清晰的解释。他们认为，如果企业不存在调整价格的成本，即菜单成本，市场需求将在更高的价格水平上重新回到原均衡状态，产出不发生改变。若企业存在菜单成本，如果成本足够高，企业将不会对价格进行调整，价格便呈现粘性，总产出便会上升，货币表现出非中性。

专栏 5　凯恩斯主义：理论边界与现实约束 ①

　　1936 年《就业、利息和货币通论》问世标志着凯恩斯主义经济学的诞生。在此之前，古典经济学几乎统领着整个经济理论体系。大萧条早期的"清算主义者"秉承古典经济学思想，他们坚信市场具有灵活的自发调节机制，反对政府干预，并默默等待市场自动出清。虽然市场机制最终会使经济重新寻找到均衡，但经济衰退的底线在哪里、衰退过程的剧烈程度如何、何时才能企稳复苏，都难以知晓。为解决当时的大规模失业、经济极度萧条问题，凯恩斯提出了崭新的宏观经济学框架及系列政策主张，其核心思想如下：

---

　　① 该专栏摘自：伍戈、谢洁玉：《论凯恩斯主义的理论边界与现实约束——国际金融危机后的思考》，载《国际经济评论》，2016（9）。

一是凯恩斯立足于短期视角，设定了一些短期内不变的因素。因为"长期人们都会死去"，所以凯恩斯不像古典经济学家一样"执拗"于长期，而是专注于从短期视角去摸索宏观经济运行规律。这些短期既定因素包括技术水平、劳动力数量和资本存量等（可理解为生产各种商品和劳务的要素资源）。虽然凯恩斯指出这些短期既定因素也会影响其他变量，但他暂不考虑它们的变化所造成的影响。凯恩斯将其分析框架锁定在了较短的窗口期，没有涉及跨期或中长期分析。

二是凯恩斯探寻了分别决定消费需求和投资需求的因素。传统古典经济学认为，消费需求和投资需求能够通过利率自动调节。而在凯恩斯看来，决定消费需求和投资需求的是两组独立变量。消费需求由收入和边际消费倾向决定，而投资需求由资本回报率和利率决定。其中，资本回报率由资本存量和资本预期回报率决定，其与资本存量呈反向关系，与资本预期回报率呈正向关系。利率则受到货币供应量和流动性偏好的影响。由于流动性偏好的存在，中央银行调节货币供应量不一定能有效带动利率变化。

三是凯恩斯提出了有效需求不足的概念，并认为这是经济常态。在总供给方面，全社会的生产边界是各种要素资源"物尽其用"（如劳动力充分就业）时的最大产出。在总需求方面，由于边际消费倾向递减，人们并不能将所有产出都消费掉，由此形成的缺口需要投资需求来填补。但投资需求本身由资本回报率和利率决定，并不恰恰能够填补该缺口。因此，当总供给和总需求决定的均衡就业水平小于充分就业量时，就会出现失业现象，即总需求不足或有效需求不足。值得注意的是，有效需求不足并不是指总需求小于总供给，而是指总需求小于实现充分就业所要求的潜在总需求水平。

　　四是针对有效需求不足，凯恩斯提出了总需求管理的政策建议。在短期视角下，人们消费倾向变化缓慢，消费需求上升空间很小，故凯恩斯着眼于提升投资需求来扩大总需求。货币政策方面，由于经济萧条时大众商业心理消极，资本预期收益率下降很快，较低的资本回报率难以激发投资者热情，因此货币当局需要下调利率，使之低于资本回报率以促进投资；财政政策方面，政府需要扩大财政投资，以弥补私人部门投资需求不足。

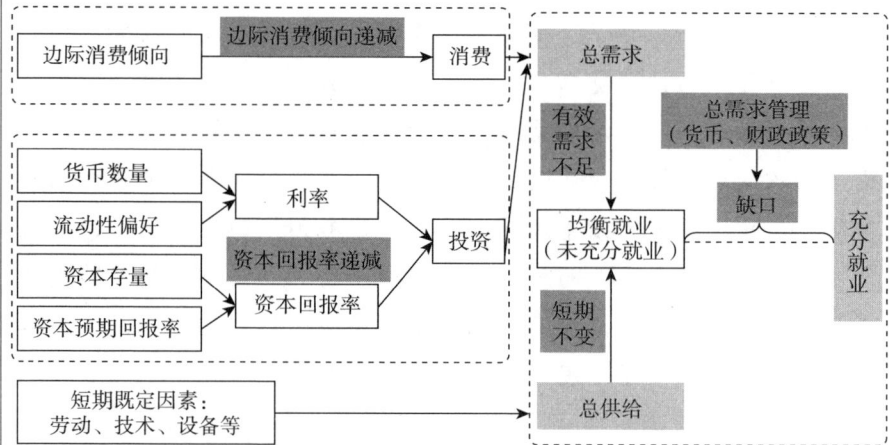

图 9.1　凯恩斯对宏观经济运行规律的推演

　　凯恩斯主义或许也存在特定的理论边界或现实约束条件，具体包括：宽松的货币政策可能会受到名义利率下限与流动性陷阱的约束；扩张的财政政策会受到政府既有债务水平及赤字率的限制；如果考虑跨期动态因素，当期过度的投资需求可能引发未来的产能过剩；从结构性视角来看，经济结构的扭曲因素会削弱总量性政策的效果；金融市场与宏观经济之间日益加强的复杂交叉联系会制约宏观政策的实施等。

放眼历史长河，每一场大的经济金融危机几乎都会激发经济理论的创新。大萧条催生了凯恩斯主义经济学；20 世纪 70 年代的"滞胀"危机让新古典主义经济学占据主流；2008 年国际金融危机后，凯恩斯主义似乎重回政策应对的舞台中央。实践中，人们往往容易奉行"拿来主义"，只看到凯恩斯提出的"结论性"政策主张。如果忽视其约束条件和政策边界，则可能产生与初衷相左的效果。对凯恩斯主义的理解必然会随着经济现实的发展而不断深入，或许崭新的经济理论正在孕育。

从古典经济学到新凯恩斯主义，尽管经济学家都认为货币是宏观经济的重要变量，各界对货币与经济增长关系的理解也从完全的货币中性论转变为货币长期中性—短期非中性的普遍共识，但大多数研究都不可避免地在研究范式上进行了简化处理。一是采取"两分法"的分析框架，将实物与货币、供给与需求相分离。正如我们在主流教科书中看到的那样，往往都是先分析物品市场，后分析货币市场，再将两者结合起来分析其相互影响，最为典型的代表就是 IS－LM 曲线。在供给和需求方面，也往往是将需求和供给分开，短期主要谈需求、长期主要谈供给。在这一框架下，长期内往往只讲供给（即经济增长理论，研究的主要是资本、劳动、TFP 以及生产函数等），不讲或者说很少讲需求，背后实际上假定供给自动创造需求，即所谓的"萨伊定律"；短期内则只讲需求，不讲供给，产出由总需求决定，这就是凯恩斯理论的核心。在此框架下，短期内的需求与长期内的供给是分割开的，是由不同因素分别决定的，并分属于经济增长理论和经济波动（周期）理论两个领域。货币及货币政策一般被界定为短期的总需求管理工具，货币政策只会在短期内影响总需求，而从长期看货币则是中性的，对经济增长没有实质影响。上述"两分法"十分流行，并由此搭建起整个主流宏观经济学的基本框架，当然也形成大家对货币政策及其功能的主流看法。但实际上这种两分法并不符合更为复杂的现实运行规律。二是沿用了"实物货币"的概念，货币被认为只是充当一般等价物的一种特殊商品，强调的主要是货币的交易媒介功能，并没有考虑到信用货币创造及其运行等更为复杂的情形。

这种简化处理方式与货币的重要性之间是矛盾的，也与现实世界存在着较大的偏差。一方面，实物与货币、供给与需求很难完全分离。供给与需求是一枚硬币的两面，在专业化分工的背景下，消费者同时也是生产者，需求与供给可以相互转化并相互决定，物品市场和货币市场之间具有内生的相关性。在现实经济中，供给和需求很可能是交互影响的。另一方面，真实世界中实际运行的是信用货币体系，信用货币与实物货币在货币创造和运行机制方面有着相当大的差异。现实世界与传统理论之间分割，会使主流宏观理论在解释货币与经济增长关系时力不从心，从而影响理论的解释力。鉴于此，我们需要尝试把货币尤其是信用货币引入上文建立的经济发展的一般机制中，从一个新的视角观察货币与经济之间的关系。

二、货币与经济增长：新的视角

我们再回到上文给出的斯密—杨格—科斯框架。在这一框架下，财富增长和报酬递增的根源是专业化和分工；报酬递增与经济增长自我繁殖、自我实现的机制依赖于供求交互、迂回生产和网络效应；上述机制得以运转的基础和制约其演进速度与方向的因素则与交易费用和制度安排等相关。这一增长框架中还不涉及货币。为了进一步理解货币在经济增长中的作用，我们尝试将货币纳入斯密—杨格—科斯框架，重点就信用货币体系下货币在迂回生产中的作用进行研究，并尝试打破传统的"两分法"，将需求和供给放在一个连续的时间框架下，探讨需求与供给之间的交互影响，进而对货币与经济增长之间的关系进行反思。

在前文所描述的经济发展框架中，交易费用是影响经济增长和分工深化的重要因素。货币有助于降低交易费用是经济学界的普遍共识，之前的经济理论研究中已有大量的相关内容。杨小凯（1998）基于斯密的货币理论指出，随着专业化和分工的发展，只要在足够长的生产过程中分工水平足够高，就可能产生交易双方供求双向吻合的条件不能够满足的情形，此时就需要货币作为媒介来降低交易费用。近年来，一些理论开始质疑源于亚里士多德后至斯密的货币起源说，认为货币并不源于物物交换中产生的双向耦合问题，而在本质上是一种记账方式和债务凭证（如 D. Orrell 和 R. Chlupaty，2017 等）。实际上，债务若不用于交换，就只是债务，而不是货币。而债务凭证要能被普遍接受并进行流转，则人们在记录"债务"时需要一种公认的货币记账单位，比如说若干"贝壳""羽毛"等，那么这些记账单位本身就具有了货币属性。债务的大规模出现就和分工及专业化发展有关，正是专业化分工和迂回生产的发展，显著增加了对债务的需求。总的来看，货币与分工发展之间有着紧密的联系，有分工就有交易，有交易就需要有货币和与之相关的支付方式来降低交易费用。货币的出现直接与降低交易费用、使交易更加便利有关。

关于货币的概念和本质有多种解释，简单来说，我们可以将货币定义为大家愿意接受的最直接的一般性购买力。"大家愿意接受"意味着存在确保互信的机制，"最直接的一般性购买力"则意味着不用再换成其他东西就可以直接购买所有商品和服务，"用着放心、用着好用"是货币最本质的特征，在《时间简史》一书里这被称为"万物可换，万众相信"。正因为如此，充当交易媒介以降低交易费用是货币最为直接的功能，也是货币最直观和最容易理解的功能。20 世纪 50 年代之后，一些经济学家将货币纳入一般均衡模型进行分析，并基于"实物货币"的概念对货币在降低交易费用方面的作用进行了分析。其典型代表，一是货币效用函数模型（Sidrauski，1967），即假定货币会直接产生某种效用，将货币余额纳入效用函数进行分析；二是预留现金（CIA）模型（Baurnol，1952；Tobin，1956）等，通过施加某些形式的交易成本，由货币的可便利交易属性引出货币需求。

前文已经说到过，交易费用可以区分为外生交易费用和内生交易费用。货币首先可以减少外生交易费用，这表现在货币可以使交易更便捷，比如货币的出现替代了以物易物，纸币的出现替代了相对笨拙的金属货币，电子货币大幅替代了纸币，实现了账务的电子支付和划转，这些都使交易更加便捷。货币还可以减少内生交易费用，这是因为货币本身就是一种信任工具，可以通过确保互信来减少交易过程中的逆向选择和道德风险，比如为维护金融稳定和货币稳定而衍生出的中央银行制度，再比如由国家信用为货币提供支持等，都可以起到确保互信、降低交易成本的作用。正如前文提到过的，外生交易费用和内生交易费用之间也存在此消彼长的替代关系，这一关系在货币领域同样存在。比如，货币形态从实物货币逐步演化为信用货币，显著促进和便利了交易，但信用货币脱离了贵金属本位的约束，就有可能出现过度发行，导致道德风险等新的问题，最终影响持有人对信用货币的信任。因此，也需要在两者之间找到平衡。

在经济发展中，有一个货币化的过程，也就是越来越多的商品从以物易物或者通过计划分配转为通过货币计值并媒介交易，在此过程中伴随着货币/GDP 的上升，这也就是金融深化的过程。货币的形态还决定了支付的方式。支付（技术）方式的发展也会起到降低交易费用的作用。例如，记账货币就可以应用电子支付，从而大大便利了货币交易，近年来第三方支付借助手机移动支付快速发展，又进一步便利了交易，降低了交易成本。不过，货币深化的过程不会永远持续，当实现充分的货币化之后（比如货币/GDP 达到 1 以后），货币在降低交易成本方面的作用就会显著下降。同时，支付技术的创新、积累和突破也会有一个过程，在某一个既定时点或时期内，也可以认为技术是不变的。由此，在上面两种情况下，货币对降低交易成本的作用就会明显减弱甚至消失，货币也许就真的变成一层"面纱"，只是在经济的循环流转中发挥既有的润滑作用。

如果只是在上述交易费用的框架里理解货币对经济增长的影响，就可能明显低估货币的作用。我们知道，金融的核心是跨时间、跨空间的价值交换（陈志武，2014），可以实现资源跨时间、跨空间的重新配置。货币恰恰是实现金融核心功能最重要、最便利的工具。比如，货币具有价值储藏功能，可以把现在的购买力储存到未来去用。而人们通过向银行或他人借"钱"，就可以把未来才可能获得的购买力提前在现在使用。由此就实现了跨时空的价值储藏和价值转移。货币的这一特殊功能，使其拥有了影响和改变资源配置的功能，从而使其与经济增长之间的关系变得更加复杂。

回到前文所述的古典发展理论，我们知道迂回生产是专业化分工深化和工业化发展的重要特征。所谓迂回生产，就是在生产最终产品之前，会插入越来越多的中间产品生产，迂回生产链条越长，最终产品的生产效率往往越高，这也就是专业化分工网络中"1 加 1 大于 2"的报酬递增效应。迂回生产具有一个重要特征，这就是相较于最终消费品，中间品对其生产者来讲并没有直接的使用价值，因此在中间产品生产者研发、生产及至销售获利之前，必须有相应的储蓄和资源进行支持，这样才能够实现迂回生产。这种储蓄可以来自中间品生产者自身的积累，但这显然是有限的。越是复杂和需要长期、巨额投入来支持的中间品研发和生产，就越需要更多的储蓄和资源才能完成。也就是说，在专业化分工发展过程中，有人愿意将储蓄和资源借给中间品研发生产者以助其完成工作是十分重要的，这也是专业化分工具有的迂回生产特征内生决定的。作为金融活动的核心，货币发挥着价值储蓄和价值转移的功能，成为向中间产品生产者提供支持的重要工具。这意味着，货币和金融对于现代经济发展而言十分重要且不可或缺。在传统理论中，一般认为储蓄者手中会有一部分暂时闲置的资金，金融的主要作用就是把这部分闲置资金运用起来，提高其使用效率。实际上，在现代迂回生产模式下，要进行中间产品生产，在一定阶段内必然需要储蓄和金融的支持。可以说，没有储蓄和资金支持，就没有迂回生产的发展，从而也就没有生产率提升和经济发展。没有货币和金融的支持，专业化和分工实际上很难深化，整个社会的迂回生产链条也很难延伸，工业化、市场化自然也很难得到发展。

关于货币和金融在迂回生产中的作用，亚当·斯密等古典经济学家和杨小凯等新兴古典经济学家在其著作中都有所论及。斯密指出，资本和投资是在迂回生产性行业中发展分工的工具。迂回生产工具需要专业生产才能提高效率、降低成本，但是迂回生产工具并不能消费，所以专于生产这类工具的厂家在把产品改进到能实用且成本低到能实现商业化之前，必须向他人借消费品以维持生活，这就是投资和资本的作用。这是非常深刻的思想。杨小凯（1998）以一个两部门模型对资本和分工的关系进行了分析。假设两部门中一个生产拖拉机，一个生产粮食，生产粮食可以只用劳动，也可以用劳动和拖拉机，后者具有更高的产出效益，这也就是迂回生产的效果。不过，使用拖拉机虽然有迂回生产的经济效果，但是生产拖拉机有一个很高的固定学习费用，非专业化的生产不可能生产出效率高和成本低的拖拉机。因此，如果有人要专业生产拖拉机，就必须花足够的时间专门钻研制造技术，才能使拖拉机实用并便宜。在拖拉机达到商业化水平之前，他就需要向别人借钱买食物以维持生计。也就是说，需要储蓄、货币和金融的支持。

上述研究亦有其局限：一是总体都还囿于"实物货币"的范畴；二是将货币的作用局限在为迂回生产中的专业化生产者提供"消费品"

上。实际上，从实物货币进入信用货币时代后，信贷成为货币创造的主要方式，信贷可以创造出新增的购买力（而不是运用已有的"储蓄"），从而为迂回生产提供支持。货币不仅可以为专业化生产者提供消费品，更重要的是可以通过创造新增购买力，购买并重新组合生产要素，为生产和创新活动提供支持。

为理解这种变化，我们再回顾一下信用货币创造和运行机制。前文已经提到，货币本质是一般性购买力，这种"购买力"可以来自实际价值（如贵金属）的支持，也可以来自某种强有力"信用"的支撑。在现代社会，这种信用一般都是国家信用，并在国家信用支持下将信用货币创造的权力赋予中央银行。在国家信用支持下，中央银行无需"资金来源"，就可以通过扩张资产负债表来创造基础货币，并由此构成创造广义货币的基础。商业银行通过扩张资产负债表即可以创造广义货币。值得注意的是，商业银行虽然具有创造货币的功能，但并不一定能实质"主导"货币创造。理论上讲至少可以有四种驱动货币创造的路径：一是由商业银行决定货币投向，从而主导货币创造过程；二是由财政来"驱动"货币，即由财政来决定货币投向，驱动银行创造广义货币，这也就是所谓的"现代货币理论"（MMT）的核心；三是商业银行被动购汇从而创造广义货币，这意味着外源融资决定了国内的货币创造；四是金融科技公司利用大数据等为银行助贷，实际上金融科技主导了货币投向，银行成为资金的被动供给方。

我们分别来观察上述四种驱动货币创造的方式。通过中央银行和商业银行两级银行体系分别创造基础货币和广义货币，是经典货币银行理论所讲的主流货币创造方式。中央银行独此一家，拥有垄断的发超权，无需任何资金来源，即可通过扩张资产负债表创造基础货币（包括现金、法定准备金和超额准备金等），主要方式包括发放再贷款、再贴现、开展公开市场操作及向商业银行提供其他方式的流动性便利等。比如，当中央银行向商业银行 A 发放 100 元再贷款后，在中央银行资产负债表上的反映见表9.1。

表 9.1　　　　　　　　中央银行资产负债表

资产	负债
再贷款 100 元	超额准备金 100 元（即 A 银行在中央银行的存款）

超额准备金是基础货币的组成部分（基础货币主要包括法定准备金、超额准备金和现金），因此在完成上述操作后，基础货币总量就会增加 100 元。中央银行在创造这部分基础货币的时候，并不需要所谓资金来源，只需要扩张资产负债表。上述操作在 A 商业银行资产负债表上的反映见表9.2。

表 9.2　　　　　　　　A 银行银行资产负债表

资产	负债
超额准备金 100 元	对中央银行的负债 100 元

通过向中央银行申请再贷款，A 银行获得了 100 元超额准备金，这些"钱"构成该银行开展业务的资金来源。与中央银行不同，商业银行开展业务需要"资金来源"，主要是因为商业银行会面临至少三种约束：一是缴纳法定准备金的约束。商业银行发放贷款会派生出新的存款，从要缴纳法定准备金的情况看，存款增加意味着需要缴纳更多的法定存款准备金。商业银行缴纳法定存款准备金用的并不是存款（存款体现在其负债端），而是要将超额准备金划转为法定准备金（两者都体现在其资产端），因此需要有足额的超额准备金储备。二是支付清算的约束。现实中一般都有多家商业银行同时存在，存款会从一家银行转到另一家银行，当然也可能会有其他银行的存款转入该银行，不过相互轧差后仍可能会有存款的净流出。当存款从一家银行划走后，会反映为该银行负债端减少一笔存款，同时资产端等额减少一笔超额准备金，需要消耗商业银行的准备金储备，因此也需要有足额的超额准备金来应对支付清算的需要。三是现金提取的约束。现金一般只有

中央银行能够发行，代表国家信用，是基础货币的组成部分。商业银行通过发放贷款创造出的存款（即广义货币）之所以能够被经济主体认可并愿意持有，很大程度上是因为这些存款可以随时向银行兑换为现金，而现金由中央银行发行，代表着国家信用。为满足客户提取现金的要求，商业银行就需要从中央银行提取现金，这或者反映为商业银行向中央银行借取现金，或者反映为商业银行用超额准备金向中央银行换取现金，会表现为商业银行现金增加，同时超额准备金减少，也意味着超额准备金的消耗。无论上述何种方式，商业银行都需要一定的超额准备金或现金作为其资金来源。在更为抽象的含义上，商业银行创造货币也许可以不需要资金来源，但这需具备几个严格的前提条件：一是没有法定准备金率要求；二是全社会只有一家商业银行，没有跨行支付等带来的资金划转问题；三是客户没有现金需求，或者商业银行可以自己发超。显然，这与现实中的银行体系运行都有很大的差距。也就是说，在现实中的二级银行体系中，商业银行开展业务必须拥有一定的基础货币作为资金"来源"，并因此由中央银行进行事实上的"背书"。

当商业银行拥有一定的超额准备金后，就可以开展业务并进行广义货币创造。比如，假定法定准备金率为10%，当A银行发放100元贷款时，上述表9.2将变为表9.3。

表9.3　　　　　　　　　A 商业银行资产负债表

资产	负债
贷款 100 元	存款 100 元
法定准备金 10 元	对中央银行的负债 100 元
超额准备金 90 元	

在表9.3中，在银行资产方贷款增加的同时，负债方的存款也等额增加，这就是所谓的"贷款派生存款"。之所以出现这样的变化，是因为发放贷款后，银行会多一笔贷款资产，同时向银行借贷的企业或

个人在该银行的账户中会等额增加一笔存款，这也就是该企业或个人从银行借出来可以运用的资金。我们知道，存款是广义货币的主要组成部分，银行在发放上述贷款后，全社会的广义货币不但没有减少，反而还相应增加了100元。这就是货币创造的过程。

假定 A 银行进一步扩张资产，又购买了100元债券，那么其资产负债表将变为表9.4。

表9.4 　　　　　　　　　　　A 商业银行资产负债表

资产	负债
贷款 100 元	存款 100 + 100 = 200 元
债券 100 元	对中央银行的负债 100 元
法定准备金 20 元	
超额准备金 80 元	

显然，全社会的货币总量因为银行买债又增加了，因为购买债券后，银行会多持有一笔债券资产，同时向银行卖出债券的经济主体在该银行的账户里会等额增加一笔存款。严格来说，银行购买非银行机构（如企业、券商、保险公司等）发行的债券才会创造存款，银行购买其他银行发行的债券则没有货币创造的效果，而只是基础货币在不同银行之间的划转。

银行可以通过放贷等扩张资产负债表的方式创造存款（货币），这是银行不同于其他经济主体的主要特征。由此也会引申出经常讨论的一个问题，就是"先有贷款后有存款"还是"先有存款后有贷款"，或者说是"先有资产后有负债"还是"先有负债后有资产"。这是一个复杂的货币银行学问题。如果从存款的直接源头看，是"先有贷款后有存款"，即贷款创造存款。之所以这么说，一个简单的道理是所有银行之外的经济主体都不可能自己创造出存款，比如一个人想让自己账上的存款增加，那就需要去多"挣钱"，一家企业想让自己账上的存款增加，同样需要去多"赚钱"，也就是说企业和个人手中的存款只能来自其他企业或其他人，而"其他企业或其他人"手中的存款又只能来自另外的企业或个人。那么，既然所有的企业或个人都不能自己创造出存款，那全社会的存款又是从哪里来的呢，为什么存款还会不断增长呢？这就是因为创造这些存款的源头在银行，通俗说全社会的存款就是银行通过贷款等方式"放"出来的。形象地说，存款实际上类似于银行向社会创造和提供的一种"产品"，其功能就是支付和价值储藏，而这种产品的独家"生产商"就是银行。不过，由于商业银行存在上文所说的"三种约束"，就微观个体银行而言，还是需要通过吸收存款等方式获得流动性支持，商业银行吸收存款的目的主要并不是存款本身（当然吸收存款也有维护客户等重要作用），而是可以通过吸收存款从而增加超额准备金（也就是银行体系流动性），由此突破商业银行创造存款货币的约束。因此就微观个体而言，实际上是须先有存款，然后才有贷款。可见，微观个体的加总并不简单等同于宏观整体，同样宏观整体上的"正确"亦不能确保微观个体的"有效"，需要有系统思维，把宏观和微观相结合来观察问题。这一点有些类似于供给和需求的关系。从理论上讲，有效需求（市场规模）根本上取决于分工的水平，也就是供给端的效率，从这个意义上讲，是供给创造出需求。但现实中，需求也会在很大程度上影响供给的状态及其可持续性，因此供求是交互影响、不可分割的。

　　银行发放贷款一般是货币创造的主要渠道，且银行发放贷款不会减少既有的货币，而是会创造出新的货币，也就是新的购买力。这一点与实物货币的发行和流通有很大不同，这是信用货币条件下理解货币功能的重要视角。既然银行放贷是货币创造的主要方式，那么银行在发放贷款创造新增购买力的同时，也会增加全社会的负债。从这个意义上看，货币和债务是紧密联系在一起的，甚至可以说是一枚硬币的两面。除商业银行放贷外，银行买债（证券投资）等资产扩张行为也会在其负债方派生存款，从而增加货币供给。

比较而言，直接融资行为，如企业发行债券、股票，只要这些有价证券不是被银行购买，而是被其他企业或个人购买，就只涉及货币在不同经济主体之间的转移，货币总量不会受到影响。例如，B 企业和 C 企业都在 A 银行开设存款账户，C 企业购买 100 元 B 企业发行的债券，则 C 企业在银行账户中存款会减少 100 元，同时 B 企业在银行账户中的存款会增加 100 元。在这个过程中存款货币总量不会有任何改变，但货币流通速度可能会因此而加快。可见，直接融资和间接融资对货币的影响是有很大差异的。

我们再来观察第二种货币创造模式，即财政"驱动"货币，这也就是所谓的"现代货币理论"的核心。现代货币理论可以视作广义信用货币理论的一个组成部分，目前主流的信用货币理论主要关注银行体系的信用创造，而现代货币理论则强调，正如银行体系不需要存款即可以发放贷款，也就是"贷款创造存款"一样，政府实际上也不需要靠税收取得资金，而是可以通过货币创造来进行财政支出，是"支出创造收入"，由此政府实际上有大得多的财政支出能力和扩张空间。那么，财政如何与中央银行相结合实现货币创造呢？其核心就是财政直接向中央银行"借钱"并进行支配。假定财政向中央银行借入 100 元，则中央银行资产负债表反映为表 9.5。

表 9.5　　　　　　　　　　　中央银行资产负债表

资产	负债
对财政借款 100 元	财政存款 100 元

借款完成后，财政在中央银行账户里会相应增加财政存款。这一过程与商业银行无关，不影响商业银行资产负债表，同时既不创造基础货币也不创造广义货币，只表现为中央银行资产负债表扩表和财政存款增加。接下来，财政就可以支配这笔存款，比如财政用这笔存款建设一项工程，将这笔钱拨给负责工程建设的企业 B，而企业 B 在商

业银行 A 开户。这样，中央银行资产负债表和商业银行 A 的资产负债
表将分别反映为表 9.6 和表 9.7。

表9.6　　　　　　　　　　　　中央银行资产负债表

资产	负债
对财政借款 100 元	财政存款减少 100 元
	超额准备金增加 100 元

表9.7　　　　　　　　　　　　A 银行资产负债表

资产	负债
超额准备金 100 元	B 企业存款 100 元

可见，财政在将其从中央银行的借款拨付给企业 B 后，既创造出
基础货币（超额准备金），也创造出了广义货币（B 企业存款），由此
完成货币创造的过程。如果财政可以很方便地直接从中央银行"借钱"
（实际上就是财政赤字货币化），那么财政支出就会"驱动"货币创
造，在这个过程中，商业银行并没有参与货币创造，而是被动地在资
产负债表上接受由财政支出创造出来的基础货币和广义货币。

我们再看第三种货币创造方式，这就是银行购汇。比如在大额顺
差的阶段，为维护本币币值稳定，中央银行会大量从商业银行手中购
买外汇，商业银行则相应从企业和个人手中购汇。若 A 银行购买了 20
美元外汇（假定汇率为 1 比 5），则其资产负债表将反映为表 9.8。

表9.8　　　　　　　　　　　　A 银行资产负债表

资产	负债
美元 20	存款 100 元

同理可见，银行购买企业或个人手中的外汇，也会等额增加货币
供给。接下来中央银行再从 A 银行手中将美元买走，此时 A 银行资产
负债表将反映为表 9.9。

表 9.9 A 银行资产负债表

资产	负债
美元减少 20	存款 100 元
超额准备金增加 100	

也就说是，中央银行购汇一方面会增加中央银行资产负债表上的外汇资产，从而形成外汇储备，同时会向银行体系吐出人民币流动性，增加商业银行的超额准备金。这就容易形成银行体系流动性偏多的局面，由此中央银行就可能会通过提高存款准备金率及发行央行票据等手段冻结因购汇吐出的流动性。这实际上也就是人民银行在新世纪以来较长一段时间内为应对大额双顺差所采取的货币政策操作。可以看到，银行体系购汇越多，那么由购汇所派生的存款货币也就会越多。在一段时间内，我国新增的广义货币（M2）中，有一半左右来自贷款创造，而另一半则源自购汇派生的货币。容易看到，在银行购汇过程中，银行行为是被动的。由于购汇派生出大量存款，导致这一时期贷存比下降，这实际上是宏观经济结构性问题在银行微观资产负债表上的反映。

此外，随着金融科技快速发展，不少银行通过金融科技公司大数据获客，服务长尾客户和发展普惠金融。在此过程中，科技公司掌握着由线上平台和场景生成的大数据资源，可以通过人工智能算法更好地识别客户、服务客户，并主导资金投向，银行在一定程度上成为被动的资金提供者。这或许是第四种货币创造方式。

上述四种模式都可以为经济体系创造或者说生产出"货币"，但显然驱动货币创造的主体是不一样的，配置金融资源的机制是不一样的。四种货币创造的机制代表了四种不同的金融资源配置模式。在第一种模式中，银行是资金的配置主体，银行在很大程度上决定资金流向和配置重点；在第二种模式中，财政成为资金配置的主体，决定着资金配置的结构和流向；在第三种模式中，外部市场需求和资金流向在一定程度上起到了配置国内金融资源的作用，由于企业通过顺差获得了大量外源融资，国内金融体系的资源配置能力实际上是减弱的，信贷在整体融资和货币创造中的占比也是下降的。第四种模式代表了科技发展对金融业的重塑和影响，科技和金融的融合是未来的重要发展方向，同时须完善相应的金融监管体制，防范可能出现的金融风险。

哪种货币创造方式更好呢，根本上取决于金融资源配置的效率。上述第三种模式，一般与外需拉动型经济增长模式相关联，为维护本币汇率基本稳定，避免大幅顺差压力下汇率大幅升值，还需要中央银行和商业银行购汇以维护汇率基本稳定。这种模式的好处是可以借助外需的力量拉动国内经济增长，问题是维护汇率基本稳定会削弱本国货币政策的自主性，容易导致流动性偏多并引发一系列结构性扭曲，贸易顺差不断扩大还会引发国际贸易摩擦，长期看是难以持续的。以银行体系为主的第一种模式是一般性的常态模式，也是比较市场化的模式，也就是把货币配置的功能交给市场化的商业银行体系，并通过中央银行从宏观整体上调节银行体系的信贷投放等资产扩张行为。不过，也有批评者认为（如彭文生，2019），依靠商业银行体系配置货币的主要问题，是货币流向高度依赖于抵押品分布，并容易流向房地产等资产领域，导致资产价格泡沫和金融不稳定。尤其是在零利率约束下，货币政策空间大幅度收窄，继续依靠货币政策实施调控难度加大。由此就有一些学者提出，有必要按照"现代货币理论"的主张搞财政赤字货币化，让财政来"驱动"货币，由于财政可以把货币直接投向"实体经济"而不是房地产等金融资产市场，由此可以避免资产泡沫，从而实现更好的经济均衡状态。现代货币理论包含"贷款创造存款"的思想，并认为正如"贷款创造存款"一样，只要财政能够"驱动"货币，就可以实现"支出创造收入"，由此拓展财政支出的空间。这些观点有其道理，但也存在逻辑上的问题。实际上无论是贷款创造存款还是支出创造收入，货币投放与社会财富增长之间并没有必然的对等联系，根本上还是要看货币投放和财政支出是否有效率，是否能提高社会生产率。而且，货币如"水"，即使改由财政支出来"驱动"货币投放到试图投放的领域，也难以避免货币最终会流向房地产等资产领域。因此，针对资产泡沫和金融风险问题，关键是要健全货币政策和宏观审慎政策双支柱调控框架，把维护币值稳定和保持金融稳定更好地结合起来。关于这一点我们还将在下文中详细阐述。

理解了信用货币创造的基本机制，我们就可以进一步分析信用货币对经济增长的影响。再回到专业化分工和迂回生产上来。迂回生产链条的延伸，也就是迂回度的提高，实际上是一个分工细化的过程，伴随着新机器、新技术的产生和个人专业化水平的提高，中间品种类会不断增加，每增加一个新的中间品种类就会出现一个新的投资领域，这些新的投资领域在最终实现可持续的商业化之前，大都需要货币和金融的支持。迂回生产链条越长，需要的货币和金融支持就越大。货币和金融支持越强，迂回生产链条也就更有条件延伸。在实物货币体系下，迂回生产链条的延长会受到实物货币量和储蓄量的限制，当分工细化到一定程度后，可能就无法再继续下去。而在信用货币环境下，货币创造基于银行信用，在不附加其他约束的情况下，从理论上讲银行可以有更大的空间通过发放贷款或购买债券等方式为企业提供购买力支持，帮助企业增加投资，支持中间品种类的增加，货币和金融的作用会更加凸显。与此同时，中间品生产效率的提升也离不开投资的支持。中间品种类的增加只是延长了迂回生产链条的长度，而迂回生产链条深度的拓展需要通过提升中间品生产效率来实现。在中间品生产过程中，研发、工艺改进以及边干边学带来的个人专业化程度的提高等，都能有效提高中间品生产效率，而这一过程也需要投资的支持。这些都意味着，信用货币和金融发展有可能会把经济增长中"潜力"更充分地发挥出来，减少迂回生产受到的约束。

在这个问题上，熊彼特有相当深刻的思想。熊彼特较早即提出了信用创造的思想，并将其货币信贷理论融入经济发展理论之中。在其经典著作《经济发展理论》中，熊彼特首先论述了对经济发展的理解。在没有创新和改变之前，经济运行只是一般意义上的"循环流转"，与这种流转对应的是货币的流通。熊彼特指出，如果信用工具只是用来代替已经存在的金属货币来媒介流通，那么它们的使用本身不会产生任何新的现象（这有些类似我们上文提到在实现完全货币化之后，货币对经济增长的作用就消失了）。也就是说，货币流通的方向与商品流通的方向相反，且只是商品流通的反映。而经济要发展，就必须有创新。创新的实质，是企业家对生产要素进行重新组合和资源重新配置，即对现存的劳动力和土地的服务进行不同的使用。而信贷的本质作用，就是创造出购买力（货币）并赋予企业家，帮助其将生产要素从以往的简单循环流转中抽取出来，进行重新组合，并由此带来生产效率的提升。

　　基于上述基本逻辑，熊彼特详细论述了信贷的性质和作用。在现实生活中，信贷总量必然大于有充分担保品所提供的信贷量。信贷不仅会超过现存的黄金基础，而且还会超过现存的商品基础。这实际上就是货币信用的创造。他认为，原则上只有企业家才需要信贷，即信贷要服务于产业发展。企业家通常需要信贷，其作用在于使企业家能够生产，即通过信贷的方式暂时转让给他购买力，以实现其新组合，进而成为一个企业家。因此，信贷的根本作用，在于使企业家能够把他需要的生产者的产品从其先前使用的地方抽取出来，按照需要加以利用，从而使经济系统进入新的轨道。熊彼特高度重视创新的作用，并认为企业家是创新的主体。正因为如此，他认为提供信贷就意味着创造购买力，而新创造出来的购买力如果要起作用，也只限于把信用给予企业家，只有为了这个目的，新创造的购买力才是必需的。而这也是不能用金属货币替代信用支付手段的唯一情形。可见，信贷在本质上是为了把购买力转移给企业家而进行的购买力创造，而不是单纯的转移现有的购买力。购买力创造是在私有财产和劳动分工制度下实现发展所采取的方法。通过信贷创造可以把生产要素委托给企业家，使"企业家在还不具备对社会商品流的正式索取权时，就取得了分享社会商品流的机会"，这样才可能在完全均衡的简单循环流转中实现经济发展，这种职能实际上就是现代信贷的基础。可以看到，货币信贷扩张是否有效，关键在于金融机构能否把资金配置到能够提升效率的企业家身上，这就需要金融机构发挥风险转换和信用甄别的作用。

无论是从迂回生产视角还是从创新的视角，货币（尤其是信用货币）的功能都是一致的，这就是能够影响（促进或促退）生产，而不仅仅是媒介交易。货币并不能替代生产，生产或创新的组织者是企业家和技术创新者，但货币信贷能够帮助企业家或创新者获得组织生产的能力。金融体系的作用，在于能否甄别和找到潜在的企业家或技术创新者，并通过信贷等方式赋予他们必要的购买力支持。有效的金融体系，可以更准确地找到真正的企业家或创新者，并通过上述机制，促进创新和迂回生产发展。而无效的金融体系，则往往将信贷赋予低效的生产组织者或所谓创新者，最终导致货币的错配和低效。

货币既可以促进生产，也可能促退生产。对此问题，至少有以下几种情况值得关注：一是在现实经济运行和信贷行为中，为减少风险，银行往往较多依赖抵押品来发放贷款，由此抵押品的分布会成为影响资金配置的要素，资金会向有抵押品的行业和领域集中，这就可能在一定程度上影响资金配置的效率。二是如何看待债务问题。我们已经知道，信贷在创造购买力的同时，也会增加债务。若信贷投向有效益、有回报的领域，则项目完成后会归还贷款，从而减少债务，重新回归均衡。从全社会整体看，在经济增长过程中，新发放的贷款一般会超过归还的贷款，这意味着一方面贷款余额不断增长，另一方面全社会债务总额也会趋于上升。可见，债务率上升并不必然是一件坏事，当它与分工细化的需求、迂回生产链条的延伸、经济增长速度等相匹配时，有助于迂回生产过程自我繁殖、自我演进。朱天在《中国增长之谜》中对全球主要经济体的经济增长进行了研究，发现到目前为止全世界只有 8 个经济体实现了连续 30 年 6% 以上的经济增长。这些经济体中有 6 个是东亚经济体，其金融体系都是以银行体系为主，具有高储蓄、高债务的特点。这在一定程度上说明了货币与经济增长、与债务率增加的关系。当然，信用货币体系下商业银行可以无限度地扩张资产负债表，即使有中央银行约束，有时为刺激经济增长所采取的宽松货币政策也会鼓励商业银行资产扩张，若再加上有需求强烈的软约束部门或炒作资产泡沫等，这种情况下全社会债务率就可能过快上升，同时伴随产能过快扩张后的相对过剩，导致经济金融风险上升。三是在支持投资和迂回生产的同时，货币信贷还可以支持消费。上文在阐释货币和金融对经济增长的影响时，主要是从货币金融支持投资的角度分析的。实际上货币金融还可以通过购买力创造直接支持消费，如发放房贷及消费贷款等，在现实经济中这部分信贷的比重上升是比较快的。对于金融支持消费的作用，理论界存在争议。比如 E. R. A. Seligman（1927）指出，不存在"生产性信贷"和"消费性信贷"之间的本质区别，因为"消费也是生产"。这个研究为消费信贷正名，使消费信贷成为广泛接受的融资方式。应当说，支持消费所形成的需求扩张也会对迂回生产形成拉动，从而促进生产率的提升，不过这种支持总体上是相对间接的。若货币主要支持的是存量房交易，则对经济增长和迂回生产的影响更小。存量房交易不创造新的价值，基本不拓展新的迂回生产链条，但却需要大量的货币支持，容易导致房价上升、资产泡沫和债务膨胀。M. Prasad（2012）曾深入阐释了消费在经济增长中的作用。她指出，第二次世界大战后美国认为主要经济问题是由"生产过剩"或"消费不足"引发的，因此选择了通过信贷刺激消费的发展模式，主要建立在以按揭贷款融资支持的住房产业上，即所谓的"按揭凯恩斯主义"。而之后美国政治经济中的诸多现象都可以基于此得到解释，如使美国成为与欧洲相比不够发达的福利国家，同时由于按揭刺激房地产消费导致更大程度的贫困和不平等（将无法通过体面工作或信贷参与消费的人群边缘化），并最终引发 2008 年的全球性金融危机。从数据上看，在 20 世纪末（1999 年），美国房地产业增加值相当于制造业的 70%，到次贷危机爆发的 2007 年，这一比例已达到了 91%。2015 年，美国房地产业增加值规模首次超过制造业。英国从 2000 年起房地产业增加值规模即超过了制造业，截至 2007 年前者已超过后者近 30%。按可比口径计算，欧盟 28 国房地产业增加值占制造业的比重从 1999 年的 57% 上升至 2007 年的 67%。有研究表明，1928 年至 1970 年间，发达经济体房地产信贷占全部银行信贷的比例由 30% 逐步上升至 35%，但到 2007 年这一比例已接近 60%，其余 40% 的银行信贷中有相当一部分也可能是为商业房地产进行融资（Turner，2016）。显然，在房地产等具有金融属性的资产及金融市场规模已经相当庞大的情况下，由内在的脆弱性导致的金融稳定问题不能再被忽视。而金融不稳定的核心，就在于银行创造新信贷、货币和购买力的无限能力与不可再生的城市土地供给短缺之间的相互作用（Turner，2016）。

在上文中，我们围绕货币在经济增长中的作用，阐释了货币从媒介交易发展到创造购买力和债务的变化。从逻辑上讲，货币的首要功能还是交易媒介和价值储藏，尤其是交易媒介功能是货币所独有的和排他的，这也是货币的本质属性。正是有了媒介交易的功能，大家都愿意接受货币作为一般性的购买力，货币也才有了跨期的价值储藏功能。同样，也正是因为货币可以媒介交易，可以"购买一切"，人们才可以通过信贷等方式创造出购买力，在市场化条件下实现要素的重新整合，来支持迂回生产和创新。可见，货币不仅可以通过降低交易成本间接促进生产，还可通过购买力创造直接参与和影响生产。在主要依靠银行放贷创造购买力的信用货币体系下，后者的作用更为凸显。在市场经济中，组织生产的主体是企业家和创新者，货币的功能是作为"一般性购买力"，赋予企业家或创新者组织生产的能力，提高组织生产的效率。当然，市场经济的本质特征是分散决策，自取收益，自担风险（易纲，2020），因此对迂回生产及创新的支持，并不完全依赖银行的信用货币创造，而是（更多）依赖资本市场的风险共担机制。杨小凯（1998）指出，社会发展需要通过社会组织试验与创新的方法探寻最优和最适宜的发展路径，要进行组织试验，就必须有充分的资本支持，且试验本身意味着不确定性，不少试验会失败，要求社会有一种分担风险的机制，资本市场就是全社会帮助企业家分担组织试验风险的制度。这些制度保证了全社会组织创新的活力，这种活力又保证了全社会对组织信息的获得以及由此向更有效的均衡状态的自发演进。总的来看，从货币金融会影响投资进而影响专业化分工和企业家创新发展的角度来看，货币很可能并非是中性的，而是对经济增长有着持续和深远的影响。

三、货币扩张的动态效应与跨期均衡：逻辑与 DSGE 模拟

在上文中，我们分析了货币信贷对投资的支持，这类似于宏观经济学中所谓的需求端。投资在实施中构成"三驾马车"中的需求，投资一旦完成就会形成产能和供给，成为迂回生产链条中的一环。需求和供给是一枚硬币的两面，在专业化分工的背景下，消费者同时也是生产者，需求和供给可以相互转化，而当一个经济体系进入良性循环演进过程时，供给会创造出需求，需求又将带动供给，供给和需求是交互影响的，传统宏观经济学研究框架下供给和需求相脱节的简单"两分法"并不适用。这一节我们就进一步分析货币在需求与供给交互影响中的作用，实际上也就是在动态和跨期的视角下观察货币的复杂影响。

在主流经济理论中，需求和供给一般是被分割开的，分别放在短期的经济波动理论和长期的经济增长理论中进行分析，两者之间不存在相互影响。在经济学研究中对需求和供给交互影响进行研究的文献较少。运用供求交互视角进行分析的一个典型例子，是米什金在分析成本推动型通货膨胀时使用的方法。米什金（Mishkin，1995）认为，不存在单纯的成本推动型通货膨胀，或者说成本提高并不能导致持续的通货膨胀。因为只有在总需求曲线不断右移（总需求不断扩张）的条件下，成本推动的通货膨胀才能发生。也就是说，在发生供给冲击后，只有总需求扩张相配合，才能产生成本推动型的通货膨胀。从具体机制看，假设供给冲击来自劳动力市场上劳动力的减少，劳动力供给减少导致的供给冲击会使产出下降、价格上涨。宏观政策部门看到经济增长速度放慢后，会通过刺激政策保持原有的经济增长水平。扩张性宏观政策会刺激总需求，使需求曲线右移，虽然会使产出重新回到均衡水平，但也会使价格水平上涨，产生通货膨胀。由于实施刺激性宏观政策，货币条件比较宽松，加之价格水平上涨，很可能会推升通胀预期，此时劳动者会要求进一步提高工资，各种生产成本也会提高，这实际上会对经济再次产生供给冲击，导致总供给曲线再次左移，全社会产出水平又一次下降，同时价格水平继续上升。如此循环，宏观部门通过政策刺激不断推动总需求曲线右移的同时，总供给曲线不断左移，由此出现成本推升与需求拉动相互强化、螺旋式的通货膨胀。如果总需求不配合，在总供给曲线左移后，市场将进行自发调整，直至达到新的平衡，成本推动型的通货膨胀就不会发生。米什金（1995）通过对供求之间交互影响的分析，深刻阐释了成本推动型通货膨胀的机理及其与货币政策之间的关系。

供求之间的交互影响为我们的研究提供了重要视角和方法。我们将对迂回生产过程中需求与供给的交互影响进行分析。如前一部分所述，中间品种类增加、生产效率提升以及交易费用降低，都有赖于货币金融的支持，这种支持集中体现在投资活动中。在主流宏观经济理论中，投资是总需求的组成部分，而一旦投产即转化为产能，就表现为供给增加。迂回生产链条上供给的增加又会引发新的需求，从而形成需求和供给交互影响的良性循环。我们借助图9.2来分析说明。初始状态时，AD_1 和 AS_1 相交于均衡点 E_1，此时产出和价格水平分别为 Q_1 和 P_1。当中间品种类增加时，对中间品的投资将增加社会总需求，推动总需求曲线右移至 AD_2。此时，若需求与供给之间没有交互影响，总供给曲线不发生变化，市场将在 E'_2 达到新的均衡，从而推升产出和价格至 Q'_2 和 P'_2。但由于需求与供给之间是交互影响的，中间品一旦投产就将从投资转化为产能，体现为中间品部门乃至最终消费品部门劳动生产率的提高，从而推动总供给曲线也向右移至 AS_2，使经济达到新的均衡 E_2，此时产出扩张至 Q_2，高于 Q'_2 的水平，而价格仍保持在 P_1 的水平。进一步向下推演，新形成的供给若有助于深化迂回生产和提高生产效率，就会产生报酬递增的效果，增加全社会的财富和收入，而这就会扩张相应的需求，由此推动总需求曲线继续右移至 AD_3，而需求与供给的交互影响也会进一步带动总供给曲线右移至 AS_3，从而形成新的均衡点 E_3。这种需求与供给之间的交互影响循环往复，使报酬递增实现自我繁衍、自我演进，从而形成"投资发展分工—分工提高生产率、扩大供给—供给创造相应需求—需求和市场规模扩大，促进分工发展"的良性循环，推动经济长期内生增长。

当然，图9.2所示的情况是一种理想的状况，即需求与供给实现了良性互动和报酬递增。在现实生活中也可能出现另一种情况，即"过度和低效的需求刺激—供给端产能过剩—物价下降—进一步需求刺激—产能更加过剩—物价进一步下降并引发通缩"的恶性循环。与前文提到的债务率上升类似，若不受外部约束，商业银行过度扩张资产负债表，或宏观经济部门采取过于宽松的刺激政策，需求扩张就可能超过经济所需的水平，低效投资形成无效供给，而无效供给难以创造

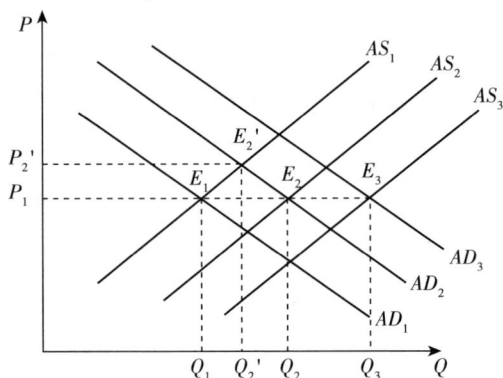

图 9.2　需求与供给交互影响

出有效需求，这就会形成产能过剩及通缩压力。此时，若宏观部门为了防止通货紧缩而采取进一步的刺激措施，就可能导致价格的进一步下降，出现"越刺激反而越通缩"的有趣现象。如图 9.3 所示，在需求端刺激的作用下，需求曲线 AD_1 右移至 AD_2，投资转化为产能后，供给曲线由 AS_1 右移至 AS_2，但由于产能过度扩张，产出由 Q_1 扩大至 Q_2，价格却从 P_1 下降至 P_2，经济在 E_2 达到均衡。在第二轮宏观政策的刺激下，需求进一步由 AD_2 右移至 AD_3，需求与供给的交互影响又带动总供给曲线右移至 AS_3，从而形成新的均衡点 E_3，价格进一步下降至 P_3。在这种情况下，需求扩张带来的供给端产能过剩，进而形成的通缩压力，从长期来看对报酬递增的自我繁衍是不利的。在上面的论述中，我们假定政策刺激能够带来投资和消费增长，由此导致跨期后的产能过剩和通缩压力，这一情景更容易出现在存在财务软约束和投资冲动的环境下。在另一种情形下，超宽松的货币条件未必能够刺激新增投资（这也就是"流动性陷阱"的状态），但却有可能导致僵尸（Zombie）融资，使僵尸企业难以出清，最终也会产生相对的产能过剩问题，影响资源的有效配置。R. Banerjee 和 B. Hofmann（2018）认为低利率和僵尸企业增加有密切联系，僵尸企业的劳动生产率和全要素生产率都比较低，这会抑制长期经济增长，并进一步压低利率水平。V. Acharya（2019）也对非常规货币政策与僵尸融资之间的关系进行了研究。

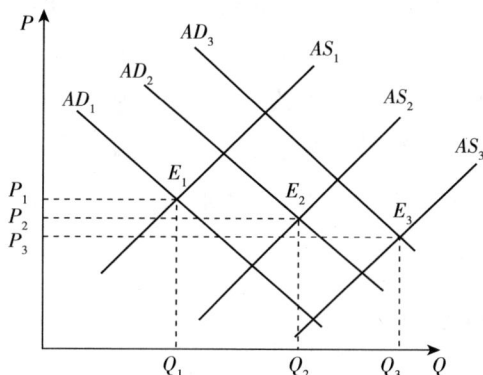

图 9.3　过度刺激需求导致产能过剩

我们可以回顾一下凯恩斯理论，凯恩斯学派假定总供给曲线（也就是潜在经济增长水平）短期内是垂直不变的，是由长期性因素决定的。当实际产出弱于潜在产出水平时，意味着有效需求不足，存在负的产出缺口。此时可以通过增加投资及其他支出等方式弥补有效需求和产出缺口，把实际产出水平推升至潜在产出水平。可以看到，上述框架是基于静态和短期的分析，仅观察需求变化对弥补实际产出的影响。若从长期和供求交互的角度观察，短期内作为需求的投资，在投资完成后会形成供给，这就会在长期内对供给端形成影响，进而可能影响潜在经济增长水平。反过来，即使并不能刺激新增投资，由于僵尸融资导致低效率，也会对长期经济增长产生影响。这提示我们在分析货币政策的影响时，不能将货币政策仅视为短期需求管理工具，而应关注其对供给端的中长期动态影响。

为更清晰和规范地阐释上述思想，我们根据上文对供给与需求交互影响的理论分析，建立了一个包含生产者、商业银行、中央银行、消费者的四部门动态随机一般均衡模型（DSGE），展现我们在上文所论述的诸多重要和有趣的现象。在这个模型中，生产者购买资本、雇用工人以生产产品 Y，并进一步细分为竞争性生产者和预算软约束生产者。竞争性生产者购买资本的资金来源于向消费者发行的债券，预算软约束生产者购买资本的资金来源于商业银行的贷款。商业银行向预算软约束生产者发放贷款，并派生货币，货币增速受到中央银行的控制。消费者提供劳动获取劳动报酬、购买竞争性生产者发行的债券获取利息、获取生产者和商业银行分配的利润、购买消费品。

（一）基本框架

模型还做了如下假设：

（1）消费者固定提供一单位的劳动，即 N = 1，总劳动没有增长；

（2）生产者采用柯布—道格拉斯（Coub-Douglas）生产函数；

（3）价格粘性遵守 Calvo 规则，即每期只有（1 - ρ）的生产者被随机选择重新定价，其他生产者价格与上一期相同；

（4）消费者除了受到预算约束外，还受到提前预留现金的约束（Cash in Advance）。

生产者：生产者连续分布在 [0，1] 区间，某一生产者以 i 指代，其产品为 $Y_t(i)$，各生产者生产的产品有一定不同，但可在一定程度上相互替代。全部生产者生产的产品总量为：

$$Y_t = \left[\int_0^1 Y_t(i)^{\frac{\phi-1}{\phi}} di \right]^{\frac{\phi}{\phi-1}} \tag{9.1}$$

对于消费者而言，加总后的产品 [式（9.1）] 无差异。每一生产者均独立定价，设 P_t 为第 t 期总的价格水平，$P_t(i)$ 为第 i 个生产者的价格水平。消费者希望在总支出一定的情况下获得最大的产品数量 Y_t，以此求解最优化问题，可得到生产者面对的需求函数为：

$$Y_t(i) = Y_t\left(\frac{P_t}{P_t(i)}\right)^{\psi} \tag{9.2}$$

将式（9.2）代入式（9.1），可得总价格与每一生产者产品价格间的加总关系为：

$$P_t = \left[\int_0^1 P_t(i)^{1-\psi}\mathrm{d}i\right]^{\frac{1}{1-\psi}} \tag{9.3}$$

该生产者在 t 期的生产函数为：

$$Y_t(i) = A_t K_t(i)^{\alpha} \times N_t(i)^{1-\alpha} \tag{9.4}$$

$$\text{s. t.} \quad \ln A_t = \pi \ln A_{t-1} + \varepsilon_{A,t} \tag{9.5}$$

式中，A_t 为第 t 期全部生产者适用的技术水平，$K_t(i)$ 为第 i 个生产者生产过程中需要使用的资本，$N_t(i)$ 为第 i 个生产者需要雇用的劳动力。

每个生产者面临的问题相同，选择使用的资本和劳动也相同，于是加总的生产函数为：

$$\int_0^1 Y_t(i)\,di = A_t K_t^{\alpha} \times N_t^{1-\alpha} \tag{9.6}$$

生产者每期只有 $1-\rho$ 的企业被随机选择重新定价，其他企业价格与上一期相同。生产者希望实现利润最大化，其优化目标方程为：

$$\max_{P_t(i)} E_t \sum_{m=0}^{\infty} \beta^m \rho^m \left[\begin{array}{l} P_t^*(i) Y_{t+m}\left(\dfrac{P_{t+m}}{P_t^*(i)}\right)^{\psi} - (r_{t+m}+\delta)P_{t+m}K_{t+m}(i) \\ - W_{t+m}P_{t+m}N_{t+m}(i) \end{array}\right]$$

$$\text{s. t.} \quad Y_{t+m}\left(\frac{P_{t+m}}{P_t^i(i)}\right)^{\psi} = A_t K_{t+m}(i)^{\alpha} \times N_{t+m}(i)^{1-\alpha} \tag{9.7}$$

式中，r_{t+m} 为生产者向消费者借入资金的实际利率，δ 为资本折旧率，w_t 为实际工资，P_{t+m} 为价格水平。为确定生产者的成本函数，求解如下成本最小化问题：

$$\min_{K_{t+m}(i),N_{t+m}(i)} (r_{t+m}+\delta)K_{t+m}(i) + w_{t+m}N_{t+m}(i)$$

$$\text{s. t.} \quad Y_{t+m}(i) = A_{t+m}K_{t+m}(i)^{\alpha} \times N_{t+m}(i)^{1-\alpha} \tag{9.8}$$

利用产量一定且生产函数如上式的约束条件，可求得对资本和劳动的需求函数分别为：

$$K_{t+m}(i) = \frac{Y_{t+m}(i)}{A_{t+m}}\left[\frac{(r_{t+m}+\delta)(1-\alpha)}{w_{t+m}\alpha}\right]^{\alpha-1} \tag{9.9}$$

$$N_{t+m}(i) = \frac{Y_{t+m}(i)}{A_{t+m}}\left[\frac{(r_{t+m}+\delta)(1-\alpha)}{w_{t+m}\alpha}\right]^{\alpha} \tag{9.10}$$

劳动与资本需求之比为：

$$\frac{N_{t+m}(i)}{K_{t+m}(i)} = \frac{(r_{t+m}+\delta)(1-\alpha)}{w_{t+m}\alpha} \tag{9.11}$$

于是单个生产者第 t 期的成本函数为：

$$\frac{w_t}{(1-\alpha)}\left[\frac{(r_t+\delta)(1-\alpha)}{w_t\alpha}\right]^{\alpha}\frac{Y_t(i)}{A_t} \tag{9.12}$$

将式（9.10）代入最优化问题式（9.7），可求得一阶条件：

$$P_t^*(i) = \frac{\psi}{\psi-1}\frac{E_t\sum_{m=0}^{\infty}\beta^m\rho^m P_{t+m}Y_{t+m}(i)\frac{w_{t+m}}{(1-\alpha)A_{t+m}}\left[\frac{(r_{t+m}+\delta)(1-\alpha)}{w_{t+m}\alpha}\right]^{\alpha}}{E_t\sum_{m=0}^{\infty}\beta^m\rho^m Y_{t+m}(i)}$$

$$\tag{9.13}$$

$P_t^*(i)$ 对于被随机抽中要调整价格的生产者而言均相同，因此由式（9.13）可得：

$$P_t^{1-\psi} = \rho P_{t-1}^{1-\psi} + (1-\rho)(P_t^*)^{1-\psi} \tag{9.14}$$

设 T_t 为生产者的总实际利润，$T_t(i)$ 为单个生产者的实际利润，生产者会把这些利润以分红的形式分配给消费者，有：

$$P_t T_t = P_t\int_0^1 T_t(i)\,\mathrm{d}i = P_t Y_t - \frac{P_t w_t}{(1-\alpha)}\left[\frac{(r_t+\delta)(1-\alpha)}{w_t\alpha}\right]^{\alpha}\frac{\int_0^1 Y_t(i)\,\mathrm{d}i}{A_t}$$

即：

$$T_t = Y_t - \frac{w_t}{(1-\alpha)}\left[\frac{(r_t+\delta)(1-\alpha)}{w_t\alpha}\right]^{\alpha}\frac{\int_0^1 Y_t(i)\,\mathrm{d}i}{A_t} \tag{9.15}$$

1. 竞争性生产者和预算软约束生产者

生产者共有两类，分别是竞争性生产者和预算软约束生产者。这两类生产者除了在资本品的获得方式上不同外没有任何不同，他们各自的资本品相加后得到生产者总的资本品。

设 $K_{c,t+1}$ 为竞争性生产者第 $t+1$ 期用于生产的资本品（c 代表 competitive），这些资本品由竞争性生产者在第 t 期向消费者发行债券筹集资金后购买，发债金额为 B_t。银行不购买债券。竞争性生产者将债券资金全部用于购买资本品，在第 $t+1$ 期连本带息归还给消费者。有：

$$B_t = P_t K_{c,t+1} \tag{9.16}$$

设 $K_{s,t+1}$ 为预算软约束生产者第 $t+1$ 期用于生产的资本品（s 代表 soft-budget），这些资本品由预算软约束生产者在第 t 期向商业银行贷款后购买，贷款金额为 L_t。预算软约束生产者将贷款全部用于购买资本品，在第 t 期连本带息归还给银行。有：

$$L_t = P_t K_{s,t+1} \tag{9.17}$$

在本模型中也可以认为生产者的资金来源一部分为债券，另一部分为银行贷款，而不是采取上述两类生产者的描述。

2. 商业银行和货币的派生

商业银行的职能是向预算软约束生产者发放贷款，并派生货币，货币代表居民对商业银行的索取权，具有购买力。贷款名义利率和居民所购买债券的名义利率相同，均为 i_t，货币不计息，商业银行的利润向消费者全额分配。商业银行的资产负债表应实现平衡，设 M_t 为第 t 期的货币总量，于是有：

$$M_t = L_t \tag{9.18}$$

3. 中央银行

中央银行的职能是给出货币政策冲击 $\varepsilon_{M,t}$，从而确定货币总量。货币总量服从如下方程：

$$M_t = M_{t-1} h_t \tag{9.19}$$

$$\ln h_t = \theta \ln h_{t-1} + \varepsilon_{M,t} \tag{9.20}$$

设名义利率为 i_t，则名义利率与实际利率之间服从费雪方程：

$$(1 + i_{t+1}) = (1 + r_{t+1}) \frac{P_{t+1}}{P_t} \tag{9.21}$$

4. 消费者

消费者完全同质，因此选择一个代表性的住户作为消费者，他/她共提供 1 单位的劳动，并选择在预算约束条件下的效用最大化。

$$\max E_0 \sum_{t=0}^{\infty} \beta^t \ln C_t$$

$$\text{s. t. (a)} \quad \frac{b_t}{P_t} + C_t + \frac{m_t}{P_t} \leqslant \frac{M_{t-1}}{P_t} + w_t + \frac{B_{t-1}(1 + i_t)}{P_t} + \frac{L_{t-1} i_t}{P_t} + T_t \tag{9.22}$$

$$\text{(b)} \quad P_t C_t \leqslant v m_{t-1} \tag{9.23}$$

约束（a）为消费者的预算约束，m_t 为消费者第 t 期决定持有的货币，即货币需求，b_t 为消费者第 t 期决定持有的债券，即债券需求，δ 为资本的折旧率，T_t 为生产者利润，与 L_t 有关的部分为商业银行的实际利润，这两部分利润都分配给了消费者。消费者并不直接决定 L_t 和 T_t。

约束（b）为提前预留现金（Cash in Advance，CIA）约束，消费者 t 期消费所需资金只能来源于 $t-1$ 期选择持有的货币数量，且设定每一期货币中只有特定比例（υ）可用于下一期消费，这一设定更为符合现实。上述问题的一阶条件为：

$$-\frac{z_t}{P_t} + \beta E_t \left[\frac{z_{t+1}(1 + i_{t+1})}{P_{t+1}} \right] = 0 \tag{9.24}$$

$$-\frac{z_t}{P_t} + \beta E_t \left[\frac{z_{t+1}}{P_{t+1}}(1 - v) + \frac{v}{P_{t+1} C_{t+1}} \right] = 0 \tag{9.25}$$

z_t 为采用拉格朗日法求一阶条件时预算约束前的系数。

5. 均衡条件

劳动力市场：

$$N_t = \int_0^1 N_t(i)\,\mathrm{d}i = 1 \qquad (9.26)$$

资本品市场：

$$K_t = \int_0^1 K_t(i)\,\mathrm{d}i = K_{c,t} + K_{s,t} \qquad (9.27)$$

产品市场：

$$Y_t = C_t + K_{t+1} - (1-\delta)K_t \qquad (9.28)$$

货币市场：

$$M_t = m_t \qquad (9.29)$$

债券市场：

$$B_t = b_t \qquad (9.30)$$

6. 完整模型

完整的 DSGE 模型由以下几部分构成。

（1）生产者

加总生产函数（9.6）、劳动与资本需求方程（9.11）、一阶条件（9.13）、价格变动方程（9.14）、竞争性生产者资本决定方程（9.16）、预算软约束生产者资本决定方程（9.17）。

（2）商业银行

资产负债表平衡条件（9.18）。

（3）中央银行

货币政策方程（9.19）、费雪方程（9.21）。

（4）消费者

预算约束（9.22）和提前预留现金约束（9.23）、一阶条件（9.24）和（9.25）。

（5）均衡条件

式（9.26）至式（9.30）。

（6）外生冲击

技术冲击（9.5）、货币政策冲击（9.20）。

（二）模型求解

1. 稳态（Stationary State）

本部分不再区分 M_t 和 m_t、M_t 和 L_t、B_t 和 b_t，分别以 M_t、M_t、B_t 指代。稳态的技术进步和货币政策冲击均为 0，因此 $A_t = \bar{A} = 1$，且 $h_t = \bar{h} = 1$。

价格变动方程：

$$\bar{P}^{1-\psi} = \rho \bar{P}^{1-\psi} + (1-\rho)(\bar{P}^*)^{1-\psi}$$

即：

$$\bar{P} = \bar{P}^* = \bar{P}(i)$$

由式（9.2）可得：$\bar{Y}(i) = \bar{Y}$，生产者的一阶条件化为：

$$\bar{P}^* = \frac{\psi}{(\psi-1)}\bar{P}\frac{\bar{w}}{(1-\alpha)}\Big[\frac{(\bar{r}+\delta)(1-\alpha)}{\bar{w}\alpha}\Big]^\alpha$$

即：

$$\frac{\psi-1}{\psi} = \frac{\bar{w}}{(1-\alpha)}\Big[\frac{(\bar{r}+\delta)(1-\alpha)}{\bar{w}\alpha}\Big]^\alpha$$

生产者对劳动和资金的需求分别为：

$$\bar{K} = \bar{Y}\Big[\frac{(\bar{r}+\delta)(1-\alpha)}{\bar{w}\alpha}\Big]^{\alpha-1}$$

$$\bar{N} = \bar{Y}\Big[\frac{(\bar{r}+\delta)(1-\alpha)}{\bar{w}\alpha}\Big]^\alpha$$

生产者利润：

$$\bar{T} = \bar{Y}\Big\{1 - \frac{\bar{w}}{(1-\alpha)}\Big[\frac{(\bar{r}+\delta)(1-\alpha)}{\bar{w}\alpha}\Big]^\alpha\Big\}$$

竞争性生产者资本决定方程：

$$\bar{B} = \bar{P}\bar{K}_c$$

预算软约束生产者资本决定方程：

$$\bar{L} = \bar{P}\,\bar{K}_s$$

商业银行资产负债平衡条件：

$$\bar{M} = \bar{L}$$

费雪方程：

$$\bar{l} = \bar{r}$$

消费者的一阶条件化为：

$$\frac{1}{\beta} = 1 + \bar{r} \qquad\qquad (9.31)$$

$$\bar{z} = \beta\left[\bar{z}(1-v)\,\frac{v}{\bar{C}}\right]$$

消费者预算约束化为：

$$\frac{\bar{B}}{\bar{P}} + v\frac{\bar{M}}{\bar{P}} = \bar{w} + \frac{\bar{B}(1+\bar{l})}{\bar{P}} + \frac{\bar{L}_{\bar{l}}}{\bar{P}} + \bar{T}$$

也可变形为：

$$\bar{K}_c + v\frac{\bar{M}}{\bar{P}} = \bar{Y} + (1-\delta)\bar{K} - \bar{K}_s$$

上式变形后和产品市场均衡重复。

提前预留现金约束：

$$\bar{C} = v\frac{\bar{M}}{\bar{P}}$$

均衡条件分别为：

$$\bar{Y} = \bar{C} + \delta\bar{K} = \bar{w} + \bar{K}(\bar{r}+\delta) + \bar{T}$$

$$\bar{M} = \bar{m}$$

$$\bar{B} = \bar{b}$$

2. 参数校准（Calibration）

本模型中的一期为一年。为确定效用折现因子 β，我们使用 2010—2015 年我国一般贷款加权平均利率和 GDP 平减指数，计算得到这6年平均的实际贷款利率为3.35%，通过式（9.31）计算得到对应的 β 为0.9676。

参考 Galí（2008）和 McCandless（2008），折旧率 δ 取值为0.1，产品替代弹性 ψ 取值为11，每期不需要重新定价的生产者比例 ρ 取值为0.3164（对应每季度为0.75）。考虑到中国的实际情况和建模需要，柯布—道格拉斯生产函数中的资本收入占比 α 取值为0.45。2010—2015年，我国 GDP 中最终消费占上年末 M2 的比例平均为0.3131，故将消费者每期持有货币中可用于下一次消费的比例 ν 取值为0.3131。使用1987—2015年我国 M2 年度增速的数据，计算得到我国货币政策冲击的自相关系数 θ 取值约为0.9。参考郭庆旺和贾俊雪（2005）按隐性变量法测算的1979—2004年我国技术进步率数据，计算得到我国技术进步冲击的自相关系数 π 取值约为0.5。设稳态的名义货币量为1.5。

有了上述取值后，通过稳态方程可以渐次得到模型中其他参数的取值，详见表9.10。

表9.10　　　　　　　　　　模型参数校准取值

参数	定义	取值	参数	定义	取值
β	效用折现因子	0.9676	$\bar{r}$	稳态实际利率	0.0335
δ	折旧率	0.1	$\bar{l}$	稳态名义利率	0.0335
ρ	不调价生产者比例	0.3164	$\bar{W}$	稳态实际工资	1.2499
α	生产中资本占比	0.45	$\bar{Y}$	稳态实际产出	2.4998
ν	名义消费/上期货币	0.3131	$\bar{K}$	稳态资本存量	7.6604
ψ	产品替代弹性	11	$\bar{C}$	稳态实际消费	1.7338
π	技术进步自相关系数	0.5	$\bar{K}_c$	稳态竞争性资本存量	2.1229
θ	货币冲击自相关系数	0.9	$\bar{K}_s$	稳态软约束资本存量	5.5375
$\bar{M}$	稳态名义货币量	1.5	$\bar{P}$	稳态价格水平	0.2709
$\bar{T}$	稳态利润	0.2273	$\bar{B}$	稳态债券总量	0.5750
$\bar{z}$	稳态预算约束系数	0.5210	$\bar{L}$	稳态贷款总量	1.5000

利用上述参数取值，还可计算得出稳态下货币总量与名义 GDP 的比值约为 221.5%，总债务（债券 + 贷款）与名义 GDP 的比值（即杠杆率）约为 306.4%。这些比值与我国目前货币总量与杠杆率的发展态势是较为接近的。

3. 对数线性化

定义：$\widetilde{X} = \ln X - \ln \overline{X}$，将完整模型各方程在稳态附近做对数线性化展开，并消去可化为其他变量线性组合的变量，得到如下方程组：

$$-\beta\rho E_t \widetilde{P}_{t+1} + (1 + \beta\rho\rho) \widetilde{Q}_{t+1}$$

$$= (1 - \rho)(1 - \beta\rho) \widetilde{P}_t + \frac{(1 - \rho)(1 - \beta\rho)\overline{r}}{r + \delta} \widetilde{r}_t$$

$$+ \frac{(1 - \rho)(1 - \beta\rho)(1 - \alpha)\overline{K}_c}{\overline{K}} \widetilde{K}_{c,t}$$

$$+ \frac{(1 - \rho)(1 - \beta\rho)(1 - \alpha)\overline{K}_s}{\overline{K}} \widetilde{K}_{s,t}$$

$$+ \rho \widetilde{Q}_t - (1 - \rho)(1 - \beta\rho) \widetilde{A}_t$$

$$E_t(\widetilde{z}_{t+1}) + \frac{\overline{r}}{1 + r} E_t(\widetilde{r}_{t+1}) = \widetilde{z}_t$$

$$-\beta\overline{z}(1 - v) E_t(\widetilde{P}_{t+1}) + \beta\overline{z}(1 - v) E_t(\widetilde{z}_{t+1}) = -\overline{z} \widetilde{P}_t + \overline{z} \widetilde{z}_t + \frac{\beta v}{C} \widetilde{M}_t$$

$$\overline{K}_c \widetilde{K}_{c,t+1} + \overline{K}_s \widetilde{K}_{s,t+1} = \overline{C} \widetilde{P}_t + \left(\frac{\overline{Y}\alpha}{\overline{K}} + 1 - \delta\right)\overline{K}_c \widetilde{K}_{c,t}$$

$$+ \left(\frac{\overline{Y}\alpha}{\overline{K}} + 1 - \delta\right)\overline{K}_s \widetilde{K}_{s,t} - \overline{C} \widetilde{M}_t + \overline{Y} \widetilde{A}_t + \overline{C} \widetilde{h}_t$$

$$\widetilde{K}_{s,t+1} = -\widetilde{P}_t + \widetilde{M}_t$$

$$\widetilde{Q}_{t+1} = \widetilde{P}_t$$

$$\widetilde{M}_{t+1} - \widetilde{h}_{t+1} = \widetilde{M}_t$$

$$\widetilde{A}_{t+1} = \pi \, \widetilde{A}_t + \varepsilon_{A,t+1}$$

$$\widetilde{h}_{t+1} = \theta \, \widetilde{h}_t + \varepsilon_{M,t+1}$$

（三）作为对照的无预算软约束生产者模型

为进一步说明预算软约束生产者对模型动态的影响，我们还建立了无预算软约束生产者的 DSGE 模型和前述模型进行对照。该模型主体结构与有预算软约束生产者的模型相同，不同点在于：

（1）生产者全部为竞争性生产者，购买资本的资金来源全部为向消费者发行债券筹集的资金，资本全部为竞争性资本；

（2）货币不需要通过贷款派生，也不代表居民对商业银行的索取权，并以"直升机撒钱"的方式增加，其数量由中央银行直接控制，因此模型中不再有商业银行。

前述模型中消费者预算约束里的商业银行利润替换为消费者从"直升机撒钱"中获得的货币数量。

1. 完整模型

（1）生产者

加总生产函数（9.6）、劳动与资本需求方程（9.11）、一阶条件（9.13）、价格变动方程（9.14）、竞争性生产者资本决定方程（9.16）直接转化为总资本决定方程，即 $k_{c,t} = k_t$。

（2）中央银行

货币政策方程（9.19）、费雪方程（9.21）。

（3）消费者

预算约束（9.22）化为：

$$\frac{b_t}{P_t} + C_t + \frac{m_t}{P_t} \leqslant \frac{M_{t-1}}{P_t} + w_t + \frac{B_{t-1}(1+i_t)}{P_t} + \left(\frac{M_t}{P_t} - \frac{M_{t-1}}{P_t} \right) + T_t$$

式中，$\left(\dfrac{M_t}{P_t} - \dfrac{M_{t-1}}{P_t} \right)$ 即给每位消费者"直升机撒钱"的收入，但消费者

并不直接决定 $\left(\dfrac{M_t}{P_t}-\dfrac{M_{t-1}}{P_t}\right)$ 的大小。

提前预留现金约束（9.23）、一阶条件（9.24）和（9.25）不变。

（4）均衡条件

式（9.27）化为：$K_t=\displaystyle\int_0^1 K_t(i)\mathrm{d}i$

式（9.26）、式（9.28）至式（9.30）不变。

（5）外生冲击

技术冲击（9.5）、货币政策冲击（9.20）。

2. 稳态（Stationary State）

本部分与有预算软约束生产者的 DSGE 模型基本相同，略。

3. 校准（Calibration）

主要参数取值和存在预算软约束企业的情形相同，渐次得到模型中其他参数的取值，详见表9.11。

表9.11　　　　不存在预算软约束企业情形下模型参数校准取值

参数	定义	取值	参数	定义	取值
β	效用折现因子	0.9676	$\bar{r}$	稳态实际利率	0.0335
δ	折旧率	0.1	$\bar{l}$	稳态名义利率	0.0335
ρ	不调价生产者比例	0.3164	$\bar{W}$	稳态实际工资	1.2499
α	生产中资本占比	0.45	$\bar{Y}$	稳态实际产出	2.4998
υ	名义消费/上期货币	0.3131	$\bar{K}$	稳态资本存量	7.6604
ψ	产品替代弹性	11	$\bar{C}$	稳态实际消费	1.7338
π	技术进步自相关系数	0.5	$\bar{P}$	稳态价格水平	0.2709
θ	货币冲击自相关系数	0.9	$\bar{B}$	稳态债券总量	2.0750
$\bar{M}$	稳态名义货币量	1.5	$\bar{z}$	稳态预算约束系数	0.5210
$\bar{T}$	稳态利润	0.2273			

4. 对数线性化

对数线性化并消去可化为其他变量线性组合的变量的待解方程组

如下：

$$-\beta\rho E_t \widetilde{P}_{t+1} + (1 + \beta\rho\rho) \widetilde{Q}_{t+1}$$

$$= (1 - \rho)(1 - \beta\rho) \widetilde{P}_t + \frac{(1 - \rho)(1 - \beta\rho)\bar{r}}{\bar{r} + \delta} \tilde{r}_t$$

$$+ (1 - \rho)(1 - \beta\rho)(1 - \alpha) \widetilde{K}_t$$

$$+ \rho \widetilde{Q}_t - (1 - \rho)(1 - \beta\rho) \widetilde{A}_t$$

$$E_t(\tilde{z}_{t+1}) + \frac{\bar{r}}{1 + \bar{r}} E_t(\tilde{r}_{t+1}) = \tilde{z}_t$$

$$-\beta\bar{z}(1 - v) E_t(\widetilde{P}_{t+1}) + \beta\bar{z}(1 - v) E_t(\tilde{z}_{t+1}) = -\bar{z}\widetilde{P}_t + \bar{z}\tilde{z}_t + \frac{\beta v}{\bar{C}} \widetilde{M}_t$$

$$\bar{K} \widetilde{K}_{t+1} = \bar{C} \widetilde{P}_t + [\bar{Y}\alpha + (1 - \delta) \bar{K}] \widetilde{K}_t - \bar{C} \widetilde{M}_t + \bar{Y} \widetilde{A}_t + \bar{C} \tilde{h}_t$$

$$\widetilde{Q}_{t+1} = \widetilde{P}_t$$

$$\widetilde{M}_{t+1} - \tilde{h}_{t+1} = \widetilde{M}_t$$

$$\widetilde{A}_{t+1} = \pi \widetilde{A}_t + \varepsilon_{A,t+1}$$

$$\tilde{h}_{t+1} = \theta \tilde{h}_t + \varepsilon_{M,t+1}$$

（四）动态响应

假设技术进步的冲击为1%，货币政策冲击为5%，主要变量的冲击响应如图9.4所示。作为对比，我们分别测算了有预算软约束生产者和无预算软约束生产者（以下分别简称"有"和"无"）两种情况下的冲击响应。

从图9.4可以看出，在"有预算软约束生产者"的情况下，放松货币政策后，价格上升、资本增加，产出随之增加，但投资增加更多，实际消费反而有所下降。由于假设总劳动恒定为1，在资本增加后，实际工资出现较快上升，并带动实际利率也出现短期上升。随着资本存量

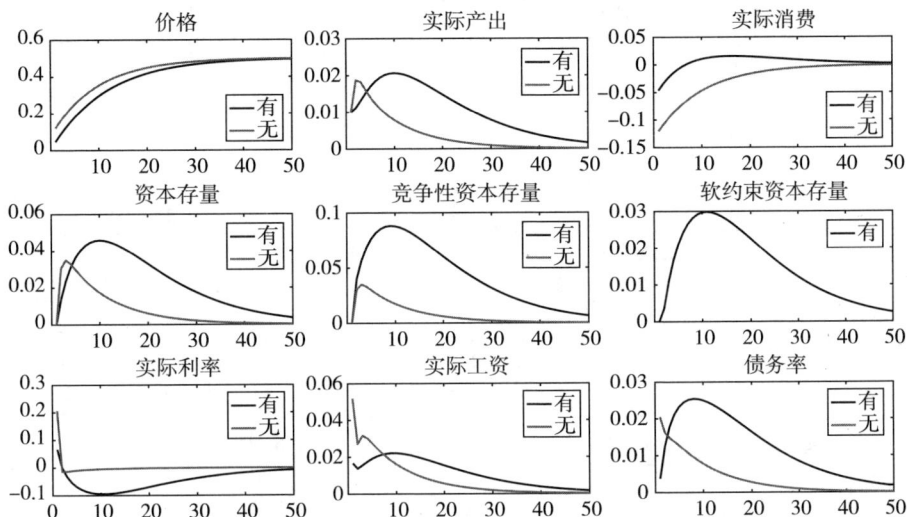

图 9.4 有/无预算软约束生产者情况下主要经济变量对冲击的响应

（供给）继续增加，其对实际利率的影响显现，实际利率下降并低于稳态值。多发的货币全部体现为预算软约束生产者的贷款，债务率也出现上升。

将"有预算软约束生产者"和"无预算软约束生产者"两种情况做对比，可以看出：在短期（2年左右）内"无"的资本存量、实际产出、债务率都更高一些。这是由于预算软约束生产者的资本增速受制于货币政策冲击的大小，而竞争性生产者没有这一限制，竞争性生产者对放松货币政策的反应幅度更大。对应地，"无"的实际消费也受到更强的挤出效应，提前预留现金约束的存在使其价格涨幅也要高于"有"的情况。中期内，预算软约束生产者刚性的资本增加占据了上风，"有"的资本存量、实际产出、债务率都更高一些，且由于产出更多，实际消费也更多，抑制了价格的上升，"有"的价格涨幅总是低于"无"。这些都符合前文的理论推导。

校准中采用的货币政策冲击和技术进步自相关系数分别高达 0.9 和 0.5，导致冲击响应消退的时间较长，不便于和实际情况关联起来。

为得到更符合实际情况的技术进步率为 Y% 、货币供应量增速为 X% 时主要变量的响应，以下假设技术进步冲击和货币政策冲击的自相关系数均为 0。设技术进步率为 3% 、货币供应量增速为 15%，主要变量的响应如图 9.5 所示。

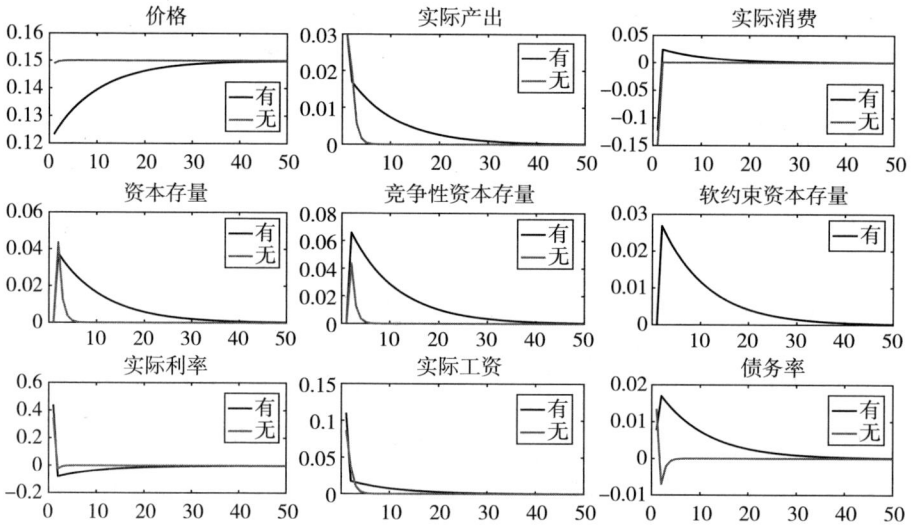

图 9.5 有/无预算软约束生产者情况下主要经济变量对增速的响应

图 9.5 与图 9.4 的结论类似，但展现得更为明显。放松性的货币政策在使价格上涨的同时，也作用于供给端。预算软约束部门的存在使这种供给端效应更为明显。具体体现在，"有"的资本存量和实际产出都要高于"无"，更多的产出抑制了价格的上升，使"有"的价格涨幅低于"无"，呈现越刺激价格涨幅相对越低的特征。值得注意的是，在有预算软约束部门的情况下，货币供应量高速增长对推升债务率的影响幅度更大，持续时间也更长。

我们在前文建立了一个由生产者、商业银行、中央银行、消费者组成的四部门动态随机一般均衡模型（DSGE），模型主要的创新点包括如下内容。

一是引入了预算软约束生产者。传统的 DSGE 模型中，企业按照利润最大化的原则安排生产，消费者按照效用最大化的原则决定投资，这样的设定并不符合存在预算软约束的情况。我国经济中存在国企、地方融资平台等预算软约束部门，这些部门的投资资金很大程度上并不受消费者意愿提供资金的限制，而是取决于商业银行的信贷供给，消费者只是被动持有商业银行信贷供给所派生的货币。预算软约束部门的普遍存在使我国经济中的投资占比偏高，投资效率偏低，投资总量超出了消费者按效用最大化的原则决定的数量。同时，由于其投资刚性增加，对应于银行投放的贷款和购买的债券总量也不断增加，推升了债务率。而且，预算软约束部门投资增长还使实际产出超过无预算软约束部门时的水平，从而抑制了价格水平的上升，一定程度上出现了"越刺激越通缩"的反常现象。

我们的模型创造性地引入了预算软约束生产者，其资金全部来自商业银行贷款，贷款金额由中央银行通过货币政策方程确定。预算软约束生产者不受限制地将这些资金全部用于购买资本品。消费者的消费取决于上一期选择持有货币的数量，但这一数量被动地被中央银行的货币政策方程决定。预算软约束生产者的引入使模型的运行结果可以较好地解释"越刺激越通缩""越刺激债务率越高"等现象，比传统的 DSGE 模型更契合经济实际。

二是赋予了商业银行派生货币的功能。传统 DSGE 模型对商业银行的处理沿袭了先有存款、后有贷款的思路。商业银行根据消费者选择持有的存款数量，被动决定资金运用的规模。这仍然是实物货币时代的旧思路，而不适用于信用货币时代。在信用货币条件下，商业银行的资金运用派生货币，商业银行不论是购买外汇、发放贷款还是购买债券，只要其资产实现扩张，都会在负债方派生相应的货币。尤其是从所有金融机构合并报表的角度讲，货币总量并不会因消费者选择持有的货币量而变化，只有商业银行主动进行资产负债表规模的变化才会影响货币总量。我们的模型中商业银行就被赋予了通过贷款派生货币的功能，这也为预算软约束生产者的引入提供了可能性。

三是对提前预留现金约束的形式进行了符合实际的设计。传统的预留现金约束往往采用 $P_tC_t \leqslant M_{t-1}$ 的形式，但这一形式并不符合经济现实。2015 年，我国 GDP 中的消费约为 36 万亿元，远大于流通中现金 M0（2015 年末约为 6.3 万亿元），远小于广义货币 M2（2015 年末约为 139 万亿元），这就要求我们对传统的预留现金约束进行适当改动。

考虑到现金与存款在支付结算、价值储藏等货币的功能性方面并无本质区别，我们将货币总量取为广义货币 M2，引入下一期消费金额不得超过本期广义货币总量一定比例的设计。按照近几年的实际数据，我们将这一比例定为 0.3131。在这样的设定下，既保留了预留现金约束，模型也更符合实际，稳态的货币总量与名义 GDP 的比值、杠杆率等指标也符合目前的发展态势。通过上述 DSGE 模型，我们可以更清晰地看到在供求交互视角下货币传导所展现出的复杂变化。可以看出，货币扩张并不只是影响需求和短期增长，还会在跨期视角下通过供求交互产生复杂的结构性影响。正因为如此，在货币及货币政策的使用上需坚持审慎和稳健，考虑跨周期的宏观政策设计，实现跨周期均衡而不仅是追求短期的经济增长。

最后，我们还需要解释与上述论述相关的另一个重要问题。这就是如何理解有关货币增长只会导致物价变化，对长期经济增长没有影响（也就是货币中性）的实证结论。例如，Walsh（2010）在梳理了大量文献后认为，经验文献在货币、价格与产出间的长期关系方面没有分歧，货币增长与通货膨胀之间的相关系数为 1，货币增长或通货膨胀与实际产出增长之间的相关系数可能接近于 0。为什么大量实证检验会显示货币扩张更多体现为物价上涨和货币中性呢？我们猜测其中可能的原因是在货币扩张的第一期，由于供给端是既定的，货币和需求扩张所带来的投资增长，就会在一定程度上体现为物价上涨；但投资完成后在第二期会形成供给，进而可能对潜在产出水平产生影响，从而成为稳定价格水平的因素。之所以会出现上述情况，原因在于信用创造与有效供给的形成并不是同时的，而是处在不同的阶段。由此，所谓的货币非中性与物价在一定阶段内的上涨应该是可以并存的，并不能把货币扩张后出现通货膨胀作为货币中性的依据，这一点实际上需要在供求交互和跨期的视角下来观察。

对此，熊彼特也有经典的论述。熊彼特指出，信用支付手段也就是新的购买力，被创造出来并交给企业家支配，这样企业家就会跻身于先进生产者的行列，且其拿到的新购买力也会和之前已经存在的购买力并存。显然，这没有增加经济系统里现有的生产性服务的数量，但是"新的需求"则出现了，这将导致价格的上涨。可见，只有以牺牲先前存在的购买力为代价，才有这种新创造出来的购买力的容身之地。这就像当新的气流进入一个容器时，容器里先前存在的其他每一个分子所占的空间就会因挤压而缩小一样，当新的购买力注入经济系统时，也会压缩老的购买力。熊彼特进一步指出，用于支持企业家和有效投资的信用膨胀与用于支持消费的信用膨胀效果是不同的。在消费信用膨胀的情况下，既有的商品会被消费，但生产不会增长，这样物价的上涨就会持续。不过，若信用用于支持企业家进行创新和投资，企业家不仅会向银行家还贷，还会把生产出来的产品归还到商品的储存地与借来的生产手段相等价，由于创新带来报酬递增，社会财富还会增加。这样，货币流转额与商品流转额不仅达到了平衡，还有节余。因此可以说，在这种情况下，"根本没有信用膨胀——倒可以说存在信用紧缩——只不过是购买力与其相应的商品不同时出现，这样就造成了暂时膨胀的假象"。熊彼特的上述论述，很清晰地从一个角度阐释了货币信用创造对企业家组织生产和实现创新的重要作用，并且阐释了信用创造与通货膨胀之间的关系，在这个框架中，货币非中性和货币一定阶段内会引起物价上涨是兼容的。

货币扩张的结构化效应也需要关注。传统的凯恩斯主义经济学认为,经济是原子式和匀质的,因此不同部门对宏观政策的反应是一致的,也就是说供给曲线是一条均匀的直线。但实际上,经济是非匀质的,不同部门的需求和供给弹性不同,也就是说,不同部门需求和供给曲线的斜率是不一样的,因此宏观政策对不同部门的影响也会有所差异,需求与供给交互影响还可能产生复杂的结构性效应。如果考虑供给端的结构性特征,那么供求之间的交互影响就会更加复杂。李斌(2004)曾经通过一个"两部门"模型对这种经济部门的结构化特征进行了描述。在该模型下,一个是一般竞争性产品部门(A部门),面临的问题主要是"需求约束";另一个是具有垄断性质或产品需求弹性很低的部门(M部门),面临的问题主要是"供给约束"。A部门和M部门的产品都是消费者所需要消费的,因此两个部门之间存在相互需求。投资对A部门就业和产出的作用取决于M产品供给的价格弹性,弹性越小,投资对A部门就业和产出的带动作用就越小。在极端情况下,当M部门的产品供给的价格弹性为零时,投资对A部门就业和产出的推动作用会完全被M部门的产品相对价格的上升所抵消。在现实中,A部门的典型代表是一般制造业部门,而M部门的典型代表则是房地产、股票和能源等部门。

我们借助上述两部门模型进行分析。如图9.6所示,假设A部门和M部门的初始均衡点分别为E_1和E_1',此时两部门价格都是P_1。在迂回生产过程中,投资带来需求的增加,推动A部门和M部门需求曲线分别右移至AD_2和MD_2。需求扩大会引起供给增加,但由于A部门和M部门供给弹性不同,供给弹性较小的M部门供给曲线右移相对较少(MS_2),而供给弹性较大的A部门供给曲线右移相对较多(AS_2),这导致M部门产品相对价格上升。在名义工资不变的情况下,由于M部门需求弹性较小,即使价格上升,人们也要消费M部门的产品,从而导致A部门需求减少,推动AD_2曲线左移至AD_3。A部门是一般竞争性部门，需求减少会相应导致供给的减少，即 AS_2 进一步左移至 AS_3。因此，A 部门和 M 部门最终的均衡点分别为 E_3 和 E'_2。从整个迂回生产过程来看，货币支持投资，投资扩大供给，不同部门供给弹性不同，因此受到的影响也不同，而需求弹性的差别又会进一步影响到供给创造需求的结果，从而导致经济发展内生的结构化变化。

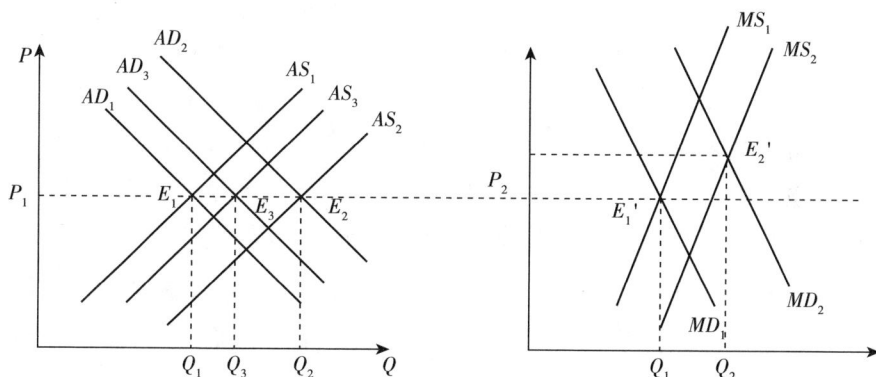

图 9.6　需求和供给交互影响的两部门模型

现代经济学中货币供给主要受货币政策的影响，这种需求与供给交互影响的结构化效应，实际上反映的也是宏观经济政策的结构化效应。主要表现在以下几方面：一是导致经济的结构性问题。A 部门和 M 部门需求和供给弹性不同，导致两部门相对价格的变化，进而通过价格杠杆作用影响资源配置，使一国经济呈现结构性变化。在极端情况下，若 M 部门供给的价格弹性为零，宏观政策导致的投资增加，对 A 部门就业和产出的推动作用会完全被 M 部门相对价格的上升所抵消，经济发展过程中将出现严重的结构性问题。主流经济理论假定经济是原子式和匀质的，货币投放会导致所有商品价格同比例上涨，商品间的相对价格不变，因此对资源配置没有影响，由此货币对于经济增长而言只是中性的；但在经济存在结构化特征的环境下，增加货币投放会导致不同商品相对价格的变化，由于相对价格变化会导致资源的重新配置，这就可能导致货币的非中性。二是导致结构性通货膨胀和资产价格上涨。在经济非匀质的前提下，货币增加一方面将导致供给弹性较小的 M 部门（如房地产、股票和能源等）价格上涨较多，从而滋生资产价格泡沫；另一方面，一般制造业 A 部门内部供给弹性也有差别，从而导致结构性通货膨胀出现。三是对财富分配的影响。财富分配实际上是货币在不同部门、不同个体之间分布的问题。M 部门相对价格上升，资源配置向 M 部门倾斜，都可能导致 M 部门就业者收入上升，使 A 部门与 M 部门劳动者收入差距趋于扩大，产生财富分配不均的结果。近年来有不少文献对货币政策的收入分配效应进行了研究。Argitis 和 Pitelis（2001）认为低利率政策可以减少利率收入者所得，从而产生再分配效应。Domanski 等（2016）分析认为"量化宽松"通过股票市场渠道将导致不平等的上升，而通过房地产渠道降低不平等或保持中性，"量化宽松"的净效应增加了财富不平等。Romer（1998）认为扩张的货币政策造成的经济繁荣短期内能改善穷人的生活条件，但要长期改善穷人的福利，则需要保持低通胀率和稳定的总需求。从供求交互的角度进一步观察，供给端的结构分化，会影响供给创造需求的效果。例如，由于不同财富的经济主体消费倾向不同，经济主体的消费倾向可能随收入增长而下降，因此收入和财富差距扩大后，就可能导致总需求不足，供给和需求之间的良性促动机制会受到影响。

专栏6　货币政策和不平等

2008 年国际金融危机以来，财富或收入不平等问题在西方社会引发了强烈关注。有越来越多的研究开始重视这一问题。在分析不平等产生根源的过程中，部分学者和实务界人士认为公共政策是导致不平等现象的重要原因（Stiglitz，2012）。这其中，以量化宽松政策（QE）为代表的非常规货币政策受到了较多批评（Wolf，2014）。

一、货币政策为何在危机后受到更多指责？

从历史的视角看，财富或收入不平等问题并不是近期才产生的，而是一个长期存在的现象。数据显示，20 世纪 70 年代末以来，主要发达经济体和新兴市场经济体收入不平等程度处于一个持续上升的过程（Domanski 等，2016）。以美国为例，1975—2007 年间，近一半的国民收入增量被前 1% 的家庭所占有。2005—2009 年间，典型的白人美国家庭财富缩水 16%，而非洲裔和西班牙裔美国家庭净财富分别缩水 53% 和 66%。2009 年，最富有的前 1% 的美国家庭占有的财富总量是普通美国家庭的 225 倍，这一比例较 30 年至 50 年前翻了一番。

货币政策被纳入财富或收入不平等问题的讨论，最初是出于运用货币政策来治理不平等的考虑。Romer 和 Romer（1998）提出"货币政策是当今最为有力的管理经济的工具。考虑到贫困问题（包括收入不平等问题）的重要性和货币政策的影响力，很自然地就会联想到是否能运用货币政策来缓解贫困。"相关研究验证了货币政策与财富或收入不平等的关系，提出了货币政策对不平等的一些可能影响渠道。这些成果反过来使人们认识到货币政策是影响不平等的一个原因。在重新认识到货币政策的作用后，早期的一个共识是，相比其他导致不平等的因素，如教育、全球化、劳动市场制度安排等，货币政策的影响并不突出，同时由于货币政策只能在短期和中期内发挥作用，在长期内偏向中性，其影响往往只是短暂的。但国际金融危机后，主要经济体中央银行在较长时间内采取了非常规的货币政策，体现为过低的利率水平和过高的基础货币供给。由于货币政策的分配效应在较长时间内过度彰显，这引发了人们对货币政策可能对不平等产生持久影响的疑虑，并导致政策受到了批评。

二、理论上货币政策可能加剧也可能降低不平等

理论上，货币政策与财富或收入不平等之间的关系是复杂而非单一的。货币政策对不平等的影响渠道主要包含三种类型，分别是收入结构渠道、利率敞口渠道和通货膨胀渠道。在不同渠道下，货币政策对不平等的作用方向可能是不同的。

一是在收入结构渠道（Coibion 等，2017）下，宽松的货币政策可能加剧不平等，也可能减缓不平等。具体效应取决于家庭的收入结构，不同的收入来源对货币政策的响应不同，因而导致不同的结果。以美国家庭为例，典型家庭的收入包括劳动收入、商业收入、金融收入和转移收入。考虑其他条件不变的情况，一方面，宽松的货币政策降低了失业率，提高了底层家庭的收入水平，有利于降低不平等。同时，如果转移收入（如失业补助等）是逆周期的，宽松的货币政策还能使低收入家庭的收入相对较快增长，这也有助于缓解不平等。另一方面，宽松的货币政策促进了商业繁荣，提高了企业盈利；降低了利率水平，提高了金融资产价格。由于企业股东和金融资产持有者通常是较为富裕的家庭，货币政策因而扩大了不平等。

二是在利率敞口渠道（Dragi，2015）下，宽松的货币政策有助于缓解不平等。宽松的货币政策降低了利率水平，导致净储蓄者受损，而净借款者得益。由于净储蓄者通常是较为富裕的家庭，而净借款者通常是较为贫穷的家庭，货币政策因此降低了不平等程度。当然这一推断未必正确，实际上在现实生活中总债务较多的往往是企业家和富人，而未必是穷人，若此则结论有可能发生反向变化。

三是在通货膨胀渠道（Doepke 和 Schneider，2006；Albanesi，2007）下，宽松的货币政策造成通货膨胀上升，可能加剧不平等，也可能缓解不平等。一方面，由于低收入家庭通常相对高收入家庭持有更多的货币资金，通货膨胀上升相当于对低收入家庭征收了更多的税，

将收入从低收入家庭转移至高收入家庭，从而扩大了不平等。另一方面，未预期到的通货膨胀上升降低了名义借款者的债务实际价值，由于净名义借款者一般为低收入家庭，通货膨胀因而降低了不平等。

三、经验研究指出货币政策可能扩大了不平等，但答案也并不绝对

由于理论关系的复杂性，货币政策与财富或收入不平等之间的确切关系更多的是一个经验问题。国际金融危机后，非常规货币政策对不平等产生了显著影响。一些研究发现非常规货币政策加剧了不平等。Saiki 和 Frost（2014）检验了 2008 年第四季度至 2013 年第四季度日本量化质化宽松政策对收入不平等的影响，指出快速增长的基础货币促进了资产价格的提升，使拥有更多资产的富裕家庭受益，从而扩大了收入不平等程度。Domanski 等（2016）研究指出，非常规货币政策可能是驱动法国、德国、意大利、西班牙、英国和美国 6 国危机后财富不平等程度上升的一个因素。他们认为，相比集中在贫困家庭手中的住房，政策更多地推高了集中在富裕家庭手中的股票价格，从而加剧了财富的不平等。Mumtaz 和 Theophilopoulou（2016）运用反事实模拟方法分析了 2008 年之后英国非常规货币政策与收入不平等之间的关系，发现政策提高了所有群体的收入水平，但高收入家庭收入的增长率最高，从而导致不平等程度扩大。但也有研究得到了不同的结果。Dobbs 等（2013）认为美国、英国和欧元区超低的利率水平降低了收入不平等程度。这是因为存款和固定收益产品等收益下降的效应超过了债务利息支出下降的效应，使得年轻、相对贫困且作为净借款者的家庭受益更多。Luigi 等（2019）检验了 2007—2016 年欧洲央行非常规货币政策对 10 个欧元区国家财富不平等程度的影响，发现在奥地利、德国、芬兰、荷兰和葡萄牙，政策对住房价值的正面效应超过了对股票价值的正面效应，使财富不平等程度降低；而在比利时、西班牙、希腊和意大利，两种效应的对比结果则相反，从而财富不平等程度有所上升。

四、应如何看待货币政策和不平等之间的关系

尽管经验证据对于货币政策对财富或收入不平等的净影响方向并未给出确切的答案，但已有证据显示，货币政策特别是非常规货币政策在一些国家或通过一些渠道，确实扩大了不平等。这印证了人们对货币政策的质疑。在这一前提下，应该对货币政策采取何种态度呢？一些学者和政策制定者的观点可概括如下。

一方面，在权衡政策利弊后，货币政策对不平等的负作用是必须也能够承受的代价。Draghi（2015）认为，放弃非常规的货币政策立场并不真正符合储蓄者的利益，因为从长期看，储蓄者的金融资产收益是与实体经济的产出挂钩的，经济保持在稳健的增长路径上才能确保储蓄者的长期利益得到充分满足。Bernanke（2015）指出，不确定的分配效应并不能阻止美联储对最大化就业和物价稳定目标的追求，这些目标的实现能够为经济带来巨大的利益，不平等问题更适合用其他政策进行应对。

另一方面，货币政策对不平等的影响需引起重视，因为不平等会对货币政策的目标产生影响。Stiglitz（2014）指出不平等降低了社会总需求，同时抑制了贫困家庭人力资本的积累，损害了经济的长期增长潜力。不平等还会降低公共物品供给和扭曲税收政策，因为富裕、掌握权力的阶层对基础设施建设的关注较少，同时更偏好于投机交易的税收减免，这都会导致经济稳定性的降低。以美联储为代表的中央银行对不平等问题一贯保持着密切关注。Bernanke（2007）在一次演讲中回顾了不平等程度上升的原因以及相关政策启示，呼吁研究人员在相关领域投入更多精力。美联储还通过组织学术论坛等进一步推动相关研究的进展（Yellen，2015）。

四、小结

本章通过将货币纳入斯密—杨格—科斯框架，探讨了信用货币在迁回生产中的作用，迁回生产过程中需求与供给的动态交互影响，以及需求与供给交互影响的结构化效应。研究发现，如果打破传统宏观经济学"两分法"的研究框架，将需求和供给放在一个连续（跨期）的时间框架下进行研究，信用货币有助于为迁回生产链条的延长提供更强的融资支持，这种融资支持将通过需求和供给的交互影响不断传导，产生"投资发展分工—分工提高生产率和扩大供给—供给创造相应需求—需求和市场规模扩大，促进分工发展"的良性循环，使报酬递增自我繁殖、自我演进，促进经济的内生增长。因此，货币对经济增长的支持，关键在于是否有利于深化迁回生产和促进专业化分工发展。若货币投放过多，或偏离了深化迁回生产的基本方向，则会产生债务积累、产能过剩、资产泡沫以及其他结构性问题。这其中，关键是信用创造是否能用于支持有效的投资，从而促进创新和形成有效供给。在本章的框架下，货币的非中性与一定阶段内的通货膨胀是可以兼容的，货币的长期作用未必只是对物价产生影响。传统观点认为经济是匀质的，假设供给曲线是一条平滑的直线，但现实生活中经济是非匀质的，不同部门需求和供给弹性的差异将导致迁回生产过程中的结构性变化，进而可能出现经济的结构化问题、结构性通胀和资产泡沫，以及财富分配不公等结构化效应。

在引入了货币的斯密—杨格—科斯增长框架下，货币不仅在短期是非中性的，而且可能在相当长一段时期内都是非中性的。货币在相当长时间内的非中性，对于货币政策制定具有重要意义。传统观点认为货币政策的作用仅局限于需求端，不会对供给端产生影响。但在需求与供给交互影响的框架下，通过需求和供给的这种交互作用，货币政策不仅会对需求端产生影响，也会对供给端产生影响，作为传统意义上总量政策的货币政策甚至还会产生显著的结构化效应。这就要求多运用跨期和动态交互的视角和方法。宏观经济部门在政策制定过程中不仅要考虑对短期需求的影响，也需要从长周期的角度，考虑对供给端和经济长期内生增长的影响，设计跨周期的宏观政策，努力实现长期均衡而不仅是短期的经济增长，推动经济稳定可持续发展。

第十章 进一步理解货币与经济：储蓄、投资与货币的关系

上一章将货币引入经济发展的一般机制，从迂回生产、供求交互以及跨期的视角观察货币与经济增长之间的关系。其中，重点讨论了信用货币创造在支持投资进而发展迂回生产中不可或缺的重要作用，同时也在这个逻辑框架下内生出债务扩张、产能过剩以及经济的结构性矛盾问题等。本章可以看作是对货币与经济增长之间关系的一个进一步分析，并聚焦在货币与储蓄、投资之间的关系上。这些研究，可以看作是对上文提出的理解货币与经济增长之间关系的另一个角度的丰富和补充，从而使这一理论框架得以更加完整。

一、实际和名义变量：储蓄和存款的关系

储蓄和投资是现代宏观经济理论十分基础也极为重要的概念，基于这两个概念衍生出诸多理论发展和流行观念。不过越是基础性和一般性的概念，往往越容易产生理解和运用上的谬误。若深入探究，就会发现关于储蓄和投资及其相互关系的不少流行认识，也是似是而非的，很容易找到逻辑上的破绽。有些认识虽然从结论看可能是正确的，但其逻辑推演过程却不一定经得起推敲。我们可以试举一例。在诸多研究中，很多人都将储蓄率作为逻辑起点，并由此推演出一系列理论。比如，不少人将储蓄率高或低作为分析起点（或外生禀赋），认为高储蓄意味着有大量资金可以使用，由此可以为高投资提供资金支持，从

而推动经济增长。因此，有学者认为高储蓄自然意味着高投资，且应当通过完善体制机制，让高储蓄带来的充沛资金更有效地"转化"为高投资，以促进高增长。反之，对于那些储蓄率低的经济体而言，储蓄率低导致资金少，其国内发展得不到充分的资金支持，因此往往只能依靠对外借债。

应当说，上述观点看似正确，由此亦相当流行并具有广泛的影响，但仔细分析则容易找到其中的逻辑问题。在现代经济学中，有关储蓄和投资的基本等式是：储蓄（S）－投资（I）＝顺差（NX）；在封闭条件下则简化为：储蓄（S）＝投资（I）。但上面两式的都只是恒等式，究竟哪个是因变量、哪个是自变量其实并不确定，要厘清变量之间的相互关系，关键是要有理论逻辑的支撑。我们知道，主流宏观经济学采取的是"两分法"，在这个框架中并不包含货币因素，研究的是实际变量。在实物概念下，总产出中除了消费之外即为储蓄，且储蓄只有两种用途：要么用于投资形成实物资产，要么借给外国人形成国外净资产，由此有"储蓄＝投资＋顺差"这一恒等式。在上述理论框架中，储蓄等于投资与顺差之和是同时发生的；在封闭条件下，储蓄则直接等于投资，也是同时发生的。也就是说，投资只是储蓄的表现形态，两者是同时存在的，是恒等的。在不考虑国外净资产的情况下，高储蓄自然对应高投资，反之，高投资也自然对应高储蓄，并不存在所谓要先有高储蓄、再把高储蓄"转化"为投资这一问题。

那为什么会出现上述似是而非的认识呢？一个重要原因，是大家往往会习惯性地把经济学里的储蓄和银行货币形态上的储蓄存款等同起来，从而混淆使用不同概念。也就是说，不少人实际上是把经济学意义上的"储蓄"与货币意义上的银行"存款"相互混淆了，由此产生把存款用出去、转化为信贷和投资的理念。不过有意思的是，把储蓄与银行存款"混淆"起来似乎又不是完全没有"道理"。因为在现实经济中，一国储蓄水平与其存款货币之间往往有着比较紧密的正向关系。我们对全球主要经济体的实证检验发现，一个经济体的储蓄率（以总储蓄/GDP 代表）与其货币量（以 M2 或 M3/GDP 衡量）之间有着较明显的正相关关系（见图 10.1）。中国、韩国、日本、新加坡、中国台湾等都是全球储蓄率较高的经济体，同时也都是 M2/GDP 较高的经济体。一些学者（如秦朵，2002）的研究也发现，储蓄与准货币（即 M2 - M1，货币总量中主要用于价值储藏而不是交易的部分）有着相当稳定的关系。简言之，就是储蓄率较高的经济体，其货币总量也会相对较多。从这个角度看，实物意义上的储蓄与货币意义上的存款之间又有着某种内在的联系。

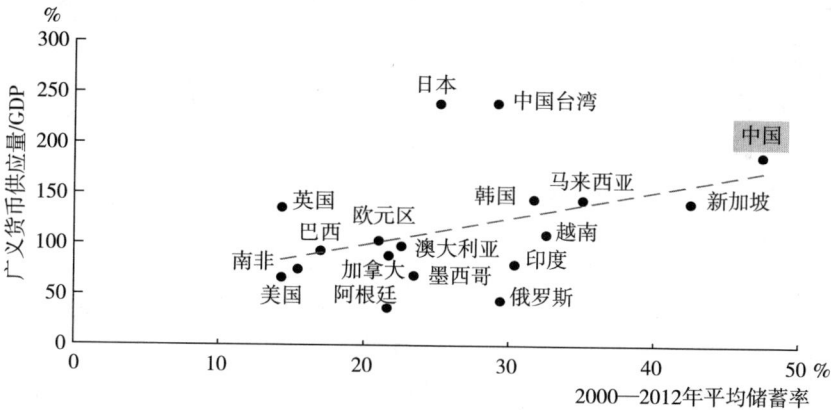

图 10.1　储蓄与货币（M2/GDP）的关系

综上可见，从经济理论"两分法"的角度看，储蓄、投资与货币之间并无必然联系，传统理论中货币是中性的，不应当相互混淆在一起；但从实际经济数据看，储蓄、投资与货币之间似乎又有某种较强的内在联系，呈现出紧密的同向变化关系。鉴此，我们需要一个基本的框架，从而能在一个完整的逻辑关系下理解储蓄、投资及其与货币之间的关系。

二、储蓄和投资：传统框架的解释

我们的分析首先从不考虑货币因素的一般性框架出发。主流宏观经济理论中的储蓄和投资都是实物意义上的。正如前文所言，投资只是储蓄的表现形态，或者说两者是同时存在的，并不存在要把所谓高储蓄"转化"为投资这一问题。实物概念或者说国民经济核算意义上的"储蓄"，与货币意义上的银行储蓄存款也不能等同或混淆在一起。图 10.2 显示了 1990 年以来我国国民总储蓄率的变化情况，其中包括 GDP 口径和国民总支配收入两个口径，这两个口径的总储蓄率数据大体吻合，当然也略有差异。按国民总支配收入口径，储蓄率的高点在 2008 年；若按 GDP 口径，则高点在 2010 年。可以看出，我国储蓄率既有其趋势性变化，也有周期性波动，我们需要对导致这些变化的决定性因素进行解释。

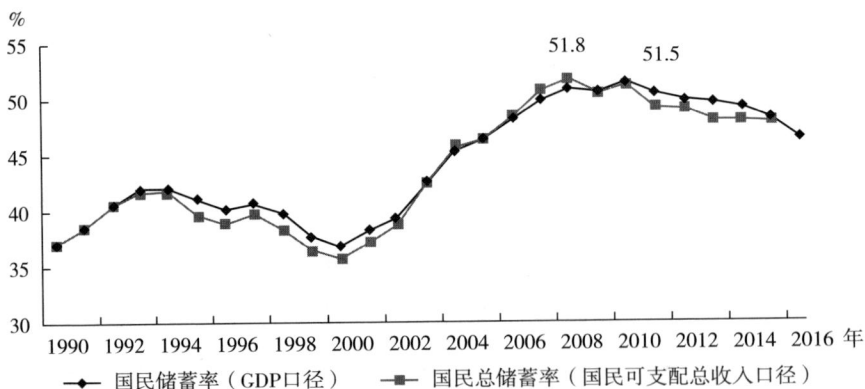

图 10.2　我国国民总储蓄率的变化情况

从长期和趋势性的角度看，储蓄率主要是由微观经济主体的储蓄倾向决定的。其中的逻辑是，若微观经济主体普遍不倾向于消费和休闲，而是倾向于工作和创业，那么这一经济体的储蓄率和投资率一般都会比较高。那么，经济主体的储蓄倾向又取决于什么呢? 从目前的研究来看，储蓄倾向主要取决于人口结构、经济发展的阶段和水平、投资回报率等。年轻人口在总人口中占比高、经济发展水平较低、发展空间较大、投资机会和投资回报率较高等，都有利于提升储蓄率和投资率。从图 10.2 可以看出，改革开放以来我国国民储蓄率总体呈现上升态势，这是改革红利、人口红利和经济快速发展的表现。

从短期和周期性角度看，储蓄率也会受到经济周期的影响，相应呈现出周期性变化。一般而言，经济处于上行周期时投资回报较高，利率水平上升，微观主体的储蓄和投资倾向会相应上升，反之则相反。从我国储蓄率的历史变化看，虽然总体呈现上升态势，但其中的周期波动也是很明显的。例如，1992 年及之后几年受经济上行、投资快速回升等影响，储蓄率也明显上升; 之后开始治理整顿直至亚洲金融危机后的通缩时期，储蓄率则从 1994 年的 41.9% 降至 2000 年的 35.6%; 2002 年后全球及我国经济均进入持续上行期，储蓄率相应从 38.9% 回升至 2008 年的 51.8%。近几年我国储蓄率出现了下降，但实际上储蓄率的阶段性下降在历史上是出现过的，并不是第一次。

上述对于储蓄率变化的理解基于主流宏观经济理论（不考虑货币因素），逻辑上有其自洽性，目前大部分对于储蓄和投资的理解也都是基于上述框架。不过，要全面理解储蓄率的变化，可能还需要解释清楚至少两个相关问题: 一是上文所提到的，如何理解实物意义上的储蓄与货币意义上的储蓄存款之间存在的相关关系。二是从问题导向的角度出发，若我们仔细观察我国储蓄率的变化，会发现一个有趣的现象。这就是在 2008 年国际金融危机后的两三年时间里我国储蓄率一直维持在高位，甚至不降反升。若基于上述传统分析框架，国际金融危机爆发后，经济下行压力明显加大，投资回报率下降，市场预期较为悲观，储蓄率和投资率应当下行才对，但实际上在 2008 年至 2010 年期间我国储蓄率相当稳定，始终保持在50%以上，以GDP口径测算的国民储蓄率还有所上升，从50.8%升至51.5%。这些变化沿用传统框显然难以解释，这也要求我们进一步探索和拓展新的解释框架。

三、储蓄与投资：引入货币后的新观察

解释上述问题，需要引入货币因素。引入货币因素的一个重要原因在于，虽然理论研究上可以采用不考虑货币的"两分法"进行简化，但我们生活的真实世界中是有货币的，且货币产生着巨大的影响力。在这样的大环境下，经济主体（如居民和企业）在决策时一般而言都是货币概念上的。比如，经济主体在做储蓄决策时，头脑中考虑的一般都是需要储蓄多少存款或持有多少金融资产，而不会是多少实物商品。在此情况下，若经济主体储蓄倾向高，会产生两方面的结果：一方面，高储蓄倾向在行为上意味着少消费和少休闲、多工作和多创业，如前文所言，这会表现为实物意义上的高储蓄和高投资；另一方面，由于经济主体做储蓄决策时头脑中使用的是货币概念，多储蓄就会表现为多"存钱"，由此会表现为对存款货币（履行价值储藏功能）或金融资产需求的增长。若该经济体金融市场不够发达，可供选择的金融资产较少，那么高储蓄倾向会更加明显和直接地表现为存款货币的高增长。应当说，上述两方面现象是同时出现的，是高储蓄倾向在实物和货币两个领域的表现。正是因为同时存在这两种现象，才会出现实物概念上的储蓄与货币意义上的存款之间所具有的正向关系。

还值得强调的是，在现代信用货币体系下，从宏观整体层面看，是"先有贷款、后有存款""先有资产、后有负债"，而不是相反。有人可能有质疑，存款记在商业银行的负债方，贷款记在其资产方，在现代复式记账的会计制度下，资产与负债总是相等的，也是同时发生的，为何要强调一定是"先有贷款、后有存款"呢？实际上，之所以

要强调"贷款创造存款"，是因为由此才能解释清楚存款货币的真正来源。其中的逻辑是，每一个非银行经济主体（如企业、个人等）都不可能自己创造出存款来，要增加自身的存款只能通过与其他经济主体进行交易来"赚钱"。也就是说，每一个人手中的存款都只能来自另一个人，显然这样追索下去会成为一个无解的"循环"。那么，既然所有人都不可能自己创造出存款，全社会不断增长的存款货币（也就是M2）究竟来源于哪里呢？答案就是来自银行的资产扩张。银行发放贷款、购买外汇、购买证券及开展部分同业业务等，都会在其负债端派生出等额存款。储蓄倾向高，会相应扩大对存款货币的需求，且这部分货币主要承担价值储藏的功能，这就要求商业银行相应进行资产扩张来创造存款货币。商业银行资产扩张的方式主要是进行贷款等债务融资，而这就可能在整体上提高全社会的债务和杠杆水平。宋国青（2018）认为，我国杠杆率高的重要原因是居民金融资产初值较低，正在通过高储蓄进行快速追赶，这会导致金融资产的高增长，而金融资产中除小部分股权融资外就是债务融资，由此形成整体高杠杆。这与上文的分析有着类似的逻辑。

我们之前的研究（李斌和伍戈，2014）发现，高储蓄倾向会导致货币相对 GDP 更快增长，从而使 M2/GDP 持续上升。从理论上讲，如果货币增长主要是满足实体经济增长所需，那么货币增速与 GDP 增速应大体保持一致，由此其货币/GDP 也应大体保持稳定，那么为什么包括我国在内的一些经济体其货币/GDP 会出现持续上升呢？原因在于，如果新增货币中用于储藏功能的货币增速快于用于交易的货币增速，或者说新增货币中越来越多的部分被用于储蓄，那么该经济体中的货币增速就会超过 GDP 增速（因为只有用于交易功能的货币才有支持 GDP 增长的作用），这样货币/GDP 或者说 M2/GDP 就会出现上升，货币相对经济总量会更多。

从信用货币创造的角度看，我们还发现，除了储蓄率较高本身会增加货币需求之外，储蓄率高还会从另一个角度增加银行的信用创造，从而进一步增加全社会存款货币总量。当储蓄率较高且金融市场不发达时，经济主体持有货币后会将其中很大部分作为储蓄存款来承担价值储藏功能，而不是去购买股票、债券等从而向企业提供融资支持，这意味着这部分储值货币并未对实体经济发展发挥直接作用，此时企业若有融资需求，就需要主要借助向银行借贷，而银行放贷又会派生出新的存款，从而导致货币供应量进一步增加。储蓄率越高、金融市场越不发达，企业融资就越需要借助于银行的新增贷款，从而也就越会增加全社会的货币供给。

正是基于上述原因，储蓄率高与存款货币多之间会存在紧密的正向关系，而由于存款货币都源自银行的资产扩张，由此银行体系一般也就会比较发达。因此，储蓄率高、货币较多、银行体系相对发达这三者之间就会呈现出正向的关系。银行融资在全部融资中占比高的经济体，其货币/GDP 一般也会较高，两者有着显著的正相关性（李斌、伍戈，2014）。中国、韩国、日本、新加坡、中国台湾等都是具有上述特征的经济体。基于上述逻辑，我们就可以理解实物意义上的储蓄与货币意义上的储蓄存款之间的关系。

在初步引入货币因素后，我们再来观察 2008—2010 年期间储蓄率出现的"反常"变化。在传统经典框架下，2008 年国际金融危机爆发后经济出现较大下行压力，预期较为悲观，投资预期回报率下降，因此储蓄和投资应当下行才对。但实际情况则相反。其中的主要原因，是出台了一揽子经济刺激计划并实施了适度宽松的货币政策，政府主导的投资弥补了主要由外需下降导致的总需求萎缩，稳定了经济增长。从这个意义上看，不仅储蓄可以决定投资，至少在一定阶段内，投资亦可以影响和决定储蓄。进一步看，由于投资和内需扩张主要需依靠银行资产扩张所提供的各类信贷来支持，这样货币信贷、投资和储蓄之间就自然会建立起某种联系。李斌（2010）曾对 2008 年之后一段时间主要宏观经济变量之间的关系变化进行研究。研究发现，银行贷款投放与内需特别是投资在经济增长中的贡献度之间有着直接联系，贷款增速与资本形成在 GDP 中的贡献度变化是基本吻合的，两者相关系数达到0.6。贷款增速每上升1个百分点，资本形成对 GDP 的贡献度将上升约0.26个百分点。而资本形成或者说投资的增长又会推升储蓄。正因为如此，我们观察到，在2008年国际金融危机后的一段时间内，我国的投资和储蓄不降反升。从这个意义上讲，投资在一定阶段内是可以决定储蓄的。

投资可以在一定阶段内决定储蓄，而投资相当部分又来自银行信贷的支持，这意味着货币的扩张至少在短期内可以对储蓄、投资等实际变量产生影响。这实际上也是货币非中性的含义。也就是说，可以通过调节货币总量（或利率水平）来影响经济增长。在现代信用货币时代，理论上银行通过扩张资产负债表进行货币创造的空间是无限的，由此中央银行具有了真正意义上的货币政策功能。不过，主流理论一般只认为短期内货币是非中性的（凯恩斯理论），长期内货币则是中性的，货币成为一层"面纱"。主流宏观理论通过"两分法"进行简化，其一般均衡模型中并不包含货币因素，或将货币视为无不同之处的普通商品。主流货币理论在将货币纳入一般均衡模型时，通常的做法：一是假定货币会直接产生某种效用，将货币余额纳入效用函数（Sidrauski，1967），这也就是货币效用函数模型；二是施加某些形式的交易成本，由货币的可便利交易属性引出货币需求（Baurnol，1952；Tobin，1956），典型如预留现金（CIA）模型等。显然，即使是在引入货币因素时，主流理论使用的实际上也是"实物货币"概念，强调的主要是货币的交易媒介功能。但真实世界里实际存在的是信用货币体系，且信用货币与实物货币在货币创造和运行机制方面都存在着相当大的差异。这就可能使主流宏观理论和货币理论在解释货币与经济增长的关系时产生较大的偏差，从而影响理论对现实世界的解释力。

在观察货币、储蓄与经济增长之间的关系时，还会发现一个有意思的"全球增长之谜"。根据朱天（2016）对麦迪逊等数据进行整理的结果，迄今为止全球只有 8 个经济体以年复合增长 6% 以上的速度连续增长超过 30 年。其中，除博茨瓦纳和沙特阿拉伯主要依靠特殊的自然资源禀赋之外，其余 6 个经济体（日本、中国香港、韩国、新加坡、中国台湾和中国）均在东亚地区，且都是高货币（M2/GDP 处于较高水平）、高储蓄（国民储蓄率多在 30% 以上）、以银行体系融资为主和经济高增长的经济体。对此"增长之谜"进行解释可以有不同的角度，比如朱天（2016）主要是从东亚的高储蓄和对教育的高度重视来进行解释，还有的从技术引进赶超及"后发优势"的角度进行解释。不过，上述高增长经济体都具有货币多、银行体系发达的特征，可能也不是偶然的。银行体系为主的融资结构及其较强的货币创造功能可能也是促进增长的重要因素之一，其中的关系仍值得深入研究。

进一步看，在主流理论中，较之区分实际变量和货币等名义变量的"两分法"，还存在区分短期和长期的"两分法"。长期内往往只讲供给，不讲需求，背后假定供给自动创造需求，即所谓的"萨伊定律"；短期内则只讲需求，不讲供给，产出由总需求决定，这也就是凯恩斯理论的核心。在此框架下，货币及货币政策被界定为短期的总需求管理工具，货币政策只会在短期内影响总需求，长期看则是中性的。也就是说，短期内以强调需求管理的凯恩斯理论为主，长期内则以强调资本、劳动、全要素生产率等供给端的经济增长理论为主。需求与供给之间是割裂的，是由不同因素分别决定的。上述"两分法"十分流行，但实际上并不完全符合更为复杂的现实运行规律。在现实经济中，供给和需求很可能是交互影响的。例如，由货币信贷推动的投资在"投"的过程中是需求，但投资完成后则会形成供给，并可能对供给端和潜在产出水平产生影响。

进一步看，从经济增长的内生机制观察，同样离不开货币与金融的重要作用。根据经典的斯密定理，经济增长源于专业化和分工的发展。而迂回生产是专业化和分工的重要特征。迂回生产就是在生产最终产品之前加入中间产品，中间产品越多，生产最终产品的效率反而越高。而这一过程，实际上就是专业化程度不断加深、分工多样化以及工业化和市场化的过程。在分工不断细化和复杂化的大背景下，许多中间产品对其生产者来讲并没有直接的使用价值，因此在中间产品生产者研发、生产及至销售获利之前，必须有资源对其进行支持，而这就需要依靠金融和货币来发挥作用。可见，若没有货币金融的支持，专业化和分工实际上很难深化，整个社会的迂回生产链条也很难延伸，工业化、市场化自然也得不到发展。在以斯密为代表的古典学派的视野中，投资被定义为发展分工和推进迂回生产的工具。而金融和货币正是支持投资的重要手段。从这些角度看，都很难讲货币是所谓中性的。当然，货币在支持专业化分工进而促进经济增长的同时，若扩张过快亦可能推高债务和资产价格，并导致产能过剩等供给侧问题。而这些问题又可能反过来影响货币及货币政策。从这个角度讲，货币政策应始终保持中性适度，既要适时适度调整，防止需求短期过快收缩，也要防范过度"放水"固化扭曲。

四、小结

在主流经济学中，储蓄、投资等实际变量与货币之间是通过"两分法"隔裂开的，但我们生活的真实世界却始终离不开货币。理论上的"抛开货币"与现实中的"离不开货币"始终是一对矛盾，这也是导致不少人在关于储蓄、投资、存款、货币等问题上存在诸多似是而非认识的重要根源。鉴于此，本章试图就储蓄、投资及与货币的关系提供一个基本的分析框架。我们的研究发现，投资只是储蓄的表现形态，两者是同时存在的，是恒等的。在不考虑国外净资产的情况下，高储蓄自然对应高投资，反之，高投资也自然对应高储蓄，并不存在所谓要先有高储蓄、再把高储蓄"转化"为投资这一问题。究其原因，不少人实际上是把经济学意义上的"储蓄"与货币意义上的银行"存款"相互混淆了，由此产生把存款用出去、转化为信贷和投资的理念。不过有意思的是，现实经济中一国储蓄水平与其存款货币之间确实有着比较紧密的正向关系。中国、韩国、日本、新加坡、中国台湾等都是全球储蓄率较高的经济体，同时也都是 M2/GDP 较高的经济体。解释上述问题，需要引入货币因素。在有货币的大环境下，经济主体（如居民和企业）在决策时一般而言都是货币概念上的。比如，经济主体在做储蓄决策时，头脑中考虑的一般都是需要储蓄多少货币存款或金融资产，而不会是多少实物商品。在此情况下，若经济主体储蓄倾向高，会产生两方面的结果：一方面，高储蓄倾向在行为上意味着少消费和少休闲、多工作和多创业，如前文所言，这会表现为实物意义上的高储蓄和高投资；另一方面，由于经济主体做储蓄决策时头脑中使用的是货币概念，多储蓄会表现为多"存钱"，由此会表现为存款货币（履行价值储藏功能）或金融资产需求增长。储蓄率高，还会从两种机制上导致 M2/GDP 持续上升。上述两方面现象是同时出现的，是高储蓄倾向在实物和货币两个领域的表现。研究还发现，在信用货币条件下，投资可以在一定阶段内决定储蓄，而投资相当部分又来自银行信贷的支持，这意味着货币的扩张至少在短期内可以对储蓄、投资等实际变量产生影响。进一步从经济增长的内生机制观察，在以斯密为代表的古典学派的视野中，投资被定义为发展分工和推进迂回生产的工具，而金融和货币正是支持投资的重要手段。从这些角度看，货币即使在长期中也可能是非中性的，对经济发展至关重要。

我们的研究也发现，分析储蓄率及其变化，既要看趋势性和结构性因素，也要看周期性因素，此外还应融入货币视角。储蓄率和投资率的变化实际上是一系列深层次经济结构性和周期性因素综合作用的外化反映。正因为储蓄率变化是诸多深层次经济因素的外化反映，在分析和解决有关储蓄率等问题时，并不宜就储蓄而谈储蓄，或试图人为调节储蓄率，要保持经济持续增长，关键还是要从根本性和深层次因素入手，在增强经济活力、提升经济内生增长动力上下更大功夫。

第十一章 货币与经济的循环与互动：一个实证考察

在上文中，我们构建了一个理解经济发展的一般机制，并将货币因素引入其中，试图搭建一个理解货币与经济之间关系的基本框架。建立理论框架的最终目的在于实际运用和对现实经济进行解释。在之前的章节，我们已运用这一框架分析了改革开放以来中国经济内生增长和供求交互机制的演变。在本章，我们将继续运用上述框架所提供的方法和视角，着重从供求交互的角度来分析近几年来中国经济运行中的一些新变化，探寻其背后可能的逻辑和机理。我们在研究中发现，单纯从需求端或者供给端入手都难以全面解释经济运行，需要有供求交互的视角，研究各自可能的变化以及相互之间的动态影响。

一、近年来宏观经济的新变化：供求交互的视角

在经历了连续多年的经济下行后，2016 年下半年以后的一段时间里，中国经济总体企稳，这是前几年宏观经济领域最突出的变化之一。2011 年以后，中国经济下行压力一直较大，GDP 增速在波动中呈持续下降趋势，从 2011 年第一季度的 10.2% 下降至 2015 年第四季度的 6.8%，PPI 涨幅也连续 54 个月在负值区间，同时总债务率（全部非金融企业债务/GDP）持续上升，一定程度上表现出债务—通缩并相互强化的特征。不过在 2016 年第一季度以后，中国经济增长趋于稳定，并在 2016 年下半年出现回升，GDP 增速连续 12 个季度稳定在 6.7% ~

6.9% 的区间，其间主要国际组织（包括 IMF、世界银行、OECD 等）也多次上调了对中国经济增长的预测。应当说，在 2017 年，对很多宏观经济研究者来说，都未预判到经济能够出现较长时间的稳定增长。在经济增长企稳的同时，货币金融领域也出现了一些重要的变化。M2 增速从 2016 年末的 11.3% 下降至 2017 末的 8.1%，历史上首次下降到 10% 以下，M2/GDP 也从 2016 年的 2.08 降至 2003 年的 2.03。以前 M2 增速变化与实体经济联系紧密，如果货币增速较快下降，那么实体经济就会受到很大影响，但 2016 年之后的一段时间里 M2 增速和经济增长出现分化，在经济企稳回升的同时，M2 增速却在下降，同时通胀水平相对稳定。对于宏观经济研究者而言，需要深入分析这些新变化背后的机理，从而更好地理解货币与经济之间的关系。我们发现，观察和分析上述新现象背后的机理，既需要观察需求方，也需要观察供给端，需要有供求交互的视角。

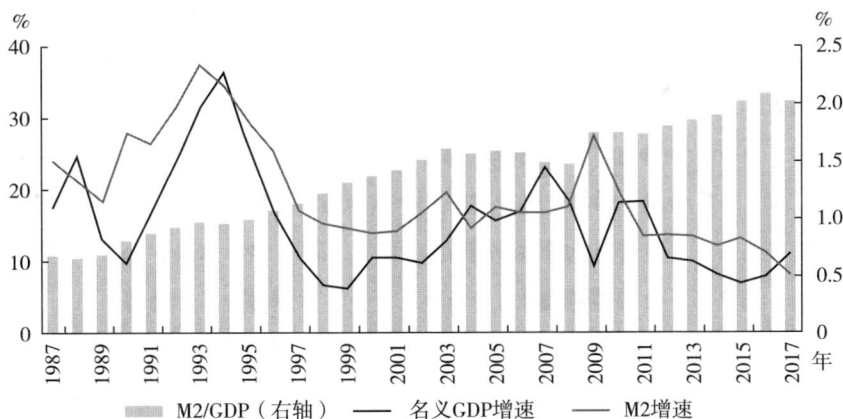

图 11.1　M2 和 GDP 增速走势

我们首先分析 2016 年之后中国经济出现企稳回升的原因。这一现象引起了不少宏观经济学家的关注，但多从需求端的角度进行解释（彭文生，2017；李迅雷，2017 等），认为此轮经济复苏是 2015 年至

2016 年期间货币政策、财政政策刺激的结果。2015 年，人民银行先后 5 次降息和 5 次降准，流动性相对较为充裕。地方政府也通过融资平台、地方政府债券发行等大量融资，扩大基建投资，2015 年至 2017 年还累计发行了约 10 万亿元地方债以置换存量地方政府债务（若将地方债置换规模还原到社会融资规模中，则 2015 年广义社融增速将升至 15% 以上）。

那么，这一次经济企稳回升主要是因为总需求刺激吗？为了回答这一问题，我们首先从消费、房地产投资、基建投资、存货、外需等方面分项来看其对 GDP 增长的贡献，观察经济增长是否主要依靠政府投资刺激和房地产市场拉动（见表 11.1）。

表 11.1　　　　　　　各要素对 GDP 增长的贡献度　　　　单位：%

年份	最终消费		资本形成						净出口	合计
	消费	其中：政府消费	基建	房地产	制造业	存货	其他	小计	净出口	
2016 年	4.3	1.3	1.3	0.4	0.5	-0.1	0.6	2.8	-0.4	6.7
2017 年	4.1	1.2	1.2	0.4	0.3	0.3	0.1	2.2	0.6	6.9

表 11.1 是根据国家统计局数据测算的各因素对 GDP 增长的贡献。分项看，2017 年房地产和基建投资对经济增长的拉动作用较上年略有下降，2017 年经济边际改善主要是外需和供给改善导致存货增加的结果。其中，最终消费拉动经济增长 4.1%，较上年同期小幅下降 0.2 个百分点；净出口拉动经济增长 0.6%，较上年同期大幅提高了 1 个百分点；资本形成拉动经济增长 2.2%，较上年同期下降 0.6 个百分点，其中，房地产投资对经济增长的贡献与上年同期基本持平，基建投资贡献较上年同期下降了 0.1 个百分点，而存货投资贡献较上年同期上升了 0.4 个百分点，剩下的残差项部分对 GDP 增长贡献下降了 0.5 个百分点。总体来看，2017 年经济企稳回升主要是由于出口改善和存货增加所致，而并不是主要依靠政府投资和房地产扩张，这也表明我们可能不能仅从需求端和政策刺激的角度理解宏观经济运行出现的新变化。

在全球经济复苏背景下，外需回暖对国内经济的支撑作用明显。2016 年之后，全球经济出现了少有的同步复苏态势，IMF 将 2017 年、2018 年世界经济增速预测上调至 3.6%、3.7%。得益于人民币汇率贬值、全球进入以设备投资回升为特征的朱格拉周期等因素的影响，出口对经济增长的贡献度明显回升。按美元计价，2017 年我国出口同比增长 7.9%，较上年同期大幅提高了 15.6 个百分点。

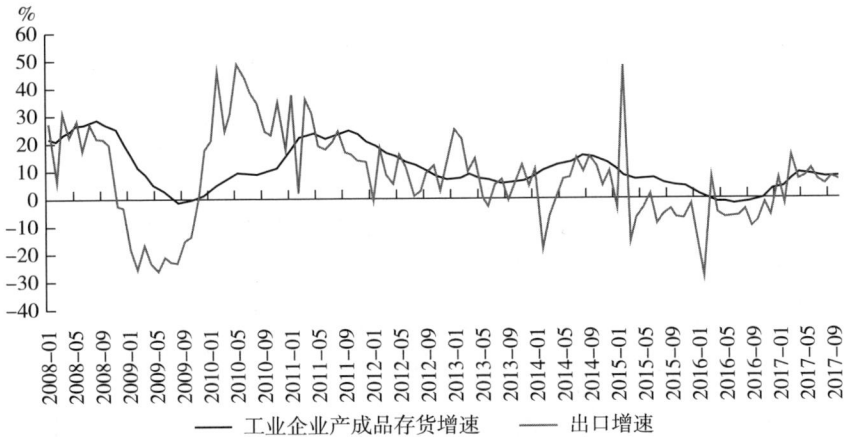

图 11.2　出口和存货增速走势

存货之所以会大幅增加，背后的原因是企业预期改善，愿意增加生产。分析企业为何会出现这样的变化，则需要从供给端理解这一轮经济企稳回升的原因。实际上从简单的总需求—总供给（$AD - AS$）模型就可以看出，即使总需求不变（即需求曲线 AD 保持不动），仅依靠供给端改善（如供给曲线从 AS_1 右移至 AS_2）也可以带来经济增长。在图 11.3 中，总需求曲线 AD 并没有发生变化，但总供给曲线从 AS_1 移动到 AS_2，由此产出从 Q_1 增加到 Q_2，同时物价从 P_1 下降到 P_2，这对于经济而言实际上是一个正向的供给冲击。从上文给出的各因素对 GDP 的贡献度来看，房地产和基建投资的贡献不升反降，我们似乎难以用传统的所谓需求端刺激来解释经济出现企稳回升的原因，由此我们需要转向对供给端的关注。

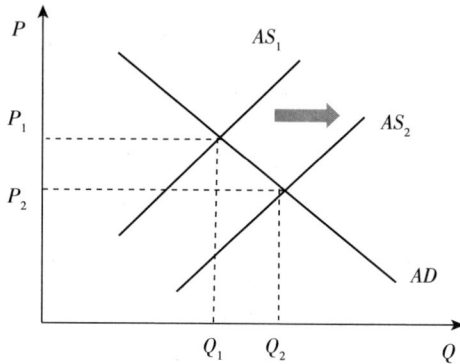

图 11.3　供给端变化对经济的影响

　　上文已指出，传统"二分法"的供需分割研究框架非常流行，但其也有明显的局限性。在凯恩斯主义宏观经济学中，需求被作为短期因素考虑，而供给则被作为长期因素纳入增长理论的视野中。在对宏观问题的研究中，供给和需求往往被分割开来，分别放入两个领域来分析经济增长和宏观波动问题。当分析经济的短期波动时，经典分析框架认为，经济波动是由需求端决定的，供给端由于受到技术进步、资本积累、人口等长期因素影响，短期是不变的。当分析长期经济走势时，却又专注于对供给端的分析，研究人口、技术、储蓄率等因素对经济的影响，忽略了需求端的变化。由于凯恩斯理论主要关注需求端，货币政策传统上也被定位于短期的需求管理工具，因此人们在做宏观分析时，往往也会把注意力集中在需求问题上，从而有意无意地忽视供给端的变化。例如，在研究货币政策的作用时，人们往往在潜意识里假定供给端是不变的，微观经济主体只是被动地适应货币政策的影响，而不是主动地在自我调整和变化。当然，凯恩斯主义定位为研究短期问题，并假定供给端在短期内是不变的，这在理论上是合理的。但实际上若干短期加总起来就是长期，且供给端并不只是被动地接受需求端的影响，其自身在市场机制的作用下也在调整和改变。这些都要求我们必须在供求交互的视角下来分析宏观经济问题。

如果我们把视角从需求侧转向供给侧，会有新的发现。近年来随着供给端结构性改革和市场优胜劣汰机制发挥作用，企业兼并重组和淘汰落后企业加快，产能在逐步出清，由此行业集中度上升，龙头企业效益提升。一些研究表明（徐然，2016；伍戈 2017），民营企业经过一轮深度调整后，自 2016 年开始产业重组整合加快，行业集中度上升、效率有所提升，经济回升动力增强。王琦（2017）通过对上市公司数据的分析，也发现行业集中度在提高，龙头企业效益在 2016 年开始逐步回升。

关于产能并没有权威的统计数据。考虑到投资完成后会形成产能，我们可以用制造业投资增长大体代表制造业产能的扩张状况。在应对 2008 年国际金融危机冲击的一揽子刺激性措施出台后的几年里，企业快速加杠杆、扩产能，这一时期我国制造业投资增长很快，增速保持在 20%～30%，明显快于同期 8%～10% 的 GDP 增速，这意味着产能扩张显著快于需求增长，由此形成严重的产能过剩问题。在这样的大背景下，企业自然难以盈利，物价也面临通缩压力，企业对总需求的变化会非常敏感，一旦总需求增长出现下行就会对企业和市场产生较大影响。这也是前几年经济运行中的突出现象。在 2011 年之后的几年时间里，经济呈现持续的下行压力，政策刺激后会短期小幅回升，随后又会出现下行压力，加之产能严重过剩，我国 PPI 涨幅曾连续 53 个月运行在负值区间。我们知道，投资在完成后会形成供给，增加产能，从这个逻辑上讲，就可能出现越刺激、越增加投资反而由于产能增长越加剧通缩的情况，从而出现债务—通缩相互强化的循环。事实上在一个阶段内确实出现过类似的状况，但并没有持续下去。中国经济在 2016 年下半年以后逐步企稳，PPI 也由负转正并出现较明显的回升。

　　出现上述变化的一个重要原因，在于经济供给端并不是像经典理论所假设的那样始终不变，也不只是被动接受需求政策的影响，其本身也是在变化和调整的。也就是说，市场机制是在工作的，同时政府也在发挥作用，推动供给侧结构性调整。实际上，在供给侧结构性改革和市场优胜劣汰机制的作用下，近年来我国产能过剩问题明显缓解，面对经济下行和通缩环境，企业会相应减少投资和产能扩张，并进行结构调整、转型升级和优化重组。这其中一个重要的表现，就是2012年之后我国制造业投资增长从高位持续放缓。工业企业的产能是由过去的制造业投资形成的，如果某期制造业投资增速有所降低，则经过一定时滞，新增产能和总产能的增长都可能随之放缓。中美的历史数据也都印证了前期投资对后期产能的滞后影响。虽然行业之间有所不同，但就制造业总体而言，中美两国从制造业投资到产能形成的时滞都在一年左右。从美国的经济周期波动中能清晰地看到这种滞后关系。从我国的情况来看，在一揽子刺激措施推动下，产能增速从2010年开始大幅反弹，到2012年达到高峰，形成了产能过剩压力。随着2012年之后投资增速不断下降，产能增速也随之下降。由于存在上期投资需求对应着下期的产能供给这种跨期供需的交互机制，制造业投资的持续放缓使工业新增产能增速显著下行。而受供给侧结构性改革政策的推动，存量产能也得以明显去化。2012—2017年，我国累计退出钢铁产能1.7亿吨以上，其中过去两年分别去化0.65亿吨和0.5亿吨，同时2017年还清理地条钢1.4亿吨；累计退出煤炭产能8亿吨，其中2016年和2017年分别去化2.9亿吨和2亿吨左右。不少行业在市场机制作用下出现明显的调整转型，企业兼并重组和淘汰落后企业加快，部分小企业和落后企业被淘汰，据统计近几年纺织行业倒闭重组约80%的企业。而据银监会统计，2014—2016年中国银行业用拨备及其他方式核销约2万亿元不良贷款。这些不良贷款一端对应着银行资产的去化，另一端则有相当部分对应着产能去化。虽然不排除个别行业仍存在一定程度的产能过剩，但目前整体工业的产能过剩压力已有限。

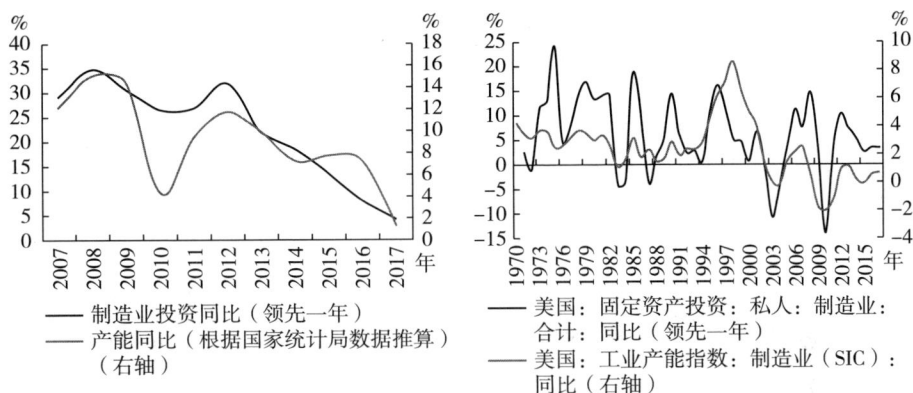

左图图例：
— 制造业投资同比（领先一年）
— 产能同比（根据国家统计局数据推算）
（右轴）

右图图例：
— 美国：固定资产投资：私人：制造业：
合计：同比（领先一年）
— 美国：工业产能指数：制造业（SIC）：
同比（右轴）

图 11.4 中美制造业投资领先产能增速约一年时间

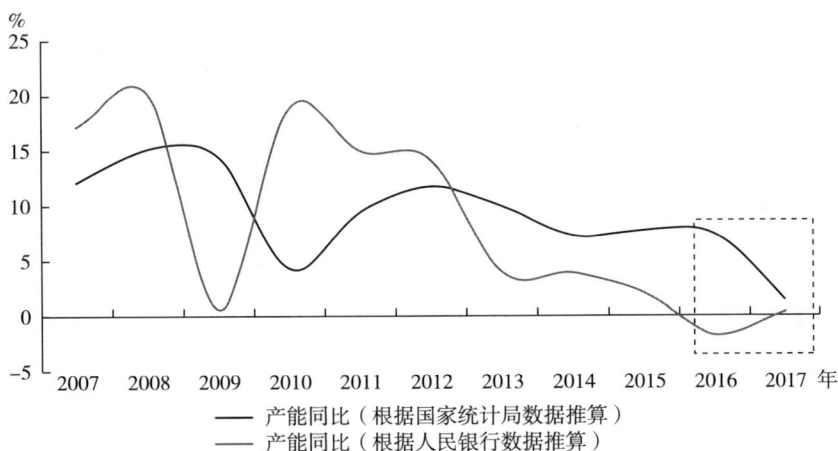

— 产能同比（根据国家统计局数据推算）
— 产能同比（根据人民银行数据推算）

图 11.5 工业整体产能增速降至历史低位

2016 年之后制造业增速降至 5% 左右，而同期 GDP 增速仍接近 7%，这在一定程度上意味着总需求增长快于产能扩张。由此，经济已在一定程度上从以往严重产能过剩、供大于求的状态转变为供求更加平衡甚至需大于供的状态。在这样的背景下，企业生产自然会增长，

261

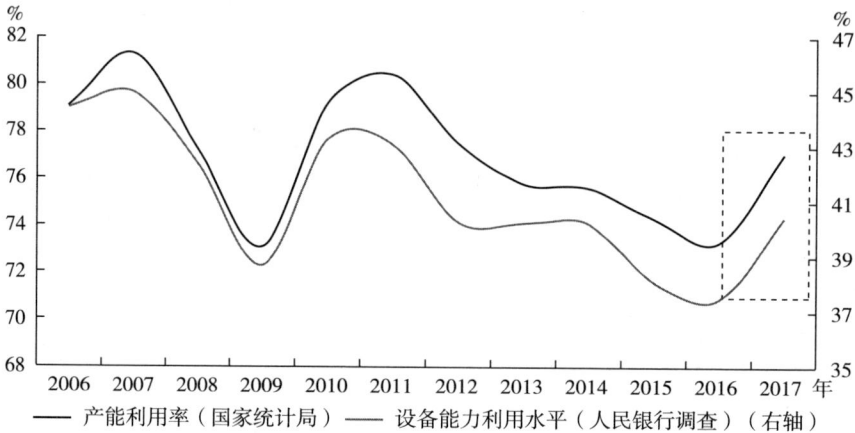

图 11.6   从 2016 年开始产能利用率大幅上升

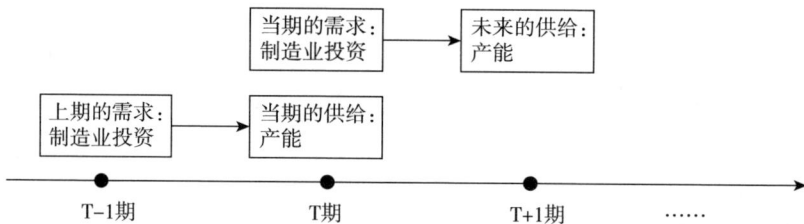

图 11.7   上期的投资需求形成下期的产能供给

产能利用率提高，盈利也会上升，效益会进一步改善。国家统计局的产能利用率数据和人民银行的设备能力利用水平数据都表明，我国产能利用水平在 2016 年以后大幅反弹，已经达到或接近 2012 年的水平，回升到近五年来的高位。由于供求关系改善，2017 年之后规模以上工业企业利润大幅上升，利润同比增长达到 21%，2018 年前 7 个月利润增速仍超过 17%。值得注意的是，在 2016 年 3 月我国制造业投资增速开始低于 GDP 增速（见图 11.8），这与宏观经济开始企稳在时点上是基本吻合的，这并不是巧合，背后反映出的是中国经济结构的调整和变化。进一步看，当供给小于需求、企业开始盈利并认为这种盈利具有可持续性后，企业增加产能会由谨慎转为相对积极，会有更多企业选择增加投资和扩大产能，由此供给端改善逐步向需求端传导：一方面，产能增速处于低位对价格和利润是有利支撑，这有利于增强企业扩产的激励；另一方面，由于产能利用率已回升到较高水平，在现有产能得到充分利用的情况下，企业会考虑加大投资以扩大产能，由此带动新增投资增长。在此背景下，2018 年以来制造业投资、民间投资总体呈现稳中回升的态势。这些变化构成中国经济较前些年有更强韧性的深层次原因。

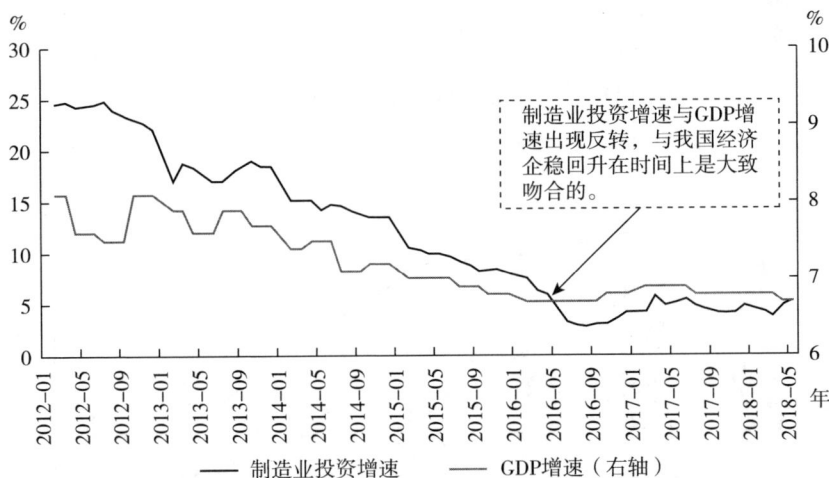

图 11.8　经济总供求更加平衡

参照王琦（2017）等的研究，还可以从产能周期角度观察产能变化对供给端的影响。产能周期可大致分为三个阶段：产能的投资、产能的投产和产能的消化，而经济总供求关系的变化是周期产生的根源。以 2008 年受国际金融危机冲击为例，在周期的第一阶段产能投资期，即 2009 年一揽子刺激措施之后，经济处于加杠杆、扩产能时期，投资需求高企。在周期的第二阶段产能投产期，大致从 2012 年到 2015 年，即投资发生 3～4 年后，此阶段产能陆续投产，从而形成供给，进入产

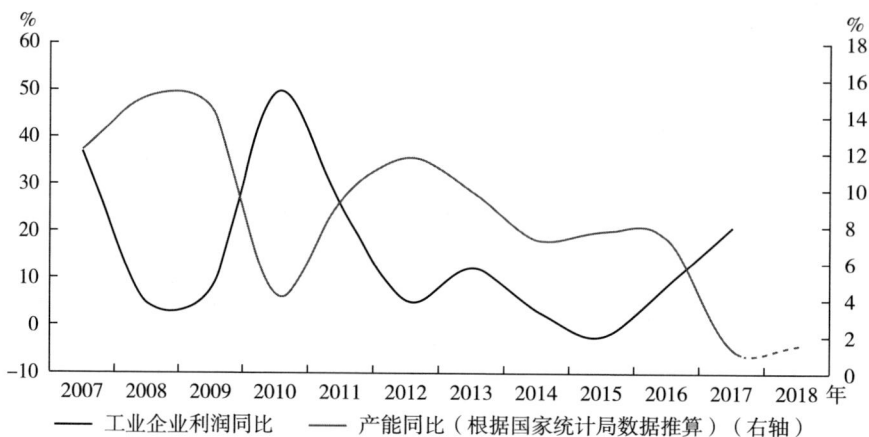

图 11.9 产能低增长与工业企业利润高增长

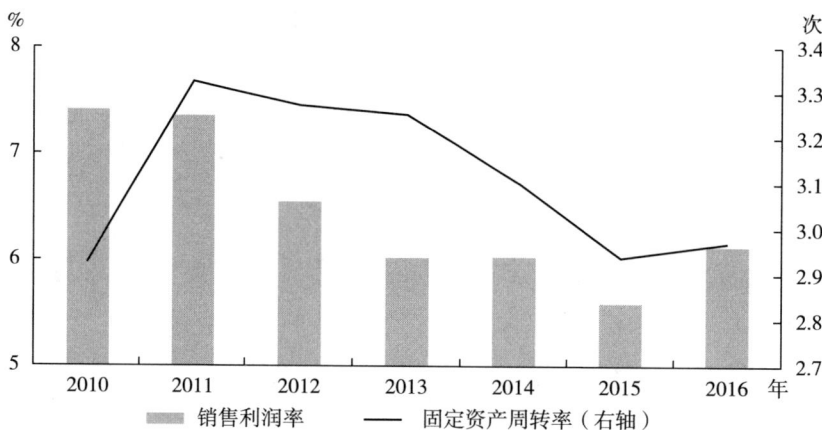

图 11.10 企业视角：过剩产能逐步消化

能过剩阶段，PPI 涨幅连续三年为负，企业利润下降，债务压力上升，出现债务通缩现象。企业预期悲观，投资意愿下降。在周期的第三阶段产能消化期，产能逐步去化，2017 年之后的一段时间里，企业利润回升、产能利用率提高，企业预期改善，对未来的信心增强，制造业投资逐步筑底回升。

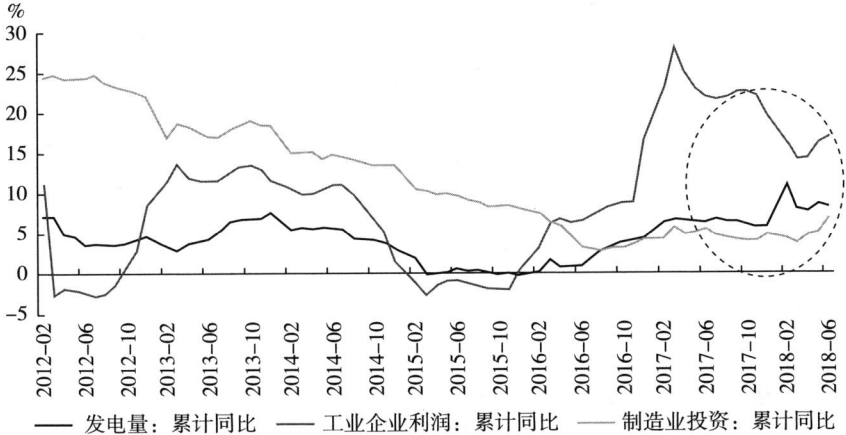

图 11.11　企业利润回升与制造业投资企稳

发电量：累计同比　　工业企业利润：累计同比　　制造业投资：累计同比

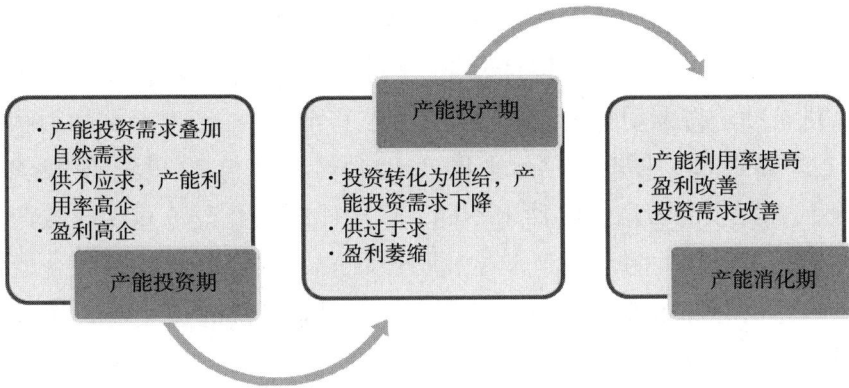

图 11.12　产能投资的三个阶段

我们还可以把上述分析拓展到一个总需求—总供给框架中，用 AD - AS 模型进行说明。由此也就可以把供给改善、供求交互影响同时纳入进来分析。图 11.13 给出了一个简单的总需求—总供给（AD - AS）模型。如上文分析过的，此轮经济企稳回升很大程度上源于供给端的改善，相当于正向供给冲击。我们可以借助 AD - AS 模型来分析

265

上述问题。在 AD – AS 模型中，初始状态时 AD_1 和 AS_1 相交于均衡点 E_1，此时产出和价格水平分别为 Q_1 和 P_1。供给侧结构性改革和市场优胜劣汰机制对经济的影响主要分为以下三个阶段。

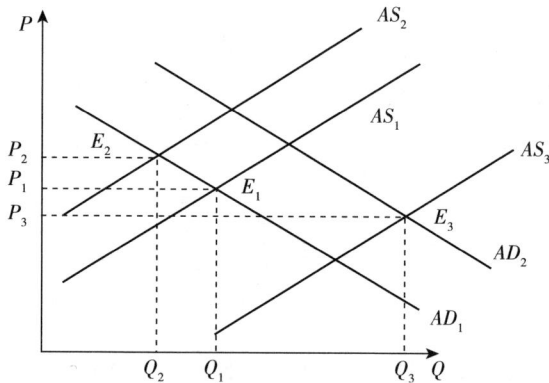

图 11.13　供求交互的分析框架

第一阶段，供给侧结构性改革，生产放缓。伴随着去产能进程加快，供给冲击将推动总供给曲线从 AS_1 左移至 AS_2；产出将从均衡状态的 Q_1 下降到 Q_2，同时价格水平从 P_1 上升至 P_2。与 20 世纪 70 年代到 80 年代国际上的石油供给冲击不同，供给侧结构性改革短期导致产出减少，但市场优胜劣汰使产业结构调整优化，有规模优势的大企业和生产质量高的好企业受益，产能利用率提升，产品价格上涨，企业预期好转。

第二阶段，经济总供求关系改善，供给创造新的需求。供求关系一定程度上由供过于求转为供需平衡，企业预期改善，生产意愿增强，总供给曲线由 AS_2 右移至 AS_3。随着企业预期改善，对未来信心增强，扩大产能的积极性提高，投资逐步筑底回升，总需求开始扩张，需求曲线从 AD_1 进一步右移至 AD_2，经济新的均衡点从 E_2 转移到 E_3，产出上升。这与 2017 年之后工业企业利润显著回升，同时制造业投资稳中有升的现象是基本吻合的。

供给和需求是一枚硬币的两面，供给—需求—供给的相互作用构成了分工自我演进的良性循环过程。一个人从事某种产品的专业化生产时意味着他对此种产品的供给和对其他产品的需求，而这种需求量由其供给量决定。当一个经济系统进入良性的循环演进过程，供给会创造出需求，需求又将带动供给。供求交互的框架较好地解释了为何供给侧改革使经济产出水平上升、价格水平走低，而并未像传统供给冲击那样导致生产下降且价格逐步上升。

二、经济金融循环：不同阶段的动态变化

在阐释经济领域的变化之后，我们再引入货币。2017 年货币领域一个很重要的变化就是 M2 增速明显放缓。M2 增速从 2016 年末的 11.3% 下降至 2017 年末的 8.1%，下降了 3.2 个百分点，这也是历史上 M2 增速首次下降到 10% 以下。与此同时，贷款和社会融资规模增速仍比较稳定，维持在 12% 左右。在贷款和社会融资规模保持较快增长，甚至是高于预期增长的同时，M2 增速却在下降，如何解释这种变化？以前我们关注 M2 增速，是因为 M2 增速与实体经济联系紧密，如果 M2 增速下降很快，那么实体经济就会受到较大影响。但为何在这一阶段 M2 增速下行过程中，我国经济仍能保持平稳较快增长？M2 下降对实体经济的影响有多大？如何看待 M2、实体经济、产能周期之间的关系？分析这些问题对货币政策决策具有重要意义。

在解释 M2 增速下降与经济企稳回升同步出现这一现象之前，我们首先需要厘清影响 M2 增速的各种因素。如果将目前 200 多万亿元的 M2 余额形象地比喻为一个"水池"，那么我们需要分析清楚哪些管道在向水池"注水"，哪些管道在"抽水"。银行的资产扩张行为派生广义货币，因此贷款是货币创造的一个重要渠道。此外，企业结汇及银行购汇形成的企业存款和外汇占款、证券投资（银行资产

负债表中的债券投资、股权及其他投资）派生的同业存款也是货币创造的重要渠道。从这几个货币创造渠道的变化看，2013 年之后贷款对 M2 增长的贡献率相对稳定，外汇占款对 M2 增长的贡献率大幅下降，证券投资科目对 M2 增长的贡献率则上升得非常快。到 2014 年和 2015 年，股权及其他投资科目新增量已经超过贷款，成为第一大货币创造渠道。证券投资科目主要包括银行购买的债券以及资产管理产品、回购、理财产品等，这些与影子银行、表外业务高度关联，正是因为影子银行和表外业务快速发展并由此派生出大量货币，从而使 M2 保持较高增速。

值得注意的是，在供求关系变化、产能周期的不同阶段，货币政策发挥作用的方式和途径也是不同的，有的阶段强一些，有的阶段弱一些，有的阶段货币更多地作用在实体经济，有的阶段则可能会更多流向虚拟经济。我们可以分四个阶段梳理 2008 年以来的货币与经济关系的变化。

1. 第一阶段（2009—2012 年）：经济处于产能扩张期，投资需求旺盛，货币资金主要涌入实体经济并助推投资扩张。

2008 年国际金融危机以后，我国推出了一揽子刺激计划，经济处于产能扩张、需求增长、加杠杆时期，资金需求大，货币高增长。当时银行同业业务扩张较快，亦有不少资金通过同业业务等融出，但其中大量资金绕道后仍进入各类实体项目，"脱实向虚"的问题并不突出。

从图 11.14 中可以看出，在 2010 年货币政策从适度宽松逐步回归稳健以后，M2 增速较快下行，由 2009 年 30% 左右的高点降至 2011 年 13% 左右。但 2009 年一揽子刺激计划实施后，产能扩张很快，在 M2 增速下降的同时，制造业增速快速回升，2010 年至 2012 年间制造业投资增速平均为 27%，高于同期 M2 增速 11 个百分点，实体经济融资需求旺盛。其间，表外融资增速也处于历史高位，远高于同期 M2 增速，资金通过各种渠道支持投资项目，社会融资规模中的委托贷款、信托贷款及未贴现承兑汇票三项可以在一定程度上表征表外和影子银行状况，这三项的增速在 2010 年末达到 71.7% 的历史高点。

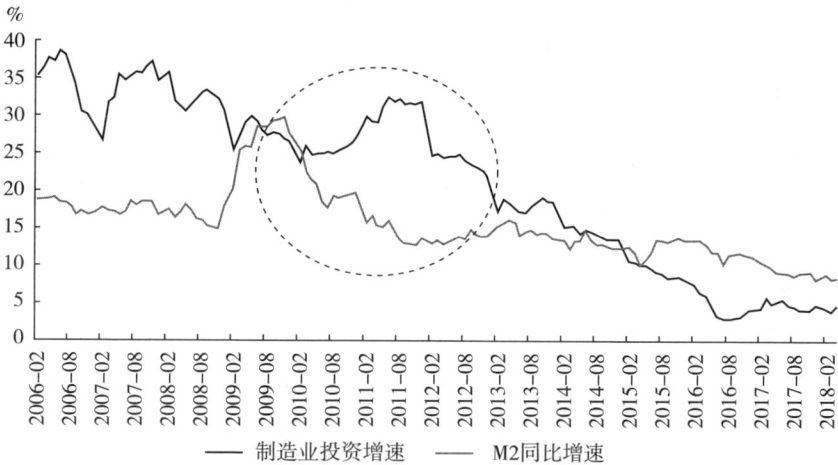

图 11.14　产能扩张速度高于 M2 增速

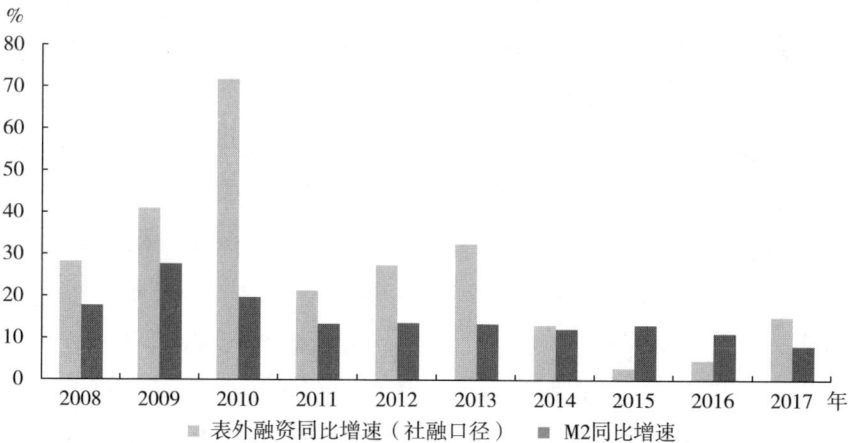

图 11.15　表外融资增速和 M2 增速

2. 第二阶段（2013—2016 年）：经济进入产能投产期，出现产能严重过剩，企业投资意愿下降，资金"脱实向虚"的现象增多。

2013 年以后，前期的大量投资逐步转化为现实产能，经济供求关系相应转变为总供给大于总需求，企业开始面临产能过剩、需求不足的情况，PPI 持续保持低位，企业利润下滑、投资意愿下降，出现债务—通缩特征。此时，货币政策并不容易刺激企业生产和投资需求，资金更容易在金融体系内部空转，而不是投向实体经济领域。在此期间，影子银行规模继续扩张，M2 增速保持相对高位，但流向实体经济融资增速则明显下降。2014 年至 2015 年 M2 同比增速仍保持在 13% 左右，而表外融资增速则大幅降至不到 5%。

正是这一段时期，各方面谈论资金"脱实向虚"开始增多。影子银行、银行同业业务继续快速扩张，但更多资金开始在金融体系内部逐渐形成"空转"，即银行通过委外业务把资金借给非银行金融机构，非银行金融机构购买企业债券，企业获得资金后投资银行理财产品。这个资金空转能够循环起来关键在于存在加杠杆环节，并在过程中伴随债券、理财市场的扩张以及 M2 快速增长。部分企业、银行和非银行机构通过复杂嵌套加杠杆套利，资金在金融市场上"空转"，其典型操作如下：假设企业以不到 3% 的成本发行债券，这笔资金企业不做实业投资而是购买银行理财，可获得 4.5% 的收益。银行又将理财筹集的资金委外给非银资管（比如券商），券商承诺 5% 收益，银行因此获得 0.5% 的收益。券商再拿着这笔资金去市场上配置债券。债券收益率可能会低于 5%，但若加杠杆后则可能在购债后获益，从而使空转能够持续循环。比如券商手上有 100 万元资金，对客户承诺收益为 5%，配置的是收益率只有 3% 的企业债券，看起来是亏本买卖，但券商通过在货币市场上加 5 倍杠杆又融入 400 万元 2% 利率的资金，扣掉所有成本（400 万元 × 2% + 100 万元 × 5% = 13 万元），券商仍然可以获得 2% 的净收益［（500 万元 × 3% – 13 万元）/100 万元］。正是因为存在可以借低成本资金加杠杆环节，这个循环就可以转起来，形成如图 11.16 所示的"空转三角形"。

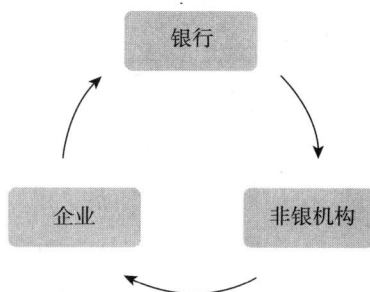

图 11.16　金融机构循环加杠杆"套利"图

在上述过程中，银行将资金借给非银机构会增加非银机构在银行的存款，从而推升 M2 增速。从资产负债表看，与影子银行、表外业务高度关联的银行股权及其他投资科目，记在银行资产负债表的资产方，主要包括银行购买和持有的资管计划、理财产品、信托收益权等。银行在购买上述各类收益权之后，其资产方的股权及其他投资科目扩张，同时负债方的存款（也就是 M2）同步增加，也就是向该银行出售理财产品等的机构在此银行的账户中获得了相应的人民币资金。2015 年和 2016 年，银行股权及其他投资同比分别增长 97% 和 68%，当年分别新增 6.5 万亿元和 7.2 万亿元，大幅推高了 M2 增速。银行股权及其他投资之所以会快速增长，与监管套利和部分银行不规范运作相关，银行通过此渠道还向表外业务和影子银行进行了大量融资。其中一部分在延长了资金链条后最终流到了实体经济，但也有相当部分资金在金融市场上加杠杆循环套利。可以说，银行股权和及其投资已经成为前几年大量"类信贷""类股权"及其他不规范资金运作的"聚集地"。

3. 第三阶段（2016—2017 年）：经济在经历产能消化期后，企业预期改善，供给重新扩张，低一些的货币增速仍能维持经济平稳运行。

　　2016 年下半年以来，随着企业利润回暖、供给扩张，产能利用率提高，企业预期也发生改善，投资扩大产能的积极性提高，投资逐步筑底回升，经济总产出也逐步企稳回升。当货币政策回到稳健中性、监管部门开始加强监管，资金又逐步脱虚向实，前文所述金融体系加杠杆支持的资金空转循环开始出现反向变化，表现为银行委外业务减少、M2 增速下降、同业业务收缩、债市去杠杆等，与此相应，银行理财余额增速从 2015 年的 56% 降至 2017 年的 2%。

　　2017 年，M2 增速出现了明显下降。从派生渠道看，主要有两个因素导致 M2 增速下降：一是银行股权及其他投资增长大幅收缩。随着宏观经济企稳回升，市场利率出现与之匹配的回升，同时金融监管也明显加强，影响最大的就是银行的股权及其他投资科目，使其从之前的快速扩张转为大幅萎缩。2017 年，银行股权及其他投资净减少约 0.2 万亿元，同比大幅少增约 7 万亿元，相应派生的存款也大幅下降，我们测算由此而下拉 M2 增速超过 4 个百分点，是导致 M2 增速回落的主要原因。二是银行债券投资较大幅度下降。我们知道，银行购买非银

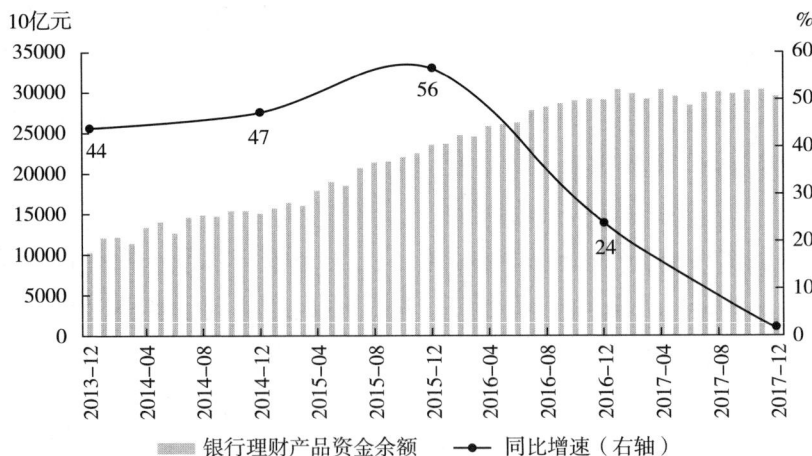

图 11.17　影子银行去杠杆

272

行类机构发行的债券也会派生存款。银行购债后，其资产方的"债券投资"增加，相应在负债方派生等额存款，由此对 M2 产生影响。之前两年在地方政府债和企业债发行较多的大环境下，银行大量购债，2015 年和 2016 年银行债券投资同比分别增长 34% 和 17%，当年分别新增 5.4 万亿元和 5.7 万亿元，对推升 M2 也起到了较大作用。但 2017 年地方债和企业债发行较上年同期放缓，银行购债相应减少；派生的存款及 M2 增速也相应下降，下拉 M2 增速约 0.5 个百分点。正是由于出现了上述变化，2017 年虽然贷款增长较快，并向上推动 M2 增速约 1 个百分点，但由于银行证券投资（包括股权及其他投资、债券投资）大幅放缓，由此对 M2 增速产生较大影响。

当金融监管较松或存在监管空白时，金融机构可以通过业务创新实现多倍加杠杆，一旦某种业务被限制，金融机构又会变相绕开监管。例如，2014 年之前，银行资产多元化的主要途径是开展同业业务，2011 年至 2014 年各类同业业务快速发展，成为银行获取利润的重要渠道。2014 年人民银行会同相关部委发布《关于规范金融机构同业业务的通知》（银发〔2014〕127 号）后，同业业务得到规范，扩张显著放缓，银行转而通过监管相对宽松的股权及其他投资科目扩张资产，2015 年和 2016 年，银行股权及其他投资同比分别增长 97% 和 68%。2017 年后，严监管促使金融机构收缩表外业务，限制委外业务扩张。人民银行从 2017 年第一季度开始将表外理财纳入广义信贷范围，一定程度上抑制银行通过发行理财产品扩张规模的行为，倒逼银行将有限的资金配置于收益水平更高的信贷等资产中。银监会也自 2017 年 3 月起密集出台系列监管文件，限制金融机构过度加杠杆。例如 2017 年 3 月 29 日发布《关于开展银行业"监管套利、空转套利、关联套利"专项治理的通知》（银监办发〔2017〕46 号），2017 年 4 月 6 日发布《关于开展银行业"不当创新、不当交易、不当激励、不当收费"专项治理工作的通知》 （银监办发

〔2017〕53 号）等；另一方面，货币政策回归稳健中性，市场利率有所上升，加杠杆的成本上升。经过前期较长时间的加杠杆和资金空转，部分金融机构和表外 SPV 的杠杆率已处于较高水平，由于高杠杆的放大作用，货币市场利率抬升将成倍反映在这些机构资金成本中，部分银行主动收缩股权及其他投资业务。

在这一轮 M2 增速下行过程中，我国经济仍保持平稳较快增长，主要原因是银行股权及其他投资中相当部分资金原本就在金融体系内"空转"，这部分资金压缩后对实体经济影响不大。2014 年之前银行同业业务扩张融出的资金多投向了政策刺激的直接形成的实体项目刚性需求上，而此后由于产能严重过剩、企业投资预期明显下降等原因，银行同业融出的资金可能更多以委外等方式投向债券等资产市场，资金在金融体系内部的积聚要更加明显。

2017 年以后，随着企业利润回暖、产能利用率提高，企业预期改善，供过于求的产能过剩局面逐步转变为供给小于需求。企业对未来的信心增强，投资扩大产能的积极性提高，制造业投资逐步筑底回升。原有银行股权及其他投资业务在监管加强后，一部分转为表内贷款，一部分则转为信托贷款，继续向实体经济提供支持。2017 年，非金融部门新增贷款同比增长超过 13%，社会融资总量也保持了 12% 左右的增长。正因为如此，在 2017 年来 M2 增速下降的同时，人民币贷款增速上升、社会融资规模增速保持稳定，金融体系对实体经济的支持总体上是稳定的。

随着经济结构逐步优化，金融与经济的关系也在变化，低一些的货币增速仍能够支持经济实现高质量发展。经济增长动力转换一定程度上减少了融资需求，这也是新常态下的正常变化。随着供给侧结构性改革、简政放权、创新驱动战略以及市场机制发挥作用，我国经济结构逐步优化。从 2017 年各因素对 GDP 增长的贡献看，基建和房地产这两大资金密集行业的贡献度较上年同期有所下降，经济增长对刺激政策的依赖有所下降，同时外需和存货的贡献明显上升。总的来看，在近年来供给侧结构性改革、简政放权以及市场化优胜劣汰机制的推动下，我国经济的总供求更加平衡，消费、服务业和技术进步贡献上升，经济增长更趋"轻型"，加之经济内生增长动力增强后资金周转及货币流通速度亦会加快，因此相对慢一点的货币信贷增速仍可以支持经济实现平稳较快增长。

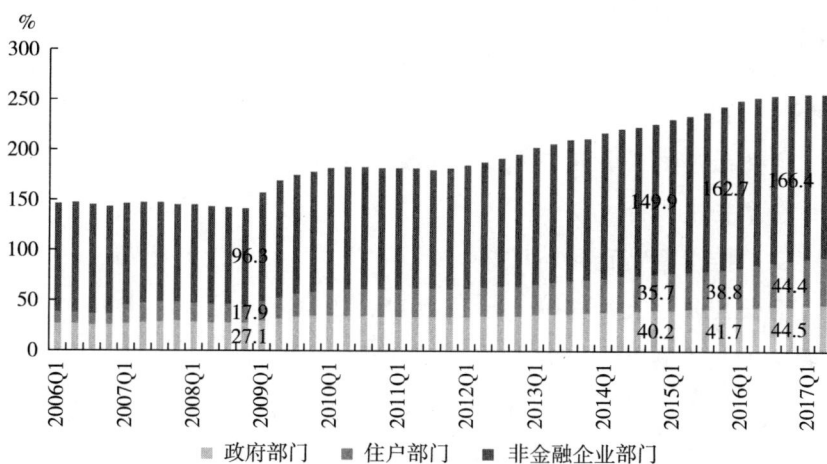

图 11.18　宏观杠杆率趋稳

在经济韧性增强的同时，融资需求下降、M2 增速降低，有利于在宏观上实现稳杠杆。2017 年末 M2/GDP 较上年末下降约 6 个百分点至 204%左右。若 2018 年末 M2 增长 8%左右，GDP 同比增长 6.7%，GDP 平减指数为 3%，则 2018 年末 M2/GDP 将继续下降至 201%左右。前些年，在政府大规模刺激、基建投资高速增长时期，政府通过地方政府平台、表外等方式大量融资，大幅推高了宏观杠杆率。随着杠杆率分母（经济增长）趋稳，货币增速适当下降，这也有助在宏观上稳定全社会整体债务率。

专栏7 去杠杆：紧货币，还是松货币？①

一、紧货币有利于去杠杆？

观察近年来中国几轮杠杆率增速下降的典型阶段（2009—2011年、2013年、2016年至今），我们发现其中的共同特征是贷款利率均处于上升状态，这似乎表明紧货币与去杠杆有着内在联系。为什么利率和杠杆率增速会呈现显著的反向关系呢？

理论上，利率抬升往往会同时抑制杠杆率分子（债务）和分母（GDP）的扩张。但通常相对 GDP 而言，债务对利率的变化更为敏感。这使短期内紧货币下债务收缩的速度快于 GDP 下滑的速度，从而杠杆率呈现下降态势。

二、持续紧货币可行吗？

尽管紧货币大概率有利于去杠杆，但从历史来看，持续紧货币在现实中并不具有可行性，其原因在于：

一是持续紧货币会对 GDP 造成负向影响，经济增长底线可能受到挑战。尽管利率对经济增长的影响不一定在当期体现，但随着紧货币的滞后效应逐步显露，去杠杆和稳增长之间的矛盾会更加突出，最终稳增长可能占据上风。

二是持续紧货币容易加速债务违约风险的暴露，对金融稳定造成不利影响。我们发现，2010 年以来三轮利率上升均伴随着信用利差扩大，表征金融风险有所加大。去杠杆的初衷是为了防范金融风险，但持续过度收紧货币或将违背该初衷。

三、去杠杆为何是漫长复杂的过程？

国际经验表明，不论是发达国家还是发展中国家，几乎都在经

---

① 该专栏摘自：伍戈、高莉、兰俚萍：《去杠杆：紧货币还是松货币？》，载《债券》，2018（9）。

历着杠杆率不断增加的过程。事实上，只有极少的国家有去杠杆的经验，且多伴随着经济金融危机的困扰。例如，日本在 20 世纪 90 年代泡沫破灭之后，杠杆率曾一度下降，但面对经济衰退的威胁，日本政府后来又不得不选择加杠杆，从而使当前日本杠杆率绝对水平远高于发达国家平均水平；而美国在次贷危机后也呈现相似状态，当前其总体杠杆率依然处于较高水平。杠杆率绝对水平的下降通常是漫长的复杂过程。

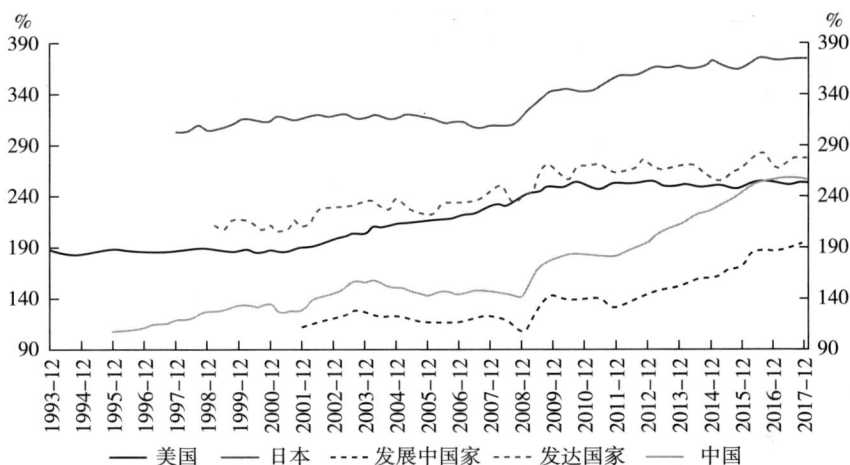

图 11.19　杠杆率绝对水平下降并非易事

（数据来源：BIS）

从中国情况来看，杠杆率绝对水平的下降更取决于结构改革。具体地：

一是"做小"杠杆率的分子（债务），通过推进国企改革（如硬化预算约束）、财税改革（如增加与事权责任相配套的地方融资和税收）与金融改革（如增加股权融资、创新化解债务工具等）收缩债务，做小分子。

> 　二是"做大"杠杆率的分母（GDP），通过推进提升或改善劳动力要素（如户籍改革）、资本要素（如打破刚兑、利率更加市场化）、生产率（如产权保护、激励相容）等相关方面的制度改革，做大分母。

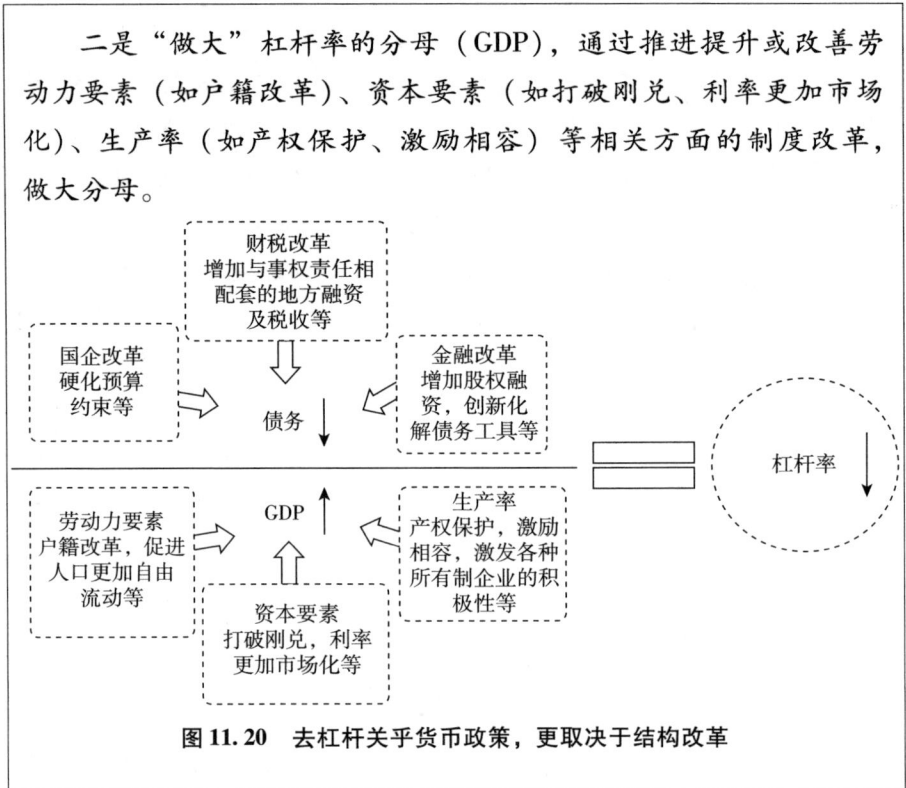

图 11.20　去杠杆关乎货币政策，更取决于结构改革

　　4. 第四阶段（2018 年的变化）：经过前期调整，国民经济韧性增强，进入相对稳态。但若外部冲击和国内政策叠加冲击过大，仍有可能偏离目前的稳态，货币政策也面临信用扩张约束、传导机制不畅等问题。

　　2016 年后我国经济运行的韧性增强，曾连续 12 个季度运行在 6.7% ~6.9% 的区间。但即使经济韧性较强，若外部冲击和国内"需求端"政策叠加冲击过大，经济仍有可能偏离稳态。2018 年相关部门先后出台多个文件，包括严禁地方政府利用 PPP 等方式变相举债、严格政府购买服务范围、禁止国有金融机构直接或间接为地方政府提供融资、强化问责机制等，地方政府融资平台利用金融机构表外业务和影子银行融资受到严格限制，部分地区出现"一刀切"清理债务和项目的现象。受此影响基建投资明显下行，2018 年 1～6 月基建投资累计增长 7.3%，较上年同期大幅下降 13.8 个百分点。投资下行会进一步影响收入增长，进而对消费产生影响。另一方面，中美经贸摩擦在 2018 年后明显加大，对市场和预期产生了较大影响。

为对冲外部不确定性以及加强监管、规范地方政府融资过程中产生的收缩效应，2018 年货币政策根据形势变化进行了前瞻性预调微调，适度增加流动性供给。货币市场利率明显下行，2018 年 6 月同业拆借和债券回购加权平均利率分别为 2.73% 和 2.89%，较上年 12 月份分别下降 0.18 个和 0.22 个百分点，短端利率基准 DR007 运行中枢从 1 月份的 2.85% 左右下行至 6 月的 2.6% 左右。但受表外融资较快收缩等影响，信用尤其是社会融资规模增速明显下行。2018 年上半年社会融资规模同比少增 2.03 万亿元，其中委托贷款、信托贷款合计同比少增 2.9 万亿元，社会融资规模存量同比增长 9.8%，较上年同期下降 3 个百分点。

在这一阶段，受上述因素影响，货币政策面临传导机制问题，信用扩张受限，银行体系即使有较为充裕的流动性，其信用扩张也受到约束。在传导机制有效的情况下，中央银行将流动性注入银行体系后，商业银行会以这部分流动性为基础（超额准备金）发放贷款，扩张资产负债表。但由于传导机制存在问题，这一阶段银行体系充裕的流动性并未充分转化为对实体经济的资金支持，主要原因：一方面，地方政府债务管理全面强化，从供、需两方面对信用扩张产生约束，相关部门出台了严禁地方政府变相举债、违法违规担保等一系列措施。另一方面，先后出台规范银信类业务、委托贷款等措施，不允许商业银行借助委托贷款腾挪信贷，规定资产管理产品和银行授信资金不得作为委托贷款的资金来源，商业银行不得利用信托通道规避监管规定、将表内资产虚假出表，并限制信托贷款投向限制或禁止领域，金融机构表外和影子银行融资受到严格限制。资管新规关于标准化、净值化和期限匹配等的要求对表外理财和非标投资等也产生了一定影响。各方面问责全面加强，市场风险偏好下降，对地方政府、金融机构尤其是银行分支机构和信贷人员的行为产生了影响，部分地方出现撤回承诺函、"一刀切"清理债务和项目等现象。货币政策也面临汇率和金融市场波动的约束。2018 年后，受美国等主要经济体货币政策趋于正常化影响，新兴市场经济体受到较大冲击，股市、债市、汇市联动下跌，人民币汇率也出现阶段性贬值。

总的来看，在应对外部冲击和各方面管理强化形成的叠加影响时，除了用货币政策对冲一部分，也要强化政策统筹协调、缓释政策叠加影响。坚持强化监管、规范管理的大方向，操作上注重方式方法，特别是要处理好存量和增量的关系，稳定市场预期。加强对新出台措施的统筹协调，合理设置过渡期。同时，为更好推动高质量发展，应避免过度依赖政策刺激形成恶性循环，增强经济内生增长动力。要继续深化财税、国企改革，加快建立房地产调控长效机制尤其是加强供给端调节促进供求平衡，大力发展直接融资，从体制机制上疏通货币政策传导渠道，优化金融资源配置，促进经济行稳致远。

三、供求约束下的货币政策传导与信用扩张

2018 年之后的一段时间，货币市场利率持续下行，但以社会融资规模衡量的信用扩张却趋势性放缓，M2 增速持续低于名义 GDP 增速，"宽货币、紧信用"矛盾比较突出。正是在这一阶段，货币政策传导机制引起广泛关注，我们需要理解这些变化背后的机理。

（一）资金供给端的约束

1. 低风险偏好制约商业银行信贷扩张

尽管有人担心资本充足率的硬约束可能对未来商业银行信贷投放

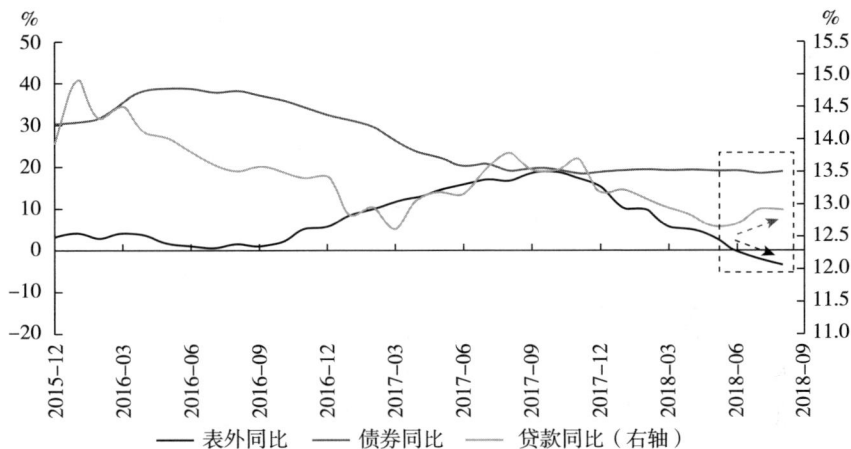

注：此处债券融资是包含政府债券和企业债券的存量口径。

图 11.21　何以抵补表外融资的下滑？

（数据来源：Wind，笔者整理）

造成影响，但我们的测算结果并不支持该观点。商业银行资本充足率较为充足，同时银行利润的增长也可对资本形成一定补充。根据我们测算，在中性情形下，如果 2018 年信贷存量增速达到 15%（对应 10.7% 的社融增长），那么银行资本充足率将降至 12.8%，距离监管达标要求仍有 1.5 个点以上的安全空间；如果信贷增速为 18%，社融则有望高达 12.3%，此时资本充足率依然达标且可实现"宽信用"的目标。当然，虽然银行业整体无忧，但个别银行的确存在补充资本的压力。

　　比较而言，主要是较低的风险偏好掣肘商业银行信用扩张。随着去杠杆背景下实体经济趋缓以及中美经贸摩擦加剧，企业的现金流预期恶化、社会信用风险上升，这些都使商业银行的风险偏好下降。银行放贷行为更为谨慎，从而对信贷扩张产生较为明显的约束。

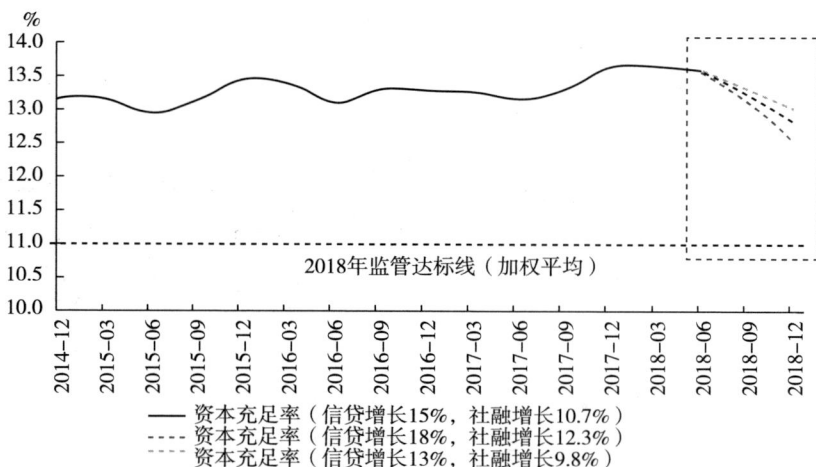

注：1. 2018 年底系统重要性银行资本充足率达标线是 11. 5%，非系统重要性银行则是 10. 5%，我们使用风险加权资产作为权重，计算得到银行业整体达标线为 11%。2. 对一级资本充足率和核心一级资本充足率也有监管要求，但情形与资本充足率类似。

图 11. 22　资本充足率不是信贷扩张的紧约束

（数据来源：Wind，笔者整理）

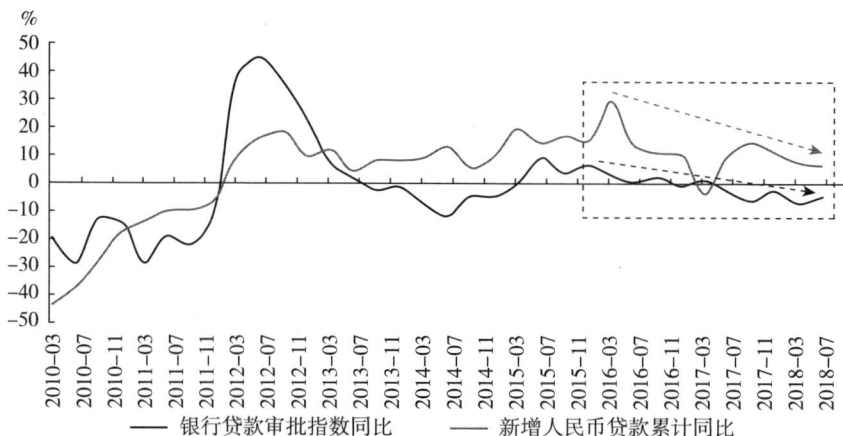

注：银行贷款审批指数是反映银行家对贷款审批条件松紧的扩散指数。全国共调查各类银行机构 3200 家左右。

图 11. 23　较低的风险偏好约束信贷扩张

（数据来源：Wind，笔者整理）

2. 严监管下表外融资收缩压力较大

尽管资管新规细则比预期要宽松，但"压存量、限增量"的基调下表外融资依然承压。2018 年年中公布的资管新规细则、理财产品细则等允许金融机构在过渡期内按照自主有序方式确定整改计划，允许金融机构发行老产品投资新资产等目的是使表外融资收缩节奏适当放缓。压缩表外融资、促进表外回表是既定的政策导向，打破刚性兑付、缓解期限错配、去除资金池运作、解决多层嵌套等原则没有改变。对信托贷款和委托贷款的较强约束依然存在，资产到期、限额管理等具体要求对表外融资扩张仍然构成严格限制，表外融资收缩的总体趋势持续。

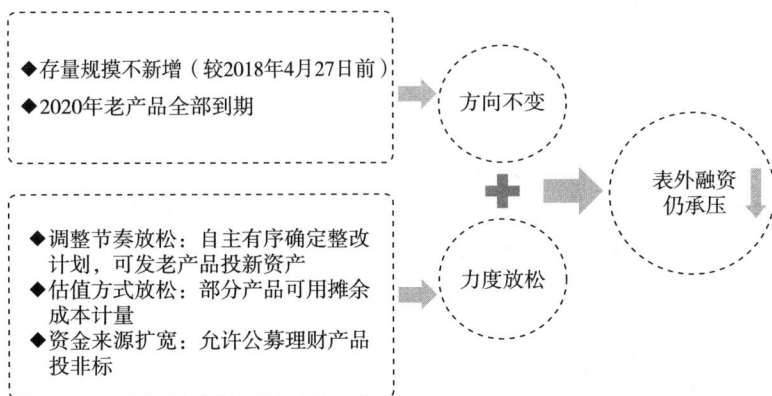

注：以上内容整理自资管新规及细则、《商业银行理财业务监督管理办法（征求意见稿）》《证券期货私募资产管理业务管理办法（征求意见稿）》《银监会关于规范银信类业务的通知》《商业银行委托贷款管理方法》等。

图 11.24 严监管下表外融资承压

（数据来源：笔者整理）

3. 信用风险环境制约债券融资空间

历史上，在信用风险较大的时期，债券融资规模一般难以明显扩大。2016 年年中之后，以信用利差衡量的信用风险总体呈现上升态势，其间债券融资增速明显下行。若经济增长趋缓，刚兑逐步打破，信用风险还会维持在高位震荡，意味着债券融资规模难以大幅放量。

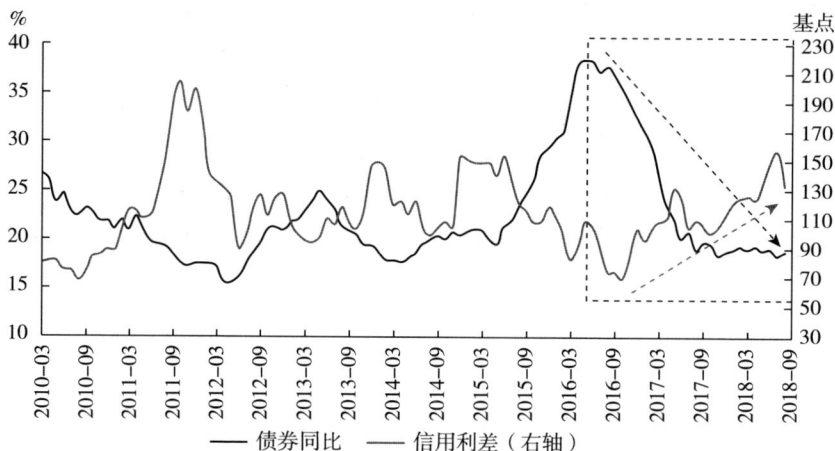

注：1. 此处债券融资是包含政府债券和企业债券的存量口径；2. 信用利差 = 债券收益率 – 同期限国开债收益率，可表征信用风险大小。

图 11. 25　较高的信用风险制约债券融资空间

（数据来源：笔者整理）

（二）扩张之困：资金需求端的约束

房地产和基建往往是"吸金大户"，其融资需求状况对全社会信用扩张有较大影响。以社融中占比最大的表内贷款为例，新增信贷资金流向房地产和基建领域的占比超过半数，而剩下的工商企业中又有很多处于房地产、基建行业的下游，其融资需求也与房地产和基建投资密切相关。进一步地看，历史上房地产对信用扩张的影响比基建更大，社融变化与房地产销售状况在大周期上是高度一致的，但与基建投资走势则背离较多。

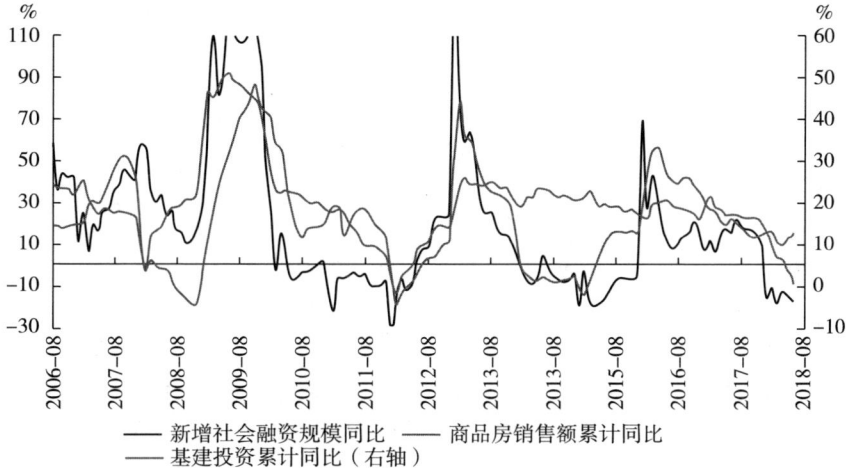

注：此处基建投资为包含电力、热力、燃气及水的生产和供应业的原口径，由国家统计局公布数据计算得来。

图 11.26　信用周期受房地产影响更大

（数据来源：Wind，笔者整理）

在从严调控背景下，房地产销售及融资需求难以显著回升，对信用扩张形成约束。针对 2018 年上半年房价上涨的情况，7 月底召开的政治局会议提出"坚决遏制房价上涨"，坚持稳房价、稳地价、稳预期。在政策作用下，房贷利率抬升，根据房贷利率对商品房销售的领先关系，房地产销售很难大幅反弹，其对信用的扩张作用有限。

尽管基建投资有望成为 2018 年下半年"补短板"的发力点，但宏观经济的短期韧性及隐性债务处置压力都表征基建并未到大幅发力之时，其对信用扩张的带动相对有限。根据历史经验，基建投资大幅发力一般是为了对冲经济下行。在经济下行压力不明显的时候，基建投资一般不会非常积极。国内经济的产出缺口持续为正，加之地方政府面临隐性债务存量处置压力，因此基建投资并未到大幅发力之时，其对信用扩张的带动作用也相对有限。

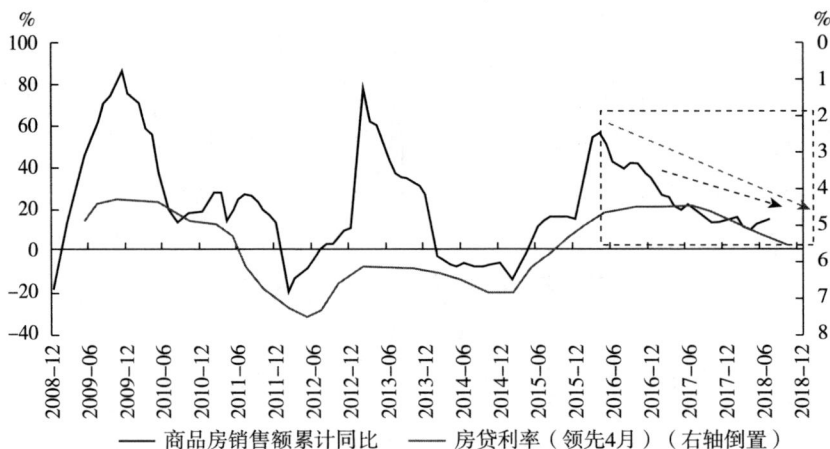

图 11.27　从严调控背景下房地产销售难以大幅回暖

（数据来源：Wind，笔者整理）

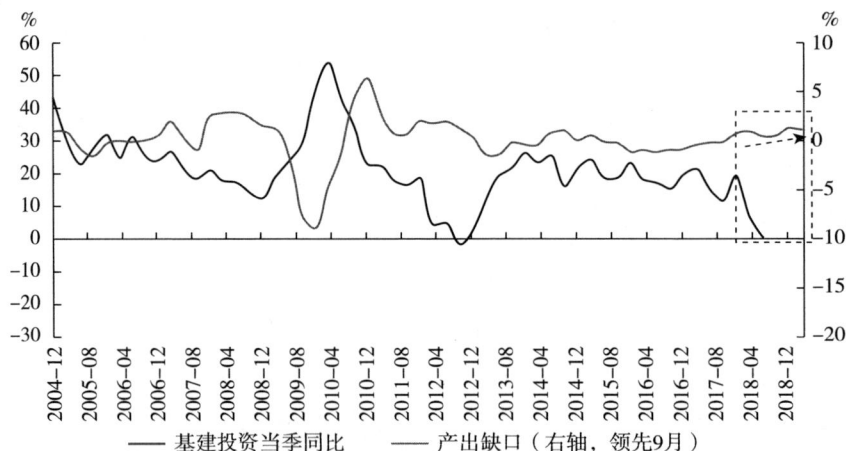

注：产出缺口是对工业增加值季度同比数据进行 HP 滤波处理后的周期项。

图 11.28　基建投资未到大幅发力时

（数据来源：Wind，笔者整理）

286

资金的供给端和需求端共同作用，最终表现为信用的周期性变化。短期内，随着地方债发行集中放量、货币监管政策逐步优化，信用收缩程度边际趋缓。但由于资金供需两端的现实约束犹存，信用较快扩张仍较为困难。由于信用变化领先于经济走势，信用收缩预示着经济趋缓态势延续。

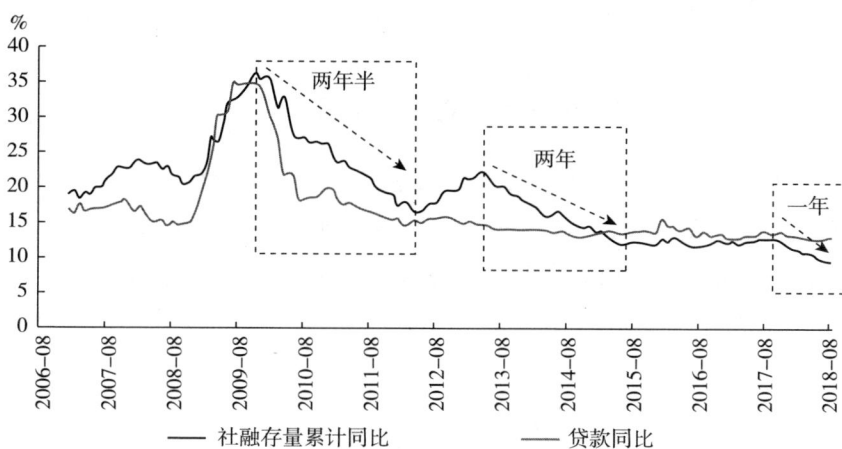

图 11.29　信用紧缩周期

（数据来源：Wind，笔者整理）

基于上述 2017 年前后的案例分析我们可以看到：一是资金供给和需求的共同作用，最终会表现为信用的周期性变化。从资金供给看，掣肘银行信用扩张的主要是较低的风险偏好而不是资本充足率要求。尽管资管新规细则比预期要宽松，但"压存量、限增量"的基调下表外融资承压。此外，在较高的信用风险环境下，债券融资也难以显著放量。

二是从资金需求看，房地产和基建往往是"吸金大户"，尤其前者对整个社会信用扩张的作用更为显著。从严调控使房地产销售及融资都难显著回升。尽管基建有望成为"补短板"发力点，但宏观经济的短期韧性以及隐性债务的压力都预示基建并未到大幅发力时，其对信用扩张的带动有限。

三是随着地方债发行集中放量、货币监管政策逐步调整优化，信用收缩程度边际趋缓。但由于资金供需两端的现实约束犹存，信用较快扩张仍较为困难。基于货币信用的领先性，信用扩张状态预示着经济出现阶段性放缓。

专栏8　变平的经济 ①

回顾近年来我国经济运行的轨迹，一个突出的特征就是经济似乎变得越来越"平"。近几年我国经济的波动性不仅低于历史时期，而且与同期的其他国家相比也明显偏低，经济之稳超乎寻常。

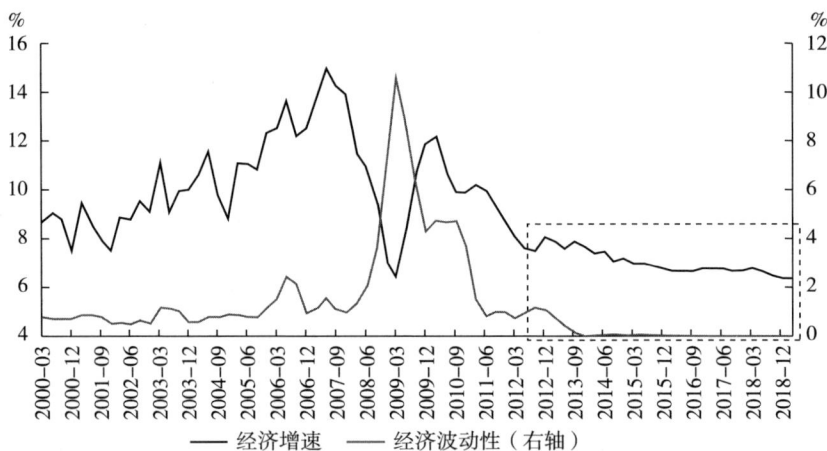

注：经济增速是GDP当季同比，经济波动性为连续8个季度GDP增速的方差。

图11.30　历史纵向对比：我国经济明显"变平"

（数据来源：Wind）

---

① 该专栏摘自：伍戈、徐剑、肖扬、刘丽：《变平的经济》，伍戈经济笔记，2019年6月。

经济运行的轨迹是无形与有形之手共同绘制出来的，经济变平的原因包括诸多方面：

一是随着经济发展阶段以及人口结构的变迁，2011 年以来我国消费占比开启了持续上升的历程。作为经济的"压舱石"，消费的波动相对较小，其占比的提高自然引致经济整体波动性降低。从国际经验看，日本当年经济发展中也出现过类似的现象。经过计量检验发现，消费占比的系统性抬升确实是经济波动性趋势下降的重要原因。

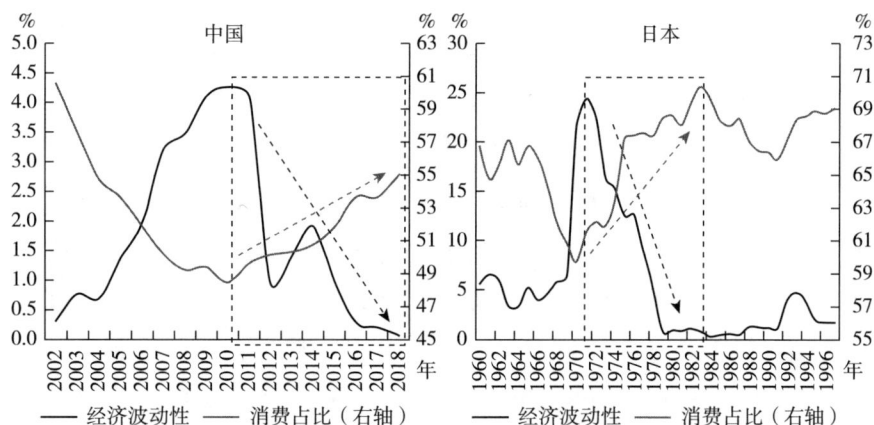

注：经济波动性是指 GDP 增速 5 年的方差。

图 11.31 消费占比趋势性抬升，促使经济波动性下降

（数据来源：Wind）

二是加入世界贸易组织以后我国经济曾高度依赖对外贸易，但自 2007 年以来外贸依存度持续下降至低位，尤其是对美国的贸易依存度已不及高峰时的一半。从这些典型事实来看，外需波动的风险固然很大，但其影响程度已明显下降。

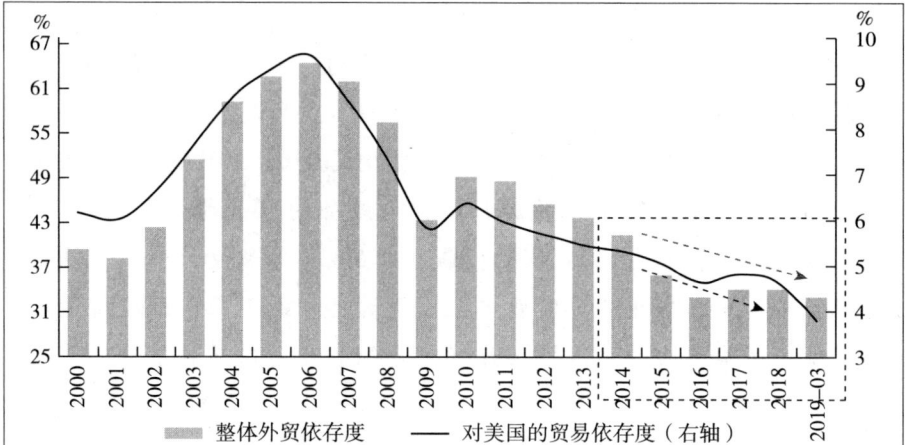

注：对美国的贸易依存度是指中美进出口贸易总额占中国 GDP 的比例。

图 11.32　外贸依存度降至低位，有助于经济波动性下降

（数据来源：Wind）

三是经济波动与宏观调控不无关系。能够观察到的典型事实是，近年来顺应潜在经济增速的下行趋势，我国逐步调低了经济增速目标，对经济下行的容忍度及应对方式都发生了显著变化，这改变了过去由于经济目标不合时宜而引致的宏观调控"急踩油门"和"急踩刹车"的情况。以产出缺口和物价水平为观察角度，近年来两者波动性明显更为平稳，或折射出逆周期刺激力度较为适度。

总之，经济增速波澜不惊的背后，隐藏着结构变化的涌流。与波动性较小的宏观总量相比，未来经济结构上的变迁或许更值得期待。

四、小结

本章试图利用一个供需交互的框架来解释中国宏观经济运行在

2016 年之后的一段时间内出现的一些重要变化。研究发现，这一阶段我国经济明显企稳，主要受外需回暖和国内供给侧改善的支撑，供给侧结构性改革和市场优胜劣汰机制推动经济供求关系发生转变，我国经济从之前的产能过剩和供大于求转向供求总体平衡，由此推动企业预期改善，促进生产加快，经济运行的韧性明显增强。

我们想强调的是，从方法论上看，传统供需分离"二分法"研究框架存在局限性，分析宏观经济问题时，不能仅看需求端而忽视供给端的变化，当一个经济系统进入良性的循环演进过程，供给会创造出需求，需求又将带动供给。尤其在供给侧结构性改革和市场机制不断发挥作用的背景下，一个将需求和供给相结合、采取供求交互的逻辑框架，可能可以更好地解释宏观经济变化。

在供给端处于不同产能周期阶段，货币政策发挥作用的方式和途径也不一样，有的阶段强，有的阶段弱，有的阶段货币扩张更多作用在实体经济，有的阶段对虚拟经济的影响可能会更大些。外部冲击和国内政策"几碰头"形成的叠加影响也增大了不确定、不稳定因素。从货币政策传导机制看，信用扩张由此受到多重约束。应高度关注经济金融运行中出现的新变化，做好政策统筹协调，把握好节奏和力度。继续深化财税、国企改革，加快建立房地产调控长效机制，大力发展直接融资，从体制机制上疏通货币政策传导渠道，优化金融资源配置。

第五部分

货币的作用Ⅱ：总量约束还是结构效应？

第十二章 货币政策的总量边界：
警惕零（低）利率陷阱

在这一部分，我们继续探讨货币的作用，并将着眼点更多放在货币政策上，关注货币政策的总量边界、结构约束及其与宏观审慎政策的关系问题。本章主要观察货币政策的总量边界问题。研究货币政策的总量边界，可以有多重视角。从近年来全球货币政策的实践看，如何避免零（低）利率陷阱成为一个突出问题。近些年来，全球主要发达经济体宏观经济运行呈现出明显的"三低一高"特征，即低利率、低增长、低通胀和高债务并存，成为宏观经济领域十分重要的现象。为应对疫情冲击，美联储快速且大幅降息至零利率，由此美国、欧元区、日本均已处于零利率或负利率状态。主要发达经济体推出了非常规货币政策，本意在于应对国际金融危机冲击和经济衰退，并在经济好转后及时退出。但从实施后的情况看，非常规货币政策正趋于"常态化"，以零利率、负利率为代表的超宽松货币政策难以退出，并与经济疲弱、通缩压力以及债务高企相互交织，进入一种类似"陷阱"的状态。近期主要发达经济体通胀上升，与疫情冲击等特殊因素形成的供需错配有关。总体看，超宽松货币政策效果不及预期，表明货币政策传导渠道可能并不像主流凯恩斯理论所讲的那样，而是发生了重要而有趣的变化，解释和理解这种变化及与之相关的"三低一高"现象，对于宏观理论与政策实践而言十分重要。

一、利率与经济增长之间存在多重均衡

在利率方面，国际金融危机以来全球主要发达经济体实施了超低利率政策。从 2008 年 10 月开始，欧元区基准利率由 4.25% 逐步下调至零；2008 年末和 2020 年 3 月，美联储先后两度下调基准利率至 0 ~ 0.25% 的目标区间；2009 年 10 月开始，日本利率也由 0.5% 逐步下调至 -0.1%。在主要发达经济体带动下，为维持出口竞争力，澳大利亚、韩国等新兴市场经济体也相继大幅下调政策利率。在通胀方面，国际金融危机后全球各经济体通胀率普遍维持在较低水平。IMF 数据显示，2018 年美国通胀率为 2.4%，欧元区和日本分别为 1.8% 和 1.0%，未达到 2.0% 的通胀目标。新兴市场通胀率虽然较发达经济体略高，2018 年小幅上升至 4.8%，但仍低于 2000 年到 2009 年平均 6.8% 的水平。在债务方面，国际金融危机后全球债务规模持续走高，债券收益率下降。IIF 数据显示，2019 年上半年全球债务规模增长 7.5 万亿美元，达到 250 万亿美元，是全球年度经济产值的三倍多。预计到 2019 年底，全球债务规模或将突破历史高点，达到 255 万亿美元，人均债务规模约为 3.3 万美元。此外，由于实施负利率政策，目前全球约有 17 万亿美元的负收益主权债务，已达到政府债务规模的四分之一，而利率水平高于 3% 的债券在全球市场中占比还不足 15%。我们需要有一个框架来解释全球宏观经济领域出现的这些新变化和"新组合"，也就是说，为什么宽松货币政策传导的结果不是刺激了经济增长和通货膨胀，而是产生了债务和通缩的压力。

对货币政策传导机制的研究及其效果评估，一直是学术界和实务界关心的重点和热点。凯恩斯的货币政策传导机制理论是西方经济学界的经典理论，在这一理论中，货币政策的经典传导过程表现为，扩张性货币政策使利率水平下降，当利率水平低于资本边际效率时就会诱导投资需求扩张。在消费倾向一定的前提下，投资需求扩张将推动总需求增长，同时伴随着物价水平上涨，即"越刺激、越通胀"。上述凯恩斯理论可以更精细地反映在图 12.1 的 AD－AS 模型中。其中，LAS 为长期总供给曲线，SAS 为短期总供给曲线，AD 为总需求曲线，LAS 对应的 Y^* 为充分就业条件下的总产出。假设经济的初始均衡状态为 E，对应价格水平 P，总产出 Y，小于充分就业条件下的总产出 Y^*，表明经济正处于萧条状态。如果政府采取刺激性货币政策，则总需求扩张会导致 AD 曲线向右移动至 AD′。此时，经济的均衡状态为 E′，对应价格水平上升到 P′，总产出上升到 Y′，表明通货膨胀与经济增长同时出现。显然，这些经典理论与当前全球经济出现的宽货币、低增长、低通胀现象是矛盾的。

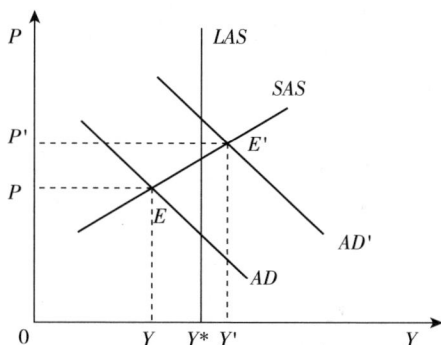

图 12.1　AD－AS 模型

事实上，近年来已有一些研究从不同侧面关注到了后危机时代各经济体出现的这些共性的新变化。

一是通货膨胀总体低迷，菲利普斯曲线趋于平坦。Liu 和 Westelius（2016）、Bobeica 等（2017）从人口结构角度解释通货膨胀下行现象，认为人口老龄化进程导致的劳动人口占比下降抑制了日本和欧洲的通胀水平。此外，Cavallo（2018）从科技进步加剧市场竞争的角度、Ball 和 Mazumder（2019）从预期锚定的角度、Andrews 等（2018）从供应链全球化的角度分别解释了通货膨胀的低迷态势。

二是实际利率持续走低。Holston 等（2017）估计美国、加拿大、欧元区和英国四大经济体的中性实际利率已由国际金融危机前的 2% ~ 3% 降至目前的 - 0.25% ~ 1.5%。对此，Summers（2014）提出长期停滞（Secular Stagnation）假说，认为长期生产率下降导致实际利率持续走低。Bernanke（2015）指出以新兴经济体和产油国经常账户顺差过剩（Global Glut）为特征的全球失衡压低了全球利率。Carvalho 等（2016）认为人口因素会从预期寿命、人均资本、抚养比等三个渠道影响实际利率，并估算人口因素导致均衡实际利率在 20 世纪 90 年代后的 24 年里下降了至少 1.5 个百分点。Negro 等（2018）从更长的视角对七个经济体的实际利率进行分析，指出全球无风险实际利率在 1870 年后的一百多年时间里大体保持在 2% 附近波动，但近三十年来出现明显下降趋势，这首先是由于全球投资者对低风险和高流动性资产的青睐抬高了无风险资产价格，其次是由于潜在经济增速的下降。

三是面对零利率下限约束时量化宽松等非常规货币政策的影响。这方面的研究相对比较充分，具有代表性的有 Krishnamurthy 等（2011）、Gambacorta 等（2014）以及 Wu 和 Xia（2016），均认为危机期间量化宽松政策有效压低了不同类型债券收益率，促进经济活动并降低了失业水平。然而已有研究对持续实施的超宽松货币政策在中长期内对传导机制产生的深远影响仍关注不足。

四是高债务可能带来的负面影响。Reinhart 和 Rogoff（2010）、Cecchetti 等（2011）以及 IMF 于 2017 年 10 月发布的《全球金融稳定报告》先后指出，非金融部门债务水平超过一定门槛值后，可能给经济增长造成抑制，甚至引发危机。2014 年国际清算银行总裁 Caruana 在国际金融论坛全球年会上发表讲话，进一步从增加金融体系脆弱性并造成债务加压、导致实际资源错配和过度投资、掩盖实体经济结构性缺陷三个渠道分析了过高债务水平可能带来的负面影响。

专栏9　全球最终都向零利率靠拢？①

国际金融危机爆发至今已有十多年了。目前的情况是低增长、低通胀，利率长期处于低点。此外，在民粹主义抬头的情况下，中央银行有时会被攻击。长期低利率通常被称为"日本化"（Japanification）。从20世纪90年代中期开始，日本出现零利率。当时利率是0.5%，但实际相当于零。2001年3月，日本开始放松货币政策。刚开始，我没有想到其他国家也会采取这样的政策，但世界上所有国家很快都或多或少地实施了同样的政策，而且现在仍在维持低利率。目前，欧元区和日本的10年期国债利率已经进入负区间。

在今后可能出现负利率的情况下，中央银行应该如何应对？美联储和欧洲央行可能都已经开始放松政策，而且各个中央银行都非常有可能实施宽松政策，采取宽松措施，如购买资产、实施深度负利率、进行前瞻性指导。这些将要实施的宽松货币政策会对增长和通胀带来较好的影响吗？对此，我感到非常怀疑。有人指出，货币政策放松空间有限。确实如此，但我们得更深入地考虑到放松货币政策本身的影响。

最近，学术界的观点也开始发生转变。劳伦斯·萨默斯（Lawrence Summers）认为，日本央行的全面落败及其为提升通货膨胀付出的巨大努力表明，此前被视为公理的东西实际上是错的，而中央银行不能总是通过政策来确立通胀率。

对此判断，我深表赞同。我的依据是：首先要回溯走到负利率这一步的过程。20年来日本央行一直遭受批评。人们通常会说，日

---

① 该专栏节选自日本央行原行长白川方明在首届外滩金融峰会上的演讲"处处'日本化'？"，2019年11月，中国金融四十人论坛网站（www.cf40.org.cn）。

本的低增长和低通胀是因为日本央行的货币政策不够大胆。如何避免重走日本的路？答案其实非常简单，泡沫破裂后应该大胆地放松政策，据说这就是从日本的经历中学到的教训。

现在，许多国家都处于和日本一样的境地，人们一般称为"日本化"。尽管我并不喜欢这个词，但如果情况真是如此，那有两种可能的解释：一是这些国家没有认真实施从"日本失去的二十年"中取得的教训经验，但鉴于中央银行资产负债大幅增长以及宽松货币政策的长期延续，我对此持怀疑态度；二是所推荐的政策或吸取的教训不对，这个解释在我看来更可信。因此，我们必须考虑的是，什么样的机制能让货币政策变得有效。

让货币政策变得有效的第一种机制是把未来的需求挪到现在，即借用今后的需求。这种做法是有效的，但最终明天也会变成今天。因此，我们不得不把后天的需求借过来，但后天也会变成今天。政策有效的前提是经济受到的影响是暂时的，但如果不是暂时的，那这种做法就不会奏效。

让货币政策生效的第二种机制是，通过调整汇率，把外国的需求转移到本国。这个办法也有效，但同样地，其有效的前提是这个国家受到的经济冲击是独特的，不能出现所有国家的汇率下跌的情况。在全球经济受到冲击时，日本受到的影响特别大，这是因为日本的利率处于全球最低水平。

那么，量化宽松有效吗？在防止金融系统崩溃方面它确实奏效，这一点千真万确，我坚决支持这项政策。但实际上，这是前一种影响的终结。在金融危机最严重的阶段结束后，第二轮和第三轮量化宽松政策的实施有效吗？事实上，这时的货币宽松对经济增长和通货膨胀的影响非常有限。

如果我的分析正确，那么我预计长期低利率还将持续一段时间，原因在于这是前置渠道，今后的需求会被消耗掉，因此，自然利率会下降。

货币贬值可能也会起作用，但正如我前面所说的，所有国家不能一起贬值。所以，最终我们都会向零利率靠拢。在长期的低利率下，低效的公司会生存下来，那么潜在增长率就会下降。因此，自然利率也会下滑，那么中央银行就不得不跟随自然利率的脚步，现在发挥作用的就是这种机制。

决策者和学术界现在都在呼吁实施扩张型财政政策。通过财政政策提前满足未来需求更为直接，因此导致的债务增加主要是公共债务。在某种程度上，政府有更多的能力来偿还债务，它可以使更多的需求超前。但本质上，财政政策依然是前置策略，唯一的区别是借用的未来需求是民间需求还是公共需求。如果财政政策应用于生产性投资，那它可能奏效。但基于我过去的经验，我持怀疑态度。很显然，前置策略或购买时间策略不能解决我们现在面临的问题。

无论采用哪种宏观经济政策（货币政策或财政政策），提前满足未来需求的能力最终都受到潜在增长率的限制。因此，提高生产率的措施极为重要。

上述研究从不同角度阐释了近年来全球宏观经济的新趋势，但不能完全令人满意，主要表现在两个方面：一是现有研究更关注单一宏观经济变量的新变化，少有研究将上述四个重要宏观经济变量联系起来进行分析，将利率、债务、通胀、经济增长等纳入一个统一框架来观察和解释。二是多数理论仅描述或解释了不同变量存在的总体下降或上升趋势，较少涉及不同变量之间出现的分化特征。比如，忽视了发达经济体实际利率比经济增速明显下降更快，两者间缺口持续拉大这一重要现象。按照生产率下降、人口老龄化、长期停滞假说等理论，潜在经济增速应与实际利率同步下降，事实上美国、欧元区、日本等主要发达经济体的经济增速总体已复苏至危机前的水平，但实际利率却"一降难返"。而随着危机后全球经济再平衡不断推进，因为储蓄过剩导致全球低利率的全球储蓄过剩理论也难以获得事实支撑。

基于上述考虑，我们试图建立一个同时包含货币、增长、通胀和债务的整体框架，从货币政策传导机制变化这一视角出发，阐释过度宽松的货币政策为什么会加剧低增长、低通胀和高债务问题，而这些问题又如何对货币政策形成制约，使其陷入"易升难降、易松难紧"的非对称状态，并进入"低利率陷阱"（Low Interest Rate Trap，LIRT）而难以退出。研究发现，从理论上讲在同样经济增长速度上，可以对应不同的利率水平，这实际上也是不同的策略选择。而过低的利率水平（过度宽松的货币政策）不仅会影响需求，还会通过阻碍僵尸企业出清等方式影响经济的供给结构。更为重要的是，在利率下行过程中，货币条件变化对后者的影响甚至会超过前者，也就是说，中央银行降息的本意是刺激新增的有效投资，但实际情况很可能更多是维持了僵尸企业的生存，并导致无效的债务扩张和全社会生产效率的下降。理解这一点，是理解主要发达经济体实施非常规货币政策效果不及预期，

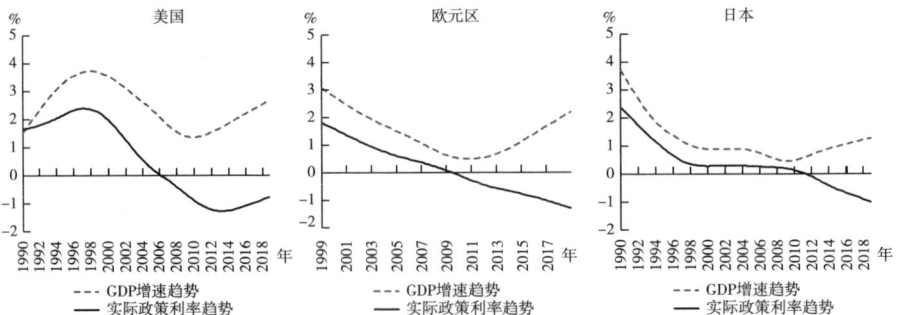

图 12.2　主要经济体经济增长与实际政策利率趋势

"越刺激、越通缩"，出现宽货币、低增长、低通胀、高债务现象并存的重要视角。

我们的逻辑起点从低利率开始。21世纪以来，尤其是2008年国际球金融危机以来，全球主要发达经济体的利率、增长、通胀和债务呈现出之前没有出现过的分化态势。也就是说，在经济增速和通胀水平相对稳定的同时，利率越来越低（也就是货币条件越来越宽松），同时债务水平越来越高。这里值得注意的是，以往大家认为货币宽松和利率下行有其原因，这就是人口老龄化等结构性因素导致经济潜在增长速度放缓，因此需要货币条件与之匹配，利率相应下行。但仔细观察会看到，近些年来无论是名义利率还是实际利率，其变化并不与主要发达经济体的经济增速变化一致，其下行速度要明显快于经济增速的下行，两者之间的缺口在明显加大。这意味着，利率相对经济增速越来越低，需要更低的利率（甚至是负利率）和更高的债务来维持相同的经济增长速度，而在此过程中，通胀始终保持疲弱，甚至有持续的通缩压力，而高债务和低通胀又使货币政策难以回归常态，从而进入一种类似"陷阱"的状态。

以美国为例，21世纪以来美国联邦基金利率由6%左右逐步走低至0~0.25%，经济增速和CPI同比涨幅大体在2%附近保持稳定，宏观杠杆率则由180%左右攀升至250%左右，分化态势明显，尤其是国际金融危机爆发后，四变量间的分化趋势更加明朗，缺口不断拉大。近年来欧元区和日本出现了同样的分化走势：与2008年危机爆发前相比，2018年末欧元区政策利率约下降2.5个百分点，宏观杠杆率约上升50个百分点；日本政策利率约下降0.4个百分点、宏观杠杆率约上升45个百分点，而两者的经济增速和通胀水平除了在危机期间受到短期的负向冲击外基本保持平稳，在危机爆发三至五年后大体已恢复至危机前水平。

我们知道，实际利率由投资回报（以经济增速来衡量）决定。投资回报一般来说可以以经济增速来大体衡量，因此实际利率应与经济增速大体相等。不过，如果观察古典增长理论的经济增长核算方程，就会发现实际利率和经济增速并不必然相等，而是可能有多种组合和均衡状态。这意味着，同样的经济增长速度可以对应不同的实际利率水平，并对应不同的资本积累水平。进一步看，同样的经济增速下不同的资本积累和实际利率水平，对应的是当期和未来不同的消费选择，这就意味着不同的社会福利水平和动态效率，因此是存在最优解的。为解释前文所述主要发达经济体危机前后经济增速大体平稳，但实际利率持续走低、两者间缺口持续拉大这一现象，可从人均形式的生产函数着手，即：

$$y = f(k) = Ak^{\alpha} \tag{12.1}$$

式中，y 为人均产出，A 为全要素生产率，k 为人均资本，α 为柯布—道格拉斯生产函数参数。对式（12.1）进行全微分处理并转换成增速形式，可得：

$$\frac{\dot{y}}{y} = \frac{\dot{A}}{A} + \alpha \frac{\dot{k}}{k} \tag{12.2}$$

式（12.1）对人均资本 k 求导可得：

$$f'(k) = \alpha Ak^{\alpha-1} = \alpha \frac{y}{k} \tag{12.3}$$

若不考虑资本折旧，竞争性厂商利润最大化条件要求实际利率 r 与资本边际产出相等：

$$f'(k) = r \tag{12.4}$$

将式（12.3）和式（12.4）联立，可得实际利率 r 与资本—产出比 k/y 的乘积为常数 α：

$$\alpha = r \cdot \frac{k}{y} \tag{12.5}$$

将式（12.5）代入式（12.2）即可得到经济增长率和实际利率关

系的表达式：

$$\frac{\dot{y}}{y} = \frac{\dot{A}}{A} + r \cdot \frac{k}{y} \cdot \frac{\dot{k}}{k} \qquad (12.6)$$

从式（12.6）可以看到，在经济增长的转移动态中，实际利率 r 未必和经济增速始终保持同向变化。保持经济增速、全要素生产率不变时，较高的实际利率 r 意味着较低的资本—产出比（k/y），此时当期投资较低、消费较高，相应的未来消费较低；较低的实际利率 r 则意味着较高的资本—产出比（k/y），此时当期投资较高、消费较低，相应的未来消费较高。

权衡二者，经济增长理论中的黄金法则认为，存在最优的资本积累水平，这一水平会使当期和未来的消费达到最大。在黄金法则下，实际利率应与潜在经济增速大体相当，过高或过低都可能使经济增长陷入"动态无效率"状态：若实际利率小于潜在经济增速，经济中会存在过度储蓄和投资（对应着消费不足），表现为产能过剩，由此导致投资的边际回报（也就是实际利率）较低。此时，若适度减少储蓄和投资，会提高投资回报率并增加消费，经济会进入更优的增长状态。反之，若实际利率高于潜在经济增速，经济中会存在过度消费（储蓄不足），实际是以减少未来消费为代价的。结合发达经济体近年来的经济运行来看，货币政策过度宽松、政策利率持续下降后，实际利率明显降低，虽然可能会在短期推升经济增速，但也会造成产能和债务的双重过度积累，经济增长偏离"黄金法则"下的最优资本积累路径，实际上是动态无效率的。

较低的利率对应着较高的资本—产出比（k/y），而较高的资本—产出比（k/y）意味着较低的资本回报。那么，低利率是如何形成高资本—产出比的呢？我们认为至少可能存在以下两种影响机制。

一是"过度投资"机制，是指超宽松流动性和过低的利率容易刺激过度投资，从而大幅增加资本存量（K），最终形成产能过剩，并导致资本回报下降、债务上升和通货紧缩压力。这一机制多见于存在财务软约束的经济体，由于存在软约束，容易出现过度投资的冲动。不过在运用于发达经济体时，这一机制的解释力可能不强。

二是"僵尸企业"机制，是指虽然没有过度刺激新增投资，但持续宽松的货币环境使金融体系有更大动机和更富余的空间给僵尸企业续贷，阻碍僵尸企业出清，甚至出现更多僵尸企业，这实际上起到了减缓无效资本出清的作用，从而从反方向推高了资本—产出比（k/y）。这一机制在运用于发达经济体时有很强的解释力。

Banerjee 和 Hofmann（2018）的实证检验发现，20 世纪 80 年代以来，发达经济体僵尸企业数量明显增加，不同口径下僵尸企业比重提高 5～10 个百分点不等，僵尸企业存活概率增加 25～30 个百分点不等。除了银行经营状况下降（更有动机隐藏僵尸企业）外，利率水平的趋势性下降从"僵尸续贷"机会成本下降、融资成本下降、僵尸企业复苏期望增加等多个渠道发生作用，成为僵尸企业比重上升的重要原因。作者估算 20 世纪 80 年代以来发达经济体名义利率下降 10 个百分点，可以解释僵尸企业占比提升中的 17%。僵尸企业增多后，不仅自身效率偏低，而且会锁定和占据过多社会资源，挤出效率较高的非僵尸企业，产生"拥塞效应"，降低整体经济动力，同时还可能进一步对利率水平形成压制。作者估算僵尸企业数量每增加 1%，会使非僵尸企业资本支出率下降 1 个百分点、雇用工人增速下降 0.26 个百分点。从宏观上看经济体中僵尸企业占比每提高 1 个百分点将导致潜在经济增速下降 0.3 个百分点。Acharya 等（2016）以欧洲央行直接货币交易计划（Outright Monetary Transactions，OMT）为事件窗口分析了这一计划对欧元区僵尸企业信贷的影响，同样认为僵尸信贷的增加是欧洲央行货币宽松的重要代价。Acharya 等（2019）发现欧洲央行直接货币交易计划增加了资本金不足银行给僵尸企业的融资规模，导致信贷分配不当问题进一步恶化。Acharya 等（2020）进一步发现低息融资阻碍了欧元区僵尸企业出清，导致产能过剩并加剧价格下行压力，从而引发通缩。Storz 等（2017）发现，2010 年至 2014 年期间欧元区僵尸企业杠杆率不断上升，同时与弱势银行联系在一起的僵尸公司的债务增长速度更快。Caballero 等（2008）基于微观数据发现，日本经济陷入滞胀后，银行信贷一直流向僵尸企业，而僵尸企业数量的增长抑制了健康企业的投资和就业，扩大了僵尸融资与非僵尸融资之间的生产率差异。

　　上述有关僵尸企业的研究有很好的借鉴意义，但这些研究大多只聚焦于某一个经济体，欠缺更广泛的跨国数据和国际比较，且以上研究多聚焦于僵尸企业对经济发展和生产率的影响上，关于僵尸企业对货币政策传导机制的影响还基本是研究空白。上述研究还没有细致分析低利率背景下僵尸企业能够获得更多信贷的内在机理，以及僵尸企业债务融资的用途等重要问题。这些都有待新的研究进行弥补。

二、零（低）利率陷阱：形成机理

　　基于上述考虑，我们试图从僵尸企业视角建立一个理解货币政策传导的新框架，并在这个框架内解释宽松货币政策、僵尸企业增多、经济疲弱、债务高企以及通货膨胀不及预期并存等重要宏观经济现象，从而在一定程度上弥补现有研究的不足。上述理论框架由以下几个逻辑紧密相联的假说构成。

（一）低利率货币政策会导致僵尸企业出清放缓

　　所谓僵尸企业，是指丧失自我发展能力，须依赖包括银行续贷、政府补贴在内的非市场化因素来维持生存的企业。参考 Mcgowan 等（2018）的研究，我们将僵尸企业定义为连续三年或以上利息备付率小于 1 且上市超过 10 年的非金融企业。僵尸企业生产效率低下，却占有大量资本、劳动力及土地等生产要素，抑制了新技术、新产业的发展。处置僵尸企业是加快经济转型，助推经济发展的重要环节。然而，低利率货币政策却有可能阻碍僵尸企业出清。这是因为，在低利率环境下，银行能够提供更加优惠的信贷利率，从而降低僵尸企业存续债务的利息费用，减轻其财务压力，导致僵尸企业"僵而不死，退而不出"。基于以上分析，我们提出假设1（关于僵尸企业出清）：低利率货币政策会阻碍僵尸企业出清，导致僵尸企业占比增加。

（二）低利率货币政策会导致僵尸企业债务扩张

中央银行可以通过调整政策利率来影响市场融资成本，进而改变借款人借入资金以及贷款人出借资金的意愿。在货币政策传导渠道通畅的情况下，一方面，低利率货币政策意味着向商业银行注入更多流动性，这会促进商业银行向市场多释放流动性；另一方面，低利率货币政策可以使企业在扩大债务融资规模过程中，有效降低融资成本。因此，在货币政策传导通畅的条件下，放松货币政策会推升企业杠杆率。鉴此，我们提出假设2（货币政策传导的通畅性）：中央银行下调政策利率会提升企业杠杆率，出现低利率、高杠杆现象。

由于经营利润不能覆盖利息费用，僵尸企业偿债能力非常有限，在很大程度上依靠续贷或借新债还旧来维持生存，并寄希望于举债扩张来改善经营。低利率货币政策下，面临巨大偿债压力的僵尸企业由于举债成本下降，举债意愿较健康企业提升，对政策利率下调也更加敏感。因此，刺激性货币政策释放的流动性会更多地流向僵尸企业，而非健康企业。基于以上分析，我们提出假设3（僵尸企业的债务扩张）：在低利率背景下，僵尸企业杠杆率较健康企业上升更快，且对政策利率的边际下调更加敏感。

为了证实偿债压力是导致低利率环境下僵尸企业债务扩张的原因，我们根据僵尸企业"经营利润不能覆盖利息费用"的定义，将其偿债压力分解为债务积压和业绩低迷两类。债务积压（存续债务高）导致偿债压力大的僵尸企业因还贷能力有限，更倾向于续贷或借新债还旧债，因此债务融资意愿较存续债务低的僵尸企业更强；而业绩低迷因素（经营效益差）导致偿债压力大的僵尸企业出于提高利润、偿还债务的动机，更倾向于举债扩张，因此债务融资意愿较经营效益好的企业更强。基于以上分析，我们提出假设4（僵尸企业债务扩张的原因）：偿债压力是僵尸企业债务扩张的原因。在低利率背景下，存续债务高/经营效益差的僵尸企业的杠杆率上升更快。

　　综上所述，在僵尸企业偿债压力的推动下，宽松货币政策释放的流动性很大程度上可能流向了僵尸企业。那么僵尸企业又是如何运用资金的？我们认为影响僵尸企业偿债压力的因素是决定资金流向的关键。具体来看，债务积压导致偿债压力大的僵尸企业，会将获得的流动性主要用于偿还旧债；而业绩低迷导致偿债压力大的僵尸企业，则主要将其用于扩大投资、改善经营。二者都会挤占信贷资源，挤出健康企业投资。因此，宽松货币政策实际上是以损害健康企业为代价为僵尸企业输血。基于以上分析，我们提出假设5（僵尸企业债务扩张的资金流向）：在低利率背景下，存续债务高的僵尸企业主要将债务扩张所得资金用于偿付旧债；而经营效益差的僵尸企业则将其用于扩大投资。此时，健康企业投资容易被挤出。

　　最后，我们通过企业经营表现来探讨分析僵尸企业挤占金融资源对生产效率的影响。我们认为，对债务积压导致偿债压力大的僵尸企业来说，其借新债还旧债行为实际上是"庞氏融资"，企业生产效率没有实质改善，反而进一步加剧债务负担；而对业绩低迷导致偿债压力大的僵尸企业来说，其技术落后、管理低效，盲目扩张很难对企业生产起到促进作用。基于以上分析，我们提出假设6（僵尸企业债务扩张的低效性）：在低利率环境下，僵尸企业资产回报率随债务扩张不升反降，即僵尸企业的债务扩张是低效的。

（三）僵尸企业难以出清、债务扩张与社会债务水平攀升

低利率货币政策导致僵尸企业出清放缓、低效债务扩张加快。在双重作用下，低效率资本不但难以退出，反而还可能继续扩张，同时健康企业经营环境恶化，市场资源错配，生产效率降低。从宏观上看，这会使全社会"资本—产出比"上升，经济陷入所谓"动态无效率"状态。由于投资回报率低，收益难以覆盖债务，在僵尸企业从银行融资增长的同时，必然伴随债务杠杆率的上升。基于以上分析，我们提出假设7（社会债务水平）：低利率货币环境下僵尸企业占比提高，会导致宏观杠杆率上升。

（四）"债务—通缩螺旋"与"越刺激、越通缩"的独特现象

我们不妨基于上面所述的逻辑框架做进一步的推演。首先，僵尸资本难以退出，甚至还会反向扩张，这会导致出现投资回报率下降和产能过剩问题，由此形成通缩压力，甚至会出现"越刺激、越通缩"的反常现象。其次，高债务本身就有抑制通胀、产生通缩压力的作用，这也就是经典的"债务—通缩"机制，也就是债务和通货紧缩的相互作用、相互增强。低利率环境下的债务累积通过"债务—通缩螺旋"会进一步压低通货膨胀。最后，高债务和通缩压力还会对货币政策退出低利率环境形成约束，物价起不来，货币政策没有理由退出；债务越高，加息后偿债压力越大，货币政策越难以退出。因此债务越高、通缩压力越大，上述约束就会越大，甚至会导致货币政策进一步放松，而这又会通过上述循环加剧债务和通缩压力，由此形成相互强化的机制。由此，宏观经济领域就会出现高产能、高债务、低增长、低通胀、低利率的"两高三低"的新组合，并相互强化进入类似"陷阱"的状态而难以退出。这些现象显然都不是传统的宏观经济理论所能解释的。

三、零（低）利率陷阱：实证检验

（一）数据来源

为了验证上述假说，我们进行了数据搜集和整理。本章使用的数据主要包括上市公司财务数据和宏观经济数据。其中，上市公司数据来自 COMPUSTAT-North America 和 COMPUSTAT-Global 数据库，杠杆率数据来自国际清算银行（BIS），其他宏观数据来自 CEIC 数据库。

本章选取的样本为美国、欧元区（德国、法国、意大利、荷兰、比利时、卢森堡、爱尔兰、西班牙、葡萄牙、奥地利、芬兰、立陶宛、拉脱维亚、爱沙尼亚、斯洛伐克、斯洛文尼亚、希腊、马耳他、塞浦路斯）、英国及日本共计 22 个国家的上市公司，其中上市公司所在国以其总部所在地界定。我们选取了上述上市公司 1999 年至 2018 年的年度数据，并剔除了金融类上市公司和重要财务指标异常或缺失的样本。

（二）关于僵尸企业的识别

我们参考 McGowan 等（2018）的方法，将僵尸企业定义为连续三年或以上利息备付率小于 1 且上市超过 10 年的非金融企业。这类企业的息税前利润无法支撑其存续债务利息，且非仍处于成长阶段的新企业。

图 12.6 展示了僵尸企业的识别情况。其中僵尸企业数是美国、欧元区、英国和日本僵尸企业总数；僵尸企业占比是僵尸企业数占非金融上市企业总数的比例；加权僵尸企业占比则是根据地区 GDP 加权的僵尸企业占比。图 12.6 显示，僵尸企业数占非金融上市企业总数的比例约为 10%。金融危机前僵尸企业占比较低，金融危机后僵尸企业占比大幅攀升且保持在高位。这是因为金融危机严重损害了企业的盈利能力，同时危机后各国政府的低利率货币政策也在很大程度上阻碍了

僵尸企业的有效出清。

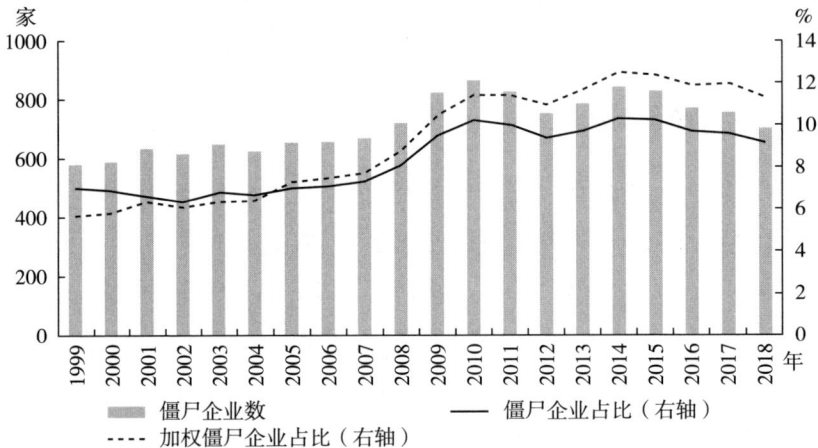

图 12.6　僵尸企业数及占比

（三）模型设定

为了更好验证以上观点，回归模型分别围绕货币政策传导、低利率货币政策与僵尸企业债务扩张、债务扩张的原因、债务扩张的资金流向和债务扩张的效率五方面问题设定。前三个问题对应的被解释变量为上市公司杠杆率，第四个问题对应的被解释变量为上市公司新增固定资产投资，最后一个问题对应的被解释变量为上市公司资本回报率。

1. 关于货币政策传导的通畅性

本章首先在全样本中（1999—2018 年）使用年度频率数据检验上市公司杠杆率与僵尸企业及政策利率之间的关系，以检验货币政策传导的通畅性，模型设定如下：

$$
\begin{aligned}
Lev_{i,j,t} = {} & \beta_0 + \beta_1 Zombie_{i,j,t} + \beta_2 Rate_{j,t} + \beta_3 Zombie_{i,j,t} \\
& \times Rate_{j,t} + \beta_4 X_{i,j,t} + \sum \delta_j + \sum \gamma_t + \varepsilon_{i,j,t}
\end{aligned}
\tag{12.7}
$$

式中，下标 i 表示上市公司，j 表示所属地区，t 表示时间，$\sum \delta_j$、$\sum \gamma_t$ 分别为地区固定效应和年份固定效应，$X_{i,j,t}$ 为控制变量，$\varepsilon_{i,j,t}$ 为扰动项。被解释变量 Lev 为杠杆率。解释变量 Zombie 为是否为僵尸企业的虚拟变量，Rate 为企业所在国家或地区的政策利率，我们分别选取欧元银行同业拆借利率、伦敦银行同业拆借利率、美国联邦基金利率和日本银行同业拆借利率作为欧元区、英国、美国和日本的政策利率代理变量。$Zombie \times Rate$ 为是否为僵尸企业和政策利率的交叉项。控制变量包括企业资产规模对数值 Lnat，资产回报率 ROA，滞后一期的杠杆率 Lev_11，现金及其等价物占总资产比 Cash，无形资产占总资产比 Intan 以及企业所在地区的 GDP 增速 GDP。

若模型（12.7）的估计系数 β_2 显著为负，则表明企业杠杆率与政策利率呈负相关关系，同业拆借利率下降会导致企业债务扩张，出现低利率、高杠杆现象，假设 2 得到证实。

2. 低利率货币政策与僵尸企业债务扩张

为了考察低利率货币政策对僵尸企业债务扩张的影响，我们将样本分为利率水平较高的金融危机前（1999—2008 年）和利率水平较低的金融危机后（2009—2018 年）两个阶段，并分别在两个样本段中检验模型（12.7）。如果模型（12.7）的估计系数 β_1 和 β_3 在利率水平较低的金融危机后样本中分别显著为正和显著为负的程度更高，则表明低利率环境下僵尸企业较健康企业获得的债务融资更多，且僵尸企业债务扩张对货币政策变动的敏感性更高，假设 3 得到证实。

3. 低利率货币政策与僵尸企业债务扩张的原因

为了证实偿债压力是低利率环境下导致僵尸企业债务扩张的原因，我们在模型（12.7）的基础上引入度量僵尸企业是否存续债务较高的虚拟变量 Pressure 和度量僵尸企业是否业绩表现较差的虚拟变量 Bad，并分别构建僵尸企业虚拟变量 Zombie 与二者的交叉项，模型设定如下：

$$Lev_{i,j,t} = \beta_0 + \beta_1 Zombie_{i,j,t} + \beta_2 Zombie_{i,j,t} \times Pressure_{i,j,t}$$

$$+ \beta_3 Zombie_{i,j,t} \times Bad_{i,j,t} + \beta_4 Rate_{j,t} + \beta_5 Zombie_{i,j,t} \times Rate_{j,t}$$

$$+ \beta_6 X_{i,j,t} + \sum \delta_j + \sum \gamma_t + \varepsilon_{i,j,t} \tag{12.8}$$

式中，新增变量 $Pressure$ 是度量僵尸企业是否存续债务较高的虚拟变量，根据上年末短期债务（一年内到期的债务）占总资产比重是否大于该地区僵尸企业相应指标中位数，分别取 1 或 0。$Zombie \times Pressure$ 为其与僵尸企业的虚拟变量的交叉项；而新增变量 Bad 是度量僵尸企业是否业绩表现较差的虚拟变量，根据上年末资产回报率是否小于该地区僵尸企业相应指标中位数，分别取 1 或 0。$Zombie \times Bad$ 为其与是否是僵尸企业的虚拟变量的交叉项。

若在利率水平较低的金融危机后样本中（2009—2018 年），模型（12.8）的估计系数 β_2 和 β_3 显著为正，则表明在低利率背景下，偿债压力较大的僵尸企业获得的债务融资更多。具体地，估计系数 β_2 显著为正说明存续债务较高的僵尸企业由于还贷能力有限，更倾向于续贷或借新债还旧债，因此债务融资意愿更强；而估计系数 β_3 显著为正，则说明经营效益较差的僵尸企业出于提高利润、偿还债务的动机，更倾向于举债扩张，因此债务融资意愿也更强。综上所述，在低利率背景下，偿债压力是僵尸企业债务扩张的原因，假设 4 得到证实。

4. 低利率货币政策与僵尸企业举债后的资金流向

为了探讨僵尸企业债务资金流向及对健康企业的影响，我们在金融危机后样本中（2009—2018 年）使用年度频率数据检验上市公司新增固定资产投资与是否为僵尸企业、僵尸企业偿债压力以及政策利率之间的关系，从而考察僵尸企业如何运用通过债务融资所筹集的资金，模型设定如下：

$$Lnppe\_chg_{i,j,t} = \beta_0 + \beta_1 Zombie_{i,j,t} + \beta_2 Zombie_{i,j,t} \times Pressure_{i,j,t}$$

$$+ \beta_3 Zombie_{i,j,t} \times Bad_{i,j,t} + \beta_4 Rate_{j,t} + \beta_5 Zombie_{i,j,t}$$

$$\times Rate_{j,t} + \beta_6 X_{i,j,t} + \sum \delta_j + \sum \gamma_t + \varepsilon_{i,j,t} \tag{12.9}$$

式中，被解释变量 *Lnppe_chg* 是年末对数固定资产值与上年末对数固定资产值的差值。解释变量、控制变量、固定效应都与模型（12.7）一致。如果在金融危机后样本中（2009—2018 年），模型（12.9）的估计系数 β_2 显著为负，则表明存续债务高的僵尸企业主要将新增债务用于偿还利息和存续债务，而非扩大投资；如果估计系数 β_3 显著为正，则表明经营效益差的僵尸企业主要将新增债务用于扩大投资；如果估计系数 β_4 显著为正，则可进一步说明，健康企业投资被挤出，假设 5 得到证实。

5. 低利率货币政策与僵尸企业债务融资的低效性

为了探讨低利率环境下僵尸企业挤占金融资源对生产效率的影响，我们在金融危机后样本中（2009—2018 年）使用年度频率数据检验上市公司资产回报率与是否为僵尸企业、僵尸企业偿债压力及政策利率之间的关系，从而考察僵尸企业债务扩张的效益，模型设定如下：

$$
\begin{aligned}
ROA_{i,j,t} = {} & \beta_0 + \beta_1 Zombie_{i,j,t} + \beta_2 Zombie_{i,j,t} \times Pressure_{i,j,t} \\
& + \beta_3 Zombie_{i,j,t} \times Bad_{i,j,t} + \beta_4 Rate_{j,t} + \beta_5 Zombie_{i,j,t} \\
& \times Rate_{j,t} + \beta_6 X_{i,j,t} + \sum \delta_j + \sum \gamma_t + \varepsilon_{i,j,t}
\end{aligned}
\tag{12.10}
$$

式中，被解释变量 *ROA* 是企业资产回报率。除将模型（12.7）中的控制变量 *ROA* 替换为其一阶滞后值 *ROA_l*1，其他解释变量、控制变量、固定效应都与模型（12.7）一致。如果在金融危机后样本中（2009—2018 年）模型（12.10）的估计系数 β_2 和 β_3 都显著为负，则表明僵尸企业债务扩张是低效的。具体来看，若估计系数 β_2 显著为负，表明对存续债务高的僵尸企业来说，其借新债还旧债的行为实际上是"庞氏融资"，企业生产效率没有实质改善，反而进一步加剧债务负担；估计系数 β_3 显著为负，则表明对经营效益差的僵尸企业来说，由于其技术落后、管理低效，盲目扩张很难对企业生产起到促进作用，假设 6 得到证实。

（四）描述性统计

表 12.1 给出了上述模型中涉及变量的名称、符号和描述性统计。被解释变量方面，杠杆率 *Lev* 的均值为 0.30，标准差为 0.44，最大值和最小值分别为 9.98 和 0，表明上市公司之间的债务融资规模存在较大差异；新增固定资产投资 *Lnppe _ chg* 的均值为 0.02，标准差为 0.84，最大值和最小值分别为 9.71 和 −9.94，表明上市公司之间的新增投资规模也存在很大差异。资产回报率 *ROA* 的均值为 −0.08，标准差为 2.05，最大值和最小值分别为 56.64 和 −428，表明上市公司之间的经营状况也存在很大差异。解释变量方面，度量企业是否为僵尸企业的虚拟变量 *Zombie* 的均值为 0.08，标准差为 0.27，表明在所有观测中约有 8% 的样本被识别为僵尸企业。拆借利率 *Rate* 的均值为 1%，标准差为 0.02，最大值和最小值分别为 6% 和 0，表明不同地区及样本期的政策利率存在一定的异质性。

表 12.1 　　　　　　　　　　描述性统计

变量名称	变量符号	观测数	均值	标准差	最小值	最大值
杠杆率	*Lev*	137765	0.30	0.44	0.00	9.98
新增固定资产投资	*Lnppe _ chg*	137765	0.02	0.84	−9.94	9.71
资产回报率	*ROA*	137765	−0.08	2.05	−428.00	56.64
僵尸企业（虚拟变量）	*Zombie*	137765	0.08	0.27	0.00	1.00
拆借利率	*Rate*	137765	0.01	0.02	0.00	0.06
存续债务高（虚拟变量）	*Pressure*	137765	0.50	0.50	0.00	1.00
经营效益差（虚拟变量）	*Bad*	137765	0.50	0.50	0.00	1.00
资产规模	*Lnat*	137765	7.44	3.22	−4.83	17.77
现金及等价物占比	*Cash*	137765	0.13	0.15	−1.72	1.42
无形资产占比	*Intan*	137765	0.13	0.18	0.00	1.00
GDP 增速	*GDP*	137765	0.02	0.02	−0.05	0.05

（五）实证结果分析

1. 低利率货币政策与僵尸企业出清放缓

图 12.7 呈现了政策利率与僵尸企业占比之间的关系。其中，政策利率为地区 GDP 加权的同业拆借利率，僵尸企业占比则定义为地区 GDP 加权的僵尸企业数占非金融上市公司总数的比例。

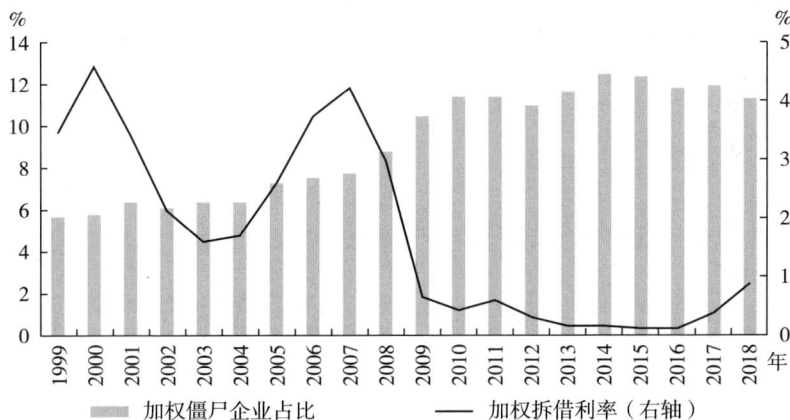

图 12.7　拆借利率与僵尸企业占比

（数据来源：上市公司数据来源于 COMPUSTAT 数据库、拆借利率数据来源于 CEIC 数据库）

图 12.7 显示，僵尸企业占比与政策利率总体呈现负相关关系。特别是在 2008 年国际金融危机后，各经济体政策利率持续走低，同期僵尸企业占比则出现较大程度上升。这说明低利率货币政策降低了僵尸企业存续债务的利息成本，减轻了其偿债压力，导致僵尸企业"僵而不死，退而不出"，阻碍了僵尸企业的出清，假设 1 得到证实。

2. 低利率货币政策与僵尸企业债务扩张

模型（12.7）检验了货币政策传导的通畅性与政策利率下调对僵尸企业债务扩张的影响。表 12.2 汇报了模型（12.7）在全样本中（1999—2018 年）的回归结果，考察了货币政策传导是否通畅。其中第 1 列没有控制固定效应，第 2 列控制了地区固定效应，第 3 列控制了年份固定效应，第 4 列同时控制了地区和年份固定效应。结果显示，这 4 列回归中政策利率 Rate 均在 1% 的显著性水平下为负，说明拆借利率下调会导致企业债务扩张，提升企业杠杆率，出现低利率、高杠杆现象，即货币政策传导是通畅的，但并没有刺激新企业投资，而是导致僵尸企业债务扩张，假设 2 得到证实。

表 12. 2　　　　　　　　　　货币政策传导的通畅性

| | (1) | (2) | (3) | (4) |
	Lev	Lev	Lev	Lev
Intercept	0.47 ***	0.58 ***	0.50 ***	0.59 ***
	(46.14)	(42.16)	(35.86)	(41.77)
Zombie	0.22 ***	0.21 ***	0.22 ***	0.21 ***
	(19.62)	(18.99)	(19.53)	(18.93)
Rate	−0.44 ***	−0.51 ***	−1.58 ***	−0.66 ***
	(−5.72)	(−7.14)	(−12.77)	(−7.00)
Zombie × Rate	1.36 ***	0.76	1.40 ***	0.78 *
	(2.84)	(1.60)	(2.92)	(1.65)
Lnat	−0.02 ***	−0.03 ***	−0.02 ***	−0.03 ***
	(−16.76)	(−15.74)	(−16.03)	(−15.66)
ROA	−0.04 ***	−0.04 ***	−0.04 ***	−0.04 ***
	(−3.19)	(−3.19)	(−3.19)	(−3.19)
Lev _ l1	0.00	0.00	0.00	0.00
	(1.05)	(1.03)	(1.04)	(1.03)
Cash	−0.47 ***	−0.53 ***	−0.47 ***	−0.53 ***
	(−44.34)	(−48.62)	(−44.00)	(−48.12)
Intan	−0.04 ***	0.00	−0.03 ***	0.00
	(−5.27)	(0.64)	(−3.97)	(0.43)
GDP	0.39 ***	−0.13 **	1.71 ***	−0.23 *
	(6.83)	(−2.10)	(14.69)	(−1.70)
地区固定效应	否	是	否	是
年份固定效应	否	否	是	是
N	137765	137765	137765	137765
R squared	0.12	0.13	0.12	0.13

注：***、**、* 分别表示在 1%、5%、10% 水平下显著，括号中的数值是基于稳健标准误的 t 统计量。

　　表12.3 和表12.4 分别汇报了模型（12.7）在利率水平较高的金融危机前（1999—2008 年）和利率水平较低的金融危机后（2009—2018 年）的回归结果，考察了下调政策利率对僵尸企业债务扩张的影响。表12.3 和表12.4 中固定效应控制方法与表12.2 一致。结果显示，度量企业是否为僵尸企业的虚拟变量 *Zombie* 在表12.4（利率水平较低的金融危机后样本）的4 列回归中显著为正的程度比在表12.3（利率水平较高的金融危机前样本）中更强。同时，度量企业是否为僵尸企业的虚拟变量与政策利率的交叉项 *Zombie* × *Rate* 在表12.4（利率水平较低的金融危机后样本）的4 列回归中均在5% 的显著性水平下为负，而在表12.3（利率水平较高的金融危机前样本）中不显著或在10% 的显著性水平下为正。以上结果表明，在低利率环境下，僵尸企业较健康企业获得的债务融资更多，且僵尸企业债务扩张对货币政策变动的敏感性更高，即此时政策利率下调会导致僵尸企业新增债务较健康企业上升更快，从而杠杆率提升更大，假设3 得到证实。

表12.3　　金融危机前政策利率变动对僵尸企业债务扩张的影响

	（1）	（2）	（3）	（4）
	Lev	*Lev*	*Lev*	*Lev*
Intercept	0. 54 *** （23. 30）	0. 57 *** （24. 04）	0. 61 *** （21. 66）	0. 59 *** （23. 55）
Zombie	0. 23 *** （9. 37）	0. 22 *** （9. 32）	0. 22 *** （9. 32）	0. 22 *** （9. 31）
Rate	− 1. 30 *** （− 8. 90）	− 0. 12 （− 0. 90）	− 2. 13 *** （− 10. 94）	− 0. 28 （− 1. 63）
Zombie × *Rate*	1. 16 * （1. 75）	0. 51 （0. 78）	1. 14 * （1. 72）	0. 55 （0. 85）
Lnat	− 0. 02 *** （− 13. 08）	− 0. 03 *** （− 12. 75）	− 0. 02 *** （− 12. 73）	− 0. 03 *** （− 12. 57）
ROA	− 0. 04 ** （− 2. 50）	− 0. 03 ** （− 2. 51）	− 0. 04 ** （− 2. 51）	− 0. 03 ** （− 2. 51）

续表

	（1）	（2）	（3）	（4）
	Lev	Lev	Lev	Lev
Lev _ l1	0.05 *	0.05 *	0.05 *	0.05 *
	(1.81)	(1.80)	(1.81)	(1.80)
Cash	−0.53 ***	−0.57 ***	−0.53 ***	−0.56 ***
	(−30.58)	(−31.38)	(−30.39)	(−31.02)
Intan	−0.02 *	0.01	0.00	0.02
	(−1.90)	(1.18)	(0.22)	(1.36)
GDP	−0.01	−0.68 ***	0.15	−0.95 ***
	(−0.10)	(−4.79)	(0.74)	(−4.06)
地区固定效应	否	是	否	是
年份固定效应	否	否	是	是
N	65983	65983	65983	65983
R squared	0.16	0.17	0.16	0.17

注：***、**、*分别表示在1%、5%、10%的水平下显著，括号中的数值是基于稳健标准误的 t 统计量。

表12.4　金融危机后政策利率变动对僵尸企业债务扩张的影响

	（1）	（2）	（3）	（4）
	Lev	Lev	Lev	Lev
Intercept	0.42 ***	0.54 ***	0.52 ***	0.55 ***
	(32.03)	(26.18)	(31.15)	(25.05)
Zombie	0.24 ***	0.23 ***	0.24 ***	0.22 ***
	(16.66)	(16.10)	(16.60)	(16.10)
Rate	0.61 *	1.92 ***	0.52	2.31 ***
	(1.70)	(5.23)	(1.43)	(6.12)
Zombie × Rate	−4.50 **	−5.47 **	−4.41 **	−5.60 **
	(−2.02)	(−2.47)	(−1.98)	(−2.53)
Lnat	−0.01 ***	−0.02 ***	−0.01 ***	−0.02 ***
	(−9.99)	(−9.04)	(−9.43)	(−9.12)
ROA	−0.06 **	−0.05 **	−0.06 **	−0.05 **
	(−2.36)	(−2.34)	(−2.36)	(−2.34)

续表

	（1） Lev	（2） Lev	（3） Lev	（4） Lev
Lev _ l1	0.00 （1.03）	0.00 （1.00）	0.00 （1.02）	0.00 （1.00）
Cash	−0.40 *** （−25.32）	−0.46 *** （−28.72）	−0.40 *** （−25.56）	−0.47 *** （−28.90）
Intan	−0.03 *** （−2.81）	−0.01 （−0.86）	−0.04 *** （−3.89）	−0.01 （−1.11）
GDP	0.48 *** （7.00）	0.16 ** （2.27）	2.52 *** （17.29）	0.30 * （1.80）
地区固定效应	否	是	否	是
年份固定效应	否	否	是	是
N	71782	71782	71782	71782
R squared	0.11	0.13	0.12	0.13

注：*** 、** 、* 分别表示在1%、5%、10%的水平下显著，括号中的数值是基于稳健标准误的 t 统计量。

模型（12.8）检验了导致上述低利率环境下僵尸企业债务扩张的原因。表12.5 汇报了模型（12.8）在利率水平较低的金融危机后（2009—2018 年）样本中的回归结果，固定效应控制方法与表12.2 一致。结果显示在 4 列回归中，是否是僵尸企业的虚拟变量与度量僵尸企业是否存续债务高的虚拟变量以及度量僵尸企业是否经营效益差的虚拟变量的交叉项 Zombie × Pressure、Zombie × Bad 均在 1% 的显著性水平下为正。这表明在低利率环境下，偿债压力减轻是导致僵尸企业债务扩张的主要原因。债务积压多（既存续债务高）的僵尸企业由于还贷能力有限，更倾向于续贷或借新债还旧债，因此债务融资意愿较存续债务低的僵尸企业更强；业绩低迷（即经营效益差）的僵尸企业出于提高利润、偿还债务的动机，更倾向于举债扩张，因此债务融资意愿较经营效益好的僵尸企业更强，假设 4 得到证实。

表 12.5　　　　　　　　　金融危机后僵尸企业债务扩张的原因

	(1)	(2)	(3)	(4)
	Lev	*Lev*	*Lev*	*Lev*
Intercept	0.41 *** (32.22)	0.52 *** (26.24)	0.51 *** (31.41)	0.53 *** (25.02)
Zombie	− 0.03 ** (− 2.20)	− 0.05 *** (− 3.19)	− 0.04 ** (− 2.39)	− 0.05 *** (− 3.17)
Zombie × Pressure	0.31 *** (13.43)	0.30 *** (13.50)	0.31 *** (13.46)	0.30 *** (13.48)
Zombie × Bad	0.28 *** (11.22)	0.28 *** (11.61)	0.28 *** (11.33)	0.28 *** (11.61)
Rate	0.83 ** (2.30)	1.92 *** (5.21)	0.76 ** (2.08)	2.31 *** (6.13)
Zombie × Rate	− 4.57 ** (− 2.10)	− 5.43 ** (− 2.51)	− 4.46 ** (− 2.06)	− 5.55 ** (− 2.57)
Lnat	− 0.01 *** (− 9.30)	− 0.02 *** (− 8.15)	− 0.01 *** (− 8.65)	− 0.02 *** (− 8.23)
ROA	− 0.05 ** (− 2.31)	− 0.05 ** (− 2.29)	− 0.05 ** (− 2.31)	− 0.05 ** (− 2.29)
Lev_l1	0.00 (1.03)	0.00 (1.00)	0.00 (1.02)	0.00 (0.99)
Cash	− 0.40 *** (− 25.52)	− 0.45 *** (− 28.52)	− 0.40 *** (− 25.77)	− 0.46 *** (− 28.68)
Intan	− 0.02 ** (− 1.97)	− 0.01 (− 0.89)	− 0.03 *** (− 3.13)	− 0.01 (− 1.12)
GDP	0.50 *** (7.39)	0.14 ** (2.02)	2.68 *** (18.35)	0.28 * (1.68)
地区固定效应	否	是	否	是
年份固定效应	否	否	是	是
N	71782	71782	71782	71782
R squared	0.14	0.15	0.14	0.15

注：*** 、** 、* 分别表示在 1% 、5% 、10% 的水平下显著，括号中的数值是基于稳健标准误的 t 统计量。

模型（12.9）检验了政策利率下调时僵尸企业举债的资金用途及对健康企业的影响。表12.6汇报了模型（12.9）在利率水平较低的金融危机后（2009—2018年）样本中的回归结果，固定效应控制方法与表12.2一致。结果显示在4列回归中，是否为僵尸企业的虚拟变量与度量僵尸企业是否存续债务高的虚拟变量的交叉项 Zombie × Pressure 均在1%的显著性水平下为负；而是否是僵尸企业的虚拟变量与度量僵尸企业是否经营效益差的虚拟变量的交叉项 Zombie × Bad 均在1%的显著性水平下为正。这说明存续债务高的僵尸企业主要将新增债务用于偿还利息和存续债务；而经营效益差的僵尸企业主要将新增债务用于扩大投资。此外，政策利率 Rate 在（1）、（3）列回归中在1%的显著性水平下为正，一定程度上表明政策利率下调会导致健康企业的投资不升反降，即健康企业投资被挤出，假设5得到证实。

表12.6　　　　金融危机后僵尸企业债务扩张的资金流向

	（1）	（2）	（3）	（4）
	Lnppe _ chg	Lnppe _ chg	Lnppe _ chg	Lnppe _ chg
Intercept	−0.12 ***	−0.21 ***	−0.08 ***	−0.23 ***
	（−8.90）	（−11.32）	（−3.65）	（−9.59）
Zombie	−0.02	−0.03 *	−0.02	−0.03
	（−0.96）	（−1.66）	（−1.00）	（−1.60）
Zombie × Pressure	−0.08 ***	−0.06 ***	−0.08 ***	−0.06 ***
	（−4.17）	（−3.26）	（−4.15）	（−3.27）
Zombie × Bad	0.09 ***	0.11 ***	0.09 ***	0.11 ***
	（4.14）	（5.30）	（4.21）	（5.29）
Rate	3.49 ***	0.95	3.40 ***	0.65
	（4.53）	（1.22）	（4.31）	（0.82）
Zombie × Rate	−2.89	−1.37	−2.98	−1.60
	（−1.34）	（−0.64）	（−1.38）	（−0.74）
Lnat	0.02 ***	0.04 ***	0.02 ***	0.04 ***
	（17.89）	（21.47）	（18.29）	（21.33）

续表

	（1）	（2）	（3）	（4）
	Lnppe _ chg	*Lnppe _ chg*	*Lnppe _ chg*	*Lnppe _ chg*
ROA	0.02 * （1.91）	0.02 * （1.83）	0.02 * （1.91）	0.02 * （1.83）
Lev _ l1	0.00 *** （11.05）	0.00 *** （10.89）	0.00 *** （11.15）	0.00 *** （10.89）
Cash	− 0.42 *** （− 11.98）	− 0.34 *** （− 9.47）	− 0.42 *** （− 11.99）	− 0.34 *** （− 9.49）
Intan	0.04 ** （2.25）	− 0.07 *** （− 3.39）	0.04 * （1.91）	− 0.07 *** （− 3.41）
GDP	0.76 *** （5.67）	0.31 ** （2.32）	1.92 *** （6.51）	0.03 （0.11）
地区固定效应	否	是	否	是
年份固定效应	否	否	是	是
N	71782	71782	71782	71782
R squared	0.02	0.03	0.02	0.03

注：*** 、** 、* 分别表示在1%、5%、10%的水平下显著，括号中的数值是基于稳健标准误的 t 统计量。

模型（12.10）检验了政策利率下调时僵尸企业债务扩张的有效性。表12.7 汇报了模型（12.10）在利率水平较低的金融危机后（2009—2018 年）样本中的回归结果，固定效应控制方法与表12.2 一致。结果显示在4 列回归中，是否僵尸企业的虚拟变量与度量僵尸企业是否存续债务高的虚拟变量以及度量僵尸企业是否经营效益差的虚拟变量的交叉项 *Zombie × Pressure*、*Zombie × Bad* 均在1% 的显著性水平下为负。这说明对存续债务高的僵尸企业来说，其借新债还旧债行为已成为实际上的"庞氏融资"，企业生产效率没有实质改善，反而进一步加剧债务负担；而对经营效益差的僵尸企业来说，由于其技术落后、管理低效，盲目扩张很难对企业生产起到促进作用。同时，度量企业是否为僵尸企业的虚拟变量与政策利率的交叉项 *Zombie* × *Rate* 均在1%或5%的显著性水平下为正，也说明政策利率下调时，僵尸企业债务扩张导致企业生产效率持续下降。综上所述，低利率环境下僵尸企业的债务扩张是低效的，假设6得到证实。

表 12.7　　　　　　　金融危机后僵尸企业债务扩张的效率

	（1）	（2）	（3）	（4）
	ROA	*ROA*	*ROA*	*ROA*
Intercept	−0.43***	−0.75***	−0.53***	−0.76***
	（−10.46）	（−10.38）	（−6.50）	（−7.96）
Zombie	0.11**	0.11**	0.11**	0.11**
	（2.08）	（2.09）	（2.11）	（2.08）
Zombie × *Pressure*	−0.34***	−0.31***	−0.34***	−0.31***
	（−2.89）	（−2.67）	（−2.89）	（−2.65）
Zombie × *Bad*	−0.61***	−0.58***	−0.62***	−0.58***
	（−5.57）	（−5.42）	（−5.57）	（−5.42）
Rate	3.49***	−0.98	3.72***	−1.64
	（3.29）	（−1.05）	（2.75）	（−1.47）
Zombie × *Rate*	8.98**	12.53***	8.78**	12.56***
	（2.09）	（2.79）	（2.09）	（2.85）
Lnat	0.05***	0.09***	0.05***	0.09***
	（11.69）	（10.10）	（11.72）	（10.19）
ROA _ l1	0.02	0.02	0.02	0.02
	（1.14）	（1.10）	（1.14）	（1.10）
Lev _ l1	0.00	0.00	0.00	0.00
	（1.02）	（1.00）	（1.02）	（1.00）
Cash	−0.30***	−0.08	−0.30***	−0.07
	（−4.84	（−1.14）	（−4.82）	（−1.07）
Intan	0.12**	−0.06	0.13**	−0.05
	（2.19）	（−0.78）	（2.20）	（−0.74）
GDP	0.37	0.40	−1.48*	0.24
	（0.88）	（0.86）	（−1.78）	（0.26）

续表

	（1） ROA	（2） ROA	（3） ROA	（4） ROA
地区固定效应	否	是	否	是
年份固定效应	否	否	是	是
N	71715	71715	71715	71715
R squared	0.02	0.03	0.02	0.03

注：***、**、*分别表示在1%、5%、10%的水平下显著，括号中的数值是基于稳健标准误的 t 统计量。

3. 僵尸企业出清放缓、债务扩张与社会债务水平攀升

图 12.8 呈现了僵尸企业占比与社会债务水平之间的关系。其中，僵尸企业占比定义为地区 GDP 加权的僵尸企业数占非金融上市公司总数的比例；杠杆率定义为地区 GDP 加权的非金融部门杠杆率。

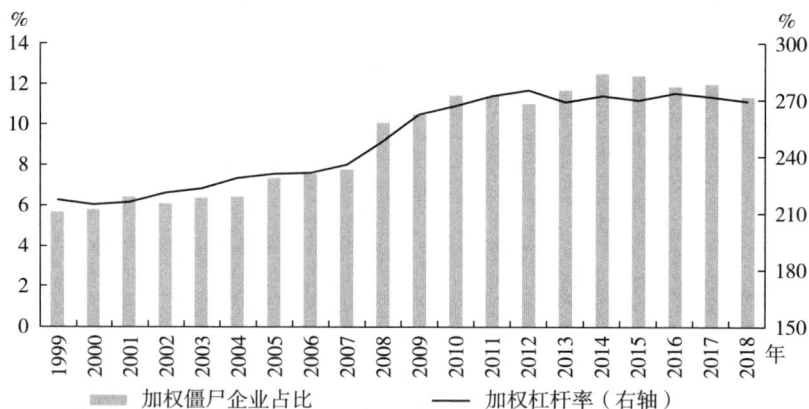

图 12.8　僵尸企业占比与杠杆率

（数据来源：上市公司数据来源于 COMPUSTAT 数据库、杠杆率数据来源于国际清算银行）

图 12.8 显示，僵尸企业占比与宏观杠杆率总体呈现正相关关系，也即僵尸企业占比的提升伴随着社会整体债务水平的上升。尤其是图 12.8 显示的 2008 年国际金融危机后，僵尸占比攀升导致非金融部门杠杆率持续走高，这与前述僵尸企业债务扩张以及对健康企业投资挤出

是相吻合的。综上所述，低利率货币政策下僵尸企业占比的提高伴随着宏观杠杆率的上升，假设7得到证实。

最后，我们还需要进一步解释一些可能存在的疑问。比如，我们会观察到僵尸企业占比与利率下行之间存在明显的负相关关系，但僵尸企业占比上升究竟是由利率下行导致的，还是说两者只是在统计上具有显著性，导致僵尸企业占比上升的主要因素并不是利率下行，而是经济增长疲弱等其他因素？我们认为，经济不振可能在一定程度上导致僵尸企业增多，但利率下行仍然是导致僵尸企业占比上升的重要因素。首先，根据上文的研究，僵尸企业债务和健康企业债务增长并不平衡，这是导致僵尸企业占比上升的原因。如果经济不振是主要原因，则僵尸企业和健康企业的债务扩张应该是基本同步的，而不应呈现出明显的差异。其次，僵尸企业占比在国际金融危机后长期维持在高位，若主要是由经济衰退所致，则长期来看大量僵尸企业应出现破产出清，而不应长期持续。再次，一般企业债务融资多在三年到五年，而国际金融危机至今已有十多年，说明现存的僵尸企业债务很多是危机后新增或展期的。这些都与利率持续下行和融资环境宽松有关。因此，虽然多种因素都可能对僵尸企业增多产生影响，且不同因素之间是交互影响的，但低利率和宽松货币条件还是非常关键的因素。

专栏10　利率的空间 ①

近年来各主要中央银行竞相实施宽松的货币政策甚至出现负利率。而我国中央银行一方面强调保持定力以"珍惜货币政策空间"，另一方面又明确提出"强化逆周期调节"。在潜在经济增速趋势向下的情况下，未来我国利率是会随经济减速而持续下行，还是区间波动？

---

① 该专栏摘自：伍戈、徐剑、杨泽蓁，《利率的空间》，载《金融市场研究》，2019（12）。

一、经济下行，利率是否必然下行？

长期来看，一国经济增速与利率之间确实存在趋势上的对应关系，这表征着经济增速与投资回报率的内在关联。日本和德国在其潜在经济增速下行的过程中，利率中枢都呈现明显下降态势。

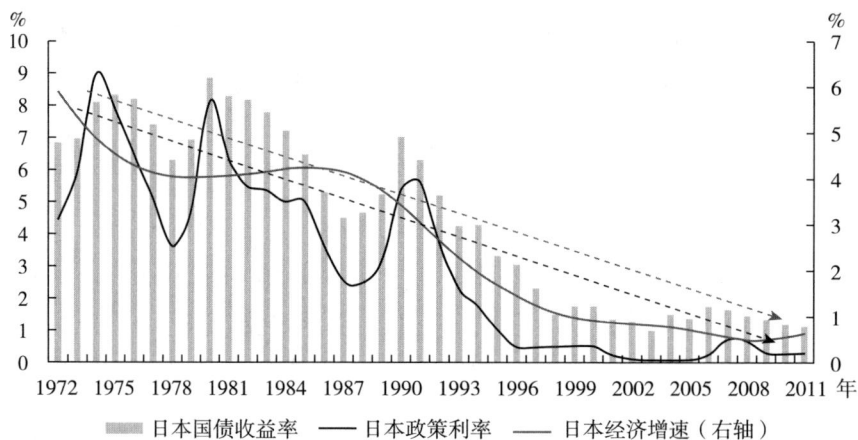

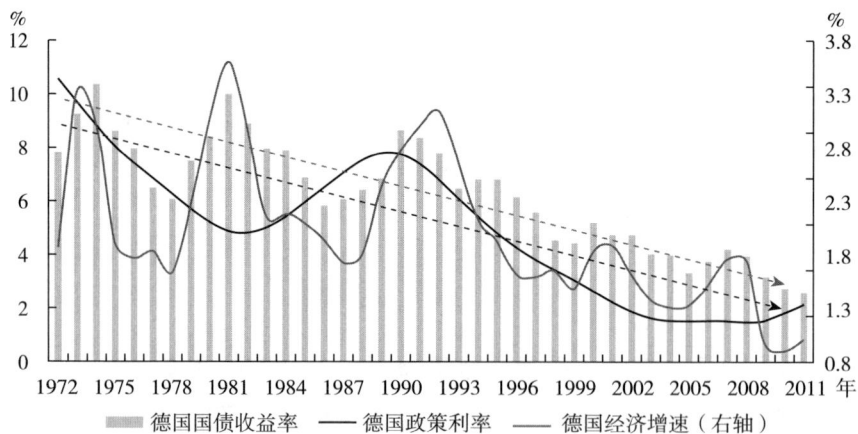

图 12.3　经济增速与利率中枢呈现长期同步趋势

注：日本政策利率是贴现率，德国政策利率是货币市场利率。

（数据来源：Wind、CEIC，笔者测算）

　　从中短期来看，经济增速趋缓与利率中枢下降却未必是完全的对应关系。较为典型的例子是，20世纪70~80年代日本与德国在潜在经济增速下行的同时，其利率却在长达10年的时间里只围绕某个中枢水平震荡，并未发生明显下移。可见，经济增长与利率的方向相左可以持续较长时间，且国别之间存在着显著差异。

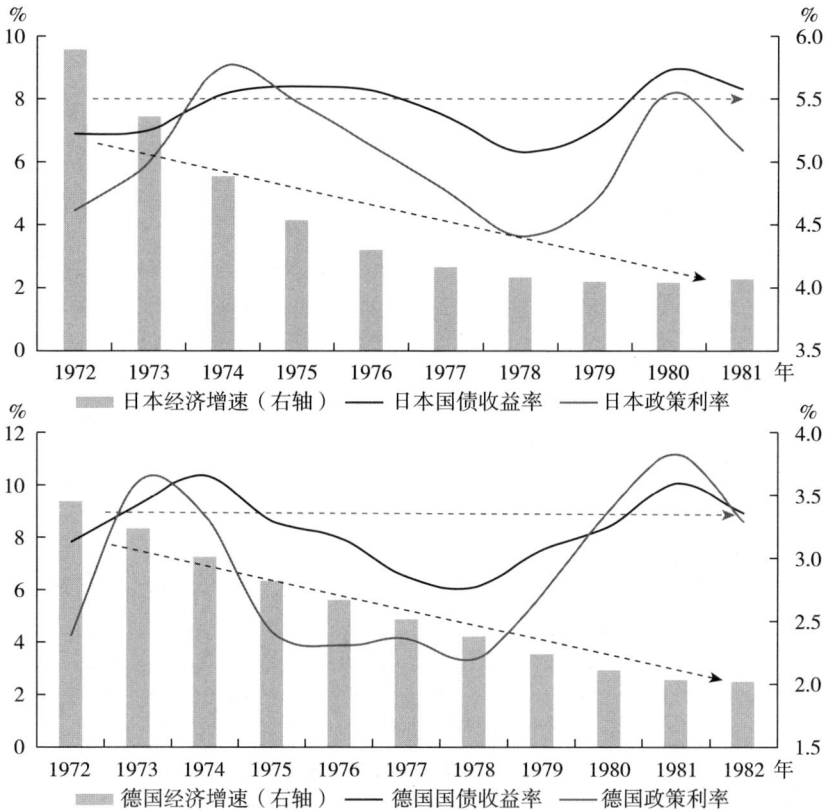

图 12.4　从中短期看，经济下行未必意味着利率也下行

（数据来源：Wind、CEIC，笔者测算）

二、经济下行，利率为何不必然下行？

在一国潜在经济增速下行的过程中，掣肘利率下降的因素可能是多方面的。其中，较为重要的因素是成本冲击的发生。例如，日本和德国在其经济减速的过程中，"不幸"遭遇到油价等成本冲击引发的结构性通货膨胀，其间利率中枢不但不降反而大都阶段性抬升。而直到"滞胀"矛盾消退之后，利率与经济增速才有望重回同步趋势。

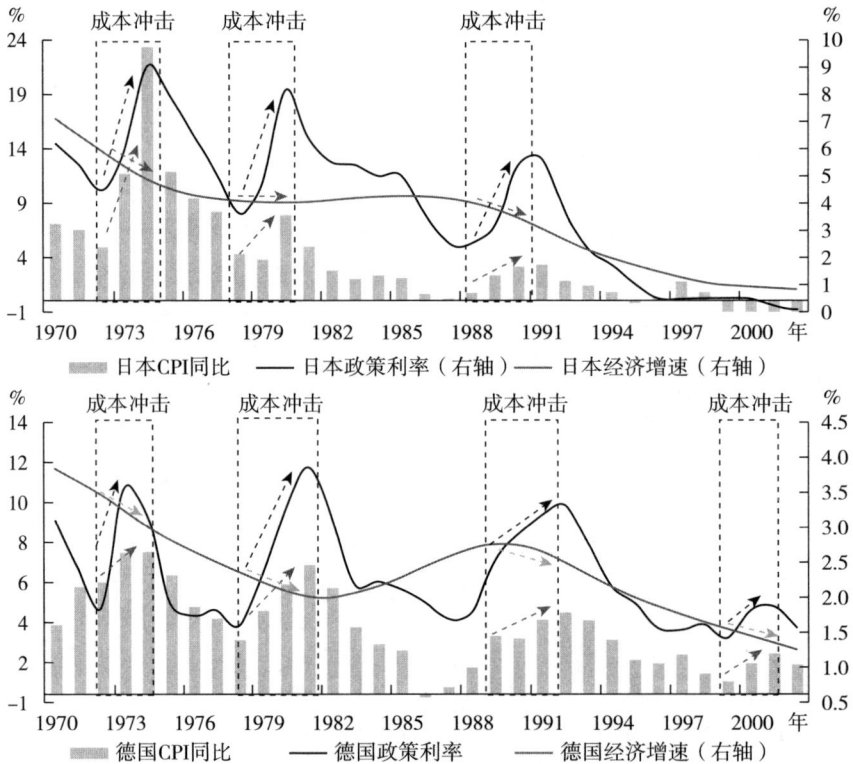

图 12.5 "滞胀"情形下利率不降反升

（数据来源：Wind、CEIC，笔者测算）

展望未来，随着人口老龄化及潜在经济增速下行，我国利率长期趋势有望呈下降。不过，若遭遇"滞胀"困扰，中短期利率或许也会波动变化但难言显著性趋势。考虑到国外负利率的前车之鉴，加之国内债务杠杆、房价等掣肘，在我国宏观政策组合的工具箱中利率政策的运用或将相对审慎。

四、小结

我们的研究发现，利率与经济增长之间可以存在多重均衡，或者说同样的经济增长水平可以对应不同的实际利率水平。在不同的均衡状态中，利率、经济增长、通胀、债务会呈现出不同的组合，并存在不同的动态效率，自然也对应着不同的货币政策传导机制。研究发现，若持续采用超宽松货币政策来刺激经济，就会通过增加僵尸企业的方式降低经济效率，并积累债务和通缩压力。我们利用 COMPUSTAT 数据库中美国、欧元区、日本等 22 个国家 1999—2018 年的上市公司财务数据，探讨了僵尸企业对货币政策传导机制的影响，为理解低利率环境下货币政策传导机制的变化提供了新的理论框架和经验证据。实证结果表明：（1）低利率货币政策阻碍了僵尸企业出清；（2）相较健康企业，宽松货币政策释放的流动性更多地流向了僵尸企业，僵尸企业存在的偿债压力（存续债务高或经营效益差）是导致该现象的主要原因；（3）对僵尸企业债务融资的资金流向和效益评估显示，僵尸企业挤出了健康企业投资，其债务扩张是低效的；（4）僵尸企业债务扩张与投资挤出效应加剧了资源错配，使社会资本回报率下降，债务规模攀升，并在"债务—通缩螺旋"的作用下进一步压低通胀，导致出现"越刺激、越通缩"的有趣现象，也导致货币政策进入"低利率陷阱"而难以退出。

具体来看，所谓低利率陷阱，是指持续实施超宽松货币政策后，短期内可能会推动产出、就业等，但从中长期看易使经济体转入高产能、高债务、低通胀的动态无效率增长路径。一旦进入这种状态后，由于担心加重债务负担、引发资本市场调整等，货币政策难以通过加息和缩表等方式退出非常规状态，由此导致非常规货币政策工具"常态化"。之所以将这一货币政策的困境称为"陷阱"，是因为如果仅从货币政策方面试图将其打破并走出这一困境，经济体会有一种自我回复到困境中的力量，最终使这一困境呈现为一种"稳态"。比如，在超低利率水平下，无论是零利率下限还是有效利率下限，都会给政策利率带来向下调整的刚性，此时推出量化宽松等非常规货币政策工具也将面临一定的政策极限，负面影响难以避免。若货币当局尝试加息以走出这一稳态，则可能加重经济体债务负担，或刺破资产价格引发次生风险，且内生的通缩倾向也不支持提升利率。总体来看，危机以来发达经济体货币当局大多表现出一定的"持续宽松则困于陷阱，退出宽松则影响稳定"的政策两难，长期宽松带来的弊端愈发明显。

"低利率陷阱"与凯恩斯理论中的"流动性陷阱"有相同之处，但也有明显差别。流动性陷阱可以理解为货币需求超过货币供给后的一种极端状态，在这种状态下，货币需求极强，也就是通常所说的"现金为王"，经济主体都倾向持有现金而不愿投资和消费，即使把利率降到零，实施超宽松的货币政策，经济主体也缺乏投资和消费的意愿，由此进入一种陷阱状态（李斌，2010）。从这个意义上讲，低利率陷阱和流动性陷阱都有"超宽松货币政策趋于失效、陷入困境"的含义，但内涵仍有区别，主要体现为：从最终表现来看，流动性陷阱假说主要强调对刺激投资、消费和产出的作用受限，由于市场预期过于悲观，超宽松的货币条件也难以提振投资和消费，进而推动经济复苏。而低利率陷阱，则指出经济增长可能会因宽松货币刺激短期得到提振，但由于通缩压力、高债务积累和产能过剩，货币政策难以再次收紧并回归常态。从作用机理看，流动性陷阱的理论支撑是凯恩斯提出的流动性偏好理论，根本原因是利率过低时市场主体的流动性偏好趋于无穷大，根本不去进行实体投资。低利率陷阱的逻辑背景则是货币宽松对通胀、债务和产能的深层次传导机制，根本原因是信用货币体制下过度依赖货币创造刺激经济所导致的经济增长效率下降。从观察期限看，流动性陷阱假说更多考虑短期内提振总需求面临的约束，这也是其未考虑通胀变化的原因之一。低利率陷阱则是在一个相对更长的视角下，强调货币政策过度使用在中长期内可能导致的经济和政策困境。

由于存在陷入低利率陷阱的可能性，货币政策在步入陷阱前和进入陷阱后呈现出两种不同的传导机制，具有比较明显的"易松难紧、易放难收"的非对称性。比较而言，传统意义上货币政策逆周期调节时"衰退期间宽松、复苏以后退出"的对称路径设想是相对理想化和简单化的。如图12.9A所示，经济处于常态时，政策利率和通胀水平分别大致处于目标水平i^*和π^*附近的合意区间内。当经济面临外部负向冲击时（图12.9A过程①），通胀水平趋于下降，此时货币政策进行应对，政策利率水平明显降低（图12.9A过程②）。受益于宽松货币政策和经济逐步复苏，通胀水平在图12.9A过程③中有所回升，此后货币政策通过加息实现退出（图12.9A过程④），各变量再次回复至危机前的合意区间。在这一比较理想化的情景中，货币政策的宽松和退出能够以比较对称的方式展开，使经济体回到危机前的状态。然而现实中宽松货币政策的传导机制可能要复杂得多，一旦陷入上文所述的低

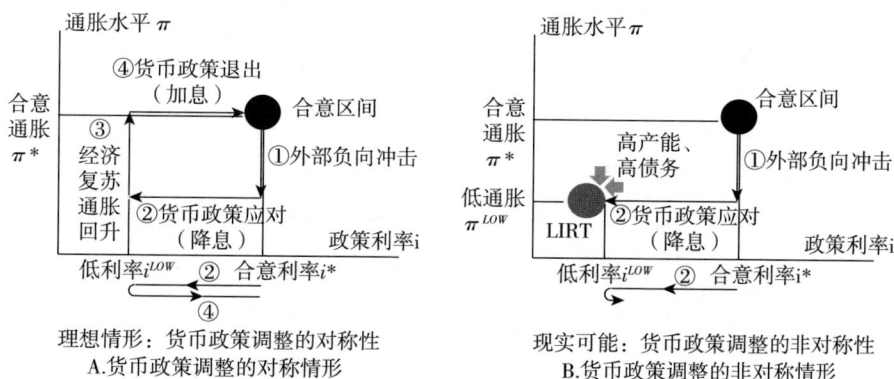

图12.9　货币政策调整的对称性：理想情形与现实可能

利率陷阱，即使经济复苏、回复到相对稳定的状态，宽松政策也可能面临"退出困难"。如图 12.9B 所示，面对经济的负向冲击（图 12.9B 过程①），货币政策若持续过度宽松（图 12.9B 过程②），则可能使经济体陷入低通胀、低利率的陷阱之中，货币宽松过程中伴生的高产能、高债务压制通胀水平难以如期回升，政策利率也难以相应抬升并退出。在这种情景下，危机时降低政策利率容易、危机后提升政策利率困难，货币政策表现出"易松难紧、易放难收"的非对称性，这不仅使经济体困于一种超宽松环境下的低效率增长状态，而且会导致经济体在中长期内应对下一次经济衰退的政策空间大幅收窄，我们可将其称为货币政策的非对称风险（Asymmetric Risk of Monetary Policy，ARMP）。

观察图 12.10 可以看到，自 20 世纪 80 年代初以来，美国联邦基金利率总体呈现下行态势，其间虽然有起伏波动，但每个小周期的利率高点都要低于上一次的高点，直至降至零利率，呈现出明显的"易降难升"的非对称性。实际上，美国联邦基金利率在 80 年代初有一次明显抬升（利率超过了 15%），主要是受美联储主席沃尔克的强力推动，如果没有这一次较大幅度升息，美国联邦基金利率有可能更早就已经达到零下界水平。如图 12.10 所示，近些年来日本、美国和欧元区相

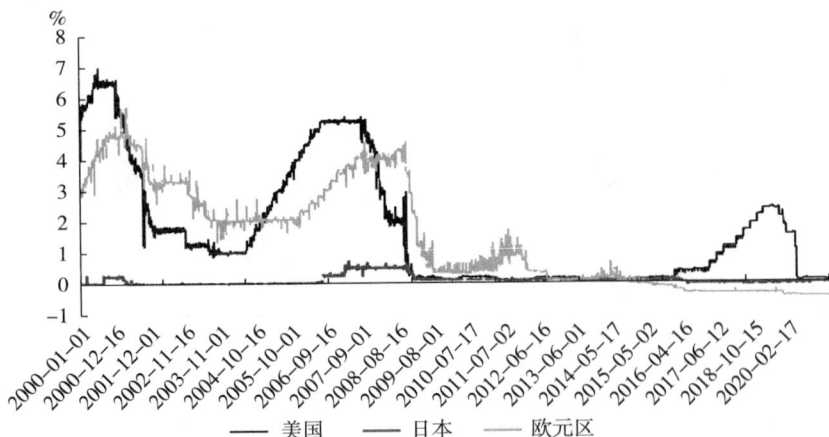

图 12.10　21 世纪以来主要经济体政策利率走势

继都将其政策利率调低至零值附近。如果以政策利率（具体值或区间上限）小于或等于1%作为货币当局低利率的简化标准，则2000年以来美联储、欧洲央行、日本银行政策利率分别有约50%、48%和100%的时间段处于低利率区间，2008年以来这三个比例则分别提升至76%、82%和100%。目前仅有美联储自2015年以来做出了利率正常化的尝试，但近期再次降为零利率。受困于经济疲弱和物价低迷，欧元区和日本货币当局始终难以摆脱低利率陷阱，市场上开始担忧欧元区可能趋于"日本化"。即使是已经作出加息尝试的美国，其货币政策调整仍与依靠泰勒规则等计算出来的利率水平存在差距。历史经验显示，美联储为应对一次经济衰退大致需将政策利率下调5个百分点。以目前利率水平来看，未来难以再靠降息应对下一次经济衰退，货币政策空间有限。英国金融服务局前主席Turner（2015）在其著述中提出了打破财政赤字货币化这一政策禁忌的设想，近段时间以来，以主张发行货币来支持"功能财政"的现代货币理论（Modern Money Theory，MMT）也引起热议。虽然上述政策建议有很大争议，但其背后的深层次原因值得关注，实际上是货币政策效应趋弱、主张以财政替代中央银行的反映。可以说，低利率陷阱和货币政策非对称风险，是相辅相成的一对概念，正是因为过度宽松的货币政策可能导致经济陷入低利率陷阱，货币政策才在宽松与收紧之间表现出非对称性；也正是由于货币政策存在非对称风险，才应在政策制定上尽可能避免陷入低利率陷阱。

　　综上所述，我们对近些年来全球主要宏观经济变量出现的"新组合"给出一个框架性的解释。简单来讲，近些年来主要发达经济体的货币、经济增长、通货膨胀和债务水平之间出现了之前未曾有过的"分化"，利率与经济增长之间的缺口明显扩大，同时债务率持续上升，通胀不及预期。更为重要的是，上述"分化"形成一种自我强化的"稳态"：超宽松货币政策会通过"过度投资"和"僵尸企业"两种路径导致产能和债务的双重累积，继而会通过"抑制通胀"和"害怕加息"两种机制对货币政策退出形成约束，由此进入"低利率陷阱"。导致"低利率陷阱"的是货币政策操作中的"非对称风险"，也就是"易松难紧、易放难收"，这一特征从主要发达经济体的货币政策操作实践看非常明显，而一旦进行"低利率陷阱"后，这种非对称性就表现得更加明显，从而导致非常规货币政策常态化。从本质上看，这是信用货币体系下过度使用宽松货币政策导致的经济"动态无效率"状态。

虽然信用货币体系为中央银行和商业银行提供了创造货币的空间，且宽松货币对于短期刺激需求、保持稳定有其重要作用，但从中长期看会产生十分复杂的经济社会效应，货币政策传导机制也会发生深刻的变化。实际上，真正意义上的信用货币体系产生于布雷顿森林体系崩溃之后，距今只有五十年时间，但主要发达经济体已进入零利率甚至负利率状态，货币政策空间已大大收窄。总的来看，对货币政策的作用应全面看待，正因为货币政策的影响和效应极其复杂，在运用货币政策工具时要保持审慎和稳健，尤其是要避免陷入可能的低利率陷阱。正因为同样的经济增长可以对应不同的利率水平，可能存在多重均衡，这也意味着也许可以选择不同的政策策略，从而实现不同的宏观经济组合。要避免进入动态无效率状态，就应保持战略定力、坚持底线思维，为货币政策在未来较长时间里应对内外部各类经济波动预留充足空间。保持必要的货币政策空间，实际上也就是为维护长期发展战略期提供重要支撑。

专栏 11　政策组合的力量①

理论上，不同的政策组合预示着不同的宏观经济均衡。现实中，与日本、德国当年应对来自美国的贸易压力显著不同的是，我国近年来采取了更多元化的政策组合应对外部冲击，或能实现更优的均衡结果。

① 该专栏摘自：伍戈、文若愚、陈苑菁、杨思远：《对冲之策》，伍戈经济笔记，2019 年8 月。

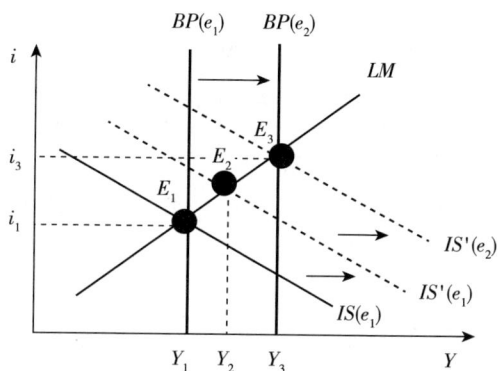

图 12.11 政策组合与经济均衡

一是汇率政策更灵活。从汇率政策来看，20 世纪 80 年代广场协议后，日德对美汇率大幅升值。而 2018 年中美贸易摩擦开始

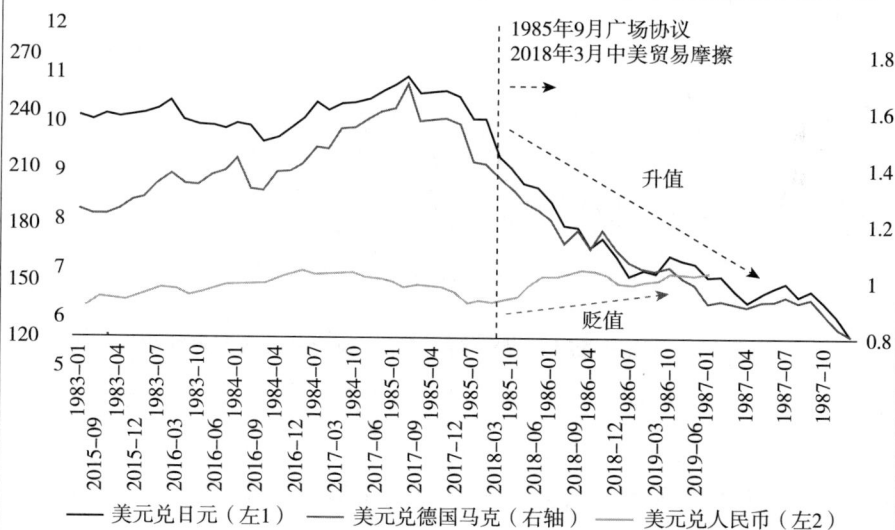

图 12.12 与当年日德相比，我国汇率政策对冲了部分外部压力

（数据来源：BIS）

以来，人民币汇率更加灵活，这客观上有助于对冲外需趋缓的负面影响，并减轻国内总需求政策的压力。

二是财政政策更积极。与当年日德应对贸易摩擦时的情形相比，我国当前的财政政策更趋积极。从狭义赤字率的抬升及减税的幅度来看，我国财政政策相对是积极的。

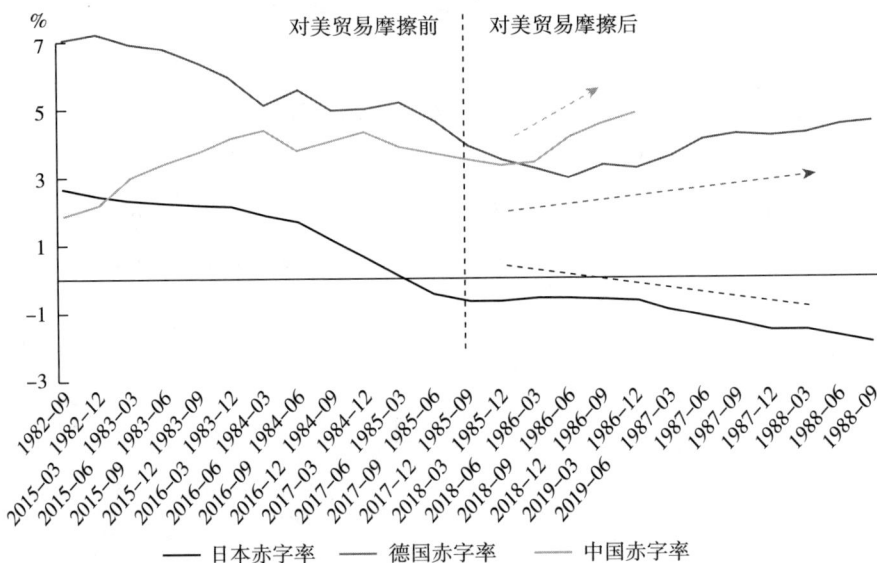

图 12.13　对比日德应对贸易摩擦时期，我国财政政策更趋积极
（数据来源：CEIC、Wind）

三是货币政策更稳健。贸易摩擦以来我国的货币政策虽然边际上有所宽松，但与日德当年相比仍相对较为稳健，体现出在高杠杆高债务的宏观大背景下我国政府的定力。

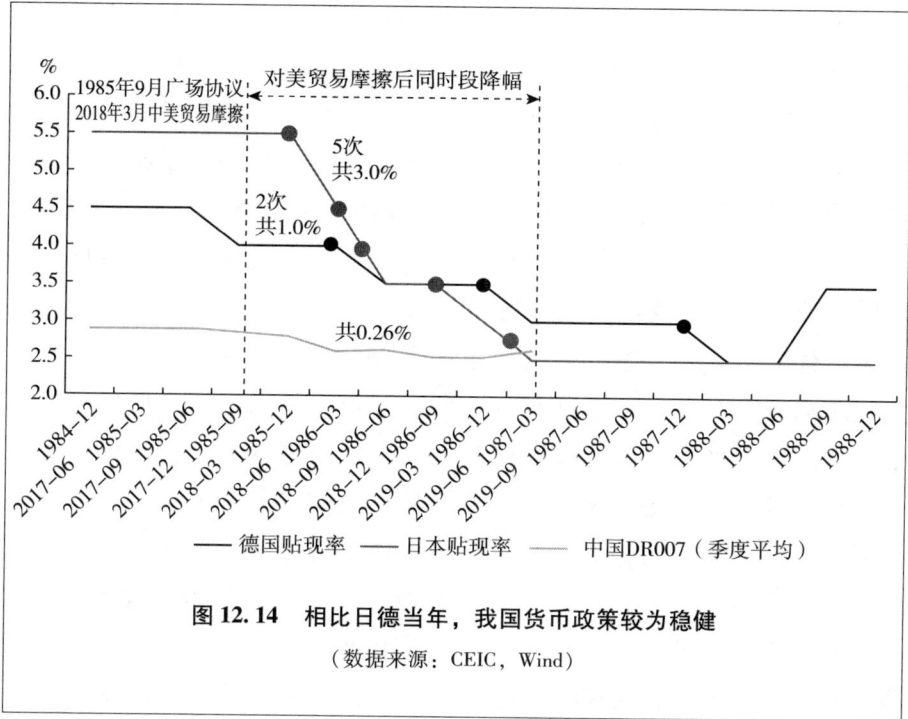

图 12.14　相比日德当年，我国货币政策较为稳健

（数据来源：CEIC，Wind）

　　我们的研究对于理解和研究货币政策传导机制有一定的启示意义。在研究货币政策传导时，不应仅观察货币条件变化（扩张或收缩）对需求端的影响，还应观察货币条件对供给端的影响。在主流宏观经济理论中，货币政策被界定为短期的需求管理工具，人们往往只看货币政策对需求的影响，而不关注其对经济供给端的影响。我们的研究发现，货币政策变化不仅会影响需求，还会通过阻碍僵尸企业出清等方式影响经济的供给结构。更为重要的是，在利率下行过程中，货币条件变化对后者的影响甚至会超过前者，也就是说，中央银行降息的本意是刺激新增的有效投资，但实际情况很可能更多是维持了僵尸企业的生存，并导致无效的债务扩张和全社会生产效率的下降。理解这一点，是理解主要发达经济体实施非常规货币政策效果不及预期，出现宽货币、低增长、低通胀、高债务现象的重要视角。

339

前文曾多次提到主流宏观经济理论的"两分法"，即短期内只讲需求，不讲供给，需求决定产出；长期内只讲供给，不讲需求，假设供给自动创造需求。实际上，在真实的经济世界中，需求和供给不可分割，是交互影响的。这意味着在宏观政策的把握上既要看需求，也要看供给。一方面，要把握好财政政策、货币政策的取向、力度和节奏，与潜在产出和物价稳定的要求相匹配，既不能不足，也不能过度。从近些年的情况看，我们发现美国、欧元区、日本等主要发达经济体利率下行程度明显大于经济增速和通货膨胀下行的幅度，实际上是在过度使用宽松货币政策，这更容易导致僵尸企业难以出清、债务高涨的后果。而货币政策一旦进入零利率状态，又很难退出，会导致非常规货币政策被迫常态化。这是需要警惕和避免的。另一方面，要高度重视经济供给侧结构性改革，着力推动经济结构调整。应当看到，货币政策过度使用从而进入所谓"零利率陷阱"后，低利率、低增长、低通胀、高债务之间会相互强化，仅靠货币政策本身很难摆脱所谓"陷阱"状态。在保持总需求稳定的同时，应将着力点放在经济结构调整和改革上，出清僵尸企业，激发经济内生增长动力和活力。多措并举，需求侧政策和供给侧政策相互配合，共同推动经济稳定可持续发展。

第十三章 货币政策的结构效应：
以定向降准为例

在上一章研究货币政策的总量边界问题之后，我们把视角转向货币政策的结构性效应。在上文给出的基本框架中，我们曾简单阐释货币扩张可能导致的结构化效果，并援引了国际清算银行的有关研究。我们在以前的研究中（李斌和伍戈，2014）也发现，若经济主体本身不是匀质的，而是有结构性差异的，那么货币扩张就自然会产生结构性的效应，并导致不同部门之间的分化，因此主张用多部门模型和结构主义视角来研究货币与经济之间的关系。对货币政策的结构效应，可能有两种理解：一种思路是导致货币政策出现结构效应的根本原因，在于经济基本面本身存在结构性特征，这好比说地面是"不平"的，货币之"水"进入后自然有深有浅，出现结构性分化。针对这样的问题，根本上在于推动经济结构调整和优化。另一种思路则是相反的，即实施结构化的货币政策，引导和优化货币流向，弱化经济结构性差异的影响。近些年来，全球部分中央银行对结构性货币政策措施进行了一些探索和实践，但对此进行深入和规范的经济学研究还比较少。我们试图对此作出一些规范的经济学分析，对货币的结构性效应进行分析（冯明和伍戈，2018）。

一、定向降准的结构效应：文献回顾

定向降准是中国中央银行近年来多次使用的结构性货币政策工具。

在过去的主流经济学理论中，货币政策通常被认为是总量型的需求管理工具。2008 年国际金融危机爆发之后，在传统货币政策失灵、难以有效传导至实体经济的情况下，几大经济体中央银行越来越重视货币政策的结构性效应，相继推出了各种结构性货币政策工具或定向再融资工具，代表性的有英格兰银行的融资换贷款计划，欧洲央行的定向长期再融资操作，美联储的定期证券借贷便利、商业票据融资工具、定期资产支持证券贷款工具以及日本央行推出的促增长融资便利和刺激银行借贷便利等，这些新创设的结构性货币政策工具日益成为宏观调控的重要组成部分（Blanchard 等，2010，2013；李波等，2015）。人民银行也多次阐释希望运用货币政策工具支持经济结构调整，例如2014 年 6 月的定向降准公告中指出，"一直以来积极运用货币政策工具大力支持经济结构调整，特别是鼓励和引导金融机构更多地将新增或者盘活的信贷资源配置到'三农'和小微企业等领域"；再如 2014 年第三季度《中国货币政策执行报告》指出，要"进一步增强金融机构支持结构调整的能力，加大对小微企业、'三农'以及重大水利工程建设的支持力度"，"发挥差别准备金动态调整机制的结构引导作用"，"为经济结构调整与转型升级营造中性适度的货币金融环境"，"支持经济结构调整和转型升级"。我们运用货币政策研究文献中常用的"描述性分析法"（Narrative Analysis）（Summers，1987；Romer 和 Romer，1989）对比了 2008 年第四季度和 2014 年第四季度的《中国货币政策执行报告》，发现"结构"一词在前者中只出现了 23 次，词频率仅为0.13%；而 6 年之后在后者中出现的次数则高达 78 次，词频率达到0.42%。从这个角度来看，我国中央银行对货币政策"结构性"的重视程度在 2014 年相比 2008 年明显上升。尽管描述性分析方法有一定的局限性，但上述对比至少从某个侧面说明我国中央银行在制定和执行货币政策时更加注重"结构"了。

在货币政策实践中，中国人民银行在 2014 年之后多次实施结构性货币政策操作，如定向降准、定向再贷款、再贴现、抵押补充贷款（PSL）等。我们着重对定向降准这一结构性货币政策工具进行研究。定向降准的全称是"定向降低法定存款准备金率"，其首次被使用是在 2014 年 4 月。在此之后到 2015 年 10 月的一年半时间里，中央银行先后进行了 7 次定向降准操作；其中，3 次为单独的"定向降准"操作（2014 年 4 月、6 月，2015 年 6 月），4 次为"普遍降准"＋"定向降准"（2015 年 2 月、4 月，2015 年 8 月、10 月）。经过这 7 次定向降准操作，农业发展银行的存款准备金率额外降低了 6 个百分点，财务公司、金融租赁公司和汽车金融公司的存款准备金率额外降低了 3.5 个百分点，县域农村商业银行和农村合作银行、符合审慎经营要求且"三农"和小微企业贷款占比达到一定比例的商业银行的存款准备金率额外降低了 1~2.5 个百分点。

2017 年 9 月，中国人民银行对定向降准政策进行了一次重大调整，将过去对小微企业和"三农"领域实施的定向降准政策拓展和优化为统一对普惠金融领域贷款达到一定标准的金融机构实施定向降准政策。该举措标志着定向降准开始升级成为中国中央银行的一项常规性货币政策工具——从 2018 年起，每年初将对"单户授信 500 万元以下的小微企业贷款、个体工商户和小微企业主经营性贷款、农户生产经营贷款、创业担保贷款、建档立卡贫困人口贷款、助学贷款"等普惠金融业务贷款增量或余额占全部贷款增量或余额达到一定比例的商业银行实施定向降准政策。

从政策动机来看，中央银行期望通过定向降准工具实现两方面目标：一是在"量"上，希望引导资金流向小微企业和"三农"等部门；二是在"价"上，希望降低小微企业和"三农"等部门相对国有企业、地方政府融资平台较高的融资成本。这两方面目标主要是为化解传统总量型货币政策工具长期面临的两方面困境：一是总量型货币政策工具释放的资金可能多流向国有企业、地方政府融资平台、房地产等，难以流向小微企业和"三农"领域；二是总量型货币政策工具难以有效降低小微企业和"三农"等部门相对更高的融资成本，小微企业和"三农"等部门相对于国有企业和地方政府融资平台的贷款利差始终居高不下。在这样的情况下，定向降准等结构性货币政策工具成为中央银行为了化解小微和"三农"等实体经济领域融资难、融资贵问题而采取的"不得已而为之"的创新（李波等，2015）。那么，定向降准的政策效果如何？其背后的经济学作用机理是什么？是否真的能够实现货币政策制定者期望的定向支持特定部门的政策初衷？这是本章要研究的主要问题。

总体来看，作为一种新型货币政策工具，定向降准的使用时间比较短，学术界和政策界对其作用机理和作用效果的认识仍比较有限，尚未达成共识。有不少研究者支持定向降准的结构性作用。例如，刘伟和苏剑（2014）认为，我国货币政策应当通过定向货币数量扩张的方式刺激需求，而在定向降准、定向再贷款和定向购买三类工具中应优先选择定向降准。汪仁洁（2014）认为货币政策应当由全面调控"一刀切"逐步转向有针对性的微调。彭俞超和方意（2016）的研究肯定了定向降准等结构性货币政策工具能够起到促进产业结构升级的作用。林朝颖等（2016）发现定向降准政策出台后，A股农业上市公司获得的信贷资源占比有所提高。王曦等（2017）研究表明，汽车金融定向降准政策刺激了汽车企业的投资，但并未显著提高汽车企业的营业收入，对于定向降准政策影响最直接的融资环节，该文并未进行分析。

也有学者对定向降准持谨慎态度。陈萍（2014）指出，定向降准理论上能为小微企业融资创造更为宽松的条件，但市场仍对其实际效果存在普遍担忧。马方方和谷建伟（2016）的统计分析发现，定向降准政策实施后小微企业贷款和农业贷款的变动并不稳定。马理等（2015，2017）的研究发现，当中央银行通过定向降准提供有限流动性时，商业银行的行为选择是不确定的，要让定向降准符合政策初衷，必须有相关的配套政策，例如放宽定向部门的抵押担保条件等。黎齐（2017）的实证研究结果表明，定向降准释放的流动性并未如政策期望那样流入目标行业企业。中国人民银行在 2014 年第二季度《中国货币政策执行报告》中就曾指出，定向降准更主要的是发挥信号和结构引导作用，从中长期来看根本上还要依靠体制机制改革和市场的决定性作用。

从理论上来看，既然定向降准是一种结构性工具，其想要解决的问题和实现的目标也是结构性的，那么为了研究定向降准的政策效果，就要从定向部门与非定向部门之间的差异出发。定向部门与非定向部门之间最主要的差异体现在两点：其一，在资金需求端，不同经济主体的贷款需求利率弹性不同。贷款需求弹性较高的主体对货币政策变动较敏感，贷款需求弹性较低的主体对货币政策变动敏感度较低。现实中，定向部门和非定向部门的贷款需求弹性谁高谁低仍存在争议，预算软约束可能导致国有企业和地方政府融资平台的贷款需求弹性较低，而融资渠道单一又可能导致小微企业和"三农"部门的贷款需求弹性较低。对此，下文中会进行更细致的讨论，并分情况加以分析。其二，在资金供给端，银行对不同经济主体的单位贷款管理成本存在差异，对大企业的单位贷款管理成本较低，而对小微企业和"三农"的单位贷款管理成本较高。这两点差异很大程度上导致传统总量型货币政策面临上文提到的问题，也从根本上决定着定向降准工具的政策效果。

沿着上述思路，本章构建一个包含两部门经济的异质性商业银行寡头竞争模型，并引入有差别的存款准备金率这一制度设计，从理论上刻画定向降准的作用机制，并通过数值模拟和参数敏感性分析的方法定量考察其结构性效果。模型经济中包含"定向部门"和"传统部门"两个抽象的部门。其中，定向部门泛指小微、"三农"、科创等定向降准政策想要倾向性扶持的经济主体，传统部门泛指除了定向部门以外的经济主体，有代表性的如国有企业、大型上市公司等。模型中，商业银行的异质性集中体现在不同银行之间对定向部门发放贷款的管理成本存在差异。研究结果表明：其一，存款准备金率调整对贷款数量和利率的影响程度与两部门贷款需求的利率弹性相关。在其他条件不变的情况下，调低存款准备金率能起到降低两部门贷款成本的作用，而两部门贷款需求利率弹性的差异会影响存款准备金率调整对两部门贷款利率下降的结构性效果。当定向部门贷款需求利率弹性小于传统部门时，降低存款准备金率有助于微弱收窄定向部门相对于传统部门的贷款利差。从这个意义上来说，即便是普遍降准政策，其效果也具有结构性。其二，相对于普遍降准，定向降准能够在边际上增加定向部门的相对收益；但决定定向部门贷款成本高于传统部门的主要原因仍在于银行对两部门贷款管理成本的差异，数值模拟结果显示定向降准对缩窄两部门贷款利差的结构性效果很有限：当传统部门贷款需求利率弹性大于定向部门时，在其他条件不变的情况下，针对定向部门贷款余额占比达到30%的商业银行进行 0.5 个百分点的定向降准政策会使传统部门和定向部门贷款利率分别下降 18.50 个基点和 18.53 个基点，定向部门相对于传统部门的贷款利差微弱收窄；而当传统部门贷款需求利率弹性小于定向部门时，两部门利差反而会扩大。这些结果意味着，定向降准可以发挥一定作用，但并非解决小微企业和"三农"等定向部门融资贵的根本性举措。治本之策乃在于建立健全小微企业征信体系、利用互联网大数据等举措降低定向部门的贷款管理成本以及硬化国有企业预算软约束等改革措施。这一结论与中国人民银行在 2014 年第二季度《中国货币政策执行报告》中的判断是一致的。

　　本章的研究贡献主要体现在以下两方面：第一，通过构建理论模型从微观机制上刻画了定向降准这一结构性货币政策操作工具的影响机制。注重结构性是近年来货币政策思想与实践领域新动向，遗憾的是文献中研究不多，针对定向降准的研究则更少，且已有的研究多侧重于对政策本身进行描述性讨论和国际比较（王信和朱锦，2014；邓雄，2015；李波等，2015）；本章对定向降准作用机制这一更基础的理论问题进行建模分析，在一定程度上填补了相关文献的空白，同时也可为日后其他学者的相关研究提供一个可供借鉴的通用理论框架。第二，本章参照中国经济的实际情况对模型参数进行校准，并在此基础上进行数值模拟，定量分析了定向降准对实体经济中两部门的结构性影响，或能为货币当局政策制定和金融改革深化提供一定的借鉴与启示。不过有必要补充说明的是，囿于相关实证研究的缺乏、本章模型中部分参数取值在目前条件下尚且存疑，数值模拟结果只能为理解定向降准政策效果提供量化参考，而非精确地测度其政策效果。更进一步的实证分析也是我们未来的研究方向。

二、定向降准的结构效应：理论模型

我们构建一个包含两部门经济的异质性商业银行寡头竞争模型。与 Porter 和 Xu（2009）、He 和 Wang（2012）、纪洋等（2015）等有关货币政策传导和商业银行行为研究的文献类似，我们在 Freixas 和 Rochet（2008）经典"母机"模型的基础上拓展构建研究框架，研究重点是定向降准这一货币政策操作工具的结构性效果，特别是其如何影响实体经济中不同部门的贷款成本与贷款数量。

（一）理论模型构建

假设经济中存在 N 个相互独立的商业银行。银行在寡头竞争市场上进行竞争，形成古诺均衡（Cournot Equilibrium）。换言之，每家银行在假定其他银行存贷款量给定的条件下最优化自己的存款需求量和贷款供给量，所有银行的行为共同决定市场均衡利率。记银行 i 从居民处

吸收存款的量为 D_i，均衡存款利率为 r_D。假设经济中存在两个部门："部门2"为"定向部门"，对应到现实中可以理解为小微企业、"三农"、科技创新企业等政策制定者希望特别扶持的部门；"部门1"为"传统部门"，对应到现实中可以理解为除了定向部门之外的其他部门，或者称为"非定向部门"，以国有企业和大型企业为代表。商业银行 i 对传统部门的贷款量记为 L_{1i}，对定向部门的贷款量为 L_{2i}。两个部门的贷款均衡利率分别记为 r_1 和 r_2。商业银行须按比例向中央银行缴纳一定数量的存款准备金。商业银行 i 面临的法定存款准备金率为 α_i。

单个商业银行在存贷款市场上的头寸通过在银行间市场上进行资金拆借来实现平衡。银行间市场利率为 r。单个银行在进行自身行为决策时视银行间市场利率为外生给定。同时，银行吸收存款和发放贷款需要付出管理成本，记银行 i 的管理成本函数为 $C_i(D_i, L_{1i}, L_{2i})$。银行的异质性体现为不同的管理成本函数。

银行 i 在假定其他银行存款量和贷款量给定的条件下，通过选择最优的存款量 D_i、对传统部门的贷款量 L_{1i} 和对定向部门的贷款量 L_{2i}，来追求实现利润最大化目标。于是，银行的行为可以表述为如下利润最大化问题。

$$
\begin{aligned}
\underset{D_i, L_{1i}, L_{2i}}{Max} \prod_i &= r_1 \Big(L_{1i} + \sum_{j \neq i} L_{1j} \Big) L_{1i} + r_2 \Big(L_{2i} + \sum_{j \neq i} L_{2j} \Big) L_{2i} + r_\alpha \, \alpha_i \, D_i \\
&+ r \big[(1 - \alpha_i) D_i - L_{1i} - L_{2i} \big] \\
&- r_D \Big(D_i + \sum_{j \neq i} D_j \Big) D_i - C_i(D_i, L_{1i}, L_{2i})
\end{aligned} \tag{13.1}
$$

式中，等号右侧的前两项分别为银行 i 对两个部门发放贷款收到的利息，第四项为银行 i 在银行间市场上的净收益，第五项为银行 i 为吸收存款支付的利息，第六项为银行 i 的管理成本。等号右侧第三项为存放在中央银行的存款准备金收到的利息，其中 r_α 为中央银行对存款准备金向商业银行支付利息的利率。由于中央银行向商业银行支付的存款准备金利率通常比较低，为了模型分析的简化起见，在下文分析中不妨遵循文献中通常的做法不失一般性地假设 r_α 等于 0。该简化并不影响模型的基本结论。于是式（13.1）经整理得到：

$$\underset{D_i, L_{1i}, L_{2i}}{Max} \prod_i = \left[r_1 \left(L_{1i} + \sum_{j \neq i} L_{1j} \right) - r \right] L_{1i} + \left[r_2 \left(L_{2i} + \sum_{j \neq i} L_{2j} \right) - r \right] L_{2i}$$
$$+ \left[r(1 - \alpha_i) - r_D \left(D_i + \sum_{j \neq i} D_j \right) \right] D_i - C_i(D_i, L_{1i}, L_{2i})$$

$$(13.1^*)$$

求解式（13.1*）的一阶条件，可得：

$$r_1 - r + r_1'(L_1^*) L_{1i} - \frac{\partial C_i}{\partial L_{1i}} = 0 \qquad (13.2)$$

$$r_2 - r + r_2'(L_2^*) L_{2i} - \frac{\partial C_i}{\partial L_{2i}} = 0 \qquad (13.3)$$

$$r(1 - \alpha_i) - r_D - r_D'(D^*) D_i - \frac{\partial C_i}{\partial D_i} = 0 \qquad (13.4)$$

令 $\varepsilon_1(r_1) = \dfrac{r_1 L_1'(r_1)}{L_1(r_1)} < 0$ 和 $\varepsilon_2(r_2) = \dfrac{r_2 L_2'(r_2)}{L_2(r_2)} < 0$ 分别为非定向部门和定向部门的贷款需求价格弹性（或称为贷款需求利率弹性），$\varepsilon_D(r_D) = \dfrac{r_D D'(r_D)}{D(r_D)} > 0$ 为经济中居民部门的存款供给价格弹性（或称为存款供给利率弹性）。那么式（13.2）、式（13.3）、式（13.4）经过整理可分别变形为：

$$\frac{r_1 - r - \dfrac{\partial C_i}{\partial L_{1i}}}{r_1} = -\frac{1}{\varepsilon_1(r_1)} \frac{L_{1i}}{L_1} \qquad (13.2^*)$$

$$\frac{r_2 - r - \dfrac{\partial C_i}{\partial L_{2i}}}{r_2} = -\frac{1}{\varepsilon_2(r_2)} \frac{L_{2i}}{L_2} \qquad (13.3^*)$$

$$\frac{r(1 - \alpha_i) - r_D - \dfrac{\partial C_i}{\partial D_i}}{r_D} = \frac{1}{\varepsilon_D(r_D)} \frac{D_i}{D} \qquad (13.4^*)$$

式（13.2*）、式（13.3*）、式（13.4*）的等号左边是相对价格加成，可以理解为产业组织理论中的"勒纳指数"（Lerner Index）；等号右边为存贷款利率弹性的倒数与银行 i 的市场份额的乘积，代表银行的市场势力（Market Power）。其直观经济含义是：如果存贷款利率弹性越小（大）或者银行 i 的市场份额越大（小），那么银行相应的市场势力越大（小），相对价格加成也就越高（低）。另外，这组等式还暗含着存贷款市场与银行间市场之间的利率传导关系。在其他条件不变的情况下，存贷款利率与银行间市场利率存在正相关关系。换句话说，如果不存在扭曲，那么银行间市场利率的变动会传导至存贷款利率。而疏通利率传导渠道也正是中国中央银行近年来致力于追求的。

市场出清条件为两部门贷款量之和与扣除存款准备金之后的存款总量相等，即存贷款市场的资金总供给等于资金总需求。

$$\sum_{i=1}^{N}(L_{1i}+L_{2i}) = \sum_{i=1}^{N}[(1-\alpha_i)D_i] \tag{13.5}$$

记 $D=\sum_{i=1}^{N}D_i$，$L_1=\sum_{i=1}^{N}L_{1i}$，$L_2=\sum_{i=1}^{N}L_{2i}$。居民部门的存款供给（即储蓄）函数为 $D^s(r_D)$。传统部门对贷款的需求函数为 $L_1^d(r_1)$，定向部门对贷款的需求函数为 $L_2^d(r_2)$。

（二）调整准备金率政策的作用机制

首先看无差别存款准备金率情况下（即 $\alpha_i=\alpha$），降低存款准备金率对两部门贷款利率的影响。这种情形下，式（13.5）退化为 $L_1^d+L_2^d=(1-\alpha)D^s$。可得如下定理一。

定理一：$\frac{\partial r_1}{\partial \alpha}>0$，$\frac{\partial r_2}{\partial \alpha}>0$。

证明：

将 $L_1^d+L_2^d=(1-\alpha)D^s$ 两边同时对 α 求导，得：$\frac{\partial L_1^d}{\partial r_1}\frac{\partial r_1}{\partial r}\frac{\partial r}{\partial \alpha}+\frac{\partial L_2^d}{\partial r_2}\frac{\partial r_2}{\partial r}$

$\frac{\partial r}{\partial \alpha} = (1 - \alpha) \frac{\partial D^s}{\partial r_D} \frac{\partial r_D}{\partial r} \frac{\partial r}{\partial \alpha} - D^s$，整理变形可得 $\left[\frac{\partial L_1^d}{\partial r_1} \frac{\partial r_1}{\partial r} + \frac{\partial L_2^d}{\partial r_2} \frac{\partial r_2}{\partial r} - (1 - \alpha) \right.$

$\left. \frac{\partial D^s}{\partial r_D} \frac{\partial r_D}{\partial r} \right] \frac{\partial r}{\partial \alpha} = - D^s$。因为 $\frac{\partial L_1^d}{\partial r_1} \frac{\partial r_1}{\partial r} < 0, \frac{\partial L_2^d}{\partial r_2} \frac{\partial r_2}{\partial r} < 0, \frac{\partial D^s}{\partial r_D} \frac{\partial r_D}{\partial r} > 0$，所以有 $\frac{\partial r}{\partial \alpha} >$

0。又因为 $\frac{\partial r_1}{\partial r} > 0$，根据 $\frac{\partial r_1}{\partial \alpha} = \frac{\partial r_1}{\partial r} \frac{\partial r}{\partial \alpha}$，有 $\frac{\partial r_1}{\partial \alpha} > 0$。同理可证 $\frac{\partial r_2}{\partial \alpha} > 0$。

证毕。

定理一表明，在无差别存款准备金率的情况下，当存款准备金率下降（上升）时，传统部门和定向部门的贷款利率都会降低（上升）。这是因为降低（提高）存款准备金率会增加（减少）银行体系的可贷资金，从而在其他条件不变的情况下降低（提高）两部门的贷款利率。

接下来，我们进一步讨论降准对两个部门贷款利率影响的相对幅度。在贷款需求利率弹性为常弹性 $[\varepsilon_1(r_1) = \varepsilon_1, \varepsilon_2(r_2) = \varepsilon_2]$ 的情况下，由式（13.2*）和式（13.3*）等号两边同时对 i 求和并对 α 求导可以推导得出，降低存款准备金率对两部门贷款利率的边际影响分别

为 $\frac{\partial r_1}{\partial \alpha} = \dfrac{\frac{\partial r}{\partial \alpha}}{1 + \frac{1}{N \varepsilon_1}}$ 和 $\frac{\partial r_2}{\partial \alpha} = \dfrac{\frac{\partial r}{\partial \alpha}}{1 + \frac{1}{N \varepsilon_2}}$。显然，降准对传统部门和定向部门贷

款利率的边际影响大小与两部门贷款需求的利率弹性有关：$\frac{\partial r_1}{\partial \alpha}$ 是 $|\varepsilon_1|$ 的

减函数，$\frac{\partial r_2}{\partial \alpha}$ 是 $|\varepsilon_2|$ 的减函数。进而我们可得到如下推论：

推论一：（1）贷款需求的利率弹性越大，存款准备金率降低对贷款利率的影响越小。传统部门和定向部门均是如此。（2）$\frac{\partial r_1}{\partial \alpha}$ 和 $\frac{\partial r_2}{\partial \alpha}$ 的相对大小取决于定向部门和非定向部门各自贷款需求利率弹性的相对大小。当 $|\varepsilon_1| < |\varepsilon_2|$ 时，$\frac{\partial r_1}{\partial \alpha} > \frac{\partial r_2}{\partial \alpha}$；当 $|\varepsilon_1| > |\varepsilon_2|$ 时，$\frac{\partial r_1}{\partial \alpha} < \frac{\partial r_2}{\partial \alpha}$。

推论一表明，如果定向部门和传统部门的贷款需求利率弹性不同，那么即便在无差别存款准备金率的情况下，普遍性降准作为一种非结构性货币政策工具也会产生"价"上的结构性效果：贷款需求利率弹性越大的部门，降准对其贷款利率降低的影响越小；贷款需求利率弹性越小的部门，降准对其贷款利率降低的影响越大。这一点在以往有关货币政策的研究文献中鲜有提及，应当受到重视。

再来看降准对两部门贷款量的影响。在贷款需求利率弹性为常弹性（$\varepsilon_1(r_1) = \varepsilon_1$）的情况下，由式（13.2*）等号两边同时对 i 求和可

得 $r_1 = \dfrac{r + \dfrac{\partial C_i}{\partial L_{1i}}}{1 + \dfrac{1}{N\varepsilon_1}}$，再对 α 求导可得 $\dfrac{\partial r_1}{\partial \alpha} = \dfrac{\dfrac{\partial r}{\partial \alpha}}{1 + \dfrac{1}{N\varepsilon_1}}$。代入 $\dfrac{\partial L_1^d}{\partial \alpha} = \dfrac{\partial L_1^d}{\partial r_1}\dfrac{\partial r_1}{\partial \alpha}$ 整

理可得 $\dfrac{\partial L_1^d}{\partial \alpha} = \dfrac{\varepsilon_1 L_1^d}{r + \dfrac{\partial C_i}{\partial L_{1i}}}\dfrac{\partial r}{\partial \alpha}$。同理，有 $\dfrac{\partial L_2^d}{\partial \alpha} = \dfrac{\varepsilon_2 L_2^d}{r + \dfrac{\partial C_i}{\partial L_{2i}}}\dfrac{\partial r}{\partial \alpha}$。将两式相除，得

到 $\dfrac{\dfrac{\partial L_1^d}{\partial \alpha}/L_1^d}{\dfrac{\partial L_2^d}{\partial \alpha}/L_2^d} = \dfrac{\dfrac{\varepsilon_1}{r + \dfrac{\partial C_i}{\partial L_{1i}}}}{\dfrac{\varepsilon_2}{r + \dfrac{\partial C_i}{\partial L_{2i}}}}$。于是有如下推论：

推论二：降准后两部门贷款量的相对增幅大小取决于两部门贷款需求利率弹性的相对大小和两部门贷款边际管理成本的相对高低。

推论二有两点内涵对理解准备金率政策的作用机制具有启发意义：其一，两部门贷款需求利率弹性不同使普遍性降准同样会在"量"上产生结构性效果：贷款需求利率弹性越大的部门，降准后其贷款量的相对增加幅度越大；贷款需求利率弹性越小的部门，降准后其贷款量的相对增加幅度越小。在两部门贷款边际管理成本相同的极端假设下

（即 $\frac{\partial C_i}{\partial L_{1i}} = \frac{\partial C_i}{\partial L_{2i}}$ ），有 $\frac{\frac{\partial L_1^d}{\partial \alpha}/L_1^d}{\frac{\partial L_2^d}{\partial \alpha}/L_2^d} = \frac{\varepsilon_1}{\varepsilon_2}$ ，即降准后两部门贷款量的相对增加

幅度之比恰好等于两部门的贷款需求利率弹性之比。其二，贷款边际管理成本的增加会削弱降准的作用效果。我们可以换个思路将 $r + \frac{\partial C_i}{\partial L_{1i}}$

和 $r + \frac{\partial C_i}{\partial L_{2i}}$ 分别理解为上式分子分母中对 ε_1 和 ε_2 的"惩罚项"。某一部门的贷款边际管理成本越高，惩罚项越大，降准后该部门贷款量的相对增幅就会削弱。这些原理在下文关于定向降准的讨论中也是适用的。

（三）定向降准的作用机制

传统上降准是总量型货币政策，即中央银行对所有银行类金融机构一视同仁地降低法定存款准备金率。区别于以往的普遍降准，定向降准是指"对且仅对"符合一定条件的银行进行降准。如前文所述，中央银行在货币政策实践中有时也会对不同银行采取不同幅度的降准操作，这种情况可以看做是"普遍降准"加"定向降准"的组合，本质上并无特殊（如2015年2月和4月的操作）。在历次定向降准操作实践中，中国人民银行规定的定向降准所需满足的标准较为复杂，且政策细节处于变化之中。例如，2014年6月的定向降准所需满足的标准为："上年新增涉农贷款占全部新增贷款比例超过50%，且上年末涉农贷款余额占全部贷款余额比例超过30%；或者，上年新增小微贷款占全部新增贷款比例超过50%，且上年末小微贷款余额占全部贷款余额比例超过30%。"2017年9月的定向降准公告中，所需满足的标准则分为两档："第一档是上年普惠金融领域的贷款增量占全部新增人民币贷款比例达到1.5%，或上年末普惠金融领域的贷款余额占全部人民币贷款余额比例达到1.5%；第二档是上年普惠金融领域的贷款增量占全

部新增人民币贷款比例达到10%，或上年末普惠金融领域的贷款余额占全部人民币贷款余额比例达到10%。"在进行理论分析时，我们不可能将政策标准的所有细节都纳入模型之中，只能加以抽象、化繁为简，以便理清其核心机制。为此，我们在模型中简化地认为中央银行规定的定向降准标准为某家商业银行对定向部门的贷款余额占比不低于某一参数值，即 $\dfrac{L_{2i}}{L_{1i} + L_{2i}} \geqslant \dfrac{\hat{h}}{1 + \hat{h}}$。该条件也可以等价地表述为 $h_i = \dfrac{L_{2i}}{L_{1i}} \geqslant \hat{h}$。定向降准即对符合该条件的商业银行下调法定存款准备金率；对于不符合该条件的银行，其法定存款准备金率不变。

为有针对性地分析定向降准的作用机制，将银行的异质性集中地体现为各家商业银行对定向部门发放贷款的管理成本存在差异，而假设不同银行之间的存款管理成本以及对非定向部门的贷款管理成本相同。具体而言，令银行 i 的管理成本函数为 $C_i(D_i, L_{1i}, L_{2i}) = dD_i + l_1 L_{1i} + l_{2i} L_{2i}$。忽略银行在其他方面的异质性有助于将理论模型聚焦于分析定向降准的作用机制。进一步地，假设系数 l_{2i} 服从均值为 $\overline{l_2}$ 的均匀分布，$l_{2i} = \overline{l_2} + \left(i - \dfrac{N+1}{2}\right)\Delta$，其中 $i = 1, \cdots, N$。这相当于将 N 家银行按照对定向部门贷款的边际管理成本由小到大进行排序，编号越大，其对定向部门发放贷款的边际管理成本越高。参数 Δ 表示贷款管理成本在不同银行之间的差异度，Δ 越大表明银行之间的异质性越强，即服务定向部门的相对能力差异越大。于是，有如下定理二。

定理二：（1）h_i 为 i 的单调递减一次函数。（2）$\left|\dfrac{\partial h_i}{\partial i}\right|$ 是 Δ 的增函数。

证明：

将式（13.2*）、式（13.3*）、式（13.4*）两边对 $i = 1, \cdots, N$ 求和，分别可得：

$$\frac{r_1 - r - l_1}{r_1} = -\frac{1}{N\varepsilon_1(r_1)} \qquad (13.2^{**})$$

$$\frac{r_2 - r - \overline{l_2}}{r_2} = -\frac{1}{N\varepsilon_2(r_2)} \qquad (13.3^{**})$$

$$\frac{r\left(1 - \frac{1}{N}\sum_{i=1}^{N}\alpha_i\right) - r_D - d}{r_D} = \frac{1}{N\varepsilon_D(r_D)} \qquad (13.4^{**})$$

通过上述模型系统可知变量 l_{2i} 的分布只影响定向部门贷款总量在不同银行之间的分配比例，而不影响模型系统的价格变量和贷款总量，后者仅取决于 l_{2i} 的均值 $\overline{l_2}$。由式（13.2^*）可得 $L_{1i} = -\varepsilon_1(r_1)$ $\dfrac{r_1 - r - l_1}{r_1}L_1$，代入式（$13.2^{**}$）可得 $L_{1i} = \dfrac{L_1}{N}$。又由式（13.3^*）$L_{2i} = -\varepsilon_2(r_2)\dfrac{r_2 - r - l_{2i}}{r_2}L_2$。

于是有 $h_i = \dfrac{L_{2i}}{L_{1i}} = -\varepsilon_2(r_2)\dfrac{r_2 - r - l_{2i}}{r_2}\dfrac{NL_2}{L_1}$。因为等式右边的其他变量都只与 $\overline{l_2}$ 有关，而与 l_{2i} 的分布无关，所以 h_i 为 l_{2i} 的单调递减函数。

将 $l_{2i} = \overline{l_2} + \left(i - \dfrac{N+1}{2}\right)\Delta$ 代入上式，可得：

$$h_i = \frac{-\varepsilon_2(r_2)NL_2}{L_1}\frac{r_2 - r - \overline{l_2} - \left(i - \dfrac{N+1}{2}\right)\Delta}{r_2}$$

$$= \frac{L_2}{L_1} - \frac{-\varepsilon_2(r_2)NL_2}{L_1 r_2}\left(i - \frac{N+1}{2}\right)\Delta$$

$$= \frac{L_2}{L_1} - \frac{\varepsilon_2(r_2)NL_2}{L_1 r_2}\frac{N+1}{2}\Delta + \frac{\varepsilon_2(r_2)NL_2}{L_1 r_2}i\Delta$$

上式等号右边的前两项均与 i 无关，第三项中的 $\dfrac{\varepsilon_2(r_2)NL_2}{L_1 r_2}$ 也与 i 无关。因而 h_i 可以理解为 i 的函数 $h_i = h(i) = \beta + \gamma\Delta i$。其中 β 由模型

中除 i 之外的参数决定，γ 由模型中除 i 和 Δ 之外的参数决定，且有 $\gamma < 0$。显然，$h(i)$ 为 i 的单调递减一次函数。上式对 i 求导，于是有 $\frac{\partial h_i}{\partial i} = \gamma\Delta$。两边取绝对值得到 $\left|\frac{\partial h_i}{\partial i}\right| = |\gamma|\Delta$。可以看出，在其他条件不变的情况下，$\left|\frac{\partial h_i}{\partial i}\right|$ 是 Δ 的增函数。

证毕。

定理二的直观经济学含义是：首先，在其他条件不变的情况下，定向部门贷款管理成本越高的银行越倾向于向传统部门发放贷款，均衡状态下其向定向部门发放的贷款量与向传统部门发放的贷款量之比越低。其次，如果商业银行之间服务定向部门能力的异质性越强（Δ 越大），那么均衡状态下不同银行之间定向部门贷款与传统部门贷款之比的差异越大。

当中央银行宣布一项定向降准政策时，市场上的商业银行将被分为两类：一类是达到该标准的银行（$h_i \geq \hat{h}$），另一类是达不到该标准的银行（$h_i < \hat{h}$）。前者面临的法定存款准备金率会被下调，而后者面临的法定存款准备金率不发生变化。又由定理二可知，存在唯一的 i^*，使编号小于或等于 i^* 的银行符合定向降准条件，编号大于 i^* 的银行不符合定向降准条件。式（13.5）在定向降准后变形为 $L_1^d + L_2^d = \left[(1-\alpha-\xi)\frac{i^*}{N} + (1-\alpha)\frac{N-i^*}{N}\right]D^s$。套用定理一及其推论可知，定向降准后两部门贷款量均会增加，两部门利率均会下降。其背后的逻辑与之前讨论的普遍性降准情形是一致的，定向降准增加了市场上的可贷资金供给，从而在其他条件不变的情况下降低两部门的贷款利率。同样，两个部门贷款利率降低的幅度大小也取决于两部门贷款需求利率弹性的大小，两个部门贷款量增幅的相对大小也取决于两部门贷款需求利率弹性的相对大小以及两部门贷款边际管理成本的相对高低。

中央银行要求的定向部门贷款占比标准越高，i^* 越小，符合定向降准要求的银行越少，定向降准对于增加可贷资金和降低贷款利率的效果就越弱。

　　另外，从定理二还能得知，商业银行之间服务定向部门能力的异质性越强，i^* 对于 $\hat{h}$ 的变动越不敏感（如图 13.1 所示）。这与经济直觉是一致的，各家商业银行对定向部门贷款的管理成本差异越大，当中央银行降低（提高）定向降准的标准时，能在边际上新纳入（新排除）的符合标准的银行数量就越少。

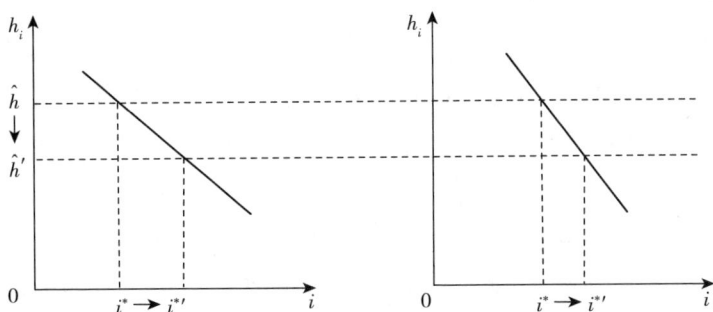

图 13.1　银行异质性与定向降准作用范围示意图

　　在进行数值模拟之前，有必要先对上述模型展开两点讨论。首先是关于贷款需求的利率弹性。在现实中，两个部门的贷款需求利率弹性显然是有差别的。一方面，目前大企业有多元化的融资途径，如在公开市场上发行股票和债券进行融资，而小微企业难以在公开市场上进行融资，可依赖的外源融资方式往往只有银行贷款。融资渠道缺乏会压抑小微企业等定向部门的贷款需求价格弹性。另一方面，大量研究文献表明，国有企业和地方政府融资平台在我国存在预算软约束问题（钱颖一，1999；艾里克·马斯金，2000；郑江淮，2001 等）。预算软约束会降低国有企业和地方政府融资平台的贷款需求价格弹性。而这些机构又属于模型中的传统部门。因而，究竟哪个部门的贷款需求利率价格弹性更大，从理论分析的角度来看并无定论。这是一个实证问题，超出了本章的研究范围。在已有实证研究文献中尚未得出可靠结论的情况下，我们在后文的数值模拟部分会针对不同参数设定的情形分别做量化分析。

其次，除了贷款需求利率弹性的差别之外，由式（13.2*）和式（13.3*）可以看出，商业银行发放贷款管理成本的不同也会影响两个部门的贷款利率。这里的管理成本可以理解为广义上的贷款成本，既包括银行在发放贷款过程中的人工、征信、运营等管理成本，也包括由坏账风险造成的成本以及对银行资本金占用的成本。通常而言，传统部门多为大型企业、国有企业、有抵押品的制造业企业、征信系统健全的企业，贷款管理成本相对较小；而定向部门多为小微企业、民营企业、无抵押品的服务业企业，征信系统不健全，银行向其发放一单位贷款所需付出的管理成本相对要大。陈蕾（2011）指出，由于部分中小企业合法合规理念薄弱、经营较不规范、财务报表可疑，造成银行与中小企业之间的信息不对称问题相比银行与大企业之间而言更为突出，因而银行向中小企业发放贷款比向大企业发放贷款更为困难。王卫星和赵刚（2012）针对长三角中小企业的调研也发现，由于中小企业营运风险大、担保体系不健全、内控状况不佳、信息渠道不畅等原因，贷款违约率相对于大企业和国有企业较高，一方面导致银行对中小企业贷款的风控管理成本更高，另一方面中小企业贷款对银行资本金的消耗相对也更大。类似的代表性文献还有郭丽虹和王硕（2013）、吴勇（2015）、吕劲松（2015）、颜白鹭（2015）等。贷款管理成本较高，是定向部门相对于传统部门贷款利率存在较大利差的主要原因。这一因素（对应于上文模型中的 $\frac{\partial C_i}{\partial L_{2i}} - \frac{\partial C_i}{\partial L_{1i}}$ 或 $\bar{l}_2 - l_1$）解释了现实中两部门贷款利率差异（对应于 $r_2 - r_1$）的较大部分。正因为如此，在下文的数值模拟中也可以看出，即便在定向部门贷款需求利率弹性小于传统部门的情况下，定向降准政策对于缩窄定向部门相对于传统部门贷款利差（即降低 $r_2 - r_1$ ）的作用也非常有限。

上述两点讨论具有明确的政策启示意义：其一，硬化国有企业的软预算约束，提高国有企业的贷款需求利率弹性，有助于强化定向降准对于中小企业等定向部门的政策效果，更好地发挥货币政策的结构性效果。随着发展和完善多层次资本市场、拓宽小微企业融资渠道等金融改革的开展，定向部门的贷款需求价格弹性会随之提高，这一因素会弱化定向降准政策的结构性效果。从这个角度来看，定向降准作为一种结构性货币政策工具可能难以长期有效。其二，建立健全小微企业征信体系、利用互联网大数据等举措降低定向部门的贷款管理成本，是降低定向部门贷款利率、收窄定向部门相对于传统部门贷款利差的根本途径。

三、定向降准的结构效应：数值模拟

（一）参数校准

首先，假设居民部门的存款供给函数为 $D^s(r_D) = A_D r_D^{\varepsilon_D}$ ，传统部门的贷款需求函数为 $L_1^d(r_1) = A_{L1} r_1^{\varepsilon_1}$ ，定向部门的贷款需求函数为 $L_2^d(r_2) = A_{L2} r_2^{\varepsilon_2}$ 。这里均采取不变弹性函数，作为相关文献中的标准设定（Feyzioglu 等，2009；He 和 Wang，2012；纪洋等，2015），不变弹性假设的优点是在数据不充分可得的情况下便于参数校准和模拟，缺陷在于无法考察弹性变化对存款供给和贷款需求的影响。根据 He 和 Wang（2012），中国存款供给价格弹性的取值范围为 0. 176 ~ 0. 327 之间，Ho（2012）估算的存款价格弹性约为 0. 2，因而我们设定存款供给的价格弹性为 0. 2。根据 Feyzioglu 等（2009），贷款需求比存款供给的利率弹性更为敏感，我们结合上文讨论并参考纪洋等（2015）的做法，在基准情形 I 中设定传统部门和定向部门的贷款需求利率弹性分别为 −2 和 −1.5，在基准情形 II 中设定传统部门和定向部门的贷款需求利率弹性分别为 −1.5 和 −2。另外，在敏感性分析部分我们允许这些参数上下变动，整体上分别给出了两部门的贷款需求价格弹性各自分别为 −1.5、−2、−2.5 等情形下的数值模拟结果。根据中国人民银行发布的存贷款数据以及利率数据，由存款供给函数和两部门的贷款需求函数可以倒推出 A_D、A_{L1} 和 A_{L2}。

纪洋等（2015）根据 *Bankscope* 数据库提供的 230 家中国主要银行 2002—2012 年的财务数据，参照 *Feyzioglu* 等（2009）的方法，估计了存款、贷款对应的边际管理成本。根据他们的估计，存款的边际管理成本为 0.00350674，贷款的边际管理成本为 0.01456692。由于定向部门相对于传统部门具有单笔贷款量小、征信体系相对不健全、公司治理相对较差、坏账风险较高等特点，定向部门贷款的边际管理成本应大于传统部门的边际管理成本。据此，我们在基准情形中设定定向部门贷款的边际管理成本（平均值）为传统部门边际管理成本的 5 倍，并用待定系数法反推出传统部门和定向部门的边际管理成本分别为 0.00837242 和 0.04186208。这样的设定得出的数值模拟结果与一年期贷款基准利率为 6%、小微企业的银行贷款平均利率为 9.6% 的事实基本吻合。

根据银监会的数据，截至 2016 年底，我国共有银行业金融机构法人 4399 家，其中大型商业银行 5 家，全国性股份制商业银行 12 家，政策性银行 3 家，城市商业银行 134 家，农村商业银行 1114 家，邮政储蓄银行 1 家，民营银行 8 家，农村合作银行 40 家，农村信用社 1125 家，此外还包括金融资产管理公司、消费金融公司、贷款公司、村镇银行等。但这些银行的规模差别非常大，显然不能简单地将 4399 这一总个数设定为模型中银行数量的参数。纪洋等（2015）采取的基准设定是银行数量为 100。本章中在基准设定中沿袭这一做法，同时在考察稳健性时选取了其他参数设定的情形进行敏感性分析。

各个参数的校准值详见表13.1。

表13.1　　　　　　　　　　　参数校准值

变量名称	参数符号	参数校准值（基准设定）	参数校准值（后续讨论设定）
存款的边际管理成本	d	0.00350674	
传统部门贷款的边际管理成本	l_1	0.00837242	
定向部门贷款的边际管理成本（平均值）	$\overline{l_2}$	0.04186208	
银行数量	N	100	20，500
存款供给函数中的常数	A_D	1241167.56	*
传统部门贷款需求函数中的常数	A_{L1}	788789.58	*
定向部门贷款需求函数中的常数	A_{L2}	182322.27	*
存款供给价格弹性	ε_D	0.2	0.15，0.25
传统部门贷款的需求价格弹性	ε_1	−2	−1.5，−2.5
定向部门贷款的需求价格弹性	ε_2	−1.5	−2，−2.5

注：标＊处表示相应银行的参数设定值会因弹性参数值设定的不同而发生变化。

（二）基准情形下的数值模拟结果

我们运用牛顿—拉弗森迭代法（Newton–Raphson）对模型进行数值求解。表13.2展示了基准情形Ⅰ和基准情形Ⅱ下的数值模拟结果。

表13.2　　　　　　　基准情形下的数值模拟结果

项目	基准情形Ⅰ		基准情形Ⅱ	
	定向降准	普遍降准	定向降准	普遍降准
传统部门贷款利率变动（基点）	−18.50	−37.54	−17.22	−34.53
定向部门贷款利率变动（基点）	−18.53	−37.60	−17.20	−34.50
利差变动（定向部门–传统部门，基点）	−0.03	−0.06	0.02	0.03
传统部门贷款量变动（亿元）	2451	4986	2279	4583
传统部门贷款量相对变动幅度	0.350%	0.711%	0.325%	0.654%
定向部门贷款量变动（亿元）	405	824	628	1263
定向部门贷款量相对变动幅度	0.254%	0.517%	0.394%	0.792%

在基准情形 I 中，定向部门的贷款需求利率弹性小于传统部门。从数值模拟结果可以看出，定向降准会使传统部门和定向部门的贷款利率都有所下降。在其他条件不变的情况下，针对定向部门贷款余额占比达到30%的商业银行进行0.5个百分点的定向降准，该政策会使传统部门和定向部门贷款利率分别下降18.50个基点和18.53个基点。定向部门贷款利率下降的幅度微弱大于传统部门。同时，定向降准还会同时增加两个部门的贷款量。在其他条件不变的情况下，针对定向部门贷款余额占比达到30%的商业银行进行0.5个百分点的定向降准能使传统部门的贷款量增加2451亿元，使定向部门的贷款量增加约405亿元。传统部门贷款量的相对增幅（0.350%）大于定向部门（0.254%）。换言之，定向降准新释放的可贷资金中一部分流向了定向部门，但大部分仍流向了传统部门。作为对照，如果采取普遍降准的话，0.5个百分点的普遍降准对应的传统部门和定向部门贷款利率下降幅度分别为37.54个基点和37.60个基点；两个部门的贷款量分别增加4986亿元和824亿元，相对增幅分别为0.711%和0.517%。普遍降准对降低实体经济融资成本、增加实体经济贷款量的效果明显强于定向降准。

在基准情形 II 中，定向部门贷款需求的利率弹性大于传统部门。与基准情形 I 相似的是，在其他条件不变的情况下，定向降准同样会使两部门的贷款利率都有所下降；与基准情形 I 不同的是，传统部门贷款利率的下降幅度大于定向部门，造成的结果是定向部门相对于传统部门的利差没有缩窄，反而扩大了。具体而言，定向降准使传统部门和定向部门的贷款利率分别下降17.22个基点和17.20个基点。前者下降幅度大于后者，尽管很微弱。定向降准同时增加了两个部门的贷款量：传统部门的贷款量增加2279亿元，定向部门的贷款量增加628亿元。但定向部门贷款量的相对增幅（0.394%）大于传统部门（0.325%）。在基准情形 II 中，普遍降准对降低实体经济融资成本、增加贷款量的效果同样明显强于定向降准。在其他条件不变的情况下，0.5个百分点的普遍降准能使传统部门和定向部门贷款利率分别下降34.53个基点和34.50个基点；两个部门的贷款量分别增加4583亿元和1263亿元，相对增幅分别为0.654%和0.792%。

对比基准情形Ⅰ和基准情形Ⅱ可以得到如下几点结论。其一，定向降准与普遍降准一样，也能起到降低实体经济贷款成本、增加实体经济贷款量的作用，不过定向降准的作用效果弱于普遍降准。其二，定向部门和传统部门贷款利率下降幅度的相对大小与两部门贷款需求利率弹性的大小有关，当定向部门的贷款需求利率弹性小于传统部门时，定向部门的贷款利率下降幅度大于传统部门，两部门利差收窄；反之，当定向部门的贷款需求利率弹性大于传统部门时，定向部门的贷款利率下降幅度小于传统部门，两部门利差扩大。这一结果与前文理论模型推导得出的结论是一致的。其三，即便是在定向部门贷款需求利率弹性小于传统部门的情况下（基准情形Ⅰ），定向降准对于缩窄两部门利差的作用也很有限。以数值模拟中针对定向部门贷款余额占比达到30%的商业银行进行0.5个百分点的定向降准政策为例，仅使定向部门相对于传统部门的利差缩窄了0.03个基点。相对于两部门之间超过3个百分点的利差而言几乎可以忽略不计。其四，定向降准政策释放的可贷资金少部分流向定向部门、大部分仍流向了传统部门。两个部门贷款量增加的相对幅度取决于两部门的贷款需求利率弹性。当定向部门弹性小于传统部门时，定向部门贷款量相对增幅小于传统部门；当定向部门弹性大于传统部门时，定向部门贷款量相对增幅大于传统部门。

（三）参数敏感性与比较静态分析

下面我们来看其他参数设定的情形。这样做的目的有二：首先，将其他参数设定情形下的数值模拟结果与上述基准情形相对照，从而能够观察主要结论对于参数变化的敏感性，同时也是对模型稳健性的一种侧面验证。其次，在上文的理论分析中我们发现定向降准的作用效果与某些参数的大小是密切相关的，考察这些参数的其他设定情形有助于将上文中的一些比较静态分析（Comparative Statics）的定性结论定量化。

在参数设定中，处理难度较大、可能存在争议的主要是两部门的贷款需求利率弹性、定向部门贷款与传统部门贷款的边际管理成本差异以及寡头竞争市场上银行的数量，其中弹性是尤其重要的参数。接下来，我们在基准情形之外分别进行四组参数敏感性分析。第一，将传统部门的贷款需求价格弹性在 −2 的基准设定基础分别向上或向下调整 0.5，即在其他条件不变的情况下分别考察传统部门贷款需求利率弹性为 −1.5 和 −2.5 时模型的数值模拟结果。第二，将定向部门的贷款需求价格弹性在 −1.5 的基准设定基础分别向上向下调整 0.5，即在其他条件不变的情况下分别考察定向部门贷款需求利率弹性为 −1 和 −2 时模型的情形。第三，分别在其他条件不变的情况下考察寡头竞争市场上银行数量为 20 和 500 时模型的数值模拟结果。第四，将定向部门贷款的边际管理成本（平均值）相对于传统部门贷款边际管理成本的倍数在 5 的基础上分别向上向下调整 2，即在其他条件不变的情况下分别考察 $\overline{l_2}$ 相当于 l_1 的 7 倍和 3 倍时模型的数值模拟结果。

表 13.3 中展示了四组情形下定向降准及普遍降准政策效果的数值模拟结果。四组情形下调整参数设定都未影响上文得出的核心结论，表明本章构建的理论模型是基本稳健的。首先，当传统部门的贷款需求更富有弹性时，定向降准对于传统部门和定向部门贷款利率的影响幅度都会变小。在定向部门贷款需求利率弹性固定为 −1.5 的情况下，当传统部门贷款需求利率弹性分别为 −1.5、−2、−2.5 时，针对定向部门贷款余额占比达到 30% 的商业银行进行 0.5 个百分点的定向降准会使传统部门的贷款利率分别下降 23.08 个、18.50 个和 15.45 个基

点，会使定向部门的贷款利率分别下降 23.08 个、18.53 个和 15.49 个
基点。另外，当传统部门贷款需求更富有弹性时，定向降准后传统部
门贷款量的相对增加幅度会变大，但定向部门贷款量的相对增加幅度
会变小：在定向部门贷款需求利率弹性固定为 -1.5 的情况下，当传统
部门贷款需求利率弹性分别为 -1.5、-2、-2.5 时，上述定向降准政
策会使均衡状态下定向部门贷款量分别增加 505 亿元、405 亿元、338
亿元，相对增幅分别为 0.317%、0.254%、0.213%；传统部门的贷款
量分别增加 2294 亿元、2451 亿元、2558 亿元，相对增幅分别为
0.327%、0.350%、0.365%。

其次，当定向部门的贷款需求更富有弹性时，定向降准对于传统
部门和定向部门贷款利率的影响都会变小。在传统部门贷款需求利率
弹性固定为 -2 的情况下，当定向部门贷款需求利率弹性分别为 -1.5、
-2、-2.5 时，针对定向部门贷款余额占比达到 30% 的商业银行进行
0.5 个百分点的定向降准会使传统部门的贷款利率分别下降 18.50 个、
17.87 个和 17.22 个基点，会使定向部门的贷款利率分别下降 18.53
个、17.87 个和 17.20 个基点。另外，当定向部门贷款需求更富有弹性
时，定向降准后传统部门贷款量的增加幅度会变小，但定向部门贷款
量的增加幅度会变大：在传统部门贷款需求利率弹性固定为 -2 的情况
下，当定向部门贷款需求利率弹性分别为 -1.5、-2、-2.5 时，针对
定向部门贷款余额占比达到 30% 的商业银行进行 0.5 个百分点的定向
降准会使均衡状态下定向部门贷款量分别增加 405 亿元、521 亿元、
628 亿元，相对增幅分别为 0.254%、0.327%、0.394%；传统部门贷
款量分别增加 2451 亿元、2366 亿元、2279 亿元，相对增幅分别为
0.350%、0.338%、0.325%。

再次，通过基准情形Ⅰ和基准情形Ⅱ的对比已经可以看出，当定
向部门贷款需求利率弹性大于传统部门时，定向降准之后定向部门相
对于传统部门的贷款利差会扩大；当定向部门贷款需求利率弹性小于

传统部门时，定向降准之后定向部门相对于传统部门的贷款利差会收窄。表 13.3 中的其他参数设定情形再次验证了这一点；特别地，当两部门弹性相同时，降准或者定向降准之后，两部门的贷款利差不变。

表 13.3　　　　　　　　参数设定的敏感性分析

行序号	情形设定		政策变动	传统部门贷款利率变动（基点）	定向部门贷款利率变动（基点）	利差变动（定向部门—传统部门，基点）	传统部门贷款量变动（亿元）	传统部门贷款量相对变动幅度	定向部门贷款量变动（亿元）	定向部门贷款量相对变动幅度
1	传统部门贷款需求利率弹性	+0.5	定向降准 0.5 个百分点	−23.08	−23.08	0.00	2294	0.327%	505	0.317%
2			普遍降准 0.5 个百分点	−46.79	−46.79	0.00	4662	0.665%	1026	0.645%
3		−0.5	定向降准 0.5 个百分点	−15.45	−15.49	−0.04	2558	0.365%	338	0.213%
4			普遍降准 0.5 个百分点	−31.33	−31.41	−0.08	5200	0.742%	687	0.432%
5	定向部门贷款需求利率弹性	+0.5	定向降准 0.5 个百分点	−19.08	−19.17	−0.10	2528	0.361%	279	0.175%
6			普遍降准 0.5 个百分点	−39.21	−39.40	−0.20	5210	0.743%	574	0.361%
7		−0.5	定向降准 0.5 个百分点	−17.87	−17.87	0.00	2366	0.338%	521	0.327%
8			普遍降准 0.5 个百分点	−35.96	−35.96	0.00	4774	0.681%	1052	0.660%
9	银行数量	20	定向降准 0.5 个百分点	−3.53	−3.56	−0.03	466	0.067%	77	0.049%
10			普遍降准 0.5 个百分点	−37.98	−38.31	−0.33	5038	0.720%	836	0.526%
11		500	定向降准 0.5 个百分点	−92.43	−92.46	−0.03	12378	1.766%	2040	1.281%
12			普遍降准 0.5 个百分点	−37.42	−37.43	−0.01	4972	0.709%	821	0.515%
13	贷款边际管理成本差异（定向部门平均值相对于传统部门的倍数）	+2	定向降准 0.5 个百分点	−18.53	−18.56	−0.03	2462	0.351%	399	0.253%
14			普遍降准 0.5 个百分点	−37.51	−37.58	−0.06	4999	0.712%	810	0.514%
15		−2	定向降准 0.5 个百分点	−18.46	−18.49	−0.03	2433	0.348%	414	0.256%
16			普遍降准 0.5 个百分点	−37.55	−37.62	−0.06	4962	0.710%	844	0.523%

注：在基准情形Ⅰ的基础上参数变化。

另外，银行数量越多，竞争越激烈，普遍降准对于两部门贷款利率的影响都会变小，对两部门贷款量的影响也会变小；但定向降准的情况下则相反，当银行数量越多，定向降准对于两部门贷款利率的影响幅度都会变大，对两部门贷款量的影响也会变大。这是因为银行市场结构会影响符合中央银行既定定向降准标准的银行分布。当银行市场竞争越激烈，在其他条件不变的情况下，符合中央银行定向降准标准的银行比例会相对越高，从而使定向降准的效果更为明显。

最后，两部门贷款管理成本差异越大，在均衡状态下两部门的利差越大：当定向部门的贷款边际管理成本平均值分别是传统部门的3倍、5倍、7倍时，均衡状态下两部门的贷款利差分别为215个、338个和418个基点。同时，两部门的贷款管理成本差异越大，定向降准对两部门贷款利率的降幅均越大，但两部门贷款利差的缩窄幅度不受贷款管理成本差异的影响；新释放资金中流向定向部门的占比越低。

四、小结

近年来，中央银行开始更多运用结构性货币政策工具来扶持小微企业和"三农"等重点领域和薄弱环节，促进经济结构调整，并相应创设了若干结构性货币政策工具。一方面，货币政策实践正在加强对结构性效果的关注；另一方面，传统学术研究中则惯常把货币政策看作总量性政策，对货币政策的结构性效果以及结构性货币政策的理解则仍处于探索阶段，尚缺乏深入研究。在本章中，我们以法定存款准备金率调整为例，通过构建一个包含两部门经济的商业银行寡头竞争模型，并引入银行异质性和有差别的存款准备金率，从理论上刻画定向降准的作用机制及其结构性效果。

定向部门和传统部门的贷款需求利率弹性存在差异、贷款边际管理成本不同，是导致准备金政策产生结构性效果的重要原因。准备金率政策的结构性效果既体现在"价"上，也体现在"量"上。首先，当定向支持部门贷款需求利率弹性小于传统部门时，降低存款准备金率对定向部门贷款利率下降的影响大于传统部门，有助于收窄定向部门相对于与传统部门的贷款利差。在这一点上，不论是普遍降准还是定向降准都有类似的效果。反之，当定向部门贷款需求利率弹性大于传统部门时，定向降准不仅不会收窄定向部门相对于与传统部门的贷款利差，反而还会扩大利差。其次，当定向部门贷款需求利率弹性小于传统部门时，降准后其贷款量的相对增幅小于传统部门；当定向部门贷款需求利率弹性大于传统部门时，降准后其贷款量的相对增幅大于传统部门。定向部门与传统部门贷款边际管理成本差距越大，那么降准后定向部门贷款量的相对增幅越小，传统部门贷款量的相对增幅越大。最后，银行对定向部门发放贷款的管理成本高于传统部门，这是决定定向部门贷款成本高于传统部门的主要原因。数值模拟研究发现，即便在定向部门贷款需求利率弹性小于传统部门的情况下，定向降准对于缩窄两部门贷款利差的作用也非常有限。定向降准新释放的资金大部分仍流向传统部门。换言之，寄希望于通过定向降准来降低小微企业和"三农"等定向部门的相对贷款融资成本，难以收到显著效果。另外，随着健全多层次资本市场、拓宽小微企业融资渠道等金融改革深化，定向部门的贷款需求价格弹性会随之提高，这些因素也会进一步弱化定向降准的结构性效果。上述研究的政策启示是，解决小微企业和"三农"等定向部门融资贵、收窄两部门贷款利差的根本性举措，在于建立健全小微企业征信体系、利用大数据等数字化手段降低定向支持部门的综合贷款管理成本以及硬化国有企业预算软约束等。优化信贷资源投向结构根本上要靠体制机制改革和技术创新，定向降准等结构性货币政策工具能够发挥一定的积极作用，但并非治本之策。

本章的研究仍存在若干局限。研究的主要目的是从理论机制上刻画定向降准这一货币政策工具对不同经济部门的结构性效果。尽管我们尽可能借鉴现有文献的研究结论，并进行了多种情形的参数敏感性分析，但正如上文中强调的那样，对存贷款需求利率弹性、银行对不同部门发放贷款的管理成本等问题的实证研究到目前为止仍较为缺乏，对某些参数关系尚无明确结论，因而数值模拟结果主要在于通过比较静态分析为理解定向降准政策的结构性效果提供帮助，不一定能精确

刻画货币政策效果。这些不足也是后续研究应进一步探索的方向：一
是通过银行层面数据或微观信贷数据对存贷款需求利率弹性、银行对
不同类型企业发放贷款管理成本等重要参数进行估计；二是通过时间
序列计量经济学模型对定向降准政策的结构性效果进行实证研究。这
些都值得后续研究进一步深化。

第十四章　从货币政策到宏观审慎政策：
"双支柱"调控框架的内在逻辑

　　在本篇的前两章，我们对货币政策的总量约束和结构效应从不同视角进行了观察。本章我们则从货币政策本身跳出，从更高视角观察货币政策与宏观审慎政策之间的关系，理解两者之间的关系也构成理解货币及货币政策作用的重要一环。党的十九大报告提出，健全货币政策和宏观审慎政策双支柱调控框架。"双支柱"调控框架是反思国际金融危机教训的重要成果，也是结合我国现实国情的重要理论和实践创新。在新的历史时期，健全货币政策和宏观审慎政策双支柱调控框架是推动我国经济高质量发展的客观要求，有利于把保持币值稳定和维护金融稳定更好地结合起来，维护好宏观经济稳定和国家金融安全。对"双支柱"调控框架的理解和认识应基于历史的视角。中央银行的产生是源于维护金融稳定的需要。随着现代信用货币体系逐步建立，中央银行具备了调节货币供给的能力，加之大萧条后凯恩斯理论兴起，中央银行的重心转向货币政策，认为保持币值稳定就可以实现金融稳定，逐渐淡化了金融稳定目标。2008年国际金融危机后，理论界和实务界在反思危机教训时认识到，由于金融市场和金融资产的规模和影响显著上升，对主要源于金融体系顺周期波动和跨市场传染导致的系统性金融风险需要给予更高的关注，金融稳定目标因而重新在中央银行政策框架中得到强化，货币稳定和金融稳定"双目标"的重要性凸显出来。在实现"双目标"过程中，货币政策和宏观审慎政策需要相互协同，相互促进，形成"双支柱"。从国际实践看，尽管不少中央银行未明确提出"双支柱"概念，但其政策框架在实质上具备了货币政策＋宏观审慎政策"双支柱"框架的基本内涵。本章试图梳理国际金融危机以来全球金融管理理念发生的一些重要变化，尝试对货币政策和宏观审慎政策双支柱调控框架的理论基础和内在逻辑进行阐释。

一、货币稳定与金融稳定：回归"双目标"组合

政策工具服务于政策目标。从逻辑上讲，研究中央银行的政策框架及其演变，需要从政策目标及其演变入手。比如说，货币政策框架一般被定义为包含政策目标、工具、传导、评估等在内的一系列组合的总称。在这个框架内，核心是货币政策的"锚"，也就是货币政策的目标。"锚"变了，整个框架也就变了。这提示我们需要从中央银行目标组合的演变入手，来研究货币政策和宏观审慎政策双支柱调控框架的形成及其内在逻辑。

我们在梳理中发现，中央银行的政策目标，经历了一个否定之否定、螺旋式上升的过程。这样一个演进的过程，实际上也是人类社会对金融管理认识不断探索和深化的过程，是在每个历史阶段应对主要矛盾中不断总结经验教训、不断优化完善的过程。维护金融稳定是中央银行创立的初衷。从世界历史看，随着分工深化和工商业发展，商业银行普遍开始设立，银行信用逐步替代商业信用成为社会的主要信用形式。随着银行数量增长和竞争加剧，银行券容易超量发行。一旦超过一定限度，在贵金属本位制下银行券的兑付就会发生问题，从而引发经济混乱。同时，借贷资金周转困难也会带来支付安全问题。为保护存款人利益和银行体系的稳定，客观上需要一家权威机构集中银行的一部分准备金，充当"最后贷款人"角色。中央银行制度由此建立和发展，用于维护金融体系的稳定。

随着信用货币时代和经济大萧条的到来，中央银行开始摆脱贵金

属本位制的约束，重心逐步转向货币政策调控和刺激经济增长。从全球范围来看，从大萧条后到 2008 年国际金融危机之前，中央银行货币政策框架的演变大体可以分为两个阶段。在 20 世纪 30 年代至 80 年代前，货币政策框架具有"多目标、多工具"的特征，在政策理念上强调相机抉择，在政策目标上重在刺激经济增长。凯恩斯主义和菲利普斯曲线为这一时期的货币政策提供了理论基础，大家相信只要愿意容忍高一些的通货膨胀，就可以换来更高一些的经济增长。不过，70 年代主要发达经济体出现持续"滞胀"，打破了人们对于依靠相机抉择的货币政策刺激经济高增长的期望，开始把政策重心转向防通胀。

基于对长期"滞胀"的反思，从 20 世纪 80 年代开始，货币政策在理念上更加强调规则性和透明度，强调在目标、工具和规则简单、明确的基础上，中央银行通过"言必行、行必果"来建立市场声誉，从而稳定市场预期，形成了"单一目标、单一工具"的政策框架，以保持物价稳定作为货币政策主要甚至唯一的目标。正是在这一时期，不少经济体开始实行通货膨胀目标制，明确宣布量化的通货膨胀目标并承诺实现这一目标。理性预期、动态不一致性（Dynamic Inconsistency）理论以及真实经济周期（RBC）理论等为这一时期的货币政策提供了理论支撑。总的来看，货币政策在反通胀方面取得了明显成效。

中央银行在将重心转到维护币值稳定的同时，也忽视了金融稳定问题。实际上，近几十年来全球经济金融发展的一个重要特征，就是金融市场、金融交易和金融资产的规模和影响迅速扩大，这导致整个经济体系的稳定性发生了根本性的变化。我们可以在一个简单的三部门模型中理解这种变化。假定在初始阶段，经济中主要有两个部门；一个是货币和银行部门；一个是一般竞争性部门，如工业和制造业等。前者提供资金，后者进行生产。在信用货币体系下，前者理论上具有无限的货币信贷创造能力。而后者则符合"稻田条件"的约束，假定其他要素不变，单一要素随投入的增长其边际回报递减。在仅有上述两个部门的情况下，厂商从货币和银行部门借入资金投入生产、增加供给，由于边际报酬递减，当厂商的边际产出与借贷成本相等时，厂商生产和银行放贷就会形成均衡。这意味着，虽然货币和银行部门仍有很强的货币创造能力，但整个经济总体上仍是可以趋于收敛的，从而形成稳态。价格机制可以有效调节市场供求，自动实现均衡。不过现实的情况是，由金融交易、初级产品和资产市场构成的第三个部门规模越来越大，该部门产品供给缺乏弹性，具有"追涨杀跌"的特征，容易出现加杠杆炒作和顺周期的大起大落。而货币和银行部门具有的无限货币信贷创造能力会进一步放大加杠杆和顺周期波动问题，形成相互强化的正反馈，增加经济体系内的脆弱性。

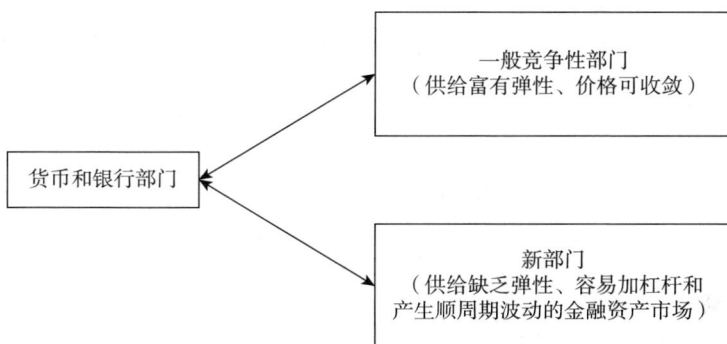

图 14.1　经济结构转变的三部门模型

最近几十年来，上述具有内在不稳定和脆弱性的所谓"新部门"在经济中的占比迅速扩大，这使防范系统性风险的必要性和重要性愈发凸显。比如，在 20 世纪末（1999 年），美国房地产业增加值相当于制造业的 70%，到次贷危机爆发的 2007 年，这一比例已达到了 91%。2015 年，美国房地产业增加值规模首次超过制造业。英国从 2000 年起房地产业增加值规模即超过制造业，截至 2007 年前者已超过后者近30%。按可比口径计算，欧盟 28 国房地产业增加值占制造业的比重从

1999 年的 57% 上升至 2007 年的 67%。有研究表明，1928 年至 1970 年间，发达经济体房地产信贷占全部银行信贷的比例由 30% 逐步上升至 35%，但到 2007 年这一比例已接近 60%，其余 40% 的银行信贷中有相当一部分也可能是为商业房地产进行融资（Turner，2016）。显然，在房地产等具有金融属性的资产及金融市场规模已经相当庞大的情况下，金融稳定问题不能再被忽视。

但正如上文所述，在相当长的一段时间里，中央银行将物价稳定作为主要或唯一目标，对资产价格和金融稳定关注不够。比如，美联储前主席格林斯潘即认为资产价格不应成为货币政策目标。他们认为决定资产价格的因素复杂多样，既有基本面因素，也有非基本面因素，且与人类本性和动物精神有很大关系，中央银行并不能有效预测和判断资产泡沫。由于中央银行在获取资产价格信息和评估资产价格方面并不占有优势，也不可能改变人类的非理性情绪，若将资产价格列入货币政策目标，将增加实施货币政策的难度。美联储前主席伯南克认为在资产价格会对未来通货膨胀或通货紧缩产生影响时货币政策才应对其给予关注。若资产价格变化不会对通货膨胀产生影响，则无须政策给予反应。实际上，在国际上货币政策长期将 CPI 视为主要"锚"的框架下，相应的政策选择就可能在一定程度上纵容全球的资产和金融泡沫，累积系统性金融风险。在 2008 年国际金融危机之前，全球出现了明显的结构性通货膨胀特征（张晓慧等，2010）：一方面是以 CPI 为代表的一般竞争性商品通货膨胀总体稳定，经济高增长的同时似乎总伴随着较低的 CPI 通胀；另一方面初级产品、资产价格和金融市场波动则显著加大，系统性风险上升，经济不稳定的信号最初不是由 CPI 通胀而是由信贷和资产价格的变化表现出来，这实际上也意味着币值稳定并不等于金融稳定。

在货币政策仅关注币值稳定的同时，微观审慎监管也缺乏对系统性风险的有效应对。微观审慎监管主要目标是维护微观个体机构的稳健，但个体稳健不等于整体稳健，追求个体稳健甚至还会加剧金融体系整体的顺周期波动和不稳定性，导致系统性风险，这也就是所谓的"合成谬误"问题。总的来看，微观审慎监管在三个主要方面存在局限：一是微观审慎监管难以有效应对资本充足率和风险拨备等因素导致的金融体系顺周期性。二是微观审慎监管难以防范跨行业、跨市场传染所产生的系统性风险。三是微观审慎监管没有充分考虑到系统重要性金融机构的外部性，难以有效阻止金融恐慌的蔓延。

可以看到，以往主流的"单一目标、单一工具"货币政策框架仅关注 CPI 稳定，微观审慎监管则主要关注个体机构的合规和稳健，但币值稳定不等于金融稳定，个体稳健也不等于整体稳健，在货币政策和微观审慎监管之间存在针对系统性风险和金融体系整体稳定问题的空白，随着金融快速发展和金融市场快速膨胀，这块空白领域也在扩大，对经济金融稳定的影响不断增大。因此亟须强化金融稳定目标，完善金融管理的体制机制。危机后各经济体普遍将管理和防范系统性风险、维护金融稳定的主要职责赋予了中央银行，大体基于三点考虑：首先，从一般规律看，由金融体系杠杆上升和资产泡沫等导致的系统性风险，往往体现为流动性风险，中央银行承担流动性管理和最后贷款人职责，从权责对等和信息一致的角度考虑，需避免被动应对因资产价格泡沫破灭引发的流动性危机；其次，作为宏观调控部门，中央银行被赋予分析经济形势和制定、执行货币政策的职能，对内外部宏观形势的分析和把握有更明显的优势，可以从宏观角度把握经济运行，并进行周期判断和逆周期调节；最后，中央银行负责支付系统、银行间市场交易、托管和结算系统等重要金融市场和金融基础设施的监管，拥有相对全面的金融数据统计，可以及时、准确地把握整个金融体系的运行及风险状况，监测风险在不同金融机构、不同行业之间的传染和变化，并及时作出应对。这些都使金融稳定目标重新在中央银行政策框架中得到强化，保持币值稳定和维护金融稳定成为中央银行的

"双目标"。

二、"双目标"组合与"双支柱"调控框架

（一）货币政策应加强对金融稳定的关注，但仅靠货币政策维护金融稳定存在局限

随着金融稳定的重要性不断上升，中央银行从以往主要履行货币政策职责，转向同时关注保持币值稳定和维护金融稳定的"双目标"。政策目标的变化相应要求优化和完善政策工具箱。这其中可能有多种选择。一种是强化原有的货币政策职能，将金融稳定职责纳入传统的货币政策框架。比如，在衡量金融周期时，一般而言，信贷扩张和资产价格变化最为重要，Alchian 和 Klein（1973）以及 Goodhart（1995）等较早就提出，资产价格（尤其是住宅价格）是一种有用的通货膨胀指标，中央银行应当运用包含资产价格在内的更为广泛的价格测度方法来表征价格总体水平。在国际金融危机爆发之后，开始有越来越多的声音强调关注更广泛意义上的整体价格稳定。Caruana（2015）提出，货币政策需要重新平衡政策优先次序，更多关注缓解金融周期（Boom-bust）问题。马勇等（2017）构建了包含内生性金融周期变量的宏观经济模型，也提出中央银行可能需要考虑将维护金融体系的整体稳定纳入货币政策的考量范畴。实际上，考虑到近些年来菲利浦斯曲线更趋平坦化，物价与产出之间的关系变得不够稳定，加之金融稳定的重要性上升，都要求货币政策应更加关注金融稳定问题。如何将金融稳定纳入货币政策目标，成为可量化的、可操作的政策框架，是值得进一步研究的重要领域。

不过，至少从现阶段的情况看，仅依靠货币政策应对金融稳定、防范系统性风险问题仍有明显缺陷：一是货币政策属总量政策，而金

融稳定问题往往首先出现在局部或单一金融市场上（如房地产市场、债券市场等），用总量政策应对局部问题并不合适，会出现伯南克所讲的"只有一个坏孩子，但让所有孩子受了惩罚"的问题；二是将金融稳定和货币稳定同时纳入货币政策框架，将使货币政策的目标体系更加复杂，从而影响政策的透明度和规则性，把握不好反而可能弱化货币政策稳定市场预期的效果；三是经济周期和金融周期很可能不同步，如房地产价格周期与经济周期之间就可能存在差异，经济下行期房价仍有可能快速上涨，因此让货币政策同时兼顾经济周期和金融周期难度较大；四是即使经济周期和金融周期是同步的，但两类周期的扩张（收缩）幅度也可能不同，资产价格的变化速度可能远超一般竞争性部门商品价格的变化速度。因此，在将金融稳定作为货币政策目标、针对资产价格泡沫进行逆周期调节时，需要采取比抑制一般竞争性商品通货膨胀更为紧缩的货币政策。Blanchard（2000）关注到这个问题，他认为仅瞄准物价稳定的紧缩性货币政策无法避免资产价格泡沫破裂后的痛苦后果，如过剩的资本积累、严重的抵押品问题以及更低的均衡产出水平；相对更为紧缩的货币政策有助于抑制泡沫的成长，但这可能会导致当期产出的过快下降。Borio 和 White（2003）认为保持适度的货币紧缩较为困难。若货币政策过紧（即"逆风而行"策略），则会触发当期的经济衰退；而若货币政策仅是温和的偏紧（Mild Tightening），则可能被市场主体视为是中央银行追求低通胀、可持续增长的积极信号，反而会刺激乐观预期和金融体系失衡。李波（2018）指出不同市场和经济主体之间差异较大，在部分市场还比较冷的同时有的市场可能已经偏热，作为总量调节工具的货币政策难以完全兼顾不同的市场和经济主体。从历史上看，美国、日本等经济体都曾出现过经济下行期主要依靠货币政策强刺激导致资产泡沫，后又用持续加息的办法来刺破泡沫、经济受到较大冲击的情况，实际上若协调运用货币政策和宏观审慎政策来应对则情况可能会更好。

尽管关于在货币政策框架中是否应纳入金融稳定目标还存在争议，但一个共识是仅依靠货币政策管理和防范系统性风险难度较大，货币政策本身也会承担过多负担。根据丁伯根法则，政策工具和政策目标之间应保持一致，如果有 N 个政策目标，至少要有 N 个独立的政策工具。用货币政策单一工具应对物价稳定和金融稳定两个目标并不是最佳选择。从危机后各经济体反思后的普遍共识看，管理和防范系统性风险、维护金融稳定需要强化宏观审慎政策框架。

（二）强化宏观审慎政策并与货币政策相互配合是实现金融稳定目标的更优选择

各经济体在反思金融危机教训时认识到，缺乏从宏观的、逆周期的视角采取有效措施，忽视了风险跨机构、跨市场传播，导致金融体系和市场剧烈波动，成为触发金融危机的重要原因。宏观审慎政策的主要目标，就是防范系统性金融风险。从目前普遍接受的观点看，系统性金融风险主要来自两个维度：一是金融体系的顺周期波动（跨时间维度），主要表现为金融杠杆的过度扩张或收缩；二是风险跨市场的扩散和传染（跨空间维度）。回顾国内外历次较为严重的金融风险事件，无不与上述两方面因素有关。

针对可能引发系统性风险的两个维度，宏观审慎政策需要从经济全局和整体来考虑问题，考虑逆周期调节和跨市场的监管风险，以使企业、金融机构能够在经济周期的不同阶段提前防范风险（易纲，2018）。在这里，"宏观的、逆周期的和跨市场"的视角非常重要，这是宏观审慎政策的基本属性，是设计和评估宏观审慎管理工具的重要标准，也是宏观审慎政策有别于微观审慎监管的重要特征。Constâncio（2016）就将宏观审慎政策应具有明显的逆周期性，作为构建宏观审慎政策框架应遵循的首要原则。

理解宏观审慎政策应具备的逆周期特征，需要从金融所具有的杠杆属性入手。通过杠杆放大实施交易，是几乎所有金融活动的基本特征，这既是金融机构增加盈利的基础，也是诸多金融风险累积的源头。与一般市场供求规律不同，金融活动往往具有更加明显的顺周期特征，由此容易造成杠杆的过度放大或过快收缩，进而累积金融风险。在一般的商品和服务市场上，价格机制可以有效调节市场供求，价格上升，会使供给增加、需求减少，从而实现均衡。但金融市场则不同，往往具有"追涨杀跌"的特征，越涨越买、越跌越卖，而杠杆的运用使这种"追涨杀跌"的交易行为成为可能并成倍放大，这就容易导致金融资产价格丧失自动调节供求的功能，产生顺周期的自我强化式的金融震荡，出现所谓的"超调"。而市场上存在的非理性行为和"羊群效应"等则会进一步加剧顺周期波动，造成加杠杆与资产价格非理性上涨、去杠杆与资产价格非理性下跌之间的恶性正反馈机制。这种恶性正反馈机制通常还是跨市场的，银行、证券、保险、影子银行之间通过复杂的杠杆关系相互影响，导致风险的跨市场传染。完全依靠市场机制自我调整难以解决上述顺周期问题和跨市场风险传染。这就需要引入对抗金融体系顺周期波动的负反馈政策工具，抑制金融体系内部越来越多的正反馈效应（周小川，2009）。相应地，对金融杠杆的逆周期调节构成宏观审慎政策的核心。

具体来看，针对时间轴问题，主要通过对资本水平、杠杆率等提出动态的逆周期要求，以实现"以丰补歉"，平衡金融体系的顺周期波动；针对空间轴问题，主要通过识别和提高系统重要性金融机构（SIFI）的流动性和资本要求、适当限制机构规模和业务范围、降低杠杆率和风险敞口等，防范风险在不同机构和市场之间的传染。目前全球已初步形成具有可操作性的宏观审慎政策工具体系。《巴塞尔协议Ⅲ》在最低监管资本要求之上增加了逆周期资本缓冲、系统重要性附加资本等新的要求，并对金融机构流动性提出了更高要求，此外，还引入了全球一致的杠杆率要求，作为对资本充足率要求的补充，体现出加强宏观审慎管理、增强逆风向调节的改革理念。针对特定金融市场，各国也在尝试一些可逆周期调节的宏观审慎工具，例如针对房地产市场的贷款价值比（Loan-to-Value Ratio，LTV），针对股市和债市的杠杆率/折扣率规则等。针对资本流动，新兴市场经济体也在研究引入宏观审慎措施，例如对外债实施宏观审慎管理等。

目前国际上普遍使用"宏观审慎政策"（Macroprudential Policy）这一表述，这是一个包括宏观审慎管理的政策目标、治理架构、评估、工具、实施与传导等一系列组合的总称，监管只是宏观审慎政策框架中涉及具体执行的一个环节。宏观审慎政策的内涵要远大于一般意义上的金融监管，不宜用"宏观审慎监管"来替代"宏观审慎政策"，而应全面理解并使用"宏观审慎政策框架"这一概念（李波，2016）。

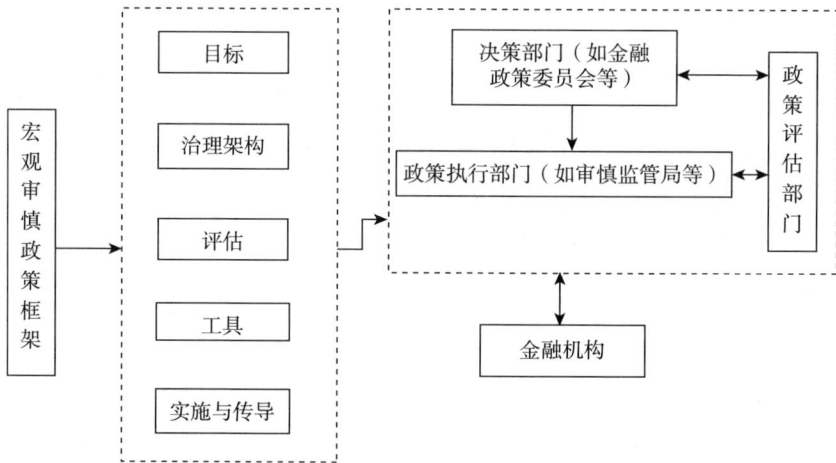

图 14.2　宏观审慎政策框架

（三）货币政策与宏观审慎政策的关系及"双支柱"调控框架的内涵

宏观审慎政策与微观审慎监管、货币政策这三个概念相互关联，但又有差异。宏观审慎管理会运用一些类似金融监管的工具，如对银行资本水平、拨备、杠杆率等提出要求，这是很多人将其认同为金融监管的重要原因。实际上两者是有差别的。微观审慎监管的任务是监督单个机构经营是否稳健、行为是否合规、透明，但宏观审慎管理以防范系统性风险为主要目标，致力于平滑金融体系的顺周期波动，因此需要在分析判断宏观形势的基础上进行逆风向调控，防范总量风险，其本质上属于宏观经济管理和维护金融稳定的范畴。宏观审慎政策与货币政策都可以进行逆周期调节，都具有宏观管理的属性。但货币政策主要针对整体经济和总量问题，侧重于经济和物价水平的稳定；宏观审慎管理则可直接和集中作用于金融体系（或某个金融市场）本身，侧重于维护金融稳定。货币政策主要用于调节总需求，而宏观审慎政策则更多针对加杠杆行为；货币政策以利率等作为工具，宏观审慎政策则主要调整资本要求、杠杆水平、贷款价值比等。

　　货币政策和宏观审慎政策在目标上虽各有侧重，但并不彼此分割，而是交互影响、相互作用的。货币政策对金融稳定的影响体现在：一方面，稳定的低通胀一般而言有利于维护金融稳定，且适宜的货币政策也能够增强金融机构的盈利能力和稳健性；另一方面，货币政策也可能对金融稳定产生负面影响：在宽松货币环境下，低利率会刺激经济主体的风险偏好，容易导致市场主体加杠杆或寻求高风险的投资机会；宽松货币政策放松了市场主体的抵押品约束，可能导致过度融资，一旦货币政策转向，市场主体债务负担加重，违约概率上升；宽松货币环境会刺激金融投机活动，推高资产价格，放大金融周期的影响。货币政策还会强化汇率溢出影响。当利率处于上升通道时，过量资本流入；本币升值，外币借款大幅增加，而当政策立场改变时，资本外逃和债务危机便成为可能。正因为货币政策对金融稳定有显著的影响，在维护金融稳定方面需要宏观审慎政策与货币政策相互配合。例如，在货币条件过于宽松的环境下，仅依靠宏观审慎政策可能难以有效抑制资产泡沫和金融市场加杠杆冲动。反过来，宏观审慎政策对经济增长和物价稳定目标也会产生影响。宏观审慎政策可通过提高对银行资本金要求、流动性要求等增强金融体系的稳健性，但资本金和流动性要求也会影响银行运行成本，进而影响信贷条件。宏观审慎政策还可以调控房地产市场，如对高贷款价值比（LTV）和高债务收入比（DTI）的借款人实施住房按揭贷款限制等，这些措施也会影响银行信贷和经济活动，从而间接影响物价和产出水平。Turner（2016）认为，长期利率和汇率不仅受到货币政策的影响，也受到宏观审慎政策的影响。对于面临全球性低利率和国内信贷扩张风险的开放性小国而言，由于货币政策实施会受到汇率的约束，实施针对国内信贷和外币借款的宏观审慎政策就可能是最佳选择。

由于存在这种相互交织和影响的关系，货币政策和宏观审慎政策在实施过程中既可能相互强化，又可能形成相互约束。在第一种情况下，在经济萧条阶段，降息与适度放松宏观审慎政策相互配合有助于经济复苏；在经济过热阶段，加息与适度收紧宏观审慎政策有助于应对通货膨胀。两者的有序协调有利于促进传导、强化政策效果。在第二种情况下，当经济萧条时，实施降息等宽松货币政策措施并不一定能引导资金进入实体经济，反而可能会加剧杠杆扩张和资产泡沫；而当经济过热时，如果杠杆率已经很高，加息等紧缩性货币政策又可能会刺破泡沫，导致过快去杠杆，对宏观经济和金融稳定产生冲击。正是因为货币政策和宏观审慎政策存在交互影响，因此需要相互协调配合，形成合力，产生"1加1大于2"的政策效应递增（Increasing Return）效果。

总的来看，在实现物价稳定和金融稳定"双目标"的过程中，货币政策和宏观审慎政策需要相互协同、相互促进，形成"双支柱"。我们理解，所谓"双支柱"，意味着在履行保持币值稳定和维护金融稳定的目标组合中，货币政策和宏观审慎政策是不可或缺的，货币政策不能替代宏观审慎政策，宏观审慎政策也不能替代货币政策，形象地说，就像支撑一座桥梁的两个柱子，虽然各自支撑和受力的位置不同，但相互兼顾，缺一不可。进一步看，"双支柱"有可能同等重要，也有可能在一定阶段内其中一个更重要一些，另一个则发挥辅助性作用，随着形势发展变化和政策目标重心改变，不同支柱的重要性又可能会发生相应的变化，但关键是两个支柱都不能少，由"双支柱"支撑起"双目标"的基本政策框架不变。

从理论发展看，已有不少研究和文献提出了类似"双支柱"的思想。美国费城联储前主席 Plosser（2007）曾将货币政策和金融稳定作为中央银行的"双支柱"，文中金融稳定指的是美联储除货币政策之外在支付体系、银行监管、最后贷款人等方面的职责。伦敦政治经济学院 Grauwe 和欧洲政策研究所 Gros（2009）提出建立一个能够权衡金融稳定与价格稳定目标的新"双支柱"策略，即利率政策用于实现价格稳定，而宏观审慎等政策工具用于实现金融稳定。这与货币政策＋宏观审慎政策"双支柱"框架十分类似，只不过前者侧重从目标角度而后者侧重从政策手段角度阐述，货币政策的目标主要是价格稳定，宏观审慎政策的目标主要是金融稳定。欧洲央行副行长 Vitor Constâncio（2016）指出，欧盟国家的金融周期平均持续时间长于经济周期，且各国金融周期之间具有不同步性。建立以金融周期为目标的逆周期宏观审慎政策框架，是对以经济周期为目标的货币政策的有力补充。宏观审慎政策和货币政策互补，应拥有和货币政策同等的地位。还有不少文献支持货币政策和宏观审慎政策须相互配合的观点。Angelini 等（2011）建立了一个 DSGE 模型研究货币政策和宏观审慎政策的相互关系。他们发现，在经济周期由供给驱动的常态时期，相比单独实施货币政策，引入宏观审慎政策对维护宏观经济稳定的效果并不明显。但在危机期间，当金融或房地产市场的冲击影响信贷供给并导致经济波动时，引入宏观审慎政策能够带来巨大收益。Quint 和 Rabanal（2013）对货币联盟中两个国家的货币政策和宏观审慎政策效应进行了模拟，发现当一国货币政策缺乏独立性时，宏观审慎政策甚至能够替代货币政策发挥效应。Unsal（2013）建立了一个开放经济体的 DSGE 模型，研究了在资本流动背景下，宏观审慎政策能否协助货币政策稳定宏观经济。模拟结果显示，当资本流入快速增加时，引入宏观审慎政策能够增进社会福利。即使在"最优货币政策"条件下，即要求政策利率对通货膨胀变化作出积极响应，宏观审慎政策也能带来益处。Medina 和 Roldós（2014）指出货币政策和宏观审慎政策的协调配合不仅是重要的，而且是必要的。引入宏观审慎政策能够有效增进社会福利。尽管在泰勒规则中额外增加信贷增长因素能够改善福利，但其效果与将逆周期的宏观审慎政策与货币政策同时运用时相比仍存在差距。在实施宏观审慎政策的背景下，利率走势将会偏离泰勒规则，因此需要将货币政策和宏观审慎政策密切配合。Matheron 和 Antipa（2014）基于 DSGE 框架和欧元区数据，在分别考虑金融危机期间三类风险传播和放大机制的情景下，对货币政策和宏观审慎政策相互关系的重要性进行了验证。研究发现，通过缓解投资下滑乃至产出下降，宏观审慎政策在危机期间有效发挥了对货币政策的补充作用。Rubio 和 Carrasco-Gallego（2015）基于一个 DSGE 模型研究了货币政策和宏观审慎政策对社会福利的影响。模型假定货币政策遵循标准泰勒规则，宏观审慎政策（LTV）遵循类泰勒规则，即对产出缺口和房价作出响应。研究发现，当单独使用宏观审慎政策或单独使用货币政策但要求货币政策同时对房价作出响应时，社会福利均能增加；而当两者搭配使用时，社会福利会进一步增强。Nier 和 Kang（2016）认为货币政策与宏观审慎政策之间具有强互补效应，相比单独使用一类政策，同时使用两类政策的总政策效果将更优：一是货币政策对金融稳定目标具有"副作用"，宏观审慎政策可以缓解这一"副作用"，从而为货币政策实现价格稳定目标提供更大的政策空间；二是货币政策可以在一定程度抵消偏紧的宏观审慎政策对产出的负面影响；三是宏观审慎政策在常态时期建立的缓冲可以在危机期间释放，有利于畅通危机期间的货币政策传导，提高政策有效性。Gambacorta 和 Pabón（2017）发现，在阿根廷、巴西、哥伦比亚、墨西哥和秘鲁 5 个拉丁美洲国家，当宏观审慎政策得到相向而行的货币政策的支持时，其对信贷增长的政策效应更加彰显；反之，当货币政策得到相向而行的宏观审慎政策的支持时，其政策有效性也得到增强。Kim 和 Mehrotra（2018）运用结构面板 VAR 技术，对亚太沿岸 4 个实行通货膨胀目标制经济体的货币政策和宏观审慎政策进行了实证研究，指出虽然宏观审慎政策能有效约束信贷增长，但对 GDP 和物价水平等总量指标也会产生显著负面影响，因此需要将货币政策和宏观审慎政策搭配运用。Apergis（2017）运用 127 个开放经济体的数据，对货币政策"逆风而行"的有效性开展了研究，发现宏观审慎政策对于有效率地执行货币政策而言是必需的，并且货币政策的有效性还会因宏观审慎工具的不同而受到影响。Silvo（2018）建立了一个新凯恩斯 DSGE 模型，并求解了 Ramsey 最优的货币政策和宏观审慎政策。研究发现，仅仅使用货币政策是不够的，妥善选择货币政策和宏观审慎政策的组合能够有效应对经济波动。Chadwick（2018）检验了货币政策和宏观审慎政策冲击对土耳其信贷增长、工业产出、贷款利率和通货膨胀等的影响，发现宏观审慎政策能够有效平抑信贷周期，降低通货膨胀和经济增长的波动率。作者同时也指出，在有货币政策配合的情况下，宏观审慎政策的效应将更加明显。Martinez-Miera 和 Repullo（2019）考察了货币政策和宏观审慎政策对金融稳定的影响。在一个存在安全性公司和风险性公司的经济体中，偏紧的宏观审慎政策会使投资从风险性公司向安全性公司转移，而偏紧的货币政策则会同时减少两类公司的投资，两类政策对于维护金融稳定均能产生效果。偏紧的货币政策提高了银行的债务成本，导致银行更高的风险偏好，从维护金融稳定的目的出发，两类政策有必要协调使用。

近年来，国内研究货币政策和宏观审慎政策双支柱调控框架的文

献也在逐渐增多。梁璐璐等（2014）在一个 DSGE 框架中研究了不同
货币政策和宏观审慎政策体制下主要宏观经济变量的动态变化，模拟
发现在固定资产偏好等非传统冲击下，宏观审慎政策与遵循泰勒规则
的货币政策协调配合，既维持了金融稳定，也使物价的稳定性提高。
王爱俭和王璟怡（2014）基于 DSGE 模型分析，指出宏观审慎政策对
于货币政策能够起到辅助作用，特别是在市场受到金融冲击的时候，
辅助的效果最为明显。郭子睿和张明（2017）指出利率政策是应对金
融失衡比较"钝"的工具，金融稳定也难以成为货币政策的独立目标，
货币政策与宏观审慎政策应该协调配合应对金融失衡。两者的协调取
决于金融周期和经济周期的一致性程度，且有效性受到外部冲击类型
和宏观审慎政策制度安排的影响。郭娜和周扬（2019）基于新凯恩斯
DSGE 模型对不同货币政策规则和宏观审慎政策的协调搭配问题进行了
研究，发现当货币政策采取扩展的泰勒规则、对房价波动作出响应，
并同时运用宏观审慎政策时，产出、通胀、利率、房价等主要经济变
量的波动率会更低。李波（2016）对有关宏观审慎政策和金融监管改
革问题进行了系统研究，认为国内外实践表明宏观审慎政策已成为金
融调控的又一重要支柱，逐步形成了"货币政策 + 宏观审慎政策"双
支柱的中央银行宏观政策体系。

从国际上看，虽然一些中央银行未明确提出"双支柱"概念，但
其政策框架在实质上具备了货币政策和宏观审慎政策"双支柱"框架
的基本特征。例如，英格兰银行将货币政策和宏观审慎政策职能集于
一身，在内部成立了金融政策委员会（FPC）负责宏观审慎管理。FPC
的主要职责是促进英格兰银行实现"保护和提示英国金融体系稳定性"
的目标，具体可概括为"识别、监测、消除或降低系统性风险，以维
护和增强英国金融体系的稳健性"，同时还被赋予支持政府实现经济增
长和充分就业的次要目标。FPC 独立于英格兰银行货币政策委员会
（MPC），后者的主要职责是维持价格稳定。在欧元区，欧洲央行会同

各成员国审慎管理当局制定宏观审慎政策。从欧元区的机构设置看，货币政策、宏观审慎政策、微观审慎监管均由欧洲央行主导。政策决策主体是欧洲央行理事会。欧洲央行通过不同政策部门之间的信息共享渠道受益，在一个统一框架下实现不同政策之间的协同配合。危机后欧盟委员会成立的欧洲系统性风险委员会（ESRB）负责监测、评估系统性风险并提出警示和建议，其主席由欧洲央行行长兼任，秘书处设在欧洲央行。南非央行货币政策委员会负责制定货币政策，同时在中央银行内部设立了金融稳定委员会（FSC），负责制定宏观审慎政策，FSC 的部分委员也是货币政策委员会（MPC）的委员。俄罗斯央行在负责制定货币政策的同时，成立了高等级的内部金融稳定委员会（FSCom），由中央银行行长负责，强化宏观审慎政策。

当然也要看到，较之货币政策，宏观审慎政策还是新事物，有关宏观审慎政策效应的经验研究还有待丰富，中央银行在把握政策力度时可能面临困难。比如，中央银行可能并不清楚需要保留多大的缓冲才是合适的。不同政策工具与金融稳定目标的交互关系也缺乏更充分的研究，一种工具在缓解一类金融失衡的同时，可能导致其他类型失衡的加剧。IMF 强调了中央银行在政策沟通上可能存在的困境。当经济处于萧条期时，适度放松宏观审慎政策，如放松一些监管要求等，可能不易被市场接受。此外，监管还可能导致创新从而规避监管。包括 IMF 等在内的国际组织也曾提出，宏观审慎政策在维护银行体系稳定的同时，也将部分金融服务和金融活动挤出了正规银行体系，一定程度上导致危机以来影子银行的膨胀，从而产生了新的不稳定因素。还有研究认为，宏观审慎政策还可能对宏观经济产生影响，例如基于风险的资本标准要求银行配置更多的高质量资产，这导致全球范围内的美国国债利率被压低，而这有可能改变金融机构的经营行为。这些变化也提示我们，管理和创新始终处在动态博弈的过程之中。需要在全面和深入研究宏观审慎政策复杂效应的基础上，不断改进和完善宏观审慎管理，发挥好其防范系统性金融风险、促进金融体系稳健运行的作用。此外，国际金融危机后，为应对危机冲击和经济下行压力，货币政策的重心再次转向刺激经济增长，但这并不意味着可以忽视宏观审慎管理，相反宏观审慎政策与货币政策之间需要协调配合，并通过完善宏观审慎政策框架和相关体制机制，及早防范未来可能出现的金融杠杆大幅波动和系统性风险问题。

三、"双支柱"调控框架：探索和实践

我国较早开始了宏观审慎政策方面的探索和实践：2003 年以来对房地产市场执行的差别化住房信贷政策，实际上即具有宏观审慎管理的属性；2011 年，在吸取 2008 年国际金融危机教训的基础上，创设差别准备金动态调整制度，把银行信贷扩张与基于宏观审慎要求的资本水平挂钩，促进银行合理把握信贷投放和稳健经营；随着经济形势发展变化，不断完善差别准备金动态调整机制，2016 年构建起更加全面的宏观审慎评估体系（MPA），从资本和杠杆、资产负债、流动性、定价行为、资产质量、跨境融资风险、信贷政策执行情况等方面对金融机构的稳健性进行评估，并从以往仅盯贷款投放扩展为广义信贷；2017 年将表外理财纳入 MPA 广义信贷指标范围，以引导金融机构加强表外业务的风险管理；2018 年将同业存单纳入同业负债占比指标，2019 年又将制造业中长期贷款和信用贷款等指标纳入考核。此外，针对跨境资本流动存在的顺周期波动问题，我国构建了跨境资本流动宏观审慎管理框架，通过逆周期调节有效抑制跨境资本顺周期波动可能对宏观经济产生的冲击。第五次全国金融工作会议决定设立国务院金融稳定发展委员会，加强金融监管协调，并将办公室设在中国人民银行，强化了中国人民银行宏观审慎管理和系统性风险防范职责。

在强化宏观审慎政策的同时，我国在货币政策和宏观审慎政策相

结合方面也进行着持续探索和实践。国际收支大额双顺差时期，中央银行购汇吐出大量流动性，中央银行通过提高准备金率和发行央票进行对冲，但考虑到利率平价等约束，银行体系流动性总体上还是偏多的，此时运用窗口指导等具有宏观审慎属性的政策工具，对于抑制货币信贷过快增长、促进银行稳健经营就会发挥重要作用。随着我国金融市场发展和利率市场化改革推进，货币政策正逐步从数量型调控为主向价格型调控为主转变。受制于转型期多方面因素及部分经济主体对利率敏感度不强等约束，仅靠利率调控难以完全调节信贷增长，这也需要借助必要的宏观审慎政策手段。2003年我国房地产市场开始出现过热苗头，但整体经济刚从之前较长时间的疲弱和通缩中复苏，加之还出现了"非典"疫情冲击，这种形势下并不适用于采取加息等总量措施，而应当采用收紧贷款价值比等宏观审慎政策工具，更有针对性地对房地产市场适度降温，避免对整体经济造成冲击。2003年6月，中国人民银行出台了《关于进一步加强房地产信贷业务管理的通知》，要求适当提高购买第二套（含）以上住房的首付款比例，以此促进房地产市场的持续健康发展。这体现了宏观审慎政策与货币政策之间的有效配合。再比如，从2009年初开始，货币信贷扩张速度较快，若持续扩张可能积累风险，在当时环境下使用利率、准备金率等工具并不适宜，此时引入宏观审慎政策工具发挥其特有的作用就是一个较好的选择。总的来看，我国形成了数量、价格和宏观审慎管理相互结合的调控模式，取得了较好的效果。

四、小结

本章基于历史演进的视角，通过对全球金融管理理念变化的梳理，从政策目标的演变入手，详细阐述了宏观审慎政策以及货币政策和宏观审慎政策"双支柱"调控框架的形成逻辑和基本内涵，并介绍了我国在探索建立"双支柱"调控框架方面的实践经验。2008 年国际金融危机以来,金融稳定在中央银行政策目标中的重要性再次得到强化。随着具有顺周期波动特征的金融市场和金融资产规模显著增大,金融管理政策需要更加关注金融稳定和系统性风险问题,货币稳定和金融稳定"双目标"的重要性凸显出来。政策目标的变化相应要求优化和完善政策工具箱,需要健全宏观审慎政策框架作为应对系统性风险的工具,并与货币政策相互配合,形成由货币政策和宏观审慎政策"双支柱"支撑起"双目标"的基本框架,共同维护好货币稳定和金融稳定。在此框架中,货币政策和宏观审慎政策都不可或缺,须相互补充,形成合力,产生"1 加 1 大于 2"的政策效应增进效果。健全货币政策和宏观审慎政策双支柱调控框架,有利于将经济周期和金融周期、币值稳定和金融稳定结合起来,更好地促进宏观经济的稳定、可持续发展。我国较早开始了对宏观审慎政策及其与货币政策协调配合的探索和实践,通过两类政策的有效配合,较好地应对了内外部复杂形势的挑战,为经济结构调整和改革营造了适度的货币金融环境,同时较好地防范了系统性金融风险,维护了金融稳定,有力促进了我国经济的高质量发展。

下一阶段,我国健全货币政策和宏观审慎政策双支柱调控框架,可进一步完善货币政策框架,对整体价格水平稳定给予更多关注,同时健全宏观审慎政策框架,尤其是要完善货币政策和宏观审慎政策协调配合的体制机制:研究更加明确、量化的宏观审慎政策目标,完善对金融周期和系统性金融风险的监测评估体系,在具有复杂网络特征和联动关系的现代金融生态环境下,重点加强对不同市场金融杠杆水平的整体评估和监测,强化对系统重要性金融机构和金融控股集团的宏观审慎管理,并将更多金融机构、金融交易、金融市场和资金流动纳入宏观审慎管理,扩大宏观审慎政策的覆盖面。从宏观的、逆周期的和跨市场的视角,设计和丰富宏观审慎管理工具,根据经济金融周期的动态变化，把握好逆周期调节的方向和力度，防范金融体系的顺周期波动和风险的跨市场传染，并做好工具效果的评估。加强对货币政策和宏观审慎政策关系的研究，研究不同货币政策工具和宏观审慎政策工具的交互机制，厘清不同政策工具的作用方向、机理和适用条件，推动发挥两类政策的协同作用，强化政策效应。加强多部门统筹协调，进一步完善宏观审慎管理的组织架构，让宏观审慎政策能够更好地落地实施，加强货币政策和宏观审慎政策效果的综合评估和政策协调，建立和完善货币政策、宏观审慎政策和微观审慎监管相互协调、密切配合的组织架构和体制机制，更好地防范和化解经济金融风险。

第六部分

基本结论和政策建议

在过去的十多年里，世界经济跌宕起伏，既遭遇了百年一遇国际金融危机冲击及政策应对，也经历着新冠疫情全球蔓延给经济社会带来的严重冲击及政策应对。面对这些极其重要的宏观经济事件，必然需要理论与政策上的阐释与深思，本书是基于我们对这些重要宏观经济和货币问题持续思考的一个小结。如果说国际金融危机后理论界对宏观经济分析的新范式是要"把金融找回来"，那么本书所要做的工作就是要"把经济理论分析的本源找回来，把供求交互循环这一基本的经济分析方法找回来"。基于上述考虑，我们尝试在主要基于古典经济理论的经济增长框架下，更多使用跨期和供求交互的视角和方法来观察货币、债务与经济增长之间的关系，阐释货币和宏观经济领域的新问题和新现象。我们的研究发现：

一是供求交互循环是经济学分析的本源，是理解国民经济循环的重要视角。主流宏观经济理论存在诸多"两分法"：比如将货币变量与实物变量"两分"，认为货币中性、债务中性；再比如将短期分析与长期分析"两分"，短期内只讲需求，不讲供给，长期则只讲供给，不讲需求，从而把需求和供给相互"割裂"。主流宏观经济理论的这种"割裂"，可能出于"分"而"析"之的需要，有利于理论研究的深化，但却容易导致思维方式上的"割裂"，对我们分析问题、研判政策形成误导，容易导致只看局部均衡、忽视全部均衡，忽视供求交互和双向反馈可能产生的更加复杂的影响。过度强调需求或者过度强调供给都不利于国民经济实现良性循环。与主流宏观理论将需求和供给分割开不同，我们研究发现，还有一些重要的经济增长模型实际上同时包含了供给和需求因素，尤其是古典经济理论中从斯密定理到杨格定理的一系列理论，深刻阐释了供求交互循环实现报酬递增和经济增长的基本机理，为理解经济增长提供了思想框架，也为理解经济"循环"提供了方法论。在从斯密到杨格的理论框架里，专业化分工会提高生产率，进而增加社会财富和收入，这会使市场规模扩大，并容纳专业化分工进一步深化，从而进一步提高生产率，扩大市场规模，带动专业化分工发展，由此产生供给创造需求、需求拉动供给，分工一般性决定分工的经济良性循环机制。之后的理论发展，如制度经济学和凯恩斯主义等，则从不同角度进一步阐释了可能阻碍经济良性循环的复杂因素，前者强调了过高的交易成本对专业化分工发展的阻滞，后者则强调了未来不确定性、动物精神及边际消费倾向下降等因素对供给自动创造需求的影响，将这些理论相互结合在一个框架里，可以深化我们对国民经济循环的理解，并为分析实际经济运行和制定经济政策提供方法论武器。

二是推动供求交互形成良性循环，是实现中国经济可持续发展的关键环节之一。在供求交互影响的视角下，供给和需求都很重要，是经济活动对立统一、不可分割的两面。供给是提高生产率和经济潜力的源泉，生产率提升和经济潜力的释放，则离不开持续增长的需求环境；需求可以为供给改善创造环境，同时需求从根源上又离不开供给，脱离供给质量的提升而简单刺激需求，最终反而会导致供给结构扭曲及与之伴生的更严重的需求不足和经济衰退。高质量供给和适度的需求是对立统一、不可分割的，就如同"鸡生蛋、蛋生鸡"一样，在交互循环中彼此互为必要条件。我们运用供求交互视角对中国经济的实证研究发现，改革开放以来，中国经济增长比较明显地表现为三个阶段：第一阶段从改革开放开始到20世纪90年代中期，这一时期投资（供给）是消费（需求）的因，投资变化先于并相应拉动消费变化；第二阶段大致在20世纪90中期至21世纪初，这一时期投资和消费之间的关系变得紊乱，不再具有显著的相关性，经济低迷并伴随持续通货紧缩；三是21世纪初以来，消费（需求）成为投资（供给）的因，消费变化领先并相应拉动投资变化。在经济处于起飞初期的第一阶段，落后生产力导致的供给（生产）约束是主要矛盾，供给带动需求。到了第二阶段，受多种因素影响，供给创造需求的能力下降，供求良性循环不畅。针对这一时期存在的问题，中国依靠改革实现了供给端的结构优化，依靠开放拓展了市场、引入了全球化背景下的外部需求，显著促进了供求之间的良性循环。到第三阶段，总体看需求更多拉动了供给，消费更多拉动了投资。这种变化与经济发展的一般规律是吻合的，当社会生产力和市场经济发展到一定阶段，供给相对过剩和需求相对不足往往成为主要矛盾。市场经济条件下的有效需求不足，正是凯恩斯理论强调的核心，但忽视供给而过度刺激需求则可能产生严重的经济结构性问题。缓解供需错配需要关注以下方面：（1）优化供给结构，适应需求结构。供需不平衡往往表现为结构性失衡，有的领域有供给但需求不足，有的领域有需求但存在供给约束，前者是供给过剩，后者是供给不足，前者需要通过优胜劣汰去产能，后者则需要通过放松管制等增加有效供给，这一过程实质就是推动供给侧结构性改革，增强供需的适配性。（2）创造新供给和新需求。很多新事物在创造出来之前，既没有供给，也没有需求，因为人们事先并不知道会有这样的事物、这样的需求。这些都需要通过真正的创新来实现，通过创造出优质的供给，形成相应的需求。实际上这也属于供给侧结构性改革的范畴。（3）通过开放引入需求。斯密定理指出，分工发展取决于市场范围，而市场范围取决于运输条件；杨格定理进一步指出，市场范围（规模）取决于分工发展的程度和生产率（收入）水平。通过扩大开放引入外部需求，可以在一定程度上弥补内部需求的不足。市场规模越大，越能容纳分工（供给）发展，也越有利于促进供给和需求之间的良性循环。（4）优化财富和收入分配结构来提升需求。财富和收入过度集中，会导致边际消费倾向下降，进而加剧有效需求不足。要稳定房地产市场，深化税制改革，防止加剧贫富分化。要优化收入分配结构，尤其是提高居民收入，实现投资和消费之间的平衡，促进供求良性互动。（5）适当运用金融手段贴现未来需求。金融本质是跨时空配置经济价值，在时间轴上配置资源。运用金融手段可以把未来的需求提前（如住房按揭贷款和消费贷款等），从而弥补即期有效需求的不足。信用货币的产生，拓展了金融可以发挥作用的空间，当然，用得过度也会积累风险，须把握好金融发展的"度"。在畅通国民经济循环过程中，应辨证看待供给和需求不可分割、相互转化的关系，既调整供给，也稳定需求，实现相互协调和平稳转型。

三是应从供求交互的视角理解货币及货币政策在经济增长中的作用，并相应把握好政策的取向、节奏和力度。在搭建起理解经济增长和供求交互循环的基本框架后，我们将货币及货币政策引入并观察可能的影响。在信用货币环境下，货币的功能从媒介交易衍生到创造新增购买力，由此不仅能够便利交易，而且能够配置资源，支持迂回生产和创新试验，进而可能对经济运行产生非中性的复杂影响。从逻辑上讲，货币的首要功能是交易媒介和价值储藏，交易媒介功能是货币独有和排他的，这也是货币的本质属性。正是有了媒介交易的功能，大家才都愿意接受货币作为一般性的购买力，货币也才有了跨期的价值储藏功能。同样也正是因为货币可以媒介交易，可以"购买一切"，人们才可以借助信贷等方式创造出购买力，并赋予企业家重新整合生产要素的能力。可见，金融体系的作用，在于能否甄别和找到潜在的企业家或技术创新者，并通过信贷等方式赋予他们购买力支持。有效的金融体系，可以更准确地找到真正的企业家或创新者，并通过上述机制，促进创新和迂回生产发展；低效的金融体系，则往往将信贷赋予低效的生产组织者或所谓创新者，最终导致货币的错配和低效。正因为如此，货币既可以促进生产，也可能促退生产，货币对经济的影响是非中性的。凯恩斯理论假定短期内总供给曲线（也就是潜在经济增长水平）是垂直不变的，是由长期性因素决定的。当存在负的产出缺口时，应通过增加投资及其他支出等方式弥补有效需求不足和产出缺口，把实际产出水平推升至潜在产出水平。这一框架基于静态和短期的分析，若从跨期和供求交互的角度观察，短期内作为需求的投资，在完成后会形成供给，这就会在长期内对供给端形成影响，并完全可能影响潜在经济增长水平。采取过于宽松的刺激政策，需求扩张就可能超过经济所需的水平，低效投资形成无效供给，而无效供给难以创造出有效需求，这就会形成产能过剩及通缩压力。此时为防止通货紧缩而不断采取刺激措施，就可能导致价格进一步下降，出现"越刺激反而越通缩"的有趣现象。而且，即使扩张性的宏观政策并未刺激新增投资，但僵尸融资增多导致低效率，也会对长期经济增长产生负向影响。这提示在分析货币政策的效果时，不能将货币政策仅视为短期需求管理工具，还应关注其对供给端的中长期影响。进一步看，需求与供给交互影响还可能产生显著的结构化效应。传统的凯恩斯主义经济学认为，经济是原子式和匀质的，不同部门对宏观政策的反应是一致的，也就是说供给曲线是一条均匀的直线。实际上经济是非匀质的，不同部门的需求和供给弹性不同，需求和供给曲线的斜率是不一样的，因此宏观政策对不同部门的影响也存在差异，供求交互影响可能产生复杂的结构性效应，这包括经济自身的结构性问题、结构性的通货膨胀和资产价格上涨以及财富分化等。宽松货币条件可能形成经济短期繁荣，但长期改善社会福利根本上还是要保持低通胀和稳定的总需求环境。从供求交互的角度观察，供给端的结构分化会影响供给创造需求的效果。拥有不同财富的经济主体消费倾向不同，消费倾向会随收入增长而下降，因此收入和财富差距扩大后可能导致总需求不足，进而影响供给和需求之间的良性促动机制。

四是在分析宏观经济及其与货币之间的关系时，既要观察需求端，也要观察供给端，多用供求交互的视角和方法。主流宏观经济理论受凯恩斯主义影响很深，其在分析宏观经济运行时强调需求因素的决定性作用，但实际上经济供给端也是在变化和调整的，并不是一成不变或被动接受需求变化的影响。前几年中国宏观经济出现阶段性的企稳回升，既受到世界经济有所好转、外需增长加快的影响，也与国内推进供给侧结构性改革以及市场优胜劣汰机制发挥作用、经济供求更趋平衡有关，因此把分析的视角从传统的需求端更多转向供给端，会对经济运行变化有更加全面和深入的理解。实际上，均衡总是相对的和短暂的，宏观经济运行的突出问题往往会在需求端和供给端交替出现。经济遭受冲击后多表现为需求收缩，此时主要着力点是刺激需求，但若需求扩张过快则容易在下一期积累产能过剩、债务风险和资产泡沫，由此着力点会转向供给，适配的宏观政策需要在跨期的需求和供给之间把握好平衡。经济供给端所处的阶段不同，即便同样的货币条件也可能产生有较大差异的政策效果。比如，在产能过剩和经济内生去杠杆的环境下，由于实体经济缺乏投资渠道，货币金融更容易出现"脱实向虚"和资金"空转"现象。要求在制定货币政策时，既要看经济需求端，也要看经济供给端，注意设计跨周期的宏观政策。我们对结构性货币政策的研究表明，解决小微企业和"三农"等部门融资贵、收窄两部门贷款利差的根本举措，在于建立健全小微企业征信体系、利用大数据等科技手段降低定向部门的贷款管理成本，并硬化国有企业预算软约束。信贷资源投向结构的优化，根本上要靠体制机制改革和技术创新，定向降准等结构性货币政策工具能够发挥积极的、边际性和辅助性的作用。

五是债务与经济的关系远非"中性"那么简单，债务扩张是有边界的。债务与货币是一枚硬币的"两面"，在主流经济理论中债务对经济的影响就像货币一样，往往被忽视或简单地视为"中性"。但我们对全球主要经济体的实证研究发现，政府债务水平与经济增长之间呈现出明显的"倒U形"关系，超过一定阈值后，债务率上升就会抑制经济增长；债务率波动与经济危机之间则有较强的相关性，债务率大幅波动容易引致经济危机；债务与物价之间也表现出较强的相关性，债务扩张短期容易推升通货膨胀，中长期则反向内生出通货紧缩压力。作为货币的"映射"，债务对经济增长的影响似乎远不是"中性"那么简单，而是深远和复杂的。从我国的情况看，财政扩张仍有一定空间，但包含隐性债务在内的整体政府债务率已接近基于全球经验测算的阈值区间，政府债务扩张的空间不大。政府债务水平有必要维持在合理的区间，适度的政府债务水平将有助于常态时期的经济增长，也能为危机时期宏观政策调控预留空间。总的来看，适度的债务增长有利于经济增长，而过度的债务扩张则会抑制经济增长，并累积经济金融风险，债务扩张存在内生的边界。在经济循环运转过程中，出于弥补有效需求不足等原因，债务水平往往存在内生的上升趋势。要把握好稳增长与防风险之间的平衡，着力稳杠杆，尽量让债务水平上升得慢一些，使经济长期增长的潜能尽可能释放出来。

　　六是要警惕过度运用货币政策，防止进入"低利率陷阱"而形成低水平均衡状态，尽量长时间保持常态货币政策，维护长期发展战略机遇期。我们的研究发现，利率水平与经济增速之间可以存在多重均衡，同样的经济增长水平可以对应不同的实际利率水平。在不同的均衡状态中，利率、经济增长、通货膨胀、债务会呈现不同的组合，并存在不同的动态效率，由此也对应着不同的货币政策传导机制和传导效率。具体来看，若持续采用超宽松货币政策来刺激经济，会通过增加僵尸企业等方式降低经济效率，积累债务膨胀和通货紧缩压力，并形成相互之间的自我强化。对全球主要经济体的实证研究表明，低利率货币政策阻碍了僵尸企业出清；相较健康企业，宽松货币政策释放的流动性会更多流向僵尸企业，僵尸企业挤出健康企业投资，其债务扩张是低效的；僵尸企业债务扩张与投资挤出效应加剧资源错配，使社会资本回报率下降，债务规模攀升，并在"债务—通缩螺旋"作用下内生出通缩压力，出现"越刺激、越通缩"的有趣现象，并使货币政策进入"低利率陷阱"而难以退出。理解这一点，是理解主要发达经济体实施非常规货币政策效果不及预期，出现宽货币、低增长、低通胀、高债务并存现象的重要视角。正因为货币政策的影响和效应极其复杂，在运用货币政策工具时要保持审慎和稳健，避免进入低利率陷阱。由于同样的经济增长可以对应不同的利率水平，存在多重均衡，意味着可以选择不同的政策策略，实现不同的宏观经济组合。要避免进入动态无效率状态，就应保持战略定力、坚持底线思维，为货币政策在未来较长时间里应对内外部各类经济波动预留充足空间。保持必要的货币政策空间，就是为维护长期发展战略期提供重要支撑。在宏观政策的把握上既要看需求也要看供给：一方面，要把握好财政政策、货币政策的取向、力度和节奏，与潜在产出和物价稳定的要求相匹配，既不能不足，更不能过度；另一方面，要以经济供给侧结构性改革为主线，着力推动经济结构调整。过度使用货币政策从而进入"零利率陷阱"后，低利率、低增长、低通胀、高债务之间会相互强化，仅靠货币政策本身很难摆脱"陷阱"状态，因此在保持总需求稳定的同时，应将主要着力点放在经济结构调整和改革上，出清僵尸企业，激发经济内生增长动力和活力。多措并举，需求侧政策和供给侧政策相互配合，共同推动经济稳定可持续发展。

七是在发挥好货币政策作用的同时，要着力构建货币政策和宏观审慎政策双支柱调控框架，把保持货币稳定和金融稳定更好地结合起来。在本书中，我们首先搭建理解经济增长的基本框架，并将货币纳入其中，观察货币与经济增长之间的关系，接着从货币衍生到货币政策，探讨货币政策及其传导机制等有关问题。在发挥好货币政策功能的同时，我们还进一步将视角延伸到宏观审慎政策。货币政策与宏观审慎政策的关系日益紧密。2008年国际金融危机以来，金融稳定在中央银行政策目标中的重要性再次得到强化。随着具有顺周期波动特征的金融市场和金融资产规模显著增大，金融管理政策需要更加关注金融稳定和系统性风险，货币稳定和金融稳定"双目标"的重要性凸显出来。政策目标变化要求相应优化和完善政策工具箱，健全宏观审慎政策框架作为应对系统性风险的新工具，并与货币政策相互配合，形成由货币政策和宏观审慎政策"双支柱"支撑起"双目标"的基本框架，共同维护好货币稳定和金融稳定。在此框架中，货币政策和宏观审慎政策都不可或缺，须相互补充，形成合力，产生"1 加 1 大于 2"

的政策效应增进效果。健全货币政策和宏观审慎政策双支柱调控框架，有利于把经济周期和金融周期更好地结合起来，把维护经济稳定与促进金融稳定更好地结合起来。下一阶段，健全货币政策和宏观审慎政策双支柱调控框架，可研究更加明确、量化的宏观审慎政策目标，完善对金融周期和系统性金融风险的监测评估体系，在具有复杂网络特征和联动关系的现代金融生态环境下，重点加强对不同市场金融杠杆水平的整体评估和监测，强化对系统重要性金融机构和金融控股集团的宏观审慎管理，并将更多金融机构、金融交易、金融市场和资金流动纳入宏观审慎管理，扩大宏观审慎政策的覆盖面。从宏观的、逆周期的和跨市场的视角，设计和丰富宏观审慎管理工具，根据经济金融周期的动态变化，把握好逆周期调节的方向和力度，防范金融体系的顺周期波动和风险的跨市场传染，并做好工具效果的评估。加强对货币政策和宏观审慎政策关系的研究，研究不同货币政策工具和宏观审慎政策工具的交互机制，厘清不同政策工具的作用方向、机理和适用条件，推动发挥两类政策的协同作用，强化政策效应。加强多部门统筹协调，进一步完善宏观审慎管理的组织架构，让宏观审慎政策能够更好地落地实施，加强货币政策和宏观审慎政策效果的综合评估和政策协调，建立和完善货币政策、宏观审慎政策和微观审慎监管相互协调、密切配合的组织架构和体制机制，更好地防范和化解经济金融风险。

专栏 12　货币的故事[①]

故事之一：货币总量和经济结构

在主流的新古典理论中，微观主体是同质和充分竞争的。我们

[①]　该专栏摘自伍戈、李斌在第十七届孙冶方经济科学奖颁奖典礼上的主题演讲（2017年11月16日），后发表于《中国金融》2017（23）。

面对的是一个理想化的匀质环境，因此比较容易在一个总量到总量的逻辑下理解货币问题，进而理解货币政策的定位与作用。不过在现实经济中，尤其是在新兴加转轨的经济环境中，我们面对的往往是具有明显结构性特征的经济环境。这会显著改变货币运行的规律，甚至可能使货币、通货膨胀这样的总量问题也变得结构化。因此，多用多部门模型而不是单部门模型，多用结构化视角而不是简单的总量视角来分析和观察货币问题，就具有重要的方法论价值。这种通过视角和方法变化而取得新的理论发现的例子，在经济学发展过程中是很多的。例如购买力平价（PPP）是汇率决定的最重要理论之一，但实证检验却发现其存在系统性偏差，之后的巴拉萨—萨缪尔森效应通过引入将经济体区分为贸易品部门和非贸易品部门的结构性方法，显著改善了理论解释力，成为对长期汇率决定理论的重要发展与完善。

当经济中存在大量软约束或对利率不够敏感的部门时，结构性问题会使货币运行路径发生变化。例如，由于有政府信用或隐性抵押品支持，金融资源自然容易流向相关领域，并通过相互推动逐步强化，容易推升利率水平，从而对其他经济主体形成挤出。在这样的环境下，宏观总量政策的边际效果是下降的。简单实施货币"放水"反而可能进一步固化经济的结构性扭曲，积累更多矛盾和风险。货币政策不可能根本解决结构性问题，反而可能受到结构问题的掣肘。货币政策的基本着力点应在于保持货币金融环境的基本稳定，从而为结构调整争取时间，为产业升级创造稳定的预期。

故事之二：货币数量和利率价格

对货币问题的理解和分析往往有两套框架：一套基于数量，核心是讨论货币供给与需求问题，关注货币"从哪里来"和"到哪里去"；另一套则基于价格，核心是讨论利率及其传导。在现实的货币政策调控中，我们始终难以绕开以数量为目标还是以价格为目标、运用数量型工具还是价格型工具这些基本问题。对一个货币经济研究者来说，应当尽可能熟悉这两套框架，比较两套框架及其转型问题。

货币政策的数量和价格目标往往难以得兼。从理论上讲，如果选择了盯住利率目标，货币数量的波动性就可能增加；反之，利率的波动性就会较大。在实践操作中，不少经济体在以数量作为货币政策目标时，其市场利率的波动往往也比较大。当其向价格型目标转型后，市场利率波动性往往有较大幅度的下降，这从一个侧面印证了有关理论分析的结论。

从全球各主要新兴市场及转型国家的实践来看，大多数都选择了价格型调控模式。但由于市场经济与金融体系不发达等结构性约束，完全基于价格型的货币政策调控体系又不可能一蹴而就。在反思金融危机教训的过程中，各方普遍认识到金融周期和金融稳定的重要性，仅依靠利率这一个工具也难以在保持币值的同时实现金融稳定。这就使"量"和"价"相互协调以共同实现货币政策调控目标成为可能，同时宏观审慎政策框架也在逐步健全，这是现阶段我国金融调控的重要现实特征。

货币政策调控框架由数量型向价格型逐步转型的过程，实际上也是思维方式、分析框架转变的过程。转向价格型调控至少包含两个层面的含义：其一是政策利率能够在不同市场、不同品种和不同期限的利率间有效传导；其二是新的调控框架要有利于引导和稳定市场预期。正因为如此，价格型调控包含丰富的内涵，其与稳定预期以及强调政策的规则性、透明度等都是紧密联系在一起的。相机抉择的政策框架下，受到负面冲击影响后，预防性需求增加。此后随着中央银行的干预，利率会逐步回归常态，但由于预期不稳定，需要注入更大规模的流动性以维持原有利率水平；而在政策规则下，由于中央银行行的政策承诺，冲击不会轻易改变市场对流动性供给预期的判断，预防性需求变化不大，利率会逐步向目标值逼近。"不战而屈人之兵"，货币政策的有效性很大程度上取决于市场预期是否稳定。

故事之三：货币中性和非中性

在主流经济理论中，货币总量由中央银行供给，短期中会影响经济增长，长期中则只影响和决定价格总水平。长期内往往只讲供给，不讲需求，其背后假定供给创造需求，即所谓的"萨伊定律"；而短期往往只讲需求，不讲供给，产出由总需求决定，这也是凯恩斯理论的核心。上述"两分法"框架十分流行，但实际上并不完全符合更加复杂的现实运行规律。在现实经济中，供给和需求很可能是交互影响的。例如，由货币信贷推动的投资在"投"的过程中是需求，但投资完成后则会形成供给，并可能对供给端和潜在产出水平产生影响。

现实经济并不同于经典理论所假设的由同质经济主体所构成，而是存在差异和结构性的。在这样的结构性环境下，不同主体对货币政策的响应也是不同的，货币政策的改变可能会影响经济中的相对价格，而相对价格的变化自然会导致资源配置的变化，由此货币可能并不是中性那么简单。此外，传统上货币政策被认为是短期的总需求管理工具，强调的是短期和需求因素，同时假定实体经济或者说经济供给端只是被动接受货币政策的影响。而实际上，在货币政策持续发挥作用的同时，供给端本身可能也在调整，市场机制在工作，这可能会使货币政策、实体经济以及金融市场之间呈现出更加复杂的动态关系。

附：对经济增长中比较优势和绝对优势的再观察

在前文阐释国际贸易相关理论时，我们曾提到比较优势与绝对优势的关系，并提出两者之间的关系可能并不像传统理论所言那么简单。本文是对上述观点进一步拓展的分析。我们的写作基于一个有趣而重要的发现：作为研究两国（多国）多产品条件下如何确定比较优势的经典模型，DFS（Dornbusch、Fisher 和 Samuelson，1977）模型所包含的比较优势思想是似是而非的，实际使用的是绝对优势的思想。以此为入手点，本文分析了比较优势理论在运用中面对的"两难困境"，对比较优势与绝对优势之间的关系做了进一步的辨析和探讨。

应当说，比较优势和绝对优势是国际贸易理论的核心和基础概念，尤其是比较优势思想，被看作整个国际贸易理论的逻辑起点和"永恒规律"。围绕对比较优势与绝对优势的关系以及对比较优势思想正确理解的研究，一直贯穿在国际经济学发展的历程中。在托伦斯（R. Torrens，1815）和李嘉图（1817）提出比较优势理论后，绝对优势被看作比较优势的一个特例，人们认为有比较优势时一定有绝对优势，而有绝对优势时却不一定有比较优势，前者包含在后者之中。至此，比较优势思想确立了它在国际贸易理论中的坚实地位。在古典理论中，只有劳动一种生产要素投入，比较优势来源于劳动生产率不同而导致的技术差异；在以 H－O 模型为代表的新古典贸易理论中，单一要素被扩展为多要素投入，要素禀赋成为比较优势的来源；迪克特和斯蒂格利茨（Dixit 和 Stiglitz，1977）以及克鲁格曼（Krugman，

1979）在不完全竞争框架下利用规模经济分析贸易问题的论文发表后，关于绝对优势与比较优势关系的认识又得以拓展，即使两国初始条件完全相同，不具备技术和禀赋优势的差异，但在不同专业上利用规模经济效果同样可以产生绝对优势的差别，规模经济成为比较优势的另一个来源。

在经典的两国两产品李嘉图贸易模型中，成本的比较有两种方法：一是一国之内两种产品的比较；二是同种产品两国之间成本的比较，两种比较方法得到的结果是相同的。梁琦和张二震（2002）认为，比较优势与绝对优势说的不同之处在于，后者只是采取第二种方法的所谓"纵向比较"，前者则是可以两种方法都采用的双向的纵横之比较。而这种双向的纵横之比较就是"相对比较"，是李嘉图比较优势思想的精髓所在。有了相对比较，我们就可以得到这样一个重要推论：一国即便两种产品的生产率都低，但也可以通过国际分工与贸易获得收益。

但是，比较优势与绝对优势的关系似乎并不这么简单。李嘉图的这种相对比较方法是在两国两产品的假设条件下给出的，如何在多种产品条件下使用比较优势的思想，就成为一个十分重要的问题。而且，将模型推广到多国多产品情形本身也是对李嘉图模型一般化的要求，也有利于对李嘉图模型进行严格的比较静态分析（C. Wilson，1980）。DFS 模型是目前研究多种产品情况下的比较优势的代表，在一个连续统商品集条件下对李嘉图的比较优势理论进行了模型化，并被作为标准理论写入国际贸易教科书（如 Krugman 和 Obstfeld，2000；Gandolfo，1994；Appleyard，2001），一些经济学家（如 C. Wilson，1980；Conway、Appleyard 和 Field，1989；Kiminori Matsuyama，2000）还利用 DFS 模型进行了扩展研究。但我们发现，DFS 模型的基本方法与比较优势思想事实上存在矛盾，这一模型包含的比较优势是似是而非的，背离了李嘉图的比较优势思想，实际使用了绝对优势的思想，因此它们之间并没有真实的一脉相承的逻辑关系。本节试图就这一问题进行讨论，并从这一矛盾入手进一步探讨比较优势、绝对优势与 DFS 模型之间的内在关系。本节分为三部分，首先给出对李嘉图意义上的比较优势思想的理解；接着讨论 DFS 模型，并就其使用的方法与比较优势思想进行比较；最后再给出比较优势思想在应用上面对的"两难冲突"，讨论比较优势与绝对优势之间的关系。

一、李嘉图比较优势模型及其扩展

我们的讨论从李嘉图的比较优势思想开始。在现代国际贸易理论中，李嘉图的比较优势理论蕴涵着如下假设：（1）劳动是唯一生产要素；（2）每个劳动完全相同，彼此没有差别；（3）各国劳动力总量固定不变；（4）生产要素在国内不同产业之间可以自由流动，但是国家之间不能流动；（5）相对劳动量是决定产品相对价值的唯一因素；（6）给定两国不同的外生技术水平，这是两国劳动生产率不同的唯一原因；（7）要素投入的规模报酬不变；（8）完全就业；（9）国际和国内市场完全竞争，没有交易成本和运输费用。

典型的李嘉图模型是两国两商品实物交易模型，模型包括 A、B 两个国家，1、2 两种产品，我们用 a_{Xi} 表示 X 国生产产品 i 需要的劳动力，L_X 表示 X 国的资本总量，P_i 表示国际贸易中产品 i 的价格，w_X 表示 X 国的工资率，即劳动价格。

那么 A 国生产并且出口产品 1 的条件应该是：

$$\frac{L_A}{a_{A1}} \cdot \frac{P_1}{P_2} > \frac{L_A}{a_{A2}}$$

上式左边表示出口产品 1 能够换回产品 2 的数量，右边表示直接生产产品 2 的产量。整理可以得到：

$$a_{A2}P_1 > a_{A1}P_2 \tag{1}$$

同样，B 国出口产品 2 的条件是：

$$a_{B2}P_1 < a_{B1}P_2 \tag{2}$$

用式（1）除以式（2），得到：

$$\frac{a_{A1}}{a_{B1}} < \frac{a_{A2}}{a_{B2}} \tag{3}$$

这个式子正是确定比较优势基本方法。容易看到，此式等价于 $\frac{a_{A1}}{a_{A2}} <$
$\frac{a_{B1}}{a_{B2}}$，两种比较方法都可以确定比较优势，这也是前面所说的"纵横之
比较"。

前面使用劳动投入来衡量产品成本，但现实世界中显然不能忽略
货币因素，因此我们再引入 w_X，w_X 表示 X 国的劳动价格；$b_{Xi} =$
$a_{Xi}w_X$，是货币衡量的产品成本。相应地，式（3）可写成如下形式：

$$\frac{b_{A1}}{b_{B1}} < \frac{b_{A2}}{b_{B2}} \tag{4}$$

我们还可以从另一个角度观察比较优势，A 国的生产要素可以有
两种不同途径获得收益：

（1）生产产品 1，得到的收益是 $\frac{L_A}{a_{A1}} \cdot P_1$

（2）生产产品 2，得到的收益是 $\frac{L_A}{a_{A2}} \cdot P_2$

那么当产品 1 的收益比较大时，A 国就会生产并出口产品 1，这个
条件表述为：

$$\frac{L_A}{a_{A1}}P_1 > \frac{L_A}{a_{A2}} \cdot P_2 \tag{5}$$

整理可以得到：

$$\frac{P_1}{a_{A1}} > \frac{P_2}{a_{A2}} \tag{6}$$

这个式子的经济含义很明显，就是生产要素的边际收益 $\frac{P_i}{a_{Ai}}$ 决定了
A 国将生产哪种产品。我们也可以将工资率 w 考虑进来，这样 A 国生

产产品 i 的收益为 $\dfrac{L_A w_A}{a_{Ai} w_A} \cdot P_1$，很容易看出，工资率的加入并不影响上面的结论，因此一个国家的工资率水平不会影响它生产哪种产品，也不会改变贸易模式。

可见，两个国家如果劳动生产率之比不相等，贸易就可以发生，而不需要两个国家具有各自的绝对优势，这正是李嘉图比较优势的结论。李嘉图比较优势原理是在若干限制性假设条件下，生产者追求利益最大化的自然选择结果。依循这一思路，可以将比较优势原理从 2×2 扩展到两个国家多种产品的 $2 \times n$ 模型。

对于 A 国，我们把 n 种产品按照其边际收益 $\dfrac{P_i}{a_{Ai}}$ 从高到低排列起来，得到如下序列：

$$\frac{P_1}{a_{A1}} > \frac{P_2}{a_{A2}} > \frac{P_3}{a_{A3}} > \cdots > \frac{P_n}{a_{An}}$$

值得注意的是，如果不加其他限制条件，按照利益最大化的原则，A 国将生产并且也只生产产品 1。因为如果它生产了产品 2 或者更右端的产品，就损失了生产产品 1 能够带来的更高收益。同样，对于 B 国我们也可以得到一个类似的序列，B 国也只会生产位于其序列最左端的一种产品。然后 A、B 两国将会就这两种产品进行贸易，而剩下的所有产品将不会被生产。可见，即使是在 $2 \times n$ 的模型中，我们可能得到的结论之一仍然是只生产两种产品，换句话说，按照前面古典贸易理论基本假设建立起来的模型，在某种意义上并不存在 $2 \times n$ 的情况。这是因为古典贸易理论假设劳动投入的边际生产力不变，而不是边际生产力递减，不存在新古典经济理论中多种产品之间边际替代率递减和产品生产的机会成本递增的情况。在新古典经济理论中，一种产品生产数量越多，其机会成本就越高，因此一国一般不会选择只生产一种产品的模式，而会同时生产多种产品；但在古典的李嘉图模型中，产品生产的机会成本是不变的，一个国家并不具有必须同时生产多种产品的约束条件。进一步地，如果某种产品的边际收益大于其他产品，那么这个国家当然会选择专业化生产并出口这种产品的贸易模式。对于某个产品要么根本不生产，要么投入所有要素进行生产，这样的结论应当是合理的。

但是，如果改变前面提到的假设4，允许生产要素在国际间自由流动，结论就会有所改变。我们从考察 A 国情况入手。在不存在生产要素的国际流动时，A 国资本拥有两种选择，生产产品 1 或者产品 2。

项目	生产产品 1	生产产品 2
生产要素的边际收益	$\dfrac{P_1}{a_{A1}}$	$\dfrac{P_2}{a_{A2}}$

我们是基于这两种收益的比较得到式（6），并且证明一国的工资率水平不会影响其贸易模式。因为如果 A 国生产要素只能在国内使用，那么工资率的升降将会同比例影响所有产品的收益，因此不会改变贸易模式。而如果生产要素可以自由流动，A 国的生产要素就有了更多选择，可以选择在 B 国进行生产。生产要素在不同使用投向上的收益如下：

项目	生产产品 1	生产产品 2	在 B 国生产产品 1	在 B 国生产产品 2
生产要素的边际收益	$\dfrac{P_1}{a_{A1}}$	$\dfrac{P_2}{a_{A2}}$	$\dfrac{P_1}{a_{B1}}$	$\dfrac{P_2}{a_{B2}}$

A 国的生产主体需要对上述四种收益进行比较，从而作出最优选择。对产品 1 来说，它由 A 国还是 B 国生产取决于 $\dfrac{P_1}{a_{A1}}$ 和 $\dfrac{P_1}{\alpha_{B1}}$ 的比较，也就是 a_{A1} 和 α_{B1} 的比较。很明显，这是两国生产同一种商品的绝对成本的比较。

现在我们可以论及比较优势和绝对优势的差别所在。式（3）或者式（6）表示的是李嘉图提出的比较优势，其条件是生产要素完全没有国际流动。而如果允许要素流动之后，贸易模式的确定则取决于一种产品在两个国家绝对成本的大小，即绝对优势。在生产者追求利益最大化的前提下，对同一个模型加上不同的限制条件，可以分别得到比较优势和绝对优势两种判据。关于这一点的具体含义将在后文进一步讨论。

二、对 DFS 模型的讨论

现有对李嘉图模型的种种扩展中，比较完整的 $2 \times n$ 模型是由 Dornbusch、Fischer 和 Samuelson 三人建立的，并且成为现代大多数国际贸易教科书中的范例。该模型的中心思想在于：通过比较各种产品的相对劳动生产率和相对工资水平确定产品的比较优势，从而确定贸易模式。例如，对于产品 i，A、B 两国的生产成本分别表示为 $a_{Ai}w_A$ 和 $a_{Bi}w_B$。如果 $a_{Ai}w_A < a_{Bi}w_B$，那么产品 i 在 A 国生产的成本更低，应该由 A 国生产并出口，也就是说 A 国具有比较优势。如果相反，那就应该由 B 国生产。具体来说，如果有 n 种产品，我们可以将每种产品在两个国家的劳动生产率之比从低到高排列：

$$\frac{a_{A1}}{a_{B1}} < \frac{a_{A2}}{a_{B2}} < \frac{a_{A3}}{a_{B3}} < \cdots < \frac{a_{An}}{a_{Bn}} \tag{7}$$

用 $w = \frac{w_B}{w_A}$ 表示两国的单位货币工资率之比，将 w 插入上式，得到：

$$\frac{a_{A1}}{a_{B1}} < \cdots \frac{a_{Ai}}{a_{Bi}} < w < \frac{a_{Ai+1}}{a_{Bi+1}} < \cdots < \frac{a_{An}}{a_{Bn}} \tag{8}$$

则左边的 i 种产品中 A 国具有比较优势，应该 A 国生产并且出口；相应地，右边的全部产品则由 B 国生产。也就是说，DFS 模型的分析基础是直接比较 $a_{Ai}w_A$ 和 $\alpha_{Bi}w_B$ 的大小。

这个模型中工资率具有重要的意义。相对工资率可以确定一国的比较优势和各国的比较优势，"只要知道这一比值，我们就能确定哪个国家生产哪种商品"（Krugman，2000）。同时，相对工资率的变化可以改变一国的比较优势。假定相对劳动生产率不变，相对工资率变化可以使一国的比较优势发生变化。随着 A 国工资率上升，w 将会减小，A 国能够生产的产品数量将减少，A 国会失去某些产品生产上的比较优势。如果工资率变动太大，一个国家就有可能完全失去比较优势，或者是失去进口产品的愿望；进一步看，如果将工资率视为内生变量，由作为外生变量的劳动生产率来决定，劳动生产率提高则工资率也相应提高，那么比较优势的变化将取决于 α 和 w 两者的变化。如果一国劳动生产率上升，其单位产品劳动投入 α 将下降，但工资率 w 将上升，两者最终决定 αw 的变化。可以看出，在使用 DFS 模型确定比较优势时，工资率是不可缺少的因素。

DFS 模型直接比较 $a_{Ai} w_A$ 和 $\alpha_{Bi} w_B$，以此判断一种产品在哪国生产。如果 $a_{Ai} w_A < a_{Bi} w_B$，那么产品 i 在 A 国生产的成本更低，应该由 A 国生产并出口，也就是说 A 国具有比较优势。但是，李嘉图模型是这样确定一国的比较优势的：$\dfrac{b_{A1}}{b_{B1}} < \dfrac{b_{A2}}{b_{B2}}$。仔细观察两式可以发现，DFS 模型当中比较的实际上是两国的绝对成本，而不是相对成本！

如果把 DFS 模型做简单变化，就更容易发现问题所在。将式（8）所有项都乘以 $\dfrac{1}{w}$，可以得到下列不等式组：

$$\frac{b_{A1}}{b_{B1}} < \cdots < \frac{b_{Ai}}{b_{Bi}} < 1 < \frac{b_{Ai+1}}{b_{Bi+1}} < \cdots < \frac{b_{An}}{b_{Bn}} \tag{9}$$

当 $n = 2$ 时，不等式组简化为：

$$\frac{b_{A1}}{b_{B1}} < 1 < \frac{b_{A2}}{b_{B2}} \tag{10}$$

$n = 2$ 是经典的两产品李嘉图模型的情况。但是在李嘉图模型中，我们只需要满足条件 $\dfrac{b_{A1}}{b_{B1}} < \dfrac{b_{A2}}{b_{B2}}$ 就可以进行贸易。不等式（10）中插入了一

个 1，意味着产品 1 在 A 国的绝对成本要低于 B 国，而产品 2 的成本在 A 国要高于 B 国，即两个国家各自要有绝对的成本优势，才能够专业化生产并且进行贸易，很明显这就是斯密提出的绝对优势理论。也就是说，我们不能从多产品 DFS 模型倒推回经典的两种产品李嘉图模型。这种 $2 \times n$ 和多国多商品的 DFS 模型虽然一直以来都被称为"比较优势"模型的扩展，但它只是在形式上使用了 $\dfrac{a_{Ai}}{a_{Bi}}$ 这样的成本之比，实际上还是绝对成本的概念。

而且，正如本文前一部分所论述的，直接比较 $a_{Ai}w_A$ 和 $\alpha_{Bi}w_B$ 的适用条件是生产要素可以在两个国家之间自由流动，因此即使这个判据能够成立，DFS 模型所使用的已经不是李嘉图意义上的比较优势了。进一步看，依据前文的推理，如果列出一个国家生产不同产品的收益，然后作出最优选择的话，在古典假设下，对生产者来说最优产品只会有一种，即所有产品当中边际收益 $\dfrac{P_i}{a_{Xi}}$ 值是最高的那种产品。生产者如果在生产这种产品的同时还生产别的任何一种产品，其损失的收益——也是隐含的机会成本实际上已经使其收益为负。所以即使假设要素存在国际流动，DFS 模型的推理基础——通过判断 $a_{Ai}w_A$ 和 $\alpha_{Bi}w_B$ 从而判断该由哪个国家生产产品 i——仍然不能适用于 n 个国家的情况。在古典经济学的假设下，DFS 模型是难以成立的。

三、两难困境与进一步的讨论

在多种产品条件下如何确定比较优势一直是国际经济学中的一个难题。杨小凯等（2001）就认为，只要多于两种产品就很容易找到比较利益说不成立的例子。一个例子来自迪克特与诺曼（Dixit 和 Norman，1980），这是一个两国三种产品模型，他们通过假设一国初始的产品禀赋可以变化从而找到一个参数空间，在这个参数范围内，一国可能出口其相对价格高的产品。

　　但是，即使不在产品禀赋上做文章，我们同样很难在多产品条件下确定一国的比较优势，例如，假定 A、B 两国分别生产 1、2、3 三种产品，两国的劳动投入分别是 80、120、140 和 90、130、141，A 国在三种产品上都有绝对优势。因为 80/120 < 90/130，A 国在产品 1 上相对产品 2 有比较优势，A 国和 B 国应分别生产产品 1 和产品 2；但由于 120/140 < 130/141，A 国在产品 2 上较产品 3 又有比较优势，A、B 两国又应分别生产产品 2 和产品 3，这样产品 2 究竟应由哪一国生产便无法确定。如采用 Dixit 和 Norman（1980）的方法，将后两种商品都分别同第一种商品相比较，类似上面情况的例子同样很容易找到。

　　如果此时我们采用 DFS 模型的方法确定"比较优势"，将两国的不同工资率加入，实际上就如上文分析的那样，用到的又只是绝对优势的比较。梁琦等（2002）认为：在多种商品贸易中，如果一种商品的优势是对于其他所有商品而言的，那这种商品的优势就不是相对比较而言的，就是绝对优势。这种观点是有道理的。但他们又认为，"在多种商品贸易中，寻找这种具有绝对优势的商品是何其之难？相反，和其他一种或几种商品比较（而不是和所有商品比较）才是相对比较，具有相对比较优势的商品，才是李嘉图比较利益说中定义的具有比较优势的商品。"但实际上，我们从分析中可以看到，在多种产品中进行绝对成本的比较是容易的，进行相对比较是很难的，这时所谓"纵横比较"的方法也无法再用。梁琦等（2002）也并未能给出多种产品如何相对比较的例子。

　　理论是对现实世界的解释。我们可以在理论上用比较优势解释贸易现象，但在从事贸易实务的真实世界中呢？一个有趣的问题是：在比较优势思想提出之前和不了解这一理论时，人们是如何知道利用分工和交易的好处来进行穷国与富国之间贸易的呢？他们当然不会用比较优势的思想，而只能用商品在不同国家绝对成本的比较。现代国际贸易理论是这样解释的：即便 A 国在所有商品的劳动生产率上较 B 国都有绝对优势，但因为 B 国生产率普遍低，其工资率水平也会比较低，考虑到工资因素后，就有可能出现 B 国工资率低到足以使其在某种或某些产品的生产成本上比 A 国还要低的情况，从而出口这种（些）产品（如 Krugman，2000；Feenstra，2002）。这正是 DFS 模型的基本思想，其优点是可以说明多种产品条件下贸易模式的决定，但问题在于，这种确定贸易模式的方法用到的实质是绝对优势比较。在真实世界中，不可能在掌握了比较优势的思想后才开始进行贸易，人们比较的只能是加入了工资率等各种影响因素后商品总成本在不同国家之间的差异。

进一步地，如果我们扩大李嘉图模型中成本的含义，把李嘉图比较优势模型中使用的各国产品生产率即技术差别扩大到加入工资和货币等因素的总成本的差别，这也包括 H－O 模型的情况，比较优势方法的问题同样还是难以解决：在两种产品条件下比较优势思想仍然适用，在多种产品条件下，如上文所述，比较优势和贸易模式便难以确定，而此时我们再不能用加入工资率的方法。

可见，李嘉图比较优势定理在运用中面对着两难困境，它可能并不像过去认为的那样具有一般性。比较优势定理给我们最大的启示是：生产率和技术水平高低并不是一国能否参与国际贸易的决定因素。这一点也被 MacDougall（1951）、Stern（1962）、Balassa（1963）和 Golub（1996）等人的实证研究所证实，例如利用第二次世界大战后初期数据的经验研究发现，英国几乎所有部门的劳动生产率都低于美国，但英国当时的总出口几乎与美国一样大。但在此之外，在多种产品模型中，比较优势的思想很难得到具体运用，而绝对优势概念相比则更具一般性，比较优势与绝对优势也不再是简单的包含与被包含的关系。

最后，李嘉图比较优势模型似乎还存在另一处内在矛盾。李嘉图在其著作中提到了一种情况，后来在 Dornbusch、Fisher 和 Samuelson（1977）的论文中被明确称为价格货币流动机制（Price-specie Flow Mechanism）。这个机制是指当 A 国的工资率过低，相应的生产成本也很低，没有进口任何产品的愿望时，将会出现一段时间的净出口。这期间 A 国将会出口全部产品，而不进口任何产品，相应地，B 国将会从 A 国购买全部产品而不是自己生产。但是这个过程中 B 国的资本将会作为购买时的支付流入 A 国，于是 A 国资本增加，工资率上升；B 国资本减少，工资率下降。于是 A 国竞争力削弱，出口减少，B 国竞争力增强，出口增加。这个过程将会一直持续到贸易在两国之间平衡为止，此时一定有 $\frac{a_{A1}}{a_{B1}} < w < \frac{a_{An}}{a_{Bn}}$。这个机制保证了每个国家至少出口一种产品。仔细考察这个机制可以发现，由于 B 国资本直接购买了 A 国的产品，实际效果相当于投资到 A 国进行生产，相当于资本的国际流动了。换句话说，只要允许使用货币的国际贸易存在，就不能避免资本的流动，也就是生产要素的流动。因此，我们甚至很难确信，在假设严格成立条件下得到的模型就是李嘉图想要得到的结果，因为他自己提出的这种机制已经违背了生产要素不可流动的假定。

参考文献

［1］Acharya V. V., Eisert T., Eufinger C. and Hirsch C. W. Whatever It Takes: the Real Effects of Unconventional Monetary Policy ［R］. CEPR Discussion Papers, No. 12005, 2016.

［2］Aizenman J., and Marion N. Using Inflation to Erode the US Public Debt ［J］. Journal of Macroeconomics, 2011 (33).

［3］Alchian, A. A., and B. Klein. On a Correct Measure of Inflation ［J］. Journal of Money, Credit and Banking, 1973 (5).

［4］Amitava Krishna Dutt. Aggregate Demand, Aggregate Supply and Economic Growth ［J］. International Review of Applied Economics, Vol. 20, No. 3, 2006 (7).

［5］Andrews D., Gal P., and Witheridge W. A Genie in a Bottle?: Globalisation, Competition and Inflation ［R］. OECD Economics Department Working Papers, No. 1462, 2018.

［6］Angelini, P., Neri, S., and Panetta, F. Monetary and Macroprudential Policies ［R］. Bank of Italy Temi di Discussione Working Paper, No. 801, 2011.

［7］Apergis, N. Monetary Policy and Macroprudential Policy: New Evidence from a World Panel of Countries ［J］. Oxford Bulletin of Economics and Statistics, 2017 (79).

［8］Appleyard, D., and Field, A. International Economics ［M］. McGraw-Hill Companies, Inc, 2001.

［9］ Balassa, B. An Empirical Demonstration of Classical Comparative Cost theory ［J］. Review of Economics and Statistics , 1963（45）.

［10］ Ball L. , and Mazumder S. A Phillips Curve with Anchored Expectations and Short-Term Unemployment ［J］. Journal of Money, Credit and Banking, 2019（51）.

［11］ Banerjee R. , and Hofman B. The Rise of Zombie Firms: Causes and Consequences ［J］. BIS Quarterly Review, September 2018.

［12］ Barro R J. On the Determination of the Public Debt ［J］. Journal of Political Economy, 1979（87）.

［13］ Barro R J. Economic Growth in East Asia before and after the Financial Crisis ［J］. National Bureau of Economic Research, 2001.

［14］ Bernanke B. S. Why Are Interest Rates So Low ［R］. Brookings, 2015/03/30.

［15］ Bils Mark, and Peter Klenow. Some Evidence on the Importance of Sticky Prices ［J］. Journal of Political Economy, 2004（112）.

［16］ Blanchard, O. Bubbles, Liquidity Traps and Monetary Policy. Comments on Jinushi et al and on Bernanke ［C］ // in: Japan's Financial Crisis and Its Parallels to the US Experience, Ryoichi Mikitani and Adam Posen（eds. ）, Institute for International Economics Special Report 13, Washington: Peterson Institute for International Economics, 2000.

［17］ Blanchard, O. , Dell'Ariccia, G. , and Mauro, P. Rethinking Macroeconomic Policy ［J］. Journal of Money, Credit and Banking, 2010（42）.

［18］ Blanchard, O. , Dell'Ariccia, G. , and Mauro, P. Rethinking Macro Policy Ⅱ: Getting Granular ［R］. International Monetary Fund, 2013.

［19］ Bobeica E. , Lis E. , Nickel C. , and Sun Y. Demographics and

420

Inflation [R]. ECB Working Paper No. 2006, 2017.

[20] Borio, C., and W. White. Whither Monetary and Financial Stability? The Implications of Evolving Policy Regimes [R]. BIS Working Papers, 2004.

[21] Caruana, J. Debt Trouble Comes in Threes [R]. BIS Speech, 2014.

[22] Caruana, J. Revisiting Monetary Policy Frameworks in the Light of Macroprudential Policy [R]. BIS Speech, 2015.

[23] Carvalho C., Ferrero A., and Nechio F. Demographics and Real Interest Rates [J]. European Economic Review, 2016 (88).

[24] Cavallo A. More Amazon Effects: Online Competition and Pricing Behaviors [R]. NBER Working Paper No. 25138, 2018.

[25] Cecchetti S., Mohanty M., and Zampolli F. The Real Effects of Debt [R]. BIS Working Paper No. 352, 2011.

[26] Cecchetti S. G., Kharroubi E. Reassessing the Impact of Finance on Growth [R]. BIS Working Papers, 2012.

[27] Chadwick, M. G. Effectiveness of Monetary and Macroprudential Shocks on Consumer Credit Growth and Volatility in Turkey [J]. Central Bank Review, 2018 (18).

[28] Checherita-Westphal C., Rother P. The Impact of High Government Debt on Economic Growth and Its Channels: An Empirical Investigation for the Euro Area [J]. European Economic Review, 2012 (56).

[29] Chen, N., Imbs, J., and A. Scott. The Dynamics of Trade and Competition [J]. Journal of International Economics, 2009 (77).

[30] Chipman, J. S. A Survey of International Trade: Part I: The Classical Theory [J]. Econometrica, 1965 (33).

［31］Chow, G. , and Li, K. China's Economic Growth: 1952—2010 ［J］. Economic Development and Cultural Change, 2002.

［32］Chudik A. , Mohaddes K. , Pesaran M H. , et al. Is There a Debt-threshold Effect on Output Growth? ［J］. Review of Economics and Statistics, 2017（99）.

［33］Cochrane J H. Inflation and Debt ［J］. National Affairs, 2011（9）.

［34］Constâncio, V. Principles of Macroprudential Policy ［R］. ECB-IMF Conference on Macroprudential Policy, Speech, 2016.

［35］Conway, P. , Appleyard, D. , and Field, A. Trade Agreements vs. Unilateral Tariff Reductions Evidence from Modeling with a Continuum of Goods ［J］. International Economic Review, 1989（30）.

［36］Dalio R. Principles For Navigating Big Debt Crises ［R］. New York: Bridgewater, 2018.

［37］David Romer. Advanced Macroeconomics ［J］. The McGraw-Hill Companies, Inc, 2001.

［38］Dedola, L. , and Lippi, F. The Monetary Transmission Mechanism: Evidence from the Industries of Five OECD Countries ［J］. European Economic Review, 2005（49）.

［39］Dembiermont C. , Drehmann M. , Muksakunratana S. How Much does the Private Sector Really Borrow? A New Database for Total Credit to the Private Non-financial Sector ［J］. BIS Quarterly Review, March, 2013.

［40］Dixit, A. , and Norman, V. Theory of International Trade ［M］. Cambridge: Cambridge University Press, 1980.

［41］Dornbusch, R. , Fischer, S. , and Samuelson, P. Comparative Advantage, Trade, and Payments in a Ricardian Model with a Continuum of Goods ［J］. American Economic Review, 1977（67）.

[42] Dornbusch, R., Fischer, S., and Samuelson, P. Heckscher Ohlin Trade Theory with a Continuum of Goods [J]. Quarterly Journal of Economics, 1980 (95).

[43] Dotsey M. Some Unpleasant Supply Side Arithmetic [J]. Journal of Monetary Economics, 1994 (33).

[44] Dreger C., Reimers H E. Does Euro Area Membership Affect the Relation Between GDP Growth and Public Debt? [J]. Journal of Macroeconomics, 2013 (38).

[45] Drehmann M., Borio C., Gambacorta L., et al. Countercyclical Capital Buffers: Exploring Options [R]. Bank for International Settlements, 2010.

[46] Drehmann M, Juselius M. Evaluating Early Warning Indicators of Banking Crises: Satisfying Policy Requirements [J]. International Journal of Forecasting, 2014 (30).

[47] Eberhardt M., Presbitero A F. Public Debt and Growth: Heterogeneity and Non-linearity [J]. Journal of International Economics, 2015 (97).

[48] Elekdag S., Wu M Y. Rapid Credit Growth: Boon or Boom-bust? [R]. International Monetary Fund, 2011.

[49] Elmendorf D W., Mankiw N G. Government Debt [J]. Handbook of Macroeconomics, 1999 (1).

[50] Eusepi S., and Preston B. Fiscal Foundations of Inflation: Imperfect Knowledge [R]. Federal Reserve Bank of New York Staff Reports No. 649, 2013.

[51] Farès, J., and Srour, G. The Monetary Transmission Mechanism at the Sectoral Level [R]. Bank of Canada, 2001.

[52] Feenstra, R. Advanced International Trade: Theory and

Evidence [R]. University of California, Davis. 2002.

[53] Feyžioglu, T. N., Porter, N., and Takáts, E. Interest Rate Liberalization in China [R]. International Monetary Fund, No. 2009 – 2171, 2009.

[54] Fisher I. The Debt-Deflation Theory of Great Depressions [J]. Econometrica, 1933 (1).

[55] Friedman, M. The Role of Monetary Policy [J]. American Economic Review, 1968 (58).

[56] Freixas, X., and Rochet, J. Microeconomics of Banking [M]. Cambridge, MA: MIT Press, 2008.

[57] Gale W G., Orszag P R. Economic Effects of Sustained Budget Deficits [J]. National Tax Journal, 2003.

[58] Galí, Jordi. Monetary Policy, Inflation, and the Business Cycle: An Introduction to the New Keynesian Framework [M]. Princeton, N J: Princeton University Press, 2008.

[59] Gambacorta L., Hofmann B., and Peersman G. The Effectiveness of Unconventional Monetary Policy at the Zero Lower Bound: A Cross-Country Analysis [J]. Journal of Money, Credit and Banking, 2014 (46).

[60] Gambacorta, L., and A. M. Pabón. The Impact of Macroprudential Policies and Their Interaction with Monetary Policy: an Empirical Analysis Using Credit Registry Data [R]. BIS Working Paper, No. 636, 2017.

[61] Goldstein M., Turner P. Controlling Currency Mismatches in Emerging Markets [M]. Columbia University Press, 2004.

[62] Gómez-Puig M., Sosvilla-Rivero S. Nonfinancial Debt and Economic Growth in Euro-area Countries [J]. Journal of International Financial Markets, Institutions and Money, 2018 (56).

[63] Goodhart, C. A. Price Stability and Financial Fragility [M] //

in：The Central Bank and the Financial System. Cambridge：MIT Press，1995.

［64］Grauwe，P. D.，and D. A. Gros. A New Two-Pillar Strategy for the ECB ［R］. CEPS Policy Brief No. 191，2009.

［65］He，D.，and Wang，H. Dual-track Interest Rates and the Conduct of Monetary Policy in China ［J］. China Economic Review，2012（23）.

［66］Holston K.，Laubach T.，and Williams J. Measuring the Natural Rate of Interest：International Trends and Determinants ［J］. Journal of International Economics，2017（108）.

［67］IMF. The Interaction of Monetary and Macroprudential Policies ［R］. Policy Papers，2013.

［68］Inter-American Development Bank. Living with Debt：How to Limit the Risks of Sovereign Finance ［M］. Harvard University Press，2006.

［69］International Monetary Fund. Global Financial Stability Report October 2017：Is Growth at Risk? ［R］. Octorber 2017.

［70］Jainte Ros. Development Theory and the Economics of Growth ［M］. The University of Michigan Press，2000.

［71］Jordà Ò，Schularick M.，Taylor A M. Financial Crises，Credit Booms，and External Imbalances：140 Years of Lessons ［J］. IMF Economic Review，2011（59）.

［72］Kaminsky G L.，Reinhart C M. The Twin Crises：the Causes of Banking and Balance-of-payments Problems ［J］. American Economic Review，1999（89）.

［73］Karabarbounis Loukas，and Brent Neiman. The Global Decline of the Labor Share ［J］. The Quarterly Journal of Economics，2014（129）.

［74］Kashyap Anil K. Sticky Prices：New Evidence from Retail

Catalogs [J]. The Quarterly Journal of Economics, 1995 (110).

[75] Kim, S., and A. Mehrotra. Effects of Monetary and Macroprudential Policies—Evidence from Four Inflation Targeting Economies [J]. Journal of Money, Credit and Banking, 2018 (50).

[76] Kiminori Matsuyama. A Ricardian Model with a Continuum of Goods under Nonhomothetic References Demand Complementarities, Income Distribution, and North-South Trade [J]. Journal of Political Economy, 2000 (108).

[77] Koo R. C. The Holy Grail of Macroeconomics: Lessons from Japan's Great Recession [M]. Singapore: John Wiley and Sons (Asia), 2008.

[78] Korinek A. Foreign Currency Debt, Risk Premia and Macroeconomic Volatility [J]. European Economic Review, 2011 (55).

[79] Krishnamurthy A., and Vissing-Jorgensen A. The Effects of Quantitative Easing on Interest Rates: Channels and Implications for Policy [R]. Brookings Papers on Economic Activity, 2011 (2).

[80] Krishnamurthy A., Muir T. How Credit Cycles Across a Financial Crisis [R]. National Bureau of Economic Research, 2017.

[81] Krueger Alan B. Measuring Labor's Share [J]. The American Economic Review, 1999 (89).

[82] Krugman P. Balance Sheets, the Transfer Problem, and Financial Crises [M] //International Finance and Financial Crises. Springer, Dordrecht, 1999.

[83] Kumar M S., Baldacci M E. Fiscal Deficits, Public Debt, and Sovereign Bond Yields [R]. International Monetary Fund, 2010.

[84] Kumar M., Woo J. Public Debt and Growth [R]. IMF Working Papers, 2010.

［85］Kumhof M. , Rancière R, Winant P. Inequality, Leverage, and Crises ［J］. American Economic Review, 2015 (105).

［86］Kydland, F. E. , and E. C. Prescott. Rules Rather Than Discretion: The Inconsistency of Optimal Plans ［J］. Journal of Political Economy, 1977 (85).

［87］Laeven M L. , Valencia M F. Systemic Banking Crises Revisited ［R］. International Monetary Fund, 2018.

［88］Leeper E. M. , and Leith C. Understanding Inflation as a Joint Monetary-Fiscal Phenomenon ［R］. NBER Working Paper No. 21867, 2016.

［89］Leith Campbell, and Jim Malley. A Sectoral Analysis of Price-Setting Behavior in U. S. Manufacturing Industries ［J］. The Review of Economics and Statistics, 2007 (89).

［90］Liu Y. , and Westelius N. The Impact of Demographics on Productivity and Inflation in Japan ［R］. IMF Working Paper, WP/16/237, 2016.

［91］Martinez-Miera, D. , and R. Repullo. Monetary Policy, Macroprudential Policy, and Financial Stability ［J］. Annual Review of Economics, 2019 (11).

［92］Matheron, J. , and P. Antipa. Interactions Between Monetary and Macroprudential Policies ［J］. Financial Stability Review, 2014 (18).

［93］Medina, J. P. , and J. Roldós. Monetary and Macroprudential Policies to Manage Capital Flows ［R］. IMF Working Paper No. 14/30, 2014.

［94］Mencinger J. , Aristovnik A. , Verbic M. The Impact of Growing Public Debt on Economic Growth in the European Union ［J］. Amfiteatru Economic Journal, 2014 (16).

［95］McCandless, George T. The ABCs of RBCs: An Introduction to Dynamic Macroeconomic Models ［M］. Cambridge: Harvard University Press, 2008.

［96］Mcgowan M. A., Andrews D., and Millot V. The Walking Dead?: Zombie Firms and Productivity Performance in OECD Countries ［J］. Economic Policy, 2018 （33）.

［97］Mihov, I. Monetary Policy Implementation and Transmission in the European Monetary Union ［J］. Economic Policy, 2001 （16）.

［98］Negro M. D., Giannone D., Giannoni M. P., and Tambalotti A. Global Trends in Interest Rates ［R］. NBER Working Paper No. 25039, 2018.

［99］Nguyen T Q., Clements M B J., Bhattacharya M R. External Debt, Public Investment, and Growth in Low-income Countries ［R］. International Monetary Fund, 2003.

［100］Nier, E., and H. Kang. Monetary and Macroprudential Policies: Exploring Interactions ［R］. BIS Papers, No. 86, 2016.

［101］Panizza U., Presbitero A F. Public Debt and Economic Growth in Advanced Economies: A Survey ［J］. Swiss Journal of Economics and Statistics, 2013 （149）.

［102］Panizza U., Presbitero A F. Public Debt and Economic Growth: Is There a Causal Effect? ［J］. Journal of Macroeconomics, 2014 （41）.

［103］Pattillo C A., Poirson H., Ricci L A. External Debt and Growth ［R］. International Monetary Fund, 2002.

［104］Peersman, G., and Smets, F. The Industry Effects of Monetary Policy in the Euro Area ［J］. The Economic Journal, 2005 （115）.

［105］Phelps, E. S. Phillips Curves, Expectations of Inflation and Optimal Employment over Time ［J］. Economica, 1967 （34）.

［106］ Philips, A. W. The Relation Between Unemployment and the Rate of Change of Money Wage Rates in the United Kingdom 1861—1957 ［J］. Economica, 1958 (25).

［107］ Plosser, C. I. Two Pillars of Central Banking: Monetary Policy and Financial Stability. Opening Remarks to the Pennsylvania Association of Community Bankers 130th Annual Convention, Speech, 2007.

［108］ Poirson M H. , Ricci M L A. , Pattillo M C A. What Are the Channels Through Which External Debt Affects Growth? ［R］. International Monetary Fund, 2004.

［109］ Porter, N. J. , and Xu, T. What Drives China's Interbank Market? ［R］. International Monetary Fund, 2009.

［110］ Porter, N. J. , and Xu, T. Money Market Rates and Retail Interest Regulation in China: The Disconnect Between Interbank and Retail Credit Conditions ［R］. Bank of Canada Working Paper, No. 2013 - 20, 2013.

［111］ Powell J. H. Business Debt and Our Dynamic Financial System, Speech at "Mapping the Financial Frontier: What Does the Next Decade Hold?" 24th Annual Financial Markets Conference. May, 2019.

［112］ Powell J. H. Opening Remarks at "Conference on Monetary Policy Strategy, Tools, and Communications Practices". June 2019

［113］ Quint, D. , and Rabanal, P. Monetary and Macroprudential Policy in an Estimated DSGE Model of the Euro Area ［R］. IMF Working Paper 13 (209), 2013.

［114］ Rancière R. , Tornell A. , Westermann F. Financial Liberalization ［M］ // The New Palgrave Dictionary of Economics: Volume 1 - 8, 2008.

［115］ Rancière R. , Tornell A. Financial Liberalization, Debt Mismatch, Allocative Efficiency, and Growth ［J］. American Economic

Journal：Macroeconomics，2016（8）.

［116］R. Banerjee and B. Hofmann. The Rise of Zombie Firms： Causes and Consequences ［R］. BIS Quarterly Review, September 2018.

［117］Reinhart C. M. , and Rogoff K. S. Growth in a Time of Debt ［J］. The American Economic Review, 2010（100）.

［118］Reinhart C M. , Rogoff K S. Debt and Growth Revisited ［R］. MPRA Paper, 2010.

［119］Reinhart C M. , Rogoff K S. From Financial Crash to Debt Crisis ［J］. American Economic Review, 2011（101）.

［120］Romer, C. D. , and Romer, D. H. Does Monetary Policy Matter? A New Test in the Spirit of Friedman and Schwartz ［J］. NBER Macroeconomics Annual, Vol. 4, 1989.

［121］Roodman D. How to Do xtabond2： An Introduction to Difference and System GMM in Stata ［J］. The Stata Journal, 2009（9）.

［122］Rubio, M. , and J. A. Carrasco-Gallego. Macroprudential and Monetary Policy Rules： A Welfare Analysis ［R］. The Manchester School, 2015（83）.

［123］Sachs, J. , and Yang, X. Development Economics： Inframarginal Versus Marginal Analyses ［M］. Blackwell, 2001.

［124］Samuelson, P. A. , and R. M. Solow. Analytical Aspects of Anti-inflation Policy ［J］. American Economic Review, 1960（50）.

［125］Sen. A. K. The Concept of Development ［M］// Handbook of Development Economics, 1, Chapter 1： Amsterdam： North-Holland, 1988.

［126］Serven L. Irreversibility, Uncertainty and Private Investment： Analytical Issues and Some Lessons for Africa ［J］. Journal of African Economies, 1997（6）.

［127］Schneider M. , Tornell A. Balance Sheet Effects, Bailout

参考文献

Guarantees and Financial Crises [J]. The Review of Economic Studies, 2004 (71).

[128] Schularick M. , Taylor A M. Credit Booms Gone Bust: Monetary Policy, Leverage Cycles, and Financial Crises, 1870 - 2008 [J]. American Economic Review, 2012 (102).

[129] Silvo, A. The Interaction of Monetary and Macroprudential Policies [J]. Journal of Money, Credit and Banking, 2018 (51).

[130] Solow, R. A Contribution to the Theory of Economic Growth [J]. Quarterly Journal of Economics, 1956 (70).

[131] Summers, L. What Is Memorable in Empirical Macroeconomics [R]. Harvard University, 1987.

[132] Summers L. H. U. S. Economic Prospects: Secular Stagnation, Hysteresis, and the Zero Lower Bound [J]. Business Economics, 2014 (49).

[133] Sutherland D. , Hoeller P. Debt and Macroeconomic Stability: An Overview of the Literature and Some Empirics [R]. OECD Economics Department Working Paper, 2012.

[134] Sutherland D. , Hoeller P. , Merola R. , et al. Debt and Macroeconomic Stability: Case Studies [R]. OECD Economics Department Working Paper, 2012.

[135] Tressel T. Financial Contagion Through Bank Deleveraging: Stylized Facts and Simulations Applied to the Financial Crisis [R]. International Monetary Fund, 2010.

[136] Turner A. Between Debt and the Devil: Money, Credit, and Fixing Global Finance [M]. New Jersey: Princeton University Press, 2015.

[137] Turner, P. Macroprudential Policies, the Long-term Interest Rate and the Exchange Rate [R]. BIS Working Paper, No. 588, 2016.

431

［138］Unsal, D. F. Capital Flows and Financial Stability：Monetary Policy and Macroprudential Responses ［J］. International Journal of Central Banking, 2013 （9）.

［139］Volcker P. Keeping at It：The Quest for Sound Money and Good Government ［J］. New York：Public Affairs, 2018.

［140］V. Acharya, T. Eisert, C. Eufinger, C. Hirsch. Whatever It Takes：The Real Effects of Unconventional Monetary Policy ［J］. The Review of Financial Studies, v 32 n 9, 2019.

［141］Wilson, C. On the General Structure of Ricardian Models with a Continuum of Goods：Applications to Growth, Tariff Theory and Technical Change ［J］. Econometrica, 1980 （48）.

［142］Wu J. C. , and Xia F. D. Measuring the Macroeconomic Impact of Monetary Policy at the Zero Lower Bound ［J］. Journal of Money, Credit and Banking, 2016 （48）.

［143］Wu, Y. Is China's Growth Sustainable? A Productivity Analysis ［J］. China Economic Review, 2000 （11）.

［144］Yang, X. Economics：New Classical Versus Neoclassical Framework ［M］. Blackwell, 2001.

［145］Yang, X. , and Ng, S. Specialization and Division of Labor：A Survey ［M］. London, Micmillan, 1998.

［146］Yang, X. , and Borland, J. A Microeconomic Mechanism for Economic Growth ［J］. Journal of Political Economy, 1991 （99）.

［147］Young, Allyn. Increasing Returns and Economic Progress ［J］. The Economic Journal, 1928 （38）.

［148］Zhang, Wenlang. China's Monetary Policy：Quantity Versus Price Rules ［J］. Journal of Macroeconomics, 2009 （31）.

［149］阿代尔·特纳. 债务和魔鬼：货币、信贷和全球金融体系

重建［M］．北京：中信出版社，2016.

［150］艾里克·马斯金，许成钢，王信．软预算约束理论：从中央计划到市场［J］．经济社会体制比较，2000（4）.

［151］卞志村，胡恒强．粘性价格、粘性信息与中国菲利普斯曲线［J］．世界经济，2016（4）.

［152］蔡昉，都阳．中国地区经济增长的趋同与差异［J］．经济研究，2002（10）.

［153］陈蕾．信息不对称视角下的中小企业融资困境分析［J］．投资研究，2011（10）.

［154］陈昆亭，周炎．有限需求、市场约束与经济增长［J］．管理世界，2020（4）.

［155］陈萍．央行"定向降准"面面观［J］．国际金融，2014（7）.

［156］陈小亮，马啸．"债务—通缩"风险与货币政策财政政策协调［J］．经济研究，2016（8）.

［157］邓雄．结构性货币政策工具的运用：发达国家的实践及启示［J］．南方金融，2015（1）.

［158］樊纲，等．公有制宏观经济理论大纲［M］．上海：上海人民出版社，上海三联书店，1994.

［159］樊纲，王小鲁，马光荣．中国市场化进程对经济增长的贡献［J］．经济研究，2011（9）

［160］冯明，伍戈．定向降准政策的结构性效果研究——基于两部门异质性商业银行模型的理论分析［J］．财贸经济，2018（12）.

［161］G. 甘道尔夫．国际经济学．国际贸易的纯理论（中译本）［M］．北京：中国经济出版社，1999.

［162］干春晖，郑若谷，余典范．中国产业结构变迁对经济增长和波动的影响［J］．经济研究，2011（5）.

[163] 桂文林，韩兆洲. PPI 与 CPI 关系及我国通货膨胀治理
[J]. 统计研究，2011（9）.

[164] 国家计委研究院课题组. 在市场体系建设中打破地方市场
分割对策研究 [R]. 2000.

[165] 郭丽虹，王硕. 融资缺口、市场化程度与中小企业信贷可
得性——基于非上市制造业企业面板数据的分析 [J]. 财经研究，
2013（12）.

[166] 郭娜，周扬. 房价波动、宏观审慎监管与最优货币政策选
择 [J]. 南开经济研究，2019（2）.

[167] 郭庆旺，贾俊雪. 中国全要素生产率的估算：1979—2004
[J]. 经济研究，2005（6）.

[168] 郭子睿，张明. 货币政策与宏观审慎政策的协调使用 [J].
经济学家，2017（5）.

[169] 何东，王红林. 利率双轨制与中国货币政策实施 [J]. 金
融研究，2011（12）.

[170] 侯成琪，龚六堂. 部门价格粘性的异质性与货币政策的传
导 [J]. 世界经济，2014（7）.

[171] 贺力平，樊纲，胡嘉妮. 消费者价格指数与生产者价格指
数：谁带动谁? [J]. 经济研究，2008（11）.

[172] 黄志刚. 加工贸易经济中的汇率传递：一个 DSGE 模型分
析 [J]. 金融研究，2009（11）.

[173] 纪敏，李宏瑾，杨小玄. 杠杆率水平、经济结构转型与
"债务—通缩"风险 [J]. 宏观经济研究，2018（1）.

[174] 纪敏，严宝玉，李宏瑾. 杠杆率结构、水平和金融稳
定——理论分析框架和中国经验 [J]. 金融研究，2017（2）.

[175] 纪洋，葛婷婷，边文龙，黄益平. 分部门杠杆增速与金融
危机风险：基于跨国面板数据的实证分析与政策建议 [R]. 2019.

［176］纪洋，徐建炜，张斌．利率市场化的影响，风险与时机——基于利率双轨制模型的讨论［J］．经济研究，2015（1）．

［177］贾根良．劳动分工、制度变迁与经济发展［M］．天津，南开大学出版社，1999．

［178］江锦凡．外国直接投资在中国经济增长中的作用机制［J］．世界经济，2004（1）．

［179］金雪军，黄滕，祝宇．中国商品市场名义价格粘性的测度［J］．经济研究，2013（9）．

［180］李斌．经济发展、结构变化与"货币消失"——兼对"中国之谜"的再思考［J］．经济研究，2004（6）．

［181］李斌．投资、消费与中国经济的内生增长：古典角度的实证考察［J］．管理世界，2004（9）．

［182］李斌．信贷差异：内需扩张与通胀变化的关联度［J］．改革，2010（10）．

［183］李斌．从流动性过剩（不足）到结构性通胀（通缩）［J］．金融研究，2010（4）．

［184］李斌，胡婧，李文喆．供求循环中的货币［R］．工作论文，2018．

［185］李斌，吴恒宇．对货币政策和宏观审慎政策双支柱调控框架内在逻辑的思考［J］．金融研究，2019（12）．

［186］李斌，伍戈．信用创造、货币供求与经济结构［M］．北京：中国金融出版社，2014．

［187］李斌，徐琨，李航，宏观经济新变化、利率与经济的多重均衡［R］．工作论文，2018．

［188］李波．以完善宏观审慎政策框架为主线推进新一轮金融监管体制改革［R］．中国金融四十人论坛课题研究报告，2016．

［189］李波．构建货币政策和宏观审慎政策双支柱调控框架

[M]. 北京：中国金融出版社，2018.

[190] 李波，伍戈，席钰. 论"结构性"货币政策 [J]. 比较，2015（2）.

[191] 李昊，王少平. 我国通货膨胀预期和通货膨胀粘性 [J]. 统计研究，2011（1）.

[192] 李宏瑾. 长期性停滞与持续低利率：理论、经验及启示 [J]. 世界经济，2018（1）.

[193] 李宏瑾，任羽菲，张轶晴. BIS 最新公布的中国非金融企业杠杆率变化原因分析 [J]. 金融与经济，2019（3）.

[194] 黎齐. 中国央行定向降准政策的有效性——基于双重差分模型的实证研究 [J]. 财经论丛，2017（4）.

[195] 李雪松，王秀丽. 工资粘性、经济波动与货币政策模拟——基于 DSGE 模型的分析 [J]. 数量经济技术经济研究，2011（11）.

[196] 李治国，唐国兴. 资本形成路径与资本存量调整模型——基于中国转型时期的分析 [J]. 经济研究，2003（2）.

[197] 梁璐璐，赵胜民，田昕明，罗金峰. 宏观审慎政策及货币政策效果探讨：基于 DSGE 框架的分析 [J]. 财经研究，2014（3）.

[198] 梁琦，张二震. 比较优势理论再探讨 [J]. 经济学（季刊），2002（1）：2.

[199] 林毅夫. 发展战略、自生能力和经济收敛 [J]. 经济学（季刊），2002（2）：1.

[200] 林毅夫，章奇，刘明兴. 金融结构与经济增长：以制造业为例 [J]. 中国社会科学评论，2003（2）.

[201] 林毅夫，蔡昉，李周. 中国的奇迹：发展战略与经济改革 [M]. 上海：上海人民出版社，上海三联书店，1994.

[202] 林朝颖，黄志刚，杨广青. 基于企业视角的定向降准政策调控效果研究 [J]. 财政研究，2016（8）.

［203］刘斌．我国 DSGE 模型的开发及在货币政策分析中的应用
［J］．金融研究，2008（10）．

［204］刘飞．我国货币政策区域效应实证研究［J］．四川大学学
报，2007（2）．

［205］刘康．PPI、CPI 传导机制研究［J］．国际金融研究，2014
（5）．

［206］刘强．中国经济增长的收敛性分析［J］．经济研究，2001
（6）．

［207］刘溶沧，马拴友．赤字、国债与经济增长关系的实证分析
［J］．经济研究，2001（2）．

［208］刘伟，苏剑．"新常态"下的中国宏观调控［J］．经济科
学，2014（4）．

［209］刘伟，张辉．中国经济增长中的产业结构变迁和技术进步
［J］．经济研究，2008（11）．

［210］刘晓光，刘元春，王健．杠杆率、经济增长与衰退［J］．
中国社会科学，2018（6）．

［211］刘振亚，陈宇．国际农产品价格上涨对中国宏观经济的影
响［J］．财经科学，2013（7）．

［212］陆铭，陈钊，万广华．因患寡，而患不均——中国的收入
差距、投资、教育和增长的相互影响［J］．经济研究，2005（12）．

［213］陆旸．成本冲击与价格粘性的非对称性——来自中国微观
制造业企业的证据，经济学（季刊），2015（2）．

［214］罗伯特·J. 巴罗，等．经济增长（中译本）［M］．北京：
中国社会科学出版社，2000．

［215］罗长远，张军．劳动收入占比下降的经济学解释——基于
中国省级面板数据的分析［J］．管理世界，2009（5）．

［216］罗璞，李斌．再论比较优势、绝对优势与 DFS 模型［J］．

当代经济科学，2004（6）.

[217] 吕捷，王高望. CPI 与 PPI "背离" 的结构性解释 [J]. 经济研究，2015（4）.

[218] 吕劲松. 关于中小企业融资难、融资贵问题的思考 [J]. 金融研究，2015（11）.

[219] 马方方，谷建伟. 中国定向调控货币政策效应研究 [J]. 首都经济贸易大学学报，2016（1）.

[220] 马理，娄田田，牛慕鸿. 定向降准与商业银行行为选择 [J]. 金融研究，2015（9）.

[221] 马理，潘莹，张方舟. 定向降准货币政策的调控效果 [J]. 金融论坛，2017（2）.

[222] 马贱阳. 货币政策结构调控功能的理论实证和政策建议 [J]. 金融与经济，2010（4）.

[223] 马贱阳. 结构性货币政策：一般理论和国际经验 [J]. 金融理论与实践，2011（4）.

[224] 马骏. 金融危机的预警、传染与政策干预 [J]. 新金融评论，2018（6）.

[225] 马勇，陈雨露. 金融杠杆、杠杆波动与经济增长 [J]. 经济研究，2017（6）.

[226] 马勇，张靖岚，陈雨露. 金融周期与货币政策 [J]. 金融研究，2017（3）.

[227] P. 普拉萨德. 过剩之地：美式富足与贫困悖论（中译本）[M]. 上海：上海人民出版社，2019.

[228] P. 克鲁格曼，M. 奥伯斯法尔德. 国际经济学（中译本）[M]. 北京：中国人民大学出版社，2002.

[229] 潘功胜. 建立具有中国特色的宏观审慎政策框架，2020 年金融街论坛年会上的演讲，2020 - 10 - 21.

［230］彭俞超，方意.结构性货币政策、产业结构升级与经济稳定［J］.经济研究，2016（7）.

［231］钱颖一.激励与约束［J］.经济社会体制比较，1999（7）.

［232］裘翔，周强龙.影子银行与货币政策传导［J］.经济研究，2014（5）.

［233］渠慎宁，吴利学，夏杰长.中国居民消费价格波动：价格粘性、定价模式及其政策含义［J］.经济研究，2012（11）.

［234］沈坤荣，付文林.中国的财政分权制度与地区经济增长［J］.管理世界，2005（1）.

［235］沈坤荣，马俊.中国经济增长的俱乐部收敛特征及其成因研究［J］.经济研究，2002（1）.

［236］盛洪.分工与交易：一个一般理论及其对中国非专业化问题的应用分析［M］.上海：上海三联书店，1992.

［237］舒元，徐现祥.中国经济增长模型的设定：1952—1998［J］.经济研究，2002（11）.

［238］宋旺，钟正生.我国货币政策区域效应的存在性及原因［J］.经济研究，2006（3）.

［239］孙天琦.货币政策：统一性前提下部分内容的区域差别化研究［J］.金融研究，2004（5）.

［240］童适平.中央银行学教程［M］.上海：复旦大学出版社，2003.

［241］王爱俭，王璟怡.宏观审慎政策效应及其与货币政策关系研究［J］.经济研究，2014（4）.

［242］王涵.渐进、微扰与宏观模型中的耦合效应［R］.工作论文，2021.

［243］王立勇，张良贵，刘文革.不同粘性条件下金融加速器效应的经验研究［J］.经济研究，2012（10）.

［244］汪仁洁．货币政策的阶段性特征和定向调控选择［J］．改革，2014（7）．

［245］王卫星，赵刚．"长三角"中小企业融资困境及其破解路径［J］．管理世界，2012（12）．

［246］王文甫．价格粘性、流动性约束与中国财政政策的宏观效应——动态新凯恩斯主义视角［J］．管理世界，2010（9）．

［247］王曦，王茜，陈中飞．货币政策预期与通货膨胀管理——基于消息冲击的 DSGE 分析［J］．经济研究，2016（2）．

［248］王曦，李丽玲，王茜．定向降准政策的有效性：基于消费与投资刺激效应的评估［J］．中国工业经济，2017（11）．

［249］王小龙，李斌．经济发展、地区分工与地方贸易保护［J］．经济学（季刊），2002（3）：1.

［250］王小鲁，樊纲，刘鹏．中国经济增长方式转换和增长可持续性［J］．经济研究，2009（1）．

［251］王小鲁，樊纲．中国收入差距的走势和影响因素分析［J］．经济研究，2005（10）．

［252］王信，朱锦．主要经济体央行定向再融资工具创新及启示［R］．中国人民银行工作论文，2014.

［253］伍戈，曹红钢．中国的结构性通货膨胀研究——基于 CPI 与 PPI 的相对变化［J］．金融研究，2014（6）．

［254］伍戈，高莉，兰俚萍．去杠杆：紧货币还是松货币？［J］．债券，2018（9）．

［255］伍戈，李斌．成本冲击、通胀容忍度与宏观政策［M］．北京：中国金融出版社，2013.

［256］伍戈，李斌．货币数量、利率调控与政策转型［M］．北京：中国金融出版社，2016.

［257］伍戈，李斌．货币的故事［J］．中国金融，2017（23）．

［258］伍戈，李斌．危机与常态下的债务与经济增长［J］．中国金融，2019（22）．

［259］伍戈，李斌，戴雨汐，钟益．债务与经济危机——基于分部门债务及债务波动性视角［J］．国际金融研究，2020（9）．

［260］伍戈，文若愚，徐剑，高童．杠杆归途［J］．中国保险资产管理，2021（1）．

［261］伍戈，谢洁玉．论凯恩斯主义的理论边界与现实约束——国际金融危机后的思考［J］．国际经济评论，2016（9）．

［262］伍戈，徐剑，高莉．信用扩张困境的表征及其破解策略［J］．改革，2018（11）．

［263］伍戈，詹硕，林雍钊．债务——通缩，还是债务——通胀？［EB/OL］．财新网网站，2017－10．

［264］吴勇．农村中小企业信贷融资问题博弈分析［J］．管理世界，2015（1）．

［265］熊彼特．经济发展理论［M］．上海：立信会计出版社，2017．

［266］徐高．宏观经济学二十五讲：中国视角［M］．北京：中国人民大学出版社，2019．

［267］亚当·斯密．国民财富的性质和原因的研究（中译本）［M］．北京：商务印书馆，1972．

［268］颜白鹭．银行贷款、民间借贷与中小企业融资——基于对非上市中小企业调查数据的研究［J］．金融监管研究，2015（5）．

［269］严成樑．现代经济增长理论的发展脉络与未来展望——兼从中国经济增长看现代经济增长理论的缺陷［J］．经济研究，2020（7）．

［270］杨小凯．经济学原理［M］．北京：中国社会科学出版社，1998．

［271］杨小凯，张永生．新贸易理论、比较利益理论及其经验研究的新成果：文献综述［J］．经济学（季刊），2001（1）.

［272］杨小凯，张永生．新兴古典经济学与超边际分析［M］．北京：中国人民大学出版社，2000.

［273］杨子晖，赵永亮，柳建华．CPI 与 PPI 传导机制的非线性研究：正向传导还是反向倒逼？［J］．经济研究，2013（3）.

［274］易纲．零利率和数量宽松货币政策是否有效［J］．今日中国论坛，2009（4）.

［275］易纲．关于国际金融危机的反思与启示［J］．求是，2010（20）.

［276］易纲．中国经济转型和稳健的货币政策［J］．全球化，2018（3）.

［277］易纲．再论中国金融资产结构及政策含义［J］．经济研究，2020（3）.

［278］易纲，林明．理解中国经济增长［J］．中国社会科学，2003（2）.

［279］袁志刚，何樟勇．20 世纪 90 年代以来中国经济的动态效率［J］．经济研究，2003（7）.

［280］詹硕，伍戈．政策良方，还是货币试验？——评麻省理工学院货币学派［J］．金融与经济，2016（12）.

［281］张斌．百年来国外主要经济金融危机分析［J］．中国金融，2007（19）.

［282］张斌，伍戈，李斌，缪延亮，等．债务的边界［M］．北京：中国金融出版社，2019.

［283］张军．增长、资本形成与技术选择：解释中国经济增长的长期因素［J］．经济学（季刊），2002（2）.

［284］张军，施少华．中国经济全要素生产率的变化：1952—

1998 [J]．世界经济文汇，2003（2）．

[285] 张军，章元．对中国资本存量 K 的再估计 [J]．经济研究，2003（7）．

[286] 张维迎，粟树和．地区间竞争与中国国有企业的民营化 [J]．经济研究，1998（12）．

[287] 张晓慧．中国货币政策 [M]．北京：中国金融出版社，2012．

[288] 张晓慧，等．多重约束下的货币政策传导机制 [M]．北京：中国金融出版社，2020．

[289] 张晓慧，纪志宏，李斌．通货膨胀机理变化及政策应对 [J]．世界经济，2010（3）．

[290] 张晓慧，李斌．供给侧视角下的僵尸企业与"低利率陷阱" [J]．新金融评论，2020（4）．

[291] 张晓晶，刘磊．宏观分析新范式下的金融风险与经济增长 [J]．经济研究，2020（6）．

[292] 张晏，龚六堂．分税制改革、财政分权与中国经济增长 [J]．经济学（季刊），2005（1）．

[293] 张永生．企业规模与经济增长的不相关性：理论与实证 [D]．中国人民大学博士学位论文，2000．

[294] 郑东雅，皮建才．中国的资本偏向型经济增长：1998— 2007 [J]．世界经济，2017（5）．

[295] 郑江淮．国有企业预算约束硬化了吗？ [J]．经济研究，2001（8）．

[296] 中国经济增长与宏观稳定课题组．外部冲击与中国的通货膨胀 [J]．经济研究，2008（5）．

[297] 中国人民银行货币政策司课题组．经济结构调整和外部冲击下的"通货紧缩"：基于 DSGE 模型的理论分析和实证研究 [R]．

中国人民银行 2015 年重点研究课题，2015.

［298］中国银监会. 中国银行业监督管理委员会 2013 年报［M］. 北京：中信出版社，2014.

［299］周逢民. 论货币政策的结构调整职能［J］. 金融研究，2004（7）.

［300］周黎安. 中国地方官员的晋升锦标赛模式研究［J］. 经济研究，2007（7）.

［301］周小川. 国际金融危机：观察、分析与应用［M］. 北京：中国金融出版社，2009.

［302］周业安，章泉. 财政分权、经济增长和波动［J］. 管理世界，2008（3）.

［303］朱国林，范剑勇，严燕. 中国的消费不振与收入分配：理论与数据［J］. 经济研究，2002（8）.

［304］朱嘉明. 通货膨胀：是走向死亡？还是正在休眠？［R］. 数字资产研究院，2019.

索　引

B

报酬递增　121

比较优势　407

表外业务　268

C

产能过剩　211

超额准备金　195

储蓄率　243

D

DFS 模型　407

D－S 模型　123

"倒 U 形"关系　46

丁伯根法则　378

定向降准　341

动态不一致性　372

多重均衡　296

F

非常规货币政策　295

菲利普斯曲线　372

G

供给侧结构性改革　260

供给结构　177

供求交互　121

购买力创造　206

古典经济发展理论　129

广义货币　195

广义政府债务　65

规模经济　124

过度投资　305

H

宏观审慎政策　370

货币非中性　184

货币深化　192

货币稳定　371

货币政策　189

J

基础货币　195

僵尸企业　212

交易费用　　140

交易媒介　　191

结构化效应　　233

结构性通货膨胀　　374

金融稳定　　390

金融周期　　376

经济结构　　342

经济均衡　　146

经济危机　　70

经济周期　　377

绝对优势　　407

K

凯恩斯主义　　185

空间轴　　379

跨周期的宏观政策　　230

L

两分法　　116

两难冲突　　122

零（低）利率陷阱　　295

流动性陷阱　　332

M

M2/GDP　　243

N

逆周期性　　378

逆周期资本缓冲　　379

S

萨伊定律　　116

生产过剩　　207

生产性信贷　　207

时间轴　　379

市场经济　　208

"双支柱"调控框架　　370

顺周期波动　　379

斯密定理　　129

斯密—杨格—科斯框架　　151

T

通货紧缩　　104

通货膨胀　　108

W

外部性　　148

外汇占款　　267

外债　　73

微观审慎监管　　374

X

系统重要性附加资本　　379

消费性信贷　　207

协调成本　　150

信用货币　　192

需求结构　　177

Y

银行存款　242

影子银行　268

迂回生产　132

Z

债务/GDP 波动　74

债务/GDP 水平　74

债务货币化　113

债务—通缩螺旋　310

债务周期　101

正反馈效应　135

制度安排　142

专业化和分工　129

准备金政策　367

资本—产出比　156

资本深化　158

资产泡沫　203

最终消费　156

后　　记

探究经济规律、谱写货币故事，是我们从求学到工作多年来的学术兴趣和追求。围绕宏观和货币的重大理论与现实问题，从 2013 年到 2016 年三年时间里，我们先后合作研究并出版了《成本冲击、通胀容忍度与宏观政策》《信用创造、货币供求与经济结构》及《货币数量、利率调控与政策转型》三部拙作。其实，我们想讲述的"货币故事"大致包含三部分内容：一是"量"，即货币总量与经济结构问题；二是"价"，即货币数量与利率价格问题；三是"性"，也就是货币中性和非中性问题。回头来看，关于上述前两方面问题，我们已在之前出版的作品里进行了研究和阐释。而第三个方面涉及的内容，则正是读者翻看的这本新书所试图探寻和部分解答的问题。

货币是中性还是非中性，也许是货币经济学的终极课题。对这一深奥命题的兴趣来自我们工作实践中的朴素感受。货币与经济之间的关系似乎远不像教科书中所讲的"中性"那么简单。经济现实是复杂的、非线性和交互影响的，而主流的宏观经济理论则有诸多的"两分法"，在很大程度上是分割的，并基于不同的分析框架和方法。而正是这些分割，影响了理论对现实的解释能力，也容易导致对宏观政策的理解和把握形成偏差。基于上述考虑，我们遵循古典经济理论的传统，借助供求交互影响和动态变化这一视角，去理解经济增长的一般机制，并将货币引入该机制中，观察货币与经济增长之间的交互关系，进而运用这一框架去思考和分析现实经济中的一些现象和问题。如果说宏观经济学的新范式是要"把金融找回来"，那么这本书所要做的工作就是要"把经济分析的本源找回来",把供求交互循环这一基本的经济分析方法找回来。无独有偶,供求交互的视角似乎与辩证法的对立统一规律和系统思维,与物理学的"耦合""渐进""微扰""纠缠"等概念有着或多或少的相似性,充满着理性思维的乐趣。我们感到,这一视角为观察诸多宏观经济现象提供了"钥匙",也构成本书研究的基本方法和逻辑主线。

近几年来,我们的工作岗位都有多次变化,总体上更加忙碌了。诚实地讲,在工作之余坚持合作进行学术研究并不容易。好在对宏观和货币问题研究的热爱始终牵引着我们,这本书的框架和内容是在一次次的讨论甚至争论之中逐步清晰和完善起来的。我们感谢中国金融四十人论坛(CF40)及王海明秘书长给予的支持和提供的交流平台,本书的内容也是CF40内部课题研究成果。特别感谢周小川先生为本书撰写导读。央行是我们共同的工作起点,浓厚的研究氛围培养了我们对宏观和货币研究的热爱,感谢易纲、郭树清、潘功胜、刘国强等领导及同事们的关怀和指点。感谢刘世锦研究员(国务院发展研究中心)、张晓慧研究员(清华大学)、李波研究员(国际货币基金组织)、田国强教授(上海财经大学)提携后学,对我们的研究给予鼓励。感谢王毅研究员(光大集团)、张晓晶研究员(中国社会科学院)、张斌研究员(中国社会科学院)、缪延亮博士(国家外汇管理局)、王涵博士(兴业证券)等专家的批评指正。感谢中国金融出版社郭建伟总编辑的关心和张铁编辑的悉心编排,感谢中国金融出版社近年来支持出版了这一系列书籍。还要特别感谢家人的理解和对我们研究工作一如既往的支持。遥望星辰大海,我们深知,研究货币与经济关系这样宏大的题目难度极大,限于能力和时间,我们的研究还是十分粗浅和初步的。书中的内容也都是个人学术研究观点,与所在单位无关,文责自负。

　　春华秋实。研究课题于春日立项，秋天完稿，中间则经历了数载。衷心希望这本书能与之前的三本书一起，共同构成货币系列的"四部曲"。未必动听，却凝结心血，终究无怨无悔。感怀这一段执着坚持的心路历程，我们有幸领略到经济学之美及其带来的人生乐趣，并十分乐意能够与读者分享。

李斌　伍戈

2021 年 12 月于北京金融街